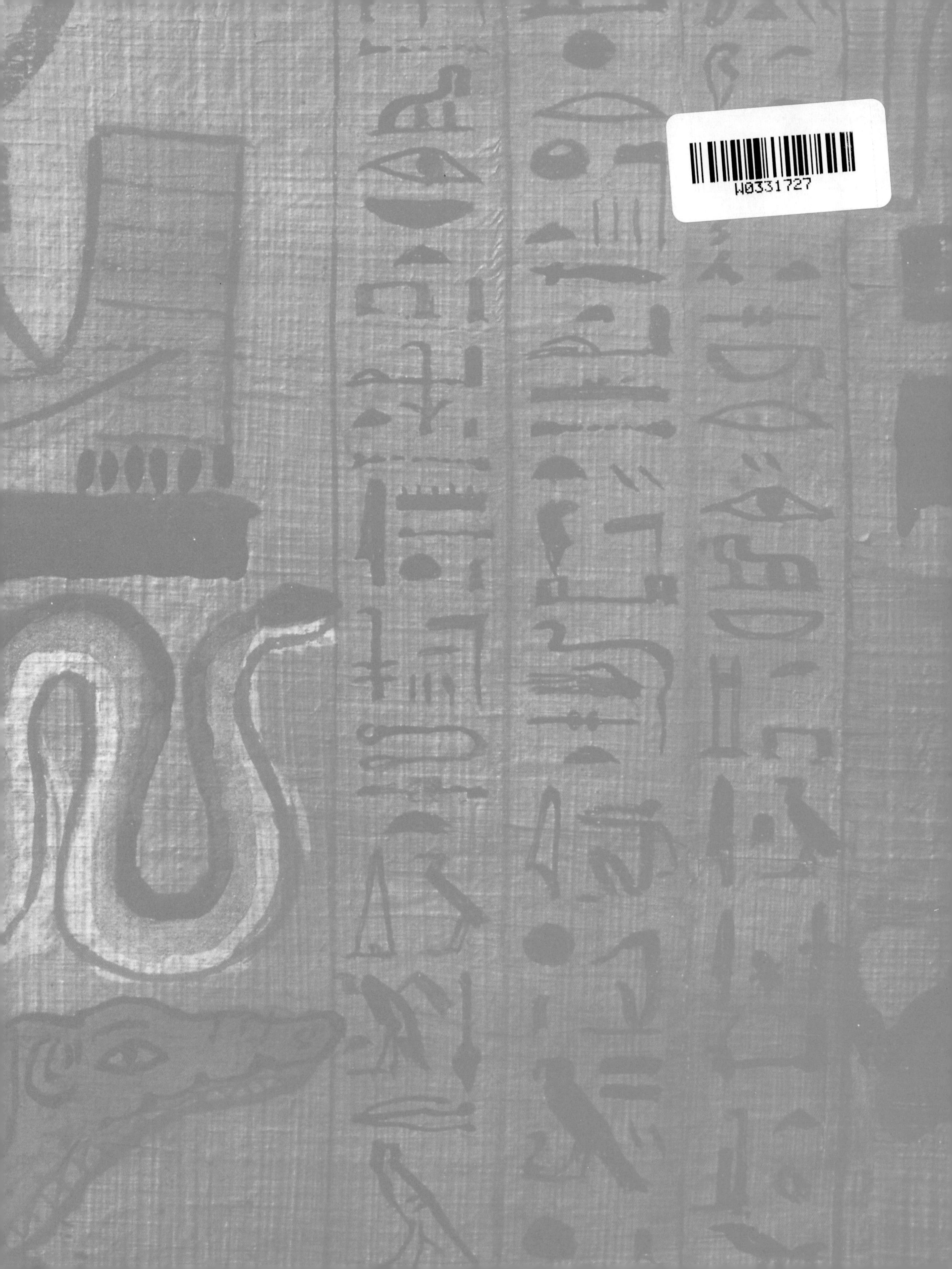

Die Enzyklopädie der
ÖSTLICHEN MYTHOLOGIE

MO SE

Die Enzyklopädie der
ÖSTLICHEN
MYTHOLOGY

Legenden des Ostens:
Mythen und Sagen der Helden,
Götter und Krieger aus
dem alten Ägypten,
Arabien, Persien,
Indien, Tibet,
China und Japan.

RACHEL STORM

EDITION XXL

Genehmigte Lizenzausgabe
EDITION XXL GmbH
Reichelsheim, 2000

ISBN 3-89736-305-4

Übersetzung: Elisabeth Liebl, München

Seite 1: Yama und Yami.
Frontispiz: Moses (Mosaik, San Vitale, Ravenna, Italien.)
Titelseite: Der Pharao Tutanchamun (links), (14. Jh. v.Ch.), Nagas (rechts), (Thai-Bronze, 1291.)
Diese Seite: Airavata (Aquarell, ca.1590, Ausschnitt)

INHALT

VORWORT

Zu den Mythen der großen Kulturen Asiens gehören einige der ältesten und eindrucksvollsten Legenden der Welt. Dieses Buch teilt den gesamten Komplex in drei Abschnitte: Es beginnt mit der Mythologie des Vorderen Orients, d.h. Sumer, Babylon, der alte Iran, Ägypten, Kanaan und das Land der Hebräer. Der Abschnitt über Süd- und Zentralasien widmet sich den buddhistischen und hinduistischen Gottheiten aus Indien, Sri Lanka, Tibet und Nepal. Der letzte Abschnitt über ostasiatische Mythologie beschäftigt sich mit taoistischen und buddhistischen Mythen, mit dem Volksglauben Chinas, den Shinto-Gottheiten Japans sowie den schamanistischen und animistischen Religionen, die von Sibirien bis hin zum südostasiatischen Archipel praktiziert werden.

APIS, *der heilige Stier der Ägypter, wird angebetet. Als Verkörperung des Gottes Ptah trug er die Sonnenscheibe des Re und die Uräusschlange zwischen den Hörnern. Res Falkenflügel breiten sich schützend über ihm aus.* (BEMALTE SPECKSTEINSTELE, SPÄTREICH 664-332 V. CHR.)

GILGAMESCH *war der Held eines assyrisch-babylonischen Epos aus dem 2. Jahrtausend v. Chr. Hier trägt er die geflügelte Sonnenscheibe, ein Symbol des assyrischen Schöpfergottes Ashur, und wird von Kentauren mit der Hörnerkrone der Götter flankiert.* (SYRISCH-HETHITISCHE STELE, 9. JH. V. CHR.)

Dabei ist die Quellenlage recht unterschiedlich. Der Glauben Mesopotamiens, der Wiege der westlichen Kultur, ist uns nur in Fragmenten überliefert. Von anderen Kulturen wie z.B. der ägyptischen haben wir sehr viel ausführlichere Kenntnisse. Doch obwohl die einzelnen Legenden überlebt haben, sind die großen Glaubenssysteme des Nahen Ostens doch ausgestorben. Hinduistische und buddhistische Gottheiten hingegen erfreuen sich noch heute lebendiger Verehrung bei Millionen Menschen.

Zu den interessantesten Erscheinungen gehört die Tatsache, dass Götter von Kultur zu Kultur „wandern". Häufig werden Glaubenssysteme von Missionaren in andere Länder getragen, wobei die archetypischen Mythen wesentliche Veränderungen erfahren. So hat dieselbe mythische Figur in den verschiedenen Kulturen häufig unterschiedlichen Stellenwert. Der im 5. Jahrhundert v. Chr. von Gautama Buddha gegründete Buddhismus breitete sich etwa zu Beginn der christlichen Zeitrechnung nach China und ca. 600 Jahre später nach Japan aus. Im japanischen Buddhismus wurde aber Buddha Amitabha unter dem Namen Amida mehr verehrt als Gautama Buddha. Außerdem ist der Amitabha-Kult deutlich von der iranischen Religion geprägt. Der später aufkommende Hinduismus aber machte aus Gautama Buddha eine Erscheinungsform des Gottes Vishnu.

So bilden diese Legenden sowohl die Kontinuität als auch die Vielfältigkeit des menschlichen Lebens ab. Obwohl die „Helden" der Geschichten Götter, Halbgötter und Ungeheuer sind, haftet ihren Problemen etwas zutiefst Menschliches an. Der Kummer der verwitweten Isis, der Schmerz Gilgameschs um seinen verlorenen Freund, der Abscheu, den Amaterasu vor Susano-Wo empfindet oder das glückliche Familienleben von Shiva und Parvati rühren uns an.

Die Themen der großen Mythen sind universell gültig. In jeder Kultur gibt es Schöpfungsmythen, die häufig auch noch ähnliche Elemente enthalten wie

KRISHNA *ist göttlicher Held und wohlgestaltete Erscheinungsform des Hindugottes Vishnu. Hier tanzt er, begleitet von Musikern, im Regen. Seine Hand hält die Lotusblüte, das hinduistische Symbol für Leben und Erleuchtung.* (MINIATUR DER RAJASTHAN SCHULE, 17. JH.)

BAAl *bedeutet „Herr". Diesen Namen gaben die Kanaanäer ihrem Gott, dessen wahrer Name nicht ausgesprochen werden durfte, sodass ihn nur Eingeweihte kannten. Als Wettergott schleuderte Baal den Donnerkeil und sorgte so für Regen.* (FIGURINE AUS BRONZE UND GOLD, RAS SHAMRA, UGARIT, 1400–1200 V. CHR.)

z.B. den grenzenlosen Ozean, aus dem alles Leben entsteht. Ein weiteres Motiv ist das Leben nach dem Tod, das ebenfalls mit einem durchgehenden Muster dargestellt wird: die Unterwelt, in welche die Toten eintreten, um dort gerichtet zu werden, und der Himmel, in den nur die Rechtschaffenen gelangen.

Sogar in Hinduismus und Buddhismus, wo das Leben als eine ununterbrochene Kette von Wiedergeburten gesehen wird, die letztlich ins Nirwana führt, gibt es Vorstellungen von Himmel und Hölle. Auch die Idee einer Flutkatastrophe taucht häufig im Legendenschatz auf. Sie illustriert die Macht der Götter, welche das Menschengeschlecht einfach zerstören kann. In diesem Motiv spiegelt sich das Bewusstsein von der Zerbrechlichkeit des Menschenlebens wider. In jedem Mythos findet sich also ein Körnchen einer tief menschlichen Wahrheit, die uns alle angeht.

MYTHEN AUS VORDERASIEN

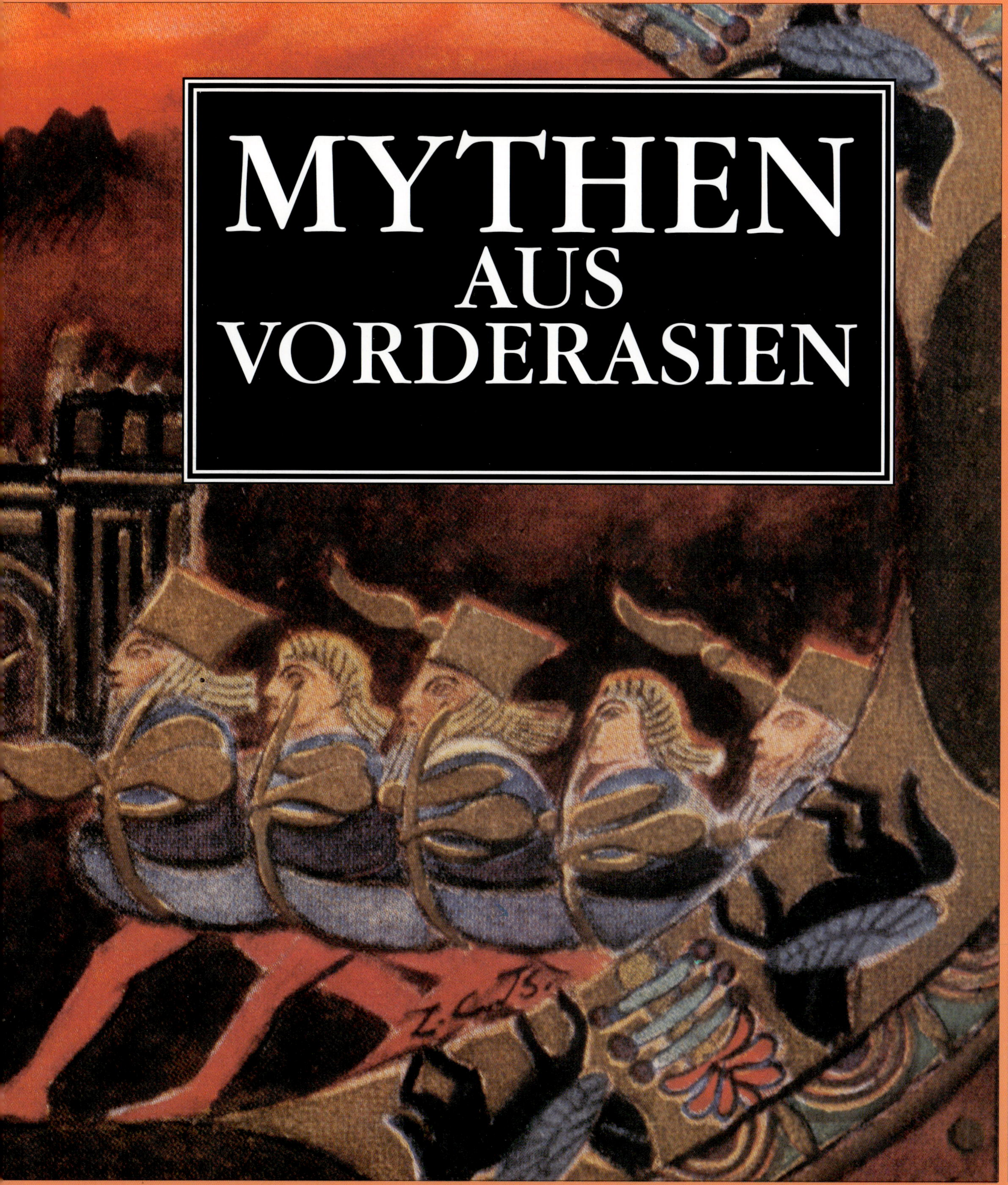

EINFÜHRUNG

Der antike Nahe Osten, die „Wiege der Zivilisation", ist auch die Geburtsstätte von Judentum, Islam und Christentum, den drei Religionen, die so großen Einfluss auf die Entwicklung der Menschheit hatten. Der Überlieferung zufolge sind ihre Gründer Nachkommen von Sem, einem Sohn Noahs. Auch der Zoroaster-Kult, die damals vermutlich einflussreichste Religion, entstand in Vorderasien, und im Großraum „Naher Osten" erlebten die mächtigen Reiche der Ägypter und der Hethiter ihren Aufstieg.

Warum kam es gerade hier zu dieser kulturellen Blüte? Ein Grund liegt sicherlich in den geographischen Gegebenheiten. Der Ackerbau ermöglichte ein sesshaftes Leben, das auch kulturell reiche Früchte trug.

Die jährlichen Hochwasser des Nils sind Thema vieler Mythen des alten Ägypten, denn das Volk war auf die Wiederfruchtbarmachung des ausgedörrten Landes angewiesen. Im Osiris-Mythos zieht sich der sterbende und wieder geborene Gott der Vegetation aus der Welt der Lebenden zurück, um in der Unterwelt zu regieren. Die zentrale Rolle des Todes in der ägyptischen Mythologie zeigt, wie machtlos sich die Menschen gegenüber den Naturgewalten fühlten. Selbst der große Sonnengott Re starb dem Mythos zufolge allabendlich und wurde bei Tagesanbruch wieder geboren.

Der Nil trat jedes Jahr über seine Ufer und schuf so fruchtbares Land. Es entstehen die ersten Stadtstaaten mit ihrem eigenen lokalen Göttterkult. Erst um 3100 v. Chr. einten mehrere aufeinander folgende Pharaonen das Land. Da viele dieser Gottheiten in das Pantheon aufgenommen wurden, gab es bald eine beachtliche Anzahl von Göttern,

ALS SYMBOL der heiligen Beziehung zwischen Pharaonen und Göttern sitzt Haremhab, der letzte ägyptische Pharao der 18. Dynastie, neben dem Gott Horus, Sohn von Isis und Osiris. (UM 1320 V. CHR.)

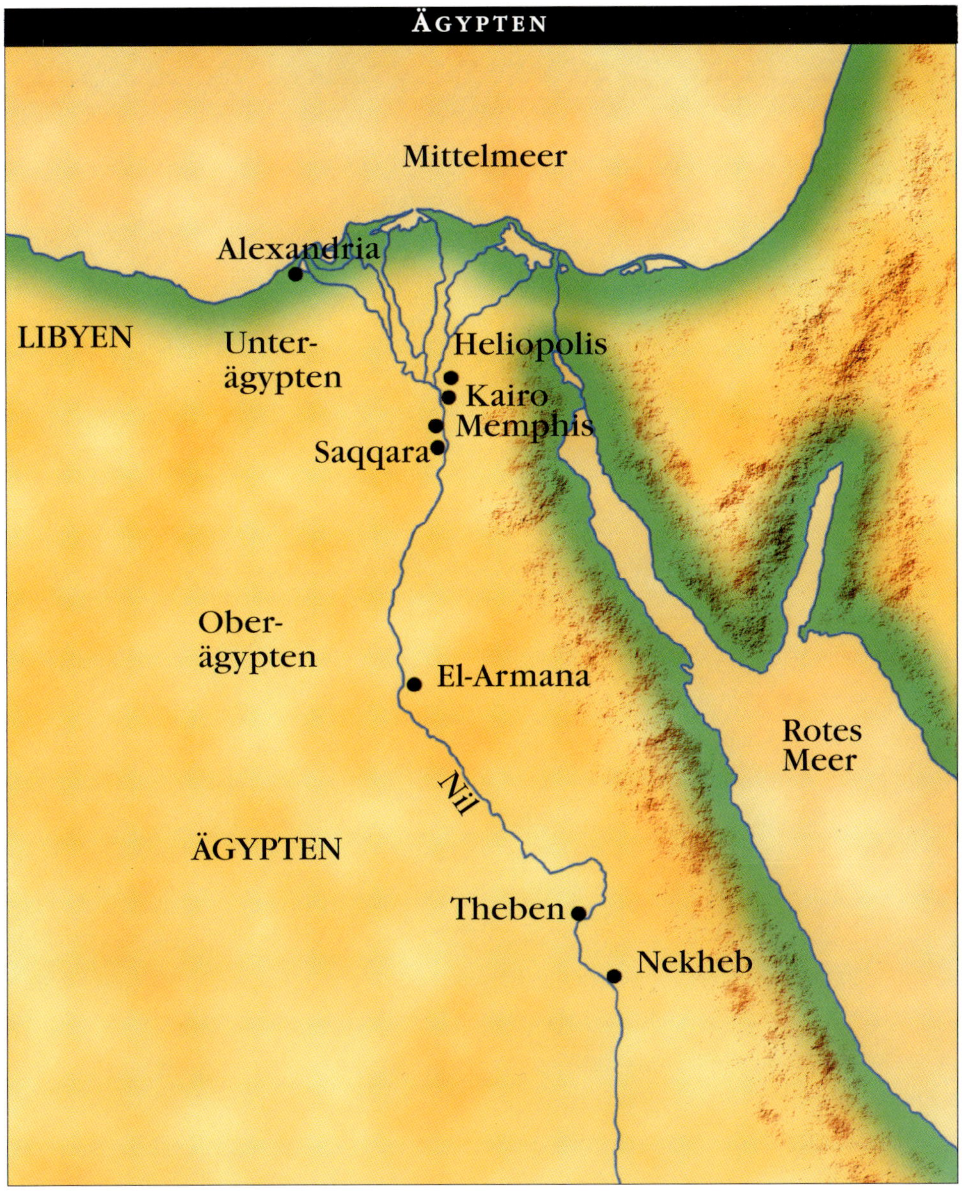

ohne dass es zu Konflikten mit anderen Religionen gekommen wäre. Die Pharaonen als von den Göttern eingesetzte Mittler zwischen Menschen und Göttern bestimmten die politische und religiöse Entwicklung der ägyptischen Kultur. Sie dehnten ihre Macht bis nach Kanaan und Syrien aus, und erst um 1387 v. Chr. setzt unter Pharao Echnaton, der umfangreiche religiöse Reformen einführte, die nach seinem Tod rückgängig gemacht wurden, der Niedergang des ägyptischen Reiches ein.

Wie in Ägypten bewog auch in Mesopotamien, dem Gebiet zwischen Euphrat und Tigris, die Fruchtbarkeit des Landes die Sumerer, ein nicht-semitisches Volk, dazu, sich um 4000 v. Chr. dort niederzulassen. Ungefähr 2000 Jahre später wurde Babylon zur Hauptstadt und Sumer ging im Reich der Babylonier auf. Lebensgrundlage der Mesopotamier war ebenfalls die Landwirtschaft, und die sterbenden und wieder geborenen Götter nahmen in ihrem Pantheon eine bedeutende Stellung ein. Allerdings war das Leben hier um einiges gefährdeter als in Ägypten, da die Flüsse Mesopotamiens plötzlich und unvorhersehbar über die Ufer traten. Daneben bildeten marodierende Stämme und Eindringlinge von außen eine ständige Bedrohung. Dies spiegelt sich in ihren Mythen wider, die das Leben als andauernden Kampf gegen die Kräfte des Chaos schildern.

Trotz der politischen Instabilität gab es in Mesopotamien eine umfangreiche schriftliche Überlieferung, was zur Folge hatte, dass die mesopotamischen Götter und Mythen ihren Weg zu anderen Völkern Vorderasiens fanden, so auch zu den Assyrern und Hethitern. Die Hethiter, ursprünglich aus Anatolien stammend, besiedelten zu alttestamentarischen Zeiten zusammen mit anderen Völkerstämmen Kanaan, das verheißene Land der Israeliten. Die Vorfahren der Israeliten waren um 2000 v. Chr. von Mesopotamien aus nach Kanaan eingewandert; ein Teil von ihnen war bis nach Ägypten weitergezogen, wo sie ein Pharao zu einem nicht bekannten Zeitpunkt versklavte. Erst im 13. Jahrhundert v. Chr. führte Moses sein Volk aus der Skla-

BAAL, *ein Fruchtbarkeitsgott, ist ein sterbender und wieder geborener Gott, dessen Wirken das Werden und Vergehen der Vegetation symbolisiert.* (BRONZEZEIT, 1400-1300 V. CHR.)

MOSES *befreite die Stämme Israels aus der Sklaverei in Ägypten und führte sie durch die Wüste. Hier schlägt er mit dem Stab an den Felsen, dem Wasser entspringt.* (STICH AUS DEM 19. JH.)

verei zurück nach Kanaan. Auf ihrem Auszug aus Ägypten legten sie das feierliche Versprechen ab, nur Jahwe allein zu huldigen.

Die höchste Gottheit im kanaanäischen Pantheon war der Regen-, Fruchtbarkeits- und Sturmgott Baal. Viele Götter trugen diesen Namen, der „Herr" bedeutet; doch der oberste Baal war ein kriegerischer, sterbender und wieder geborener Gott. Seine Eigenschaften spiegelten das kanaanäische Leben wider, das – wie das aller Völker der Region – vom landwirtschaftlichen Zyklus abhing.

Nachdem sich die israelitischen Stämme in Kanaan niedergelassen hatten, verehrten sie Jahwe als ihren obersten Gott, auch wenn sich die Riten anderer Götterkulte noch für einige Zeit hielten. Die Anhänger des neuen Glaubens waren vor allem in der Umgebung von Jerusalem beheimatet. Im Jahre 587 v. Chr. eroberten die Babylonier die Stadt und verschleppten die Anführer der Israeliten ins Exil. Knapp 50 Jahre später eroberten die Achämeniden aus dem Iran – von den Griechen Perser genannt – ihrerseits die Stadt Babylon.

ZOROASTER, *der große Religionsreformator aus dem antiken Iran, empfängt von Ahuramazda, dem Prinzip des Guten, Feuer und Gesetzbuch. Im Alter von 30 Jahren gewähren ihm die Amesha Spentas, die unsterblichen Heiligen, zahlreiche Offenbarungen.* (ABBILDUNG AUS DEM 19. JH.)

Die persischen Eroberer machten die Babylonier mit ihrer Religion, dem Zoroaster-Kult, bekannt, deren Vorschriften sie allerdings selbst eher locker einhielten. Dem Zoroaster-Kult zufolge befindet sich die Welt in den Fängen der widerstreitenden Kräfte von Gut und Böse. Der Religionsstifter Zoroaster, der um 1200 v. Chr. gelebt haben soll, verbreitete die Lehre von einem einzigen obersten Gott. Der fortschreitende Monotheismus verdrängte nach und nach die mesopotamischen Götter. Im Jahre 525 v. Chr. besetzten die Perser auch Ägypten. Seit der Pharao Echnaton im Jahre 1367 v. Chr. versucht hatte, die Religion zu reformieren, hatte das Land nie mehr seine vorige Einheit und Stärke wiedererlangt, und seine Glaubenswelt war den Einflüssen anderer Religionen ausgesetzt.

So begann der sowohl von den Israeliten als auch von den Anhängern Zoroasters gepredigte Monotheismus die in Vorderasien herrschende Göttervielfalt zu bedrohen. Doch auch politisch fand das Land keinen Frieden. Im Verlauf der nachfolgenden Jahrhunderte wurde es von den Griechen und Römern erobert. Verschiedene Götter wurden so in Rom bekannt, z.B. die großen Muttergöttinnen Kybele aus Kleinasien und Isis aus Ägypten sowie Mithra, ein antiker iranischer Sonnengott. Dort standen sie im Mittelpunkt von Mysterienkulten, die in den ersten Jahrhunderten der christlichen Zeitrechnung ihre Blütezeit hatten. In einer Zeit, in der viele der alten Götter Vorderasiens ihren Einfluss verloren, glaubte man, dass diese alten Gottheiten die Verbindung zu den Göttern aufrechterhielten.

Schließlich setzte sich der Monotheismus auch in Vorderasien durch. Als der Prophet Mohammed um das Jahr 570 v. Chr. geboren wurde, waren Judentum und Christentum bis hin zur arabischen Halbinsel weit verbreitet. Mit der Ankunft des streng monotheistischen Islams waren die Tage der alten Götter endgültig gezählt.

ANTIKES MESOPOTAMIEN

A

ABRAHAM ist eine zentrale Figur des Alten Testaments. Sein Name bedeutet „Vater der Menge"; in frühen Schriften wird er einfach „der Hebräer" genannt. Der Gründer und Patriarch des jüdischen Volkes, Gatte von Sara und Vater von Isaak, lebte um 2000 bis 1800 v. Chr. Als frommer Gläubiger und Diener Gottes stellte er für die Hebräer ein Ideal dar, dem sie nacheifern sollten. Im Islam gilt Abraham (Ibrahim) als „Freund Gottes". Die rein monotheistische „Religion Abrahams" wurde später von dem Propheten Mohammed übernommen und ausgebaut. Der Überlieferung zufolge hat Abraham auch die KAABA, den heiligen Schrein in Mekka, wieder aufgebaut, den die Flut zerstört hatte.

ABZU siehe APSU.

ABRAHAM *(unten), der Erzvater der israelitischen Stämme, schickt sich an, seinen Sohn Isaak zu opfern.* (GLASMALEREI, ENGLAND.)

ABRAHAM *(oben) heißt im Islam Ibrahim, der „Freund Gottes". Sein Sohn Isaak sammelt Holz für das Feuer, in dem er geopfert werden soll.* (STICH AUS DEM 19. JH.)

ACHTHEIT siehe NUN.

ADAD, der als Sohn des ANU galt, ist der akkadisch-babylonische Gott des Windes, Regens und Donners. Er brachte den Menschen Vernichtung durch eine große Flut, schickte ihnen aber auch günstige Winde und Regen und vor allem die jährliche Überschwemmung, die das Land fruchtbar machte, und wird oft als „Herr des Überflusses" bezeichnet. Daneben besaß Adad die Fähigkeit, in die Zukunft zu blicken. Darstellungen zeigen ihn häufig auf einem Stier stehend, mit Donnerkeilen oder Blitzbündeln in jeder Hand.

ADAD *(rechts), der akkadisch-babylonische Gott des Windes und Regens, auf dem Rücken eines Stieres und mit einem Bündel Donnerkeile in der Hand.* (NEU-ASSYRISCHES BASALTRELIEF AUF EINER STELE, 8. JH. V. CHR.)

ADAM ist in der alttestamentarischen Geschichte der erste Mensch. Gott erschuf ihn aus Erde und setzte ihn in einen paradiesischen Garten. Alles in diesem Garten außer der Frucht eines Baumes gehörte Adam. Da er und seine Gefährtin EVA aber von dieser verbotenen Frucht aßen, verloren sie ihre Unschuld. Gott erzürnte sich und vertrieb sie aus dem Garten. Fortan mussten sie ihr Brot im Schweiße ihres Angesichts essen.

In der Kabbala, der jüdischen Mystik, symbolisiert Adam die Vollendetheit des Kosmos. Durch Adams Fall wurde die materielle Welt erschaffen, und das Licht seiner göttlichen Natur zerfiel in zahllose winzige Partikel, die jetzt mit ihrem Licht die menschlichen Seelen erhellen. Am Ende der Zeiten werden sie wieder in eins verschmelzen. (Siehe auch SCHLANGEN UND DRACHEN)

ADAPA ist ein Weiser der babylonischen Mythologie. Der große Gott EA, der ihn erschuf, setzte ihn als seinen Priester und Herrscher in der heiligen Stadt Eridu ein und stattete ihn mit vielen Tugenden aus, darunter Weisheit und Umsicht. Unsterblichkeit gab er ihm jedoch nicht.

Adapa fuhr oft zum Fischen aufs Meer hinaus. Eines Tages brachte ein starker Südwind sein Boot zum Kentern; Adapa sank in die Tiefen des Meeres. Erzürnt verfluchte er den Wind, der daraufhin sein Wüten einstellte. Als der oberste Gott ANU von der Begebenheit erfuhr, war er höchst beunruhigt, dass ein gewöhnlicher Sterblicher so viel Macht ausüben konnte. Er ließ Adapa zu sich kommen in der Absicht, ihm die Speise des Todes zu geben und ihn so in das Land des Todes zu schicken.

Ea war aber von Anus Vorhaben unterrichtet und warnte Adapa, weder Speise noch Trank von dem obersten Gott anzunehmen. Er verriet ihm auch, wie er Anu und die mit ihm lebenden Gottheiten besänftigen könnte. Adapa machte seine Sache so gut, dass Anu ihm die Spei-

ADAM und EVA *werden von der Schlange versucht, die verbotene Frucht zu essen. Gott vertreibt sie aus dem Garten Eden, und sie müssen ihre Nahrung selbst schaffen.* (SPANISCHE SCHULE, 12. JH.)

se des Lebens anbot. Eingedenk Eas Warnung lehnte Adapa aber die Speise ab und versäumte so, Unsterblichkeit für sich zu erlangen.

Adapa, der auch die Sprache geschaffen haben soll, gilt als Begründer der Zivilisation.

ADONIS war ein phönizischer Gott, der später in das griechische Pantheon aufgenommen wurde. Das semitische Wort „adoni" bedeutet „Mein Herr". Hauptsitz seiner Verehrung war die Stadt Byblos, in der auch sein größter Tempel stand.

Adonis symbolisiert die von der heißen Sommersonne ausgedörrte Vegetation. Nach dem griechischen Mythos entstammt Adonis einem Myrrhenbaum. Seine Mutter Myrrha war die Tochter eines Königs und hatte ihren eigenen Vater verführt und von ihm ein Kind empfangen. Um sie vor dem Zorn ihres Vaters zu schützen, verwandelten die Götter sie in einen Myrrhenbaum. Kurz nach seiner Geburt wurde Aphrodite, die Göttin der Liebe, auf den jungen Gott aufmerksam und verbarg ihn in einem Kästchen, welches sie Persephone, der Göttin der Unterwelt, zur Aufbewahrung anvertraute. Als Persephone aber das Kästchen öffnete und die Schönheit des Knaben bemerkte, beschloss sie, ihn für sich zu behalten. Aphrodite wandte sich an Zeus, der entschied, dass Adonis ein Drittel des Jahres bei ihm selbst verbringen sollte, ein Drittel bei Persephone und ein Drittel bei der Göttin der Liebe.

Auf der Jagd wurde der Gott von einem Eber getötet. Nach verschiedenen Versionen des Mythos erreichte Aphrodite, die sich leidenschaftlich in den jungen Adonis verliebt hatte, dass er jedes Jahr für sechs Monate aus der Unterwelt entlassen wurde. In Byblos selbst hieß es, dass er aus dem Reich der Toten zurückkehrte, wenn sich die Flüsse von der Erde, die der Regen aus den Bergen wusch, rot färbten.

Die „Adonia" waren prachtvolle Feste, die an den Tod des Gottes erinnerten. Die Frauen Phöniziens wiederholten dabei unablässig das Wort „adoni". Der griechische Schriftsteller Lukian kam im 2. Jahrhundert v. Chr. nach Byblos und berichtete, dass Adonis nach dortigem Glauben in einer Schlucht umgekommen war. Ferner überliefert er, dass zum Zeitpunkt der Wiederkehr des Gottes in das Reich der Lebenden Töpfe mit Blumen vor jedes Haus gestellt wurden; deren rasches Erblühen und Verwelken sollte Adonis' Leben und Tod darstellen. (Siehe auch STERBENDE UND WIEDERGEBORENE GÖTTER)

AGDISTIS ist in der phrygischen Mythologie ein hermaphroditisches Ungeheuer, das der Überlieferung zufolge entstand, als Samen des Göttervaters Zeus auf den Berg Ida tropfte, wo die Göttermutter KYBELE schlief.

Um es zu bändigen, gossen die Götter Wein in sein Badewasser. Betrunken schlief das Ungeheuer ein; die Götter banden daraufhin seine Genitalien an einem Baum fest. Als es aufwachte und sich bewegte, kastrierte es sich selbst, und ein Mandel- bzw. Granatapfelbaum wuchs aus seinen Geschlechtsteilen. Eines Tages sammelte Nana, die Tochter eines Flussgottes, dessen Früchte in ihren Schoß. Eine Frucht verschwand, die Nymphe wurde schwanger und gebar den ATTIS.

In einer anderen Erzählung verliebt Attis sich in ein schönes Mädchen. Beim Hochzeitsfest erscheint Agdistis in der Gestalt der Göttin Kybele und wird von Attis hofiert. Wütend verfällt die Braut in Raserei und stirbt schließlich an den Wunden, die sie sich selbst beigebracht hat.

Attis verliert vor Kummer den Verstand und entmannt sich unter einer Pinie.

ADONIS *wurde in die Unterwelt geschickt. Aphrodite erwirkte aber seine Freilassung für die Hälfte eines jeden Jahres: ein Symbol für die Erneuerung der Vegetation.* („VENUS UND ADONIS" VON ANTONIO CANOVA, MARMOR, 1794.)

AGLIBOL *mit Baal und dem Sonnengott Yarhibol, weiteren Angehörigen des himmlischen Pantheons.*
(STEIN, PALMYRA, 1. JH. N. CHR.)

AGLIBOL war ein Mondgott aus Palmyra in Nordarabien. Abbildungen zeigen ihn mit einer Mondsichel entweder auf der Stirn oder auf den Schultern. Sein Name wird manchmal mit „Stier von Bol" übersetzt, was darauf schließen lässt, dass die Sichel ursprünglich die Hörner eines Stieres darstellen soll.

AHAT oder Aqhat ist in der phönizischen Mythologie der Sohn des lokalen Herrschers Daniel. Daniel hatte zunächst keine Nachkommen, erst auf Fürsprache des Regen- und Fruchtbarkeitsgottes BAAL schenkte ihm die oberste Gottheit EL einen Sohn. Der erwachsene Ahat erhielt von dem göttlichen Handwerker KOSCHAR einen prachtvollen Bogen aus gedrechselten Hörnern, der auch das Gefallen der Göttin ANAT fand. Um Ahat dazu zu bewegen, ihr den Bogen zu überlassen, versprach sie ihm sogar Unsterblichkeit. Doch Ahat weigerte sich mit der Begründung, dass es das Los der Menschen sei zu sterben. Daraufhin ließ Anat den Helden durch ihren Diener Jatpan ermorden; der Bogen aber ging im Kampf verloren. Baal sandte zur Strafe eine Dürre auf die Erde herab.

Daniel betrauerte den Tod seines Sohnes sieben Jahre lang. Der Ausgang der Geschichte ist nicht bekannt, man nimmt aber an, dass Ahat zum Leben erweckt wird und das Land wieder Früchte trägt. Ahat zählt also vermutlich zu den sterbenden und wieder geborenen Göttern.

AHRIMAN siehe ANGRA MAINYU.

AHURAMAZDA oder Ormazd war im antiken Iran die oberste Gottheit und der „Herr der Weisheit". Er galt als der Himmel über allem. Bis zum Auftreten des großen Propheten und Reformators ZOROASTER um 1200 v. Chr. verehrten die Perser zahlreiche Götter. Nach Verwerfung der alten Götter durch Zoroaster wurde Ahuramazda als Weltschöpfer angesehen. Sein stetiger Gegenspieler war ANGRA MAINYU, oder Ahriman, das Prinzip der Finsternis.

Ahuramazda erschuf zunächst die AMESHA SPENTAS und YAZATA und danach Menschen, Vieh, Feuer, Erde, Himmel, Wasser und Pflanzen. Nach Zoroasters Lehre machte Ahuramazda das Licht sichtbar; so zeigen Darstellungen ihn oft als Sonne. Manchmal gelten Sonne und Mond aber auch als Ahuramazdas Augen. Ahuramazda konnte Gut von Böse unterscheiden. Er schenkte seinen Anhängern das Feuer, mit seiner reinigenden Kraft Symbol für die Wahrheit.

Die Achämeniden, die von 558 bis 330 v. Chr. herrschten, nahmen Ahuramazda als Schutzgott des königlichen Hauses an; sein Symbol waren zwei weite Schwingen. In den Jahrhunderten nach Zoroaster entwickelte sich eine Bewegung, die als Zervanismus bekannt ist. Sowohl Ahuramazda als auch Angra Mainyu galten darin als Nachfahren von ZURVAN oder ZERVAN AKARANA, der „Unbegrenzten Zeit". So umging man das Problem, dass Ahuramazda das Böse erschaffen oder doch zumindest seine Existenz zugelassen haben sollte. Am Ende der Zeiten sollte „Ormazd regieren und alles nach seinem Belieben tun." (Siehe auch ENGEL UND DJINN)

AHURAMAZDA *war im antiken Iran der oberste Gott des Zoroaster und seiner Anhänger. Ahuramazda, das personifizierte Gute, kämpft auf Erden mit Angra Mainyu, dem Prinzip der Finsternis. Ahuramazda aber wird gewinnen.*
(ASSYRISCHES RELIEF, 9. JH. V. CHR.)

AL-LAT oder Allat ist eine vorislamische Göttin Zentral- und Nordarabiens. An ihrem Hauptkultort Ta'if nahe Mekka wurde ein weißer Granitblock als ihr Idol verehrt. Da vor allem Frauen den Stein zu ihren Ehren umschritten, liegt der Schluss nahe, dass sie als eine Art Muttergöttin galt. Al-Lat, angeblich eine der drei Töchter des Hochgottes ALLAH, verkörperte die Erde und soll mit Sonne, Mond oder dem Planeten Venus in Verbindung gestanden haben.

AL-UZZA ist eine vorislamische arabische Göttin, die bei den Beduinenstämmen Zentralarabiens als jüngste Tochter der obersten Gottheit ALLAH galt. Sie wurde in Gestalt eines schwarzen Steines verehrt, der an der Oberfläche eine Markierung, „Aphrodites Abdruck", trägt. Al-Uzza lebte nach der Überlieferung in einem Baum; ihr Symbol ist der Morgenstern. Wie Archäologen kürzlich herausgefunden haben, stand sie im Mittelpunkt eines Opferkultes, der auch Menschenopfer einschloss.

Der Stamm des Propheten Mohammed verehrte die Göttin ganz besondes. Angeblich hat der Prophet selbst den geheiligten Schwarzen Stein des Islam in die KAABA, den Schrein in Mekka, der heiligsten Stadt des Islam, gelegt. Priesterinnen versahen den Kult von Al-Uzza, und auch nach dem Aufkommen des Islam wurden die Wächter der Kaaba als „Söhne der Alten Frau" bezeichnet.

Im Koran, dem heiligen Buch des Islam, steht, dass Al-Uzza und Arabiens andere Hauptgöttinnen AL-LAT und MANAT „keine Namen sind, die du und deine Väter genannt haben. Allah gibt sein Wort nicht darauf. Ihr Dasein ist nichts als ein Wunschtraum." In Nordarabien ist Al-Uzza als Han-Uzzai bekannt.

ALALU war nach hethitischem Glauben der erste Götterkönig, der von südlich des Schwarzen Meeres kam. Ein Mythos erzählt davon, wie Alalu auf seinem Thron sitzt, und

„der mächtige ANU, der Erste unter den Göttern, vor ihm steht, sich tief verneigt und ihm die Trinkschale reicht". Nach neun Jahren wurde Alalu von Anu gestürzt und floh auf die Erde, vermutlich in die Unterwelt. Dem Anu folgte KUMARBI auf dem Thron nach, den wiederum sein Sohn TESCHUB, der Wettergott, stürzte.

ALLAH war bereits vor der Einführung des Islam die oberste Gottheit in Arabien, wenn auch nicht die einzige. Er lebte zusammen mit anderen Göttern im Himmel. Es heißt, er habe die Erde erschaffen und ihr das Geschenk des Wassers gemacht.

In vorislamischer Zeit herrschte in ganz Arabien der Animismus vor: Bäume und Quellen wurden angebetet, bestimmten Steinen wurden heilige Kräfte zugeschrieben. Für den Propheten Mohammed (570-632 v. Chr.) war aber Allah der einzig wahre Gott, dem allein absolute Verehrung gebührte. Die Anbetung einer anderen Gottheit galt Mohammed als Blasphemie, und gemäß dem Koran ist Polytheismus die größte Sünde.

Allah ist der Erhabene und Transzendente, er ist der Schöpfer allen Lebens und der Herr über die Natur. Von ihm kommen alle Gaben, er richtet in den letzten Tagen über die Menschheit. Allah ist furchterregend, aber auch gnädig, gerecht und barmherzig.

Nichts von dem, was Allah erschaffen hat, gleicht ihm. Deshalb ist es verboten, sich ein Bildnis von ihm zu machen. Im Koran hat er 99 Namen. Den hundertsten und erhabensten Namen aber kennt kein Sterblicher.

ALLAT siehe AL-LAT.

Die **AMESHA SPENTAS** sind im Zoroaster-Kult die unsterblichen Heiligen. Vermutlich gehörten sie zu dem Pantheon alt-iranischer Götter, das bereits vor ZOROASTER existierte. Obwohl der Religionserneuerer

AMUN, *hier mit der hohen Federkrone, beschützt den jungen Pharao Tutanchamun, der ihn wieder an die Spitze des ägyptischen Pantheons setzte.* (1350 V. CHR.)

die alten Götter ablehnte, ist es doch möglich, dass er die Amesha Spentas in seine Lehre übernommen hat. Sie dienten AHURAMAZDA, dem einzig wahren Prinzip und „obersten Herrn", dessen Gegenspieler ANGRA MAINYU, der Geist des Bösen, war.

Jeder Amesha Spenta herrschte über einen besonderen Aspekt der Wirklichkeit, also über eine bestimmte Art von Wesen oder einen Teil des Jahres. So bestimmte VOHU MANO über Nutztiere und Vieh; Asha Vahista über das Feuer, Khshathra Vairiya bewegte die Sonne und das Firmament und war Herr der Metalle; SPENTA ARMAITI regierte die Erde, Haurvatat die Gewässer und Ameretat die Pflanzen. Spenta Mainyu, der über die Menschheit gebot, wird entweder zu den Amesha Spentas gezählt oder gilt als Ahuramazda selbst.

AMON siehe AMUN.

AMUN, der ägyptische „König der Götter", wurde zunächst in der oberägyptischen Stadt Theben als Fruchtbarkeitsgott verehrt. Seine Bedeutung nahm stetig zu, bis er schließlich zum Staatsgott der PHARAONEN wurde. Abbildungen zeigen Amun häufig mit einer Krone aus zwei hohen Federn auf dem Haupt, manchmal auch mit einem Widderkopf.

Zur Zeit der 18. Dynastie (zweites Jahrtausend v. Chr.) war Amun zum obersten Gott von ganz Ägypten geworden und war mit dem Sonnengott zu Amun-Re verschmolzen, auch wenn RE weiterhin als eigenständige Gottheit verehrt wurde. Die Pharaonen Thutmosis III. und Amenhotep III. bezeichneten sich als „Söhne Amuns". Der Gott soll ihnen geholfen haben, ihre Feinde zu besiegen.

Amenhoteps Sohn Echnaton erklärte ATON zum wahren Gott und untersagte die Anbetung von Amun. Im Jahre 1361 v. Chr. setzte der nachfolgende Pharao aber Amun wieder ein und nannte sich Tutanchamun, d.h. „Lebendes Bild von Amun".

Amun wurde über die Grenzen Ägyptens hinaus bis nach Äthiopien und Libyen verehrt. Seine Frau heißt Mut, ihr gemeinsamer Sohn Chons.

AN siehe ANU.

ANAHITA, der iranischen Göttin des Wassers und der Fruchtbarkeit, wurde zu Zeiten der Achämeniden (558–330 v. Chr.) gehuldigt. Oft wird sie in Verbindung mit dem großen Gott MITHRA genannt. Im vierten Jahrhundert v. Chr. ordnete der Herrscher Artaxerxes II. an, dass in allen wichtigen Städten des Reiches Bilder von Anahita aufgestellt werden sollten. Später hatte die Göttin Verehrer in ganz Klein- und Vorderasien.

Anahita soll den SPENTA ARMAITI zur Seite gestanden haben und wird mit HAOMA, dem Gott der Unsterblichkeit, in Verbindung gebracht. Gelegentlich wurde sie – wie die babylonische Fruchtbarkeitsgöttin ISCHTAR, aus der sie hervorgegangen sein soll – mit dem Planeten Venus identifiziert; ihr Name bedeutet „unbefleckt".

Anahita wurde oft in einem Gewand aus strahlendem Gold abgebildet, geschmückt mit einer Krone und Juwelen. Die Taube und der Pfau waren ihre Begleiter. Mit ihrem Kult war auch Tempelprostitution verbunden.

ANAHITA, *die iranische Schutzgöttin der Frauen und der Fruchtbarkeit, und ein Aspekt der „Großen Göttin", krönt den Herrscher Narses.* (BAS-RELIEF, SPÄTES 3. JH. V. CHR.)

ANGRA MAINYU, *im Zoroaster-Kult Prinzip der Finsternis und Widersacher von Ahuramazda, der auf Erden ein Paradies schaffen will. Angra Mainyu dagegen sät Zweifel und Zwietracht; sein Ziel ist die Zerstörung der Menschheit.* (GOLDMEDAILLON AUS DEM SCHATZ DES OXUS, UNGEFÄHR 5. JH. V. CHR.)

ANAT oder Anath, eine Göttin der Kanaanäer und Phönizier, galt als schwesterliche Gemahlin von BAAL. Ihr Name wird für gewöhnlich mit „Voraussicht“ oder „Vorsorge“ übersetzt.

Die Göttin war für ihre Gewalttätigkeit bekannt. Der Mythos erzählt, dass sie alle abschlachtete, die zu Baal beteten, und erst von ihrem Tun abließ, als Baal versprach, ihr das Geheimnis der Blitze zu verraten. Später bat Anat die oberste Gottheit EL, dem Baal ein Haus zu geben, sie konnte ihn aber nicht dazu bewegen. Dies gelang erst der Muttergottheit ASTARTE. Nach seinem Einzug in den prunkvollen Palast brüstete sich Baal damit, allmächtig zu sein. Er forderte MOT, den Gott des Todes, zu einem Wettkampf heraus. Mot starb allerdings durch Anat, die ihn tötete, zerstückelte und verbrannte.

Anat wurde als Kriegsgöttin und Tochter des Sonnengottes RE im ägyptischen Pantheon aufgenommen. Die Ägypter bildeten sie meistens mit Speer, Axt und Schild ab und einer hohen, von zwei Straußenfedern überragten Krone.

ANATH siehe ANAT.

ANBAY, ein vorislamischer Gott Südarabiens, war als „Herr der Gerechtigkeit“ bekannt. Er war berühmt für sein Orakel, durch das der in der Götterhierarchie ihm übergeordnete Mondgott Amm sprach.

ANGRA MAINYU oder Ahriman ist in der antiken iranischen Mythologie das Prinzip des Dunklen und der Gegenspieler von AHURAMAZDA, dem Prinzip des Guten und der Wahrheit. Ahuramazda wollte das Land zu einem Paradies auf Erden machen. Angra Mainyu suchte dies zu verhindern, indem er schlechtes Wetter, Rauch, Dunkelheit, Krankheit, Seuchen und alles nur erdenkliche Übel schickte. In seiner Welt des Todes dauerte der Sommer nur zwei Monate, während zehn Monate im Jahr Winter herrschte. Wo Glauben war, säte Angra Mainyu Zweifel, wo Reichtum war, brachte er Faulheit und Armut. Zahllos waren seine Untaten, und selbst GEUSH URVAN, den Ur-Stier, soll er getötet haben. Sein Symboltier war die Schlange.

Unter der Herrschaft der sassanidischen Könige (226-652 n. Chr.) entstand die Vorstellung von ZURVAN oder ZERVAN AKARANA, der „Unbegrenzten Zeit“. Sowohl Angra Mainyu als auch Ahuramazda sollten demnach Nachkommen von Zervan Akarana sein, der dem Erstgeborenen die Macht versprochen hatte. So kam es, dass Angra Mainyu sich vor seinem Bruder aus dem Schoße kämpfte und Tausende von Jahren die Vorherrschaft innehatte. Nach zoroastrischem Glauben wird aber der Tag kommen, an dem Ahuramazda wieder an die Macht gelangt; dann wird Angra Mainyu vernichtet und versinkt in ewige Finsternis.

ANAT *ist die schwesterliche Gemahlin von Baal. Die phönizische Gottheit war für ihre Gewalttätigkeit bekannt. Später erschien sie im ägyptischen Pantheon als Kriegsgöttin.* (ASSYRISCHES SIEGEL.)

ANSHAR ist in der babylonischen Mythologie das männliche Prinzip. Das Epos „Enuma elisch“ („In der Höhe“) beschreibt ihn und Kishar, das weibliche Prinzip, als zweites Götterpaar nach Lahmu und Lahamu. Beide Paare entstanden, als sich APSU, das Ur-Süßwasser, mit TIAMAT, dem Ur-Salzwasser, vermengte. „Anshar“ bedeutet nach herrschender Auffassung „Himmelshorizont", denn der Gott repräsentiert die himmlische Welt. Kishar dagegen soll eine irdische Göttin gewesen sein, wie ihr Name „Erdhorizont“ zeigt.

Anshar und Kishar zeugten ANU, den Himmelsgott, und EA, den Gott des frischen Wassers und der Weis-

ANSHAR *repräsentiert in der babylonischen Mythologie das männliche Prinzip. Er wurde später mit Ashshur gleichgesetzt, dem Kriegsgott, der den Assyrern half, ihre Feinde zu besiegen.*

heit. Ferner zeugten sie die Igigi, die Gottheiten des Himmels, und die Anunnaki, die Götter, die auf der Erde und in der Unterwelt wohnten. Ab dem neunten Jahrhundert v. Chr. wurde Assur oder Ashshur, der Reichsgott von Assyrien, mit Anshar gleichgesetzt.

ANU ist der Sohn von ANSHAR und Kishar, dem männlichen und dem weiblichen Prinzip in der babylonischen Mythologie. Er gehört neben EA, dem Gott des fruchtbarmachenden Wassers, und ENLIL oder Bel, dem Herrn des Windes, zur Triade der Schöpfergottheiten.

Anu war der Himmelsgott und die oberste Gottheit des Pantheons, auch bekannt als Vater der Götter. Missetäter wurden vor seinen Thron zitiert, vor dem Szepter, Diadem, Krone und Befehlsstab lagen. Von dort aus richtete er über sie. Die Sterne waren Anus Soldaten, von ihm geschaffen, um die Bösen zu vernichten. Anu stieg niemals auf die Erde herab, denn mit den Menschen hatte er wenig zu schaffen. Er zog es vor, im Himmel zu bleiben und sich um die Geschicke des Universums zu kümmern. In der sumerischen Mythologie heißt er An. Manchmal wird er durch eine Krone auf einem Thron dargestellt.

Anu gelangte aus Mesopotamien über die Hurriter in das Pantheon der Hethiter. Die Geschichte der himmlischen Könige berichtet, dass Anu, der Erste unter den Göttern, dem König des Himmels, ALALU, diente. Alalu regierte neun Jahre lang, bis Anu ihn entthronte. Nach weiteren neun Jahren bemächtigte sich Anus Diener KUMARBI des Thrones. Anu wollte in den Himmel flüchten, doch Kumarbi ergriff ihn beim Fuß und biss seinen Penis ab. Anus Samen aber befruchtete den Kumarbi, und es entstanden daraus drei mächtige Götter, die verschiedene Aspekte des Wettergottes Teschub darstellten.

ANUBIS galt ursprünglich als vierter Sohn des ägyptischen Sonnengottes RE. Später nahm man aber an, dass seine Eltern der Vegetationsgott OSIRIS und NEPHTHYS, die Schwester von ISIS, waren. Nachdem sie Anubis geboren hatte, versteckte Nephthys ihn in den Sümpfen des Nils, um ihn vor ihrem Gemahl SETH zu schützen. Isis, die Muttergöttin, entdeckte ihn dort und zog ihn auf.

Als Osiris Ägypten verließ, um seine Lehren in der ganzen Welt zu verbreiten, begleitete Anubis ihn auf seinen Reisen. Anubis kümmerte sich auch um die Beerdigung von Osiris, als dieser von Seth getötet wurde: Er umwickelte ihn mit Tüchern und schuf die erste Mumie. So gilt Anubis als Erfinder der Begräbnisriten, als „Herr der Mumifizierung". Er richtete ebenfalls die Toten und führte die Rechtschaffenen zum Thron von Osiris. Anubis wird entweder als Schakal dargestellt oder aber als schakalköpfiger Mensch. (Siehe auch TORE ZU DEN GÖTTERN; UNTERWELTEN)

ANU, *babylonischer Gott des Himmels, und Enlil, Gott der Erde, beide symbolisiert durch die Hörnerkrone auf einem stilisierten Thron.* (DETAIL AUS EINEM BABYLONISCHEN GRENZSTEIN, UM 1120 V. CHR.)

APEP oder (häufiger) **APOPHIS** ist der Erzfeind von RE, der höchsten Gottheit des ägyptischen Pantheons. Die riesige Schlange symbolisiert die dunklen Kräfte des Chaos und der Zerstörung. Bösartig greift sie jede Nacht aufs Neue die Barke des Sonnengotts Re auf ihrer Reise durch die Unterwelt an. Nur sehr selten, bei einer totalen Sonnenfinsternis nämlich, gelingt es ihr, die Barke zu verschlingen.

Trotz ihrer Wildheit kann Apophis den Sonnengott nicht besiegen, genauso wenig aber wird die Riesenschlange endgültig vernichtet. Die Morgenröte symbolisiert den Sieg der Kräfte der Sonne über die Schlange. Einem Mythos zufolge entsteht Apophis, als NEITH, die „Große Mutter" und Kriegs- und Jagdgöttin, in das Urwasser NUN speiht. Apophis wird später mit SETH gleichgesetzt. (Siehe auch SCHLANGEN UND DRACHEN)

APOPHIS *stellte für die Ägypter das Chaos dar. Der Sonnengott Re, hier als Falke abgebildet, kämpfte allnächtlich in der Unterwelt (Duat) mit der Riesenschlange.* (KLEINE PYRAMIDE AUS KALKSTEIN, 19. DYNASTIE.)

HEILIGE TIERE

In der unwirtlichen Wüstenlandschaft hing das Leben der Menschen und Tiere von den Flüssen ab, die Wasser und fruchtbaren Boden spendeten. Ihrer engen Nachbarschaft zur Welt der Tiere waren sich die Ägypter stets bewusst, da sie das Nildelta mit gefährlichen Kreaturen wie Löwen, Krokodilen, Nilpferden und Schlangen gemeinsam bewohnten. Diese Tiere wurden einerseits mit der Leben spendenden Kraft der großen Flüsse assoziiert, flößten aber auch Angst ein. So entstanden die Tierkulte, deren Blütezeit im Späten und Ptolemäischen Reich von 664-30 v. Chr. lag. Verehrt wurden nicht die Tiere an sich, man übertrug ihre Eigenschaften auf eine bestimmte Gottheit, die dann in Tiergestalt abgebildet wurde. Vor den Altären wurden kleine Tierfigurinen oder mumifizierte Tiere geopfert. Die Tempelbeamten zogen daraus Profit, indem sie Tiere in großer Zahl züchteten, die sie dann als Mumien verkauften. Die Katakomben in Nord-Saqqara sollen nahezu vier Millionen mumifizierte Ibisse enthalten.

Die KOBRA *(links) oder Uräusschlange bäumt sich in Abwehr auf, ein Sinnbild für Schutz und potenzielle Gefahr zugleich. Die Schlange begleitete die Toten auf ihrer Reise in die Unterwelt in der heiligen Barke. Ähnliche Bilder wurden auch um die Gräber aufgestellt. Eine weibliche Kobra gehört zu den Insignien der Pharaonen; das Symbol, auf der Stirn getragen, beschützte den Pharao und das Land. Auch das Auge des falkenköpfigen Gottes Horus schützt im jenseitigen Leben.* (AUSSCHNITT AUS EINEM TOTENBUCH, 21. DYNASTIE, HERUBEN-PAPYRUS, UM 1000 V. CHR.)

BASTET *(oben) war die Tochter (manchmal auch Schwester oder Gemahlin) des ägyptischen Sonnengottes Re. Ursprünglich eine wilde und rachsüchtige Löwengöttin, änderte sie um 1000 v. Chr. ihre Gestalt und wurde zur friedliebenden Katze. Sie galt als Göttin der Fruchtbarkeit und der Liebe und schützte ihre Anhänger vor Krankheit und üblen Geistern. Tausende von Katzenmumien wurden ihr in ihrem Heimatort Bubastis geopfert. Im Namen der Göttin liebten und verehrten die Ägypter Katzen so sehr, dass das Töten einer Katze als todeswürdiges Vergehen galt.* (ÄGYPTISCHE BRONZE, 6. JH. V. CHR.)

APIS *(oben), der heilige Stier. In der Stadt Memphis verehrte man einen lebenden Stier als Seele von Ptah, dem Schutzgott der Stadt. Mythische Stiere als Symbol für Stärke und Zeugungskraft finden sich bereits in frühen Glaubenssystemen. Hathor, die ägyptische Gottheit der mütterlichen und sexuellen Liebe, erschien in Gestalt einer Kuh (oben rechts), die das Menschengeschlecht mit ihrer Milch nährte. Sie war die Schutzgöttin der Frauen und half ihnen, Kinder zu empfangen und zu gebären. Sie galt als Mutter der Pharaonen.* (ÄGYPTISCHE BRONZE, 7.-6. JH. V. CHR.)

RE-HARACHTE *(unten), Gott der aufgehenden Sonne, wird durch die Falkenschwingen und den Kopfputz in Form einer Sonnenscheibe symbolisiert. Das in polierten Granit gemeißelte Pyramidion ist die Spitze der Pyramide von Amenemhet III. Um die Sonnenscheibe ringelt sich die Kobragöttin Wadjet, Sinnbild für die Macht des Pharaos über Leben und Tod. Die Biene und der Ibis darunter repräsentieren Thot, den weisen Berater der Götter und Richter über die Toten.* (PYRAMIDION, UM 1818-1772 V. CHR.)

DRACHEN *(rechts) waren das Symboltier von Marduk, dem Schutzgott der sagenhaften Stadt Babylon. Sie hatten Kopf und Schwanz einer Schlange, Körper und Vorderpranken eines Löwen und Hinterbeine eines Falken. Sie schmückten das gewaltige Ischtar-Tor, das Ziel einer Prozession durch die Stadt war. Der festliche Zug war gesäumt von Löwen, die Ischtar, der Göttin der Liebe und Fruchtbarkeit, geweiht waren.* (GLASIERTES ZIEGELSTEINRELIEF, 6. JH. V. CHR.)

CHNUM *(oben), der widderköpfige Gott, nahm Schlamm aus dem Leben spendenden Nil und erschuf daraus auf seiner Töpferscheibe die Menschheit. Er beaufsichtigte auch die alljährliche Überflutung. An der ihm geweihten heiligen Stätte nahe des mythischen Ursprungs des Flusses wurden mumifizierte und mit Blattgold geschmückte Widder in Steingräbern beigesetzt. Seine Gemahlin Satis goss auf Darstellungen Wasser auf die ausgedörrte Erde.*

SOBEK *(links), der Krokodilgott, stand für Geschick und Stärke der Pharaonen im Kampf. Vorbild waren die Krokodile des Nils: schnell und geschickt bei der Jagd auf ihre Beute und mit Furcht erregenden Kiefern ausgestattet. Die Göttin Serket, Beschützerin der Särge, erschien in Gestalt eines Skorpions, manchmal auch als Mensch mit einem Skorpion-Haarschmuck. Ihre Aufgabe war es, die Deckel-Gefäße, in denen die Eingeweide der Toten aufbewahrt wurden, zu bewachen und den Thron der Pharaonen zu beschützen.* (ÄGYPTISCHE BRONZEN, 6. JH. V. CHR.)

APIS oder Hapi war unter den heiligen Tieren Ägyptens das wichtigste. Er wurde in der Stadt Memphis verehrt, wo sein Tempel dem des großen Schöpfergottes PTAH gegenüber lag. Apis in Gestalt eines lebenden schwarzen Stieres soll die Reinkarnation oder „glorreiche Seele" von Ptah gewesen sein; dieser hatte eine jungfräuliche Kuh mit Feuer befruchtet und wurde als schwarzer Stier wieder geboren.

Jeden Tag wurde Apis in das Freigehege bei seinem Tempel gebracht, wo die Priester aus seinen Bewegungen die Zukunft vorhersagten. Für gewöhnlich starb der Stier eines natürlichen Todes. Erreichte er jedoch das Alter von 25 Jahren, wurde er in einem Brunnen ertränkt. Zwei Mal geschah es, dass die Perser einen Stier töteten.

Die Priester von Ptah wählten den heiligen Stier aus, indem sie auf bestimmte Merkmale am Körper der Tiere achteten; dazu zählten ein weißes Dreieck auf der Stirn und ein Fleck in Form einer zunehmenden Mondsichel auf der rechten Seite. So groß war die Verehrung für den heiligen Stier, dass sein mumifizierter Körper unter großem Zeremoniell in einem riesigen Sarkophag beigesetzt wurde. (Siehe auch HEILIGE TIERE)

APOPHIS siehe APEP.

APSU verkörpert in der mesopotamischen Mythologie das Ur-Gewässer unter der Erde. Der Süßwasserozean umschloss und hielt die Erde. Apsu verbreitete Glück und Wohlstand auf der Erde und war Quelle allen Wissens und aller Weisheit. Schließlich vermengte sich das Wasser Apsus mit dem von TIAMAT, dem Ur-Meer. Sie zeugten Mummu, die Wellen, und das Ur-Paar Lahmu und Lahamu. ANSHAR und Kishar waren das nächste göttliche Paar, das aus den Wellen stieg. Sie galten als männliches und weibliches Prinzip und brachten wiederum die großen Götter ANU und EA hervor, sowie all die anderen Gottheiten, die Himmel, Erde und Unterwelt bevölkerten.

Mit der Zeit verärgerten die Götter jedoch den Apsu, der daraufhin mit Tiamat Pläne für ihre Vernichtung schmiedete. Tiamat war zunächst gegen den Kampf. Erst als Ea Apsu tötete, willigte sie ein, seinen Tod zu rächen. Eas Sohn, der große Gott MARDUK, im Wasser von Apsu geboren, sollte Tiamat herausfordern. Aus dem nachfolgenden blutigen Kampf ergab sich die Schöpfung der Welt und des Himmels. Eine Erzählung der Sumerer überliefert, dass die Göttin Nammu die ersten Menschen aus Lehm formte, den sie aus dem Wasser des Apsu nahm. In dem Heldenepos von GILGAMESCH stieg dieser in das Wasser des Apsu hinab und fand die Pflanze des ewigen Lebens.

AQHAT siehe AHAT.

ARINNA ist der Name einer hethitischen Stadt. Die oberste Gottheit der Stadt und spätere Reichsgöttin war als „Sonne von Arinna" oder Ariniddu bekannt. Die „Königin des Himmels und der Erde" schützte die Hethiter vor ihren Feinden und stand ihnen im Kampf bei. Ihr Symbol ist die Sonnenscheibe. Arinna entspricht der hurritischen Gottheit HEPAT; beide sollen mit dem Wettergott TESCHUB verheiratet gewesen sein.

Manchmal wurde Arinna auch als männliche Gottheit angesprochen, als „Inspirierter Herr der Gerechtigkeit". Der Sonnengott spielte eine wichtige Rolle in der hethitischen Mythologie, sein tatsächlicher Name ist allerdings verloren gegangen. Er war der König der Götter und verbreitete Wahrheit und Gerechtigkeit. In einem Gebet an ihn heißt es: „Sonnengott des Himmels, mein Herr, Hüter des Menschengeschlechts! Du steigest, O Sonnengott des Himmels, aus dem Meer in den Himmel hinauf. O Sonnengott des Himmels, mein Herr, du sitzest täglich zu Gericht über Mensch, Hund, Schwein und die wilden Tiere des Feldes." Es gab auch einen Sonnengott des Wassers und einen Sonnengott der Unterwelt, welche die Sonne jede Nacht durchqueren musste.

ASTARTE, *die wichtigste Göttin der Phönizier und Kanaanäer, wurde mit Liebe und Fortpflanzung in Verbindung gebracht. Diese Figurine stellt sie vermutlich als Fruchtbarkeitsgottheit dar.*
(KERAMIKFIGUR, GATH, 8.-7. JH. V. CHR.)

ARSU siehe RUDA

ASHERA; ASHTORET siehe ASTARTE.

ASHSHUR siehe ANSHAR.

ASTARTE war die wichtigste Göttin der Phönizier und Kanaanäer. Sie fand Eingang in die ägyptische Mythologie als Tochter entweder des Sonnengottes RE oder des PTAH. Oft wurde sie unbekleidet auf einem Pferd sitzend und Waffen tragend dargestellt.

Nach einer Erzählung mussten Ptah und die anderen obersten Götter dem Meer Tributzahlungen leisten. Sie brachten Silber, Gold und Edelsteine ans Meeresufer, doch das Meer war nicht zufrieden. Da baten die Götter Astarte, weitere Gaben zu bringen. Astarte ging zum Meer und verhöhnte es, woraufhin dieses Astarte selbst als Geschenk forderte. Die großen Götter schickten sie mit Juwelen bedeckt zurück, doch diesmal in Begleitung von SETH, der das Meer bekämpfen sollte. Das Ende der Geschichte ist nicht bekannt. Man geht aber davon aus, dass Seth Astarte retten konnte.

Manchmal wird Astarte mit „Schoß" oder „Was dem Schoße ent-

ATON, *der Sonnengott, wird durch eine Sonnenscheibe symbolisiert, deren Strahlen auf den Pharao Echnaton und die Königin Nofretete hinabreichen, die ihm ein Opfer darbringen.* (FLACHRELIEF, AMARNA, 1350 V. CHR.)

springt" übersetzt. Sie war also wahrscheinlich ursprünglich eine Fruchtbarkeitsgöttin. Astarte wurde auch mit Liebe und Fortpflanzung in Verbindung gebracht. Tempelprostitution war Teil ihres Kults.

Im Alten Testament erscheint sie als Ashtoret. SALOMO ließ ihr zu Ehren einen Tempel nahe Jerusalem errichten. Manchmal verehrten die Israeliten die Göttin sogar als Königin des Himmels und Frau von JAHWE.

Die Göttin Ashera oder Ashera-vom-Meer wird oft mit Astarte gleichgesetzt. Man nannte sie „Mutter der Götter", und sie soll 70 Kinder gehabt haben. Nach Schriften aus dem 14. Jahrhundert v. Chr. hatte der oberste Gott EL zwei Gemahlinnen, Ashera und ANAT, mit denen er SHAHAR und Shalim, „Sonnenaufgang" und „Sonnenuntergang", und viele andere Gottheiten zeugte.

Ob Anat und Astarte zwei verschiedene Göttinnen oder nur verschiedene Aspekte einer Gottheit sind, ist nicht geklärt. Möglicherweise ist Anat die dunkle Seite der Göttin und Astarte die helle, himmlische Seite. In einer Schrift werden sie beide als Töchter der ägyptischen Muttergöttin NEITH genannt und mit „Herrin des Himmels" angesprochen. Weit verbreitet ist die Meinung, dass Aphrodite sich aus Astarte entwickelt hat.

ATAR oder „Feuer" soll der Sohn der iranischen Gottheit AHURAMAZDA gewesen sein. Feuer wurde allerdings bereits lange vor dessen erster Erwähnung verehrt. Der Zoroaster-Kult lehrte, dass Feuer eine der sieben Schöpfungen des Ahuramazda war. Atar sollte den Menschen Trost und Weisheit spenden und die Welt gegen das Böse verteidigen. Er stellte das Licht der Wahrheit dar und den göttlichen Funken im Menschen, der die Gegenwart des obersten Gottes bedeutete.

Der schreckliche Drache AZI DAHAKA versuchte in einem blutigen Kampf, der sich über Land, Meer und Luft erstreckte, das himmlische Feuer auszulöschen. Schließlich gelang es Atar, den Drachen einzufangen und an einen Berg zu ketten.

ATON war ein Sonnengott, der im 14. Jahrhundert v. Chr. unter Amenhotep IV., einem PHARAO der 18. Dynastie, eine Vorrangstellung einnahm. Er wurde mit dem Sonnengott RE selbst gleichgesetzt. Amenhotep IV. ließ Aton-Tempel in unmittelbarer Nachbarschaft der Tempel des höchsten Gottes AMUN errichten. Zum Entsetzen der Amun-Priester türmten sich vor den Aton-Tempeln die Geschenke. Vier Jahre nach seiner Thronbesteigung erklärte der Pharao den Aton-Kult zur Staatsreligion; er sollte als einziger Schöpfer der Menschheit verehrt werden. Es war verboten, anderen Göttern, insbesondere dem Amun, zu huldigen.

Alle Tempel von Amun wurden geschlossen und seine Bilder unkenntlich gemacht. Der Pharao änderte seinen Namen und nannte sich fortan nicht mehr Amenhotep, was „Amun ist zufrieden" bedeutet, sondern Echnaton, d.h. „Ruhm des Aton" oder „Der den Aton verehrt". Ferner verlegte er seine Residenz von Theben in die heutige Stadt Amarna, die er allein zu Ehren Atons errichten ließ.

Aton wird als riesige rote Scheibe abgebildet, deren Lichtstrahlen in Hände münden, aus denen der Herrscher die Schönheit Atuns empfängt. Nach dem Tod Echnatons wurden Amun und die anderen Götter wieder eingesetzt und Atons Strahlen auf den Abbildungen durchschnitten, um zu verhindern, dass seine Schönheit Echnaton erreichte.

ATON, *die Sonnenscheibe, vom Pharao Echnaton als Verkörperung der obersten Lichtkraft verehrt. Echnaton verbot die Anbetung aller anderen Gottheiten des ägyptischen Pantheons. Sein Nachfolger Tutanchamun (unten) setzte die alten Götter wieder ein.* (HOLZSCHNITZEREI, 14. JH. V. CHR.)

ATTAR wurde in vorislamischen Zeiten in Südarabien verehrt. Als Kriegsgott wurde er oft als „Kampfesmutiger" bezeichnet. Eines seiner Symbole war die Speerspitze und sein heiliges Tier die Antilope. Er hatte Macht über Venus, den Morgenstern, und soll die Menschen mit Wasser versorgt haben.

ATTIS war der Gemahl von KYBELE, der großen phrygischen Muttergöttin Kleinasiens. Manchmal wurde der Vegetationsgott auch Papas oder „Vater" genannt. Ein sehr alter Mythos erzählt von der Geburt des ATTIS: Während der Hermaphrodit AGDISTIS schläft, binden die Götter seine Genitalien an einem Baum fest, die abgetrennt zu Boden fallen, als er aus dem Schlaf auffährt. An dieser Stelle wächst ein Mandelbaum. Nana, die Tochter eines Flussgottes, wird durch eine der Früchte des Baumes schwanger und bringt Attis zur Welt. Nach anderen Überlieferungen war der Gott ein Findelkind oder der Sohn eines Königs.

Bekannt ist vor allem, wie seine verzweifelte Liebe zu Kybele ihn in den Wahnsinn treibt und er sich unter einem Pinienbaum zu kastrieren versucht. Aus seinem Blut wachsen Blumen und Bäume. Nach seinem Tod wird er wieder geboren und mit Kybele vereinigt.

Die Griechen und Römer übernahmen den Kult der Kybele und damit auch den des Attis. Kybele soll sich in Attis, einen schönen Hirtenknaben, verliebt haben. Sie erwählte ihn zu ihrem Priester und ließ ihn Keuschheit geloben. Als sich Attis in eine Flussnymphe verliebte, schickte Kybele ihm einen Anfall von Raserei, in dem er sich selbst verstümmelte. Nach seiner Genesung wollte er sich das Leben nehmen, doch Kybele verwandelte ihn in einen Pinienbaum. In einer anderen Überlieferung durchbohrt ihn ein von Zeus gesandter Eber.

Jedes Jahr fand Ende März ein fünf Tage währendes Fest zu Ehren des Attis statt. Der erste Tag war der Tag der Trauer. Eine heilige Pinie aus dem Hain neben dem Kybele-Tempel symbolisierte den Gott und wurde mit Binden umwickelt, mit Bändern und Blumen geschmückt und durch die Straßen getragen. Am zweiten Tag führten die Priester der Kybele rasende Tänze auf, am dritten Tag kastrierten sie sich selbst und bespritzten den Altar und das Bildnis des Attis mit ihrem Blut. Am vierten Tag wurde die Auferstehung des Attis gefeiert und der fünfte Tag war dem Ausruhen gewidmet. Eine rituelle Heirat zwischen Kybele und Attis, in der die Hohepriester der Kybele die Rolle des Gottes übernahmen, war Teil der Zeremonie.

ATTIS *war ein Vegetationsgott in Phrygien (Kleinasien). Tod und Wiedergeburt des Gottes symbolisieren Werden und Vergehen in der Natur. Einer römischen Legende zufolge schickte Zeus einen Eber, der den Attis durchbohrte.* (MARMORBÜSTE, RÖMISCHES KAISERREICH.)

Die Römer stellten Attis für gewöhnlich als Hirten dar, mit dem Krummstab in der Hand und mit einem Schaf auf den Schultern. Er spielt auf der Flöte, und auf seinem Kopf sitzt eine spitze Kappe, der Sonnenstrahlen oder Getreideähren entspringen. Diese symbolisieren seine Aufgabe als Gott der Erneuerung und Wiedergeburt. (Siehe auch STERBENDE UND WIEDERGEBORENE GÖTTER)

AZI DAHAKA war in der antiken iranischen Mythologie ein schrecklicher Drache mit drei Köpfen, sechs Augen und drei Paar Fang-

zähnen. Ursprünglich ein Mörder von Tier und Mensch, sah man ihn manchmal auch als sagenhaften König von Babylon, Erzfeind des Iran, oder als Feind des großen Königs YIMA an. In einer Erzählung schlitzt der Held FERIDUN das Untier auf und sieht entsetzt, wie Eidechsen und Kröten aus ihm herausquellen.

Später verkörpert Azi Dahaka die Falschheit und ist ANGRA MAINYU, dem Prinzip der Finsternis, untertan. Der Feuergott ATAR jagt das Ungeheuer auf der Erde, in den Meeren und in der Luft. Schließlich fängt er es ein und kettet es an einen Berg.

Am Ende der Zeiten wird es Azi Dahaka gelingen, seine Ketten zu sprengen, und er wird die Erde erneut verwüsten. Der Held KERESASPA wird dann das Ungeheuer endgültig erlegen. (Siehe auch SCHLANGEN UND DRACHEN)

BA UND KA waren für die alten Ägypter Seele und Geist oder die Lebenskraft eines Toten. Ba schwebte über den Verstorbenen und wurde für gewöhnlich als Vogel mit Menschenkopf dargestellt.

Ka soll den Verstorbenen in Gestalt eines blauen Phönix erschienen sein. Er kehrte in die Grabstätte zurück und aß die Speisen, die Angehörige und Priester zurückgelassen hatten. Dieser Glauben war so tief verwurzelt, dass sich auf den Wänden der Grabstätten manchmal Speisekarten fanden.

BAAL *war in vielen kanaanäischen Stämmen der Name der höchsten Gottheit. In der Bibel ist Baal Synonym für „falscher Gott", und es war verboten, ihm zu opfern.* (ABBILDUNG AUS „MYTHS OF BABYLONIA AND ASSYRIA" VON LEWIS SPENCE.)

BAAL bedeutet „Herr" oder „Eigentümer". Viele Stämme nannten so ihre oberste Gottheit. Die Israeliten bezeichneten nach ihrem Eintreffen in Kanaan alle fremden Götter als Baal, und in der Bibel ist Baal Synonym für „Falscher Gott". Der bekannteste Baal der kanaanäischen Stämme wird mit dem Wettergott Hadad in Verbindung gebracht. Er lebte auf einem Berg im Norden des Landes und wurde manchmal als „Herr des Nordens" bezeichnet.

Ein Mythos erzählt vom Sieg des Baal über die Meeresgottheit YAM. Dieser forderte den obersten Gott EL auf, ihn zum König zu krönen. El willigte ein, nicht ohne Yam zu warnen, dass er zunächst Baal besiegen müsste. Baal rüstete sich für den bevorstehenden Kampf mit magischen Waffen, die die Götter hergestellt hatten. So gelang es ihm, Yam zu töten und seine sterblichen Überreste zu verstreuen. Nachdem Baal sich selbst zum König ernannt hatte, errichtete er eine prunkvolle Wohnstatt auf dem Berg Saphon und bemächtigte sich verschiedener Städte.

Durch den Sieg übermütig geworden, forderte Baal MOT, den Gott des Todes, heraus und zwang ihn, fernab der fruchtbaren Regionen im kahlen Ödland zu leben. Mot wiederum forderte Baal auf, in die Unterwelt zu kommen und Schlamm, die Speise des Todes, zu essen. Baal nahm die Herausforderung an und starb. Alle Götter betrauerten seinen Tod. Seine Gattin, die grausame ANAT, stieg in die Unterwelt hinab, um seinen Körper zu holen. Als es ihr nicht gelang, ihn wieder zu beleben, rief sie Mot zu Hilfe. Dieser weigerte sich, und so verfiel sie in Raserei und erschlug ihn. Daraufhin erlangte Baal das Leben zurück. Baal ist also ein sterbender und wieder geborener Gott.

Oft wird er auch mit einem Donnerkeil oder einem Blitz im erhobenen Arm abgebildet. (Siehe auch STERBENDE UND WIEDERGEBORENE GÖTTER)

B

BAALs *Stimme war wie der Donner. Er bewässerte die Erde durch ein Loch im Boden seines Palastes. In der griechisch-römischen Epoche wurde Baal im Gebiet von Palästina mit Zeus und Jupiter gleichgesetzt.* (VERGOLDETE BRONZE, SYRIEN, ETWA 14.-15. JH.)

BASHAMUM wurde in vorislamischen Zeiten in Südarabien verehrt. Sein Name stammt möglicherweise aus der arabischen Bezeichnung für einen Balsamstrauch, was nahe legt, dass er ein Gott des Heilens war. Ein alter Text beschreibt, wie der Gott zwei wilde Ziegen heilt.

BASTET war die Ortsgöttin von Bubastis („Haus der Bastet"), der Hauptstadt einer Provinz Unterägyptens. Für gewöhnlich galt sie als Tochter des Sonnengottes RE, manchmal allerdings auch als seine schwesterliche Gemahlin. Später wurde sie die Frau des Schöpfergottes PTAH. In einigen Überlieferungen wird auch sie, und nicht NEPHTHYS, als Mutter des schakalköpfigen Gottes ANUBIS genannt.

Ursprünglich erscheint sie als Löwengöttin und symbolisiert sowohl die Wärme der Sonne als auch den Zorn des Auges des Sonnengottes. Um 1000 v. Chr. ändert sich aber die Darstellung in die einer Katze oder einer katzenköpfigen Frau. In einigen Varianten behält sie die Eigenschaften von Sachmet (siehe HATHOR), der löwenköpfigen Göttin. Im Allgemeinen ist Bastet eine wohlwollende Göttin, die das Menschengeschlecht vor Krankheit und bösen Geistern schützt. Wichtiger ist aber ihre Rolle als Göttin der Fruchtbarkeit, Sexualität und Liebe. Sie liebte Musik und Tanz. Im 4. Jahrhundert v. Chr. wurden ihr zu Ehren Festspiele in ihrem Tempel in Bubastis veranstaltet. Katzen wurden als ihr geheiligte Tiere verehrt und mumifiziert in ihrem Heiligtum begraben. (Siehe auch HEILIGE TIERE)

BASTET *(links) wurde meist als Katze oder katzenköpfige Frau abgebildet. Ursprünglich die Lokalgöttin von Bubastis, erreichte ihre Verehrung im Späten und Ptolemäischen Reich (um 660-30 v. Chr.) ihren Höhepunkt, als Tierkulte die Religion des Volkes prägten. Ihr wurden Bronzefigurinen und mumifizierte Katzen dargebracht.* (BRONZE, CA. 5. JH. V. CHR.)

BEHEMOTH ist in der hebräischen Mythologie ein fürchterliches Landungeheuer und das Gegenstück zur schrecklichen Seeschlange LEVIATHAN. Das Buch Hiob im Alten Testament assoziiert BEHEMOTH mit dem Nilpferd. In einigen Überlieferungen hat sich das Ungeheuer aus TIAMAT, der Furcht erregenden babylonischen Gottheit, entwickelt.

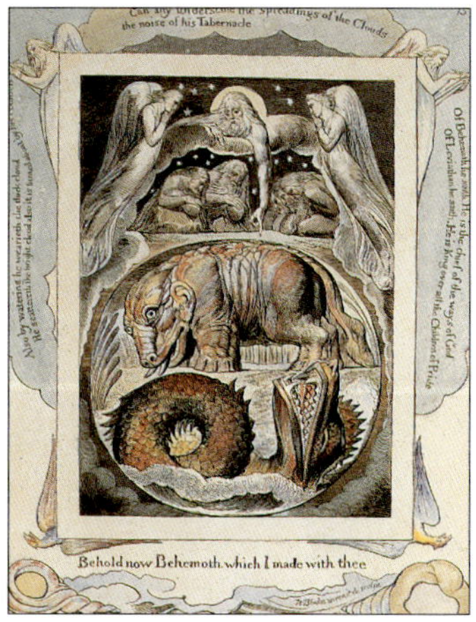

BEHEMOTH *(links) und das Seeungeheuer Leviathan stehen im Buch Hiob für die größten und stärksten Tiere.* (HANDKOLORIERTER STICH VON WILLIAM BLAKE, UM 1793.)

BEL siehe ENLIL.

BELILI siehe TAMMUZ.

BORAK war ein Fabeltier der islamischen Mythologie. Teils Mensch, teils Tier, soll es dem Propheten Mohammed in der Nacht seines Aufstiegs in den Himmel als Reittier gedient haben. Sein Name bedeutet „Blitz".

CHNUM siehe KHNUM.

CYBELE oder **KYBELE** ist Phrygiens Große Mutter und Fruchtbarkeitsgöttin. Ursprünglich eine Berggottheit, bezeichnete man sie manchmal auch als „Herrin von Ida", einem Berg in Westanatolien. Sie bewohnte die unwirtlichen und gefährlichen Regionen der Erde. Die wildesten Tiere waren ihr untertan.

BORAK *(unten) mit dem Kopf eines Menschen, dem Körper eines geflügelten Pferdes und dem Schwanz eines Pfaus, trägt den Propheten Mohammed in den Himmel, umgeben von geflügelten Peris.* (QAJAR LACKARBEIT, UM 1870.)

KYBELE *(oben) war die Große Mutter der phrygischen Mythologie. Sie ist eine Erdgöttin, ihr Symbol ein schwarzer Stein. Dieser angebliche Meteorit wurde in Pergamon aufbewahrt.* (2. JH. N. CHR.)

KYBELEs *Priester (rechts), die Galli, vollzogen die Riten zu Ehren der Göttin. Musik, konvulsive Tänze, Opfer und freiwillige Selbstverstümmelung gehörten dazu.* (RÖMISCHE SCHNITZEREI, 1.-3. JH. N. CHR.)

Ihre Ursprünge können bis nach Catal Höyük, einer großen frühgeschichtlichen Siedlung in Südanatolien, zurückverfolgt werden. Archäologen fanden dort bei Ausgrabungen eine Terrakotta-Figur, die die Muttergöttin beim Gebären darstellen soll.

In erster Linie wurde Kybele mit der Erde in Verbindung gebracht, insbesondere mit einem schwarzen Stein, der in Pergamon aufbewahrt wurde.

Weitere Kultorte der Großen Göttin waren Troja und Pessinus. In Phrygien war Kybele möglicherweise zunächst als KUBABA oder „Herrin des Kubus“ bekannt, denn manchmal identifiziert man sie mit einer antiken Gottheit dieses Namens, die in Karkemisch im hethitischen Reich verehrt wurde. Beide Göttinnen hatten ihre Heiligtümer in Höhlen oder in der Nähe von Felsen.

Der Kybele-Kult fand schließlich seinen Weg von Kleinasien nach Griechenland. Im 5. Jahrhundert v. Chr. stellte man eine prächtige Statue der Göttin, von Löwen flankiert, in einem Tempel in Athen auf. Im Jahre 204 v. Chr. wurde der der Kybele geweihte schwarze Stein von Phrygien nach Rom gebracht, da ein Orakel vorhergesagt hatte, dass die „Phrygische Mutter“ den Römern im Krieg gegen die Karthager beistehen würde.

Jedes Jahr im Frühling fanden Festspiele zu Ehren Kybeles statt. Löwen zogen einen Wagen durch die Straßen Roms. Der Historiker Lucretius (99-55 v. Chr.) berichtet: „Sie wird auf einem von Löwen gezogenen Wagen aus dem ihr geweihten Bezirk getragen, den Kopf umwunden von einer Krone mit Zinnen, denn kampfbereit aus glorreicher Höhe stützt sie die Städte. Und mit diesem Emblem geschmückt wird das Bild der göttlichen Mutter durch große Länder getragen. Die verschiedenen Völker rufen sie in einem alten Ritus als Mutter von Ida an und geben ihr phrygische Musiker zur Gesellschaft, denn man sagt, dass Getreide zuerst auf diesem Land angebaut wurde und später in der ganzen Welt."

Während der orgiastischen und ekstatischen Riten schlugen die Priester der Kybele, die Galli oder Galloi, mit Peitschen auf sich ein und entmannten sich schließlich. Man opferte einen Stier oder Widder, unter dem auf einer Plattform der eingeweihte Hohepriester stand, der dann vom Blut des Tieres durchtränkt wurde. Die Anhänger der Kybele glaubten, dass sie so nach dem Tod in ein neues Leben geführt würden.

Die Attribute der Göttin sind der Spiegel, der Granatapfel und der Schlüssel. Der bekannteste Mythos erzählt von der Rache der Kybele an ATTIS für seine Untreue. Sie lässt ihn wahnsinnig werden, sodass er sich selbst kastriert und stirbt. Später schenkt sie ihm allerdings sein Leben wieder. Nach einer anderen Überlieferung haben Kybele und Gordius, der König von Phrygien, einen Sohn, Midas; jenen Midas, der sich wünschte, dass alles, was er berührt, zu Gold würde und der dann nichts mehr essen oder trinken konnte, bis der Gott Dionysus sich seiner erbarmte.

D

Die DAEVAS oder **DEVAS** waren in der Indo-Arischen Periode des alten Iran Widergötter. Der Religionserneuerer ZOROASTER hatte sie zunächst nicht als wichtig betrachtet, später aber sah er in ihnen Feinde der wahren Religion. Daevas waren meist männlich, DRUIJS dagegen weiblich. ANGRA MAINYU oder Ahriman, das Prinzip des Dunklen, herrschte über die Dämonen, die vor allem für ihre Betrügereien berüchtigt waren.

Meist war ein Daeva der direkte Gegenspieler eines AMESHA SPENTAS, eines „unsterblichen Heiligen". Ein Dämon lauerte auf der Brücke Chinvat, die alle Seelen überqueren mussten, um in AHURAMAZDAs Paradies zu gelangen. Wenn es ihm gelang, eine Seele zu packen, warf er sie in die Tiefen hinab. Ein anderer versuchte, die Herrscher zu Tyrannen zu machen, ein Dritter säte Hochmut und Rebellion. Einige der Dämonen brachten Alter und Senilität mit sich und wieder andere Raserei und Verwüstung.

Der große Held RUSTEM bekämpfte sie ohne Unterlass. In einem Mythos nimmt ein Daeva namens Arzang den König in Gefangenschaft und blendet ihn. Rustem konnte den Herrscher befreien und ihm sein Augenlicht wiederschenken, indem er das Herz eines Dämonen als Medizin benutzte.

In der armenischen Mythologie hießen die Daevas Devs. In Indien werden mit Devas gute Geister bezeichnet.

DAGAN, *der Hauptgott der Philister, wurde mit einem Fischschwanz dargestellt. Möglicherweise war er ein Meeresgott.*

DANIEL *wurde in der Löwengrube von einem von Jahwe gesandten Engel beschützt.* (MOSAIK, HOSIOS LOUKAS, GRIECHENLAND, 11. JH.)

DAGAN war ein Getreide- und Fruchtbarkeitsgott in Kanaan und Mesopotamien. Oft wird er als Vater von BAAL, dem Gott des Regens und der Fruchtbarkeit, angesehen. Verschiedene Könige in Akkad und Babylonien nannten sich „Söhne des Dagan", darunter König Hammurabi und Aschurnasirpal II.

Im Alten Testament ist ein Gott namens Dagon die oberste Gottheit der Philister. Samson brachte die beiden Hauptsäulen seines Tempels in Gaza zum Einstürzen und zerstörte ihn so. Dagon, möglicherweise ein Meeresgott, wurde mit einem Fischschwanz dargestellt. Es ist allerdings nicht sicher, ob Dagan und Dagon identisch sind.

DAGON siehe DAGAN.

DANIEL erscheint im Alten Testament im 6. Jahrhundert v. Chr. als Gefangener des Königs von Babylon, Nebukadnezar, der im Jahr 597 v. Chr. Jerusalem eroberte. Ein Jahrzehnt später wurde die Stadt angegriffen und die Hebräer nach Babylon verschleppt. Dort blieben sie bis zum Fall der Stadt in Gefangenschaft, mit ihnen auch Daniel. Dieser erlangte dort seinen Ruf als Deuter von Träumen und Visionen. Er bekam den Beinamen „Meister der Magier" und wurde zum Herrscher einer Provinz ernannt. Nebukadnezar verlangte aber von seinen Untertanen, dass sie ein goldenes Standbild anbeteten. Daniels Freunde Schadrach, Meschach und Abed-Nego weigerten sich, da sie dem Glauben an JAHWE treu bleiben wollten. Der König ließ die Männer in einen Feuerofen werfen; zum Erstaunen aller blieben sie unverletzt.

Nebukadnezar hatte oft beunruhigende Träume und verlangte von Daniel deren Deutung. Dieser prophezeite dem König, dass er aus Babylon verbannt werden würde. Dies bewahrheitete sich, und Belsazar, der Sohn Nebukadnezars, regierte in Abwesenheit seines Vaters. Während eines großen Festmahles, das Belsazar eines Abends für eintausend seiner Fürsten gab, erschien eine rätselhafte Schrift an der Wand des Palastes: „In derselben Stunde erschienen die Finger einer Menschenhand und schrieben gegenüber dem Leuchter etwas auf die weiß getünchte Wand des königlichen Palastes." Daniel las aus der Schrift, dass die Meder und Perser Babylon einnehmen würden. Und tatsächlich übernahm noch in derselben Nacht der Meder Darius die Königsherrschaft von Belsazar.

Die Mitglieder des neuen Hofes neideten dem Daniel seine einflussreiche Position. Sie schmiedeten ein Komplott, das den König dazu brachte, Daniel in eine Löwengrube werfen zu lassen. Den Eingang zu der Grube versperrte ein Stein. Doch Jahwe sandte dem Daniel einen Engel, der die Rachen der Löwen verschloss. „So wurde Daniel aus der Grube herausgeholt; man fand an ihm nicht die geringste Verletzung, denn er hatte seinem Gott vertraut."

Die DJINN waren nach arabischer und islamischer Auffassung hässliche und böse Dämonen mit übernatürlichen Kräften. In vorislamischen Zeiten galten sie als Naturgeister mit der Fähigkeit, die Menschen in den Wahnsinn zu treiben. Sie durchstreiften die einsamen Wüstengegenden; für gewöhnlich waren sie unsichtbar, sie konnten aber die Gestalt von Tier oder Mensch annehmen. In der islamischen Mythologie wurden die Djinn

E

dann zu Mischwesen aus Menschen und Engeln. Diejenigen unter ihnen, die sich weigerten, an den Islam zu glauben, wurden zu Dämonen, die anderen dagegen zu schönen und guten Geistern.

Der König SALOMO soll zahlreiche Djinn mit Hilfe seines magischen Ringes gezähmt haben. Angeblich trug er sie auf Reisen auf seinem Rücken und ließ sie den Tempel in Jerusalem sowie herrliche Gärten und Paläste erbauen.

Es gab unterschiedliche Arten von Djinn: Die Ghul waren weibliche Geister, die in der Wildnis lebten und sich in Tiergestalt zeigten. IBLIS oder SATAN wird oft als der oberste Djinn bezeichnet.

Djinn entstanden angeblich aus rauchlosem Feuer und wohnten mit anderen übernatürlichen Wesen im Kaf, einer sagenhaften Bergkette, die die Erde umschloss. (Siehe auch ENGEL UND DJINN)

Die DRUJS waren in der alten iranischen Mythologie die Feinde des „asha", des Welt-Gesetzes. Alles, was die grässlichen, meist weiblichen Dämonen taten, diente nur einem Zweck: der Verbreitung des Bösen. Zu ihnen zählte AZI DAHAKA, ein Dämon in Gestalt eines schrecklichen Drachens oder einer Schlange, ebenso wie Nasu, die sich angeblich als Fliege auf toten Körpern niederließ und so ihre Verwesung beschleunigte. Die Druj Jahi galt als das Symbol des Bösen in der Frau. In einer Variante der Überlieferung küsst ANGRA MAINYU, der Geist des Dunklen, Jahi und macht sie so durch die Menstruation unrein.

DUMUZI war der Gatte von Inanna, der Göttin der Liebe und Königin des Himmels und sumerische Entsprechung des babylonischen Gottes TAMMUZ. In der babylonischen Version von der Reise der Göttin in die Unterwelt stieg ISCHTAR in das Königreich von ERESCHKIGAL hinab, um Tammuz aus dem Schlaf zu wecken und ihn zu retten. Im sumerischen Mythos aber war Inanna selbst es, die Dumuzi an ihrer Stelle in der Unterwelt zu bleiben befahl.

Als Inanna in ihre Stadt Uruk zurückkehrte, fand sie Dumuzi fröhlich auf dem Throne sitzend vor. Sie richtete das Auge des Todes auf ihn und bestimmte, dass er für sie in die Unterwelt gehen sollte. Dumuzi bat den Sonnengott um Hilfe. Dieser verwandelte Dumuzi in eine Schlange und er konnte entkommen.

Als Dumuzi seiner Schwester Geschtinanna von einem Traum erzählte, in dem er seinen eigenen Tod gesehen hatte, wurde sie von Kummer überwältigt. Als sich die Dämonen aufs Neue näherten, verwandelte sich Dumuzi in eine Gazelle. Doch sie zerrten ihn mit sich.

Seine Gemahlin Inanna und seine Schwester Geschtinanna trauerten um Dumuzi. Die tiefe Trauer der Geschtinanna aber rührte Inanna: Sie willigte ein, dass ihr Gatte nur die Hälfte eines jeden Jahres in der Unterwelt verbringen musste und dass Geschtinanna während der anderen Hälfte seinen Platz einnahm.

EA, *der babylonische Gott der Erde, wird in einer an Adam und Eva erinnernden Geschichte in Versuchung geführt.* (ABBILDUNG AUS „MYTHS OF BABYLONIA AND ASSYRIA" VON DONALD A. MACKENZIE.)

EA oder Enki ist im babylonischen Pantheon neben dem Himmelsgott ANU und dem Windgott ENLIL eine der drei Schöpfergottheiten. Ihm entspricht der sumerische Gott Enki. Ea, Sohn von ANSHAR und Kishar, dem männlichen und dem weiblichen Prinzip, lebte in dem unter der Erde befindlichen Süßwasserozean APSU. Als Gott des frischen Wassers und der Weisheit und Zauberei besaß Ea die Kräfte eines Orakels und beriet die Menschen. Als Apsu die Zerstörung der Götter plante, tötete Ea ihn und forderte so TIAMATs Zorn heraus. Später warnte der weise Ea die Menschen vor dem Gott Enlil, der sie auslöschen wollte. Gleichzeitig riet er Enlil, seinen Zorn zu zügeln. Auf der Erde lebte Ea in Eridu an der südlichen Grenze von Sumer. Sein Heim war Ezuab, was „Haus des Apsu" bedeutet. Symboltier des Ea ist ein Mischwesen aus dem Vorderkörper einer Ziege und dem Schwanzende eines Fisches. Manchmal wird er auch als halb Mensch, halb Fisch dargestellt. Seine Gemahlin war Ninki, die „Herrin der Erde", oder aber Damkina bzw. Damgalnunna.

EA *war ein babylonischer Gott. Er lehrte das Volk pflügen und das Land bestellen, damit es seinen Lebensunterhalt sichern konnte. Zusammen mit dem Himmelsgott Anu und dem Windgott Enlil bildet er eine Schöpfergott-Triade.* (BABYLONISCHES SIEGEL.)

Die Hurriter führten Ea in das Pantheon der Hethiter ein. In der Erzählung vom Kampf des Wettergottes TESCHUB mit ULLIKUMI suchte Teschub den Rat des weisen Ea. Die Götter sahen bestürzt, wie machtvoll Ullikumi war. Ea aber suchte Ubelluri auf, auf dessen Schultern Ullikumi aufgewachsen war. Ubelluri sagte: „Als Himmel und Erde auf mir errichtet wurden, bemerkte ich nichts davon. Und als Himmel und Erde mit einem scharfen Werkzeug durchtrennt wurden, bemerkte ich es ebenfalls nicht. Doch jetzt verspüre ich einen Schmerz in der rechten Schulter, ich weiß aber nicht, von welchem Gott." Der Gott war eben Ulikumi, der aus Dioritstein gemacht war. Ea durchschnitt mit dem Messer, mit dem der Himmel von der Erde geschieden worden war, die Füße des Steinwesens und zerstörte so seine Macht.

MYTHEN VON DER FLUT

In den Schöpfungsmythen vieler Völker ist die Welt ursprünglich ein grenzenloser Ozean. Auch die Flut, welche die ganze Erde bedeckt, ist ein immer wiederkehrendes Thema. Das sündige Menschengeschlecht sollte ausgelöscht und die Welt in ihren unverdorbenen Urzustand zurückversetzt werden, damit eine edlere Rasse nachfolgen konnte. Die Ägypter glaubten, dass ihr Schöpfergott Re eines Tages, der Menschen überdrüssig, die Welt in das abgrundtiefe Wasser des Urgeschöpfes Nun zurückstoßen würde, um dann einen neuen Zyklus der Schöpfung zu beginnen. Die Erzählungen von Sintfluten spiegeln ein zwiespältiges Verhältnis wider: Wasser spendete Leben, bedeutete aber auch Gewalt und Zerstörung. So konnten die Völker Mesopotamiens nicht voraussehen, wann die Ströme Euphrat und Tigris über die Ufer treten würden. Flut-Mythen stellen diesen Furcht einflößenden Charakter des Wassers dar. In die hebräische Überlieferung fand der Mythos Eingang als die wohl bekannte Geschichte von der Arche Noah.

ENLIL *(oben), der sumerische Sturm- und Wettergott, herrschte über die Naturgewalten. Verärgert über den Lärm, der aus den übervölkerten Städten zu ihm aufstieg, beschloss er, die Bewohner der Erde auszulöschen. Er schickte eine große Flut, die selbst die anderen Götter erschreckte. Der Wassergott Ea warnte den Weisen Utnapischtim, der der Überschwemmung in seinem Boot trotzte und dafür von Enlil das Geschenk des ewigen Lebens erhielt.* (ABBILDUNG VON E. WALLCOUSINS AUS „MYTHS OF BABYLONIA AND ASSYRIA“ VON DONALD A. MACKENZIE.)

NOAH *(links) und seine Angehörigen waren die einzigen Überlebenden der Sintflut, die 150 Tage währte. Dann sank das Wasser und Noahs Arche setzte auf dem Berge Ararat auf. Noah sandte eine Taube aus, die aber kein trockenes Land finden konnte und wieder in der Arche Zuflucht suchte. Sieben Tage später schickte er sie erneut aus: Diesmal kehrte sie mit einem Olivenzweig im Schnabel zurück, ein Zeichen, dass das Wasser endlich wich.* (ABBILDUNG AUS EINEM KATALANISCHEN BUCH, UM 970 N. CHR.)

NOAH *(oben) sandte die Taube sieben Tage nach ihrer Rückkehr mit dem Olivenzweig im Schnabel ein drittes Mal aus. Diesmal kehrte sie nicht mehr zurück. Noah blickte hinaus, sah trockene Erde und verließ die Arche. Gott versprach ihm und seiner Familie Sicherheit. Als Zeichen ihres Bundes setzte er einen Regenbogen an den Himmel, der immer dann erscheinen sollte, wenn sich Wolken zusammenballten.*
(„NOAH SCHICKT DIE TAUBE AUS" VON GUSTAVE DORÉ, 19. JH.)

NOAH *(oben rechts) erhielt von Gott genaue Anweisungen für den Bau der Arche: welche Ausmaße das Boot haben sollte, welches Holz er verwenden und wie er die Arche abdichten sollte. Noah war zur Zeit der Sintflut bereits sehr alt und lebte danach noch viele Jahre lang. Sein langes Leben erinnert an die Unsterblichkeit der Überlebenden der Flut in der mesopotamischen Version des Mythos.*
(DETAIL AUS DEM ALTAR VON VERDUN, 1181.)

UTNAPISCHTIMs *(rechts) Schiff setzte auf dem Berge Nisir auf. Als das Wasser zu weichen begann, schickte er eine Taube und eine Schwalbe aus. Beide kehrten zurück, da sie weder Futter noch Ruheplatz fanden. Als er aber einen Raben aussandte, kehrte dieser nicht mehr wieder, und Utnapischtim wusste, dass er trockenes Land gefunden hatte. Er brachte auf dem Gipfel des Berges ein Opfer zur Besänftigung der Götter dar.* (ABBILDUNG AUS „GILGAMESH" VON ZABELLE C BOYAJIAN, 1924.)

EL war für die Kanaanäer der „Vater der Götter“ und der „Schöpfer der Erde“, der dafür sorgte, dass die Flüsse Wasser führten und das Land fruchtbar wurde.

Der Gott, dessen Name meist mit „Mächtiger“ oder „Erster“ übersetzt wird, wohnte in der Nähe des Meeresufers. Seine Beinamen „Stier“ oder „Stier-El“ stehen für seine Kraft und seine Fruchtbarkeit.

1929 wurden in Ras Schamra in Syrien, wo früher die Stadt Ugarit lag, Tontafeln aus dem 14. Jahrhundert v. Chr. gefunden, auf denen Erzählungen über El verzeichnet sind.

Für gewöhnlich galt El als Gemahl von Ashera (siehe ASTARTE). Ein Mythos der Tontafeln von Ras Schamra erzählt aber, dass er mit zwei Frauen, wahrscheinlich mit Ashera und ANAT, Verkehr hatte, von denen jede einer Gottheit das Leben schenkte: SHAHAR, „Sonnenaufgang“, und SHALIM, „Sonnenuntergang“. El ging am Meeresufer entlang und tauchte in die Wellen ein. Seine Hände streckten sich wie die Wellen aus dem Wasser und er befruchtete seine Frauen. Er küsste ihre Lippen, die süß wie Trauben waren, und Sonnenaufgang und Sonnenuntergang werden geboren.

EL, *der Schöpfergott, sitzt auf seinem Thron und hört einen Bittsteller an.* (RELIEF AUF EINER STELE, SYRIEN, 13. JH. V. CHR.)

El wurde später Vater vieler weiterer Gottheiten. Darstellungen zeigen ihn als alten Mann auf einem Thron mit Stierhörnern auf dem Kopf.

ENKI siehe EA.

ENLIL wurde in Sumer ursprünglich als „Herr des Windes“ verehrt. Als Gott des Sturmes symbolisierte er die Gewalt der Natur. Er hatte die Macht über das Schicksal der Menschen. Seine Verkörperung auf Erden waren die weltlichen Könige.

Lange vor der Erschaffung des Menschengeschlechtes überwachte Enlil die Götter, die das Flussbett der Ströme Euphrat und Tigris ausheben mussten. Nach einiger Zeit waren sie der endlosen Plackerei überdrüssig und beschlossen, sich gegen Enlil zu erheben und ihn zu vernichten. Doch der Gott Enki (siehe EA) kam ihm zu Hilfe und schlug vor, dass die Göttin Nintu Menschen erschaffen möge, die die Arbeit der Götter übernehmen sollten. Mehrere Hundert Jahre lang ging alles gut, doch dann wurden die Männer und Frauen in den Städten so zahlreich, dass ihr Lärmen Enlils Schlaf störte. Er wollte den Menschen die Pest schicken, doch Enki warnte sie vor der drohenden Katastrophe und sie gaben sich große Mühe, leise zu sein.

Bald aber vergaßen die Männer und Frauen die Drohung des Enlil und machten wieder Lärm. Diesmal drohte Enlil mit einer Dürre. Wieder warnte Enki die Menschen. Als Enlil das nächste Mal in seiner Ruhe gestört wurde, wollte er eine Hungersnot schicken. Noch einmal warnte Enki die Menschen und sie verhielten sich ruhig.

Bald aber lärmten die Männer und Frauen wie zuvor und Enlil verlor endgültig die Geduld und schickte eine gewaltige Flut. Enki riet einem weisen Mann, er solle ein Schiff bauen und sich und seine Familie vor den Fluten retten. In einigen Versionen des Mythos heißt der Weise Atrachasis, in anderen Ziusudra. Sieben Tage und Nächte lang peitschte der Regen herab und die Erde verschwand unter dem Wasser. Als es endlich zurückwich, hatten nur Atrachasis (oder Ziusudra), seine Familie und die Tiere auf dem Schiff überlebt. Im Epos von GILGAMESCH ist es der Held Utnapischtim, der zusammen mit seiner Familie die Flut überlebt.

In frühester Zeit galt NINCHURSANGA, die „Herrin des Großen Berges“ als seine Gemahlin, später aber brachte man ihn mit der Getreidegöttin NINLIL in Verbindung.

Die Babylonier setzten Enlil oft mit dem großen Gott MARDUK gleich und nannten ihn Bel oder „Herr“. Die Hethiter nahmen ihn über die Hurriter in ihr Pantheon auf. Dort erscheint er im Mythos vom Dämon ULLIKUMI. (Siehe auch MYTHEN VON DER FLUT)

ENLIL, *sumerischer „Herr des Windes“, empfängt Anbetende vor seinem Thron. Der Sohn des Himmelsgottes Anu repräsentiert die Naturgewalten. Als das Lärmen der Menschen seinen Schlaf stört, droht er sie auszulöschen.* (ABDRUCK EINES SIEGELZYLINDERS, MESOPOTAMIEN, 3. JT. V. CHR.)

ENNUGI siehe UTNAPISCHTIM.

ERESCHKIGAL war sowohl in der babylonischen als auch in der akkadischen Mythologie die Herrscherin der Unterwelt, die unter dem Ur-Ozean APSU lag. Es war ein dunkles Reich voller Staub, das manchmal als Berg beschrieben wurde. Das GILGAMESCH-Epos berichtet, dass Ereschkigal ihr Königreich nicht selbst ausgewählt hatte, „die Unterwelt wurde ihr zugeteilt.“ In ihrem Reich aß sie nur Staub und Asche und trank schmutziges Wasser.

Der sexuelle Appetit der Göttin war grenzenlos; rücksichtslos befriedigte sie ihre Wünsche. In einer Erzählung wird berichtet, wie Ereschkigal und der Gott des Krieges Nergal sechs Tage und Nächte lang kopulieren, als dieser in die Unterwelt hinabsteigt. Dennoch lässt er sie unbefriedigt zurück.

EVA *wurde von Gott als Gefährtin Adams im Paradies geschaffen.* (NÜRNBERGER BIBEL, 1483.)

Sieben Wände umgaben die Unterwelt, damit niemand von dort in das Land der Lebenden zurückkehren konnte. An jedem der sieben Tore musste man ein Kleidungsstück als Symbol für ein weltliches Attribut ablegen. Im Zentrum war man nackt und von ewiger Dunkelheit umschlossen. In einer Version des Mythos war Ereschkigal die einzige Herrscherin in der Unterwelt, bis Nergal in ihr Reich eindrang und an jedem Tor zwei Dämonen postierte. Um Frieden zu schaffen, willigte Ereschkigal ein, Nergal zu heiraten und ihre Macht mit ihm zu teilen. Ereschkigal war die Schwester der Fruchtbarkeitsgöttin ISCHTAR, der Entsprechung der sumerischen Göttin INANNA.

ETANA war der zwölfte nachsintflutliche König des Stadtstaates Kish. Unglücklich darüber, dass er keine Nachkommen hatte, bat er den Sonnengott SHAMASH um Hilfe. Dieser schickte Etana zu einem Berg, auf dem ein Adler und eine Schlange einen fürchterlichen Streit gehabt hatten. Der Adler hatte die Jungen der Schlange gefressen und diese klagte dem Shamash ihr Leid. Der Sonnengott riet ihr, den Adler in einer Falle zu fangen und ihn dem sicheren Tod zu überlassen. Etana fand den sterbenden Adler und fragte ihn nach einem Kraut, mit dessen Hilfe er einen Sohn zeugen könnte. Der Adler versprach Etana, ihm das Kraut zu bringen, vorher müsse er ihn aber gesund pflegen. Mehrere Monate lang versorgte ihn der König mit Essen und Trinken, bis der Adler wieder zu Kräften gekommen war. Dann flog er mit Etana auf dem Rücken in den Himmel von ANU, dem obersten Gott, an den Göttern vorbei bis zur Wohnstatt von ISCHTAR, der Fruchtbarkeitsgöttin. Nach einigen Versionen der Erzählung schien Etanas Suchen von Erfolg gekrönt zu sein, denn Ischtar händigte ihm die Kräuter aus. Eine andere Version berichtete, dass es Etana schwindelte und er den Adler bat, zur Erde zurückzukehren. Doch diesen verliessen die Kräfte und sie stürzten zu Boden.

EVA ist in der hebräischen Schöpfungsgeschichte die erste Frau, entstanden aus der Rippe ihres Gemahls ADAM. Eine Schlange führte Eva in Versuchung, von der einzigen Frucht zu essen, die Gott dem Paar verboten hatte, und auch ihrem Mann davon zu essen zu geben. Adam und Eva wurden aus dem Paradies vertrieben. Eva galt als verantwortlich für den Sündenfall und brachte Tod, Sünde und Kummer in dei Welt.

Nach christlichen Vorstellungen ist Evas Sünde ein sexuelles Vergehen. Andererseits bekamen die Menschen erst durch den Sündenfall die Möglichkeit zu wachsen und zu lernen. Adam nennt Eva Hawwah, was „Mutter aller Lebendigen" oder „Die Leben schenkt" bedeutet. Nach einer Überlieferung wurde Adam im Paradies beerdigt und durfte hoffen aufzuerstehen, während Eva neben ihrem Sohn Abel begraben wurde. (Siehe auch SCHLANGEN UND DRACHEN)

EVA *hält den Apfel in der Hand, die verbotene Frucht, die zum Sündenfall und zur Vertreibung aus dem Paradies führte.* („EVA" VON LUKAS KRANACH DEM ÄLTEREN, ÖL AUF HOLZ, UM 1528.)

F

FATIMA ist die Tochter des Propheten Mohammed und wird von den Ismailiten als „Mutter der Heiligen Imame" bezeichnet. Die Imame sind die halb-göttlichen Führer der Anhänger der Schia, einer der beiden Hauptrichtungen im Islam, von der die Ismailiten wiederum eine Untersekte bilden. Der esoterische Islam verehrt Fatima als Symbol für die „über-himmlische Erde". Sie ist eine der Quellen der Weisheit der Imame, denn sie ist die „verborgene Tafel, auf der Gott geschrieben hat."

FERIDUN war ein Held der antiken iranischen Mythologie. Er soll den bösen König ZOHAK besiegt haben, der manchmal als Verkörperung des Furcht erregenden Dämonen AZI DAHAKA galt.

Im Traum wurde Zohak gewarnt, dass ein gewisser Feridun ihn absetzen würde. Daraufhin ließ er alle Kinder töten, doch Feriduns Mutter Firanak konnte ihr Baby vor dem Kindermord bewahren. Sie versteckte es zunächst in einem Garten, wo es die sagenhafte Kuh Purmajeh säugte, und dann im Hindustan.

Feridun wuchs heran, entschlossen, den bösen König abzusetzen. Zohak war in all den Jahren von dem Gedanken besessen, dass sein zukünftiger Bezwinger noch am Leben sein könnte.

Eines Tages kam eine Gruppe Rebellen zu Feriduns Palast, angeführt von einem Mann, dessen Kinder Zohak ermordet hatte. Da entschloss sich Feridun zu handeln. Er machte sich auf den Weg zum König, begleitet von einem Engel, der ihn in Magie unterwies und ihm mit Erzählungen über sein zukünftiges Glück Mut zusprach. Als Zohak vom Nahen des Feridun erfuhr, legte er seine Rüstung an und griff ihn mit einem Schwert an, das Feridun aber mit einem Keulenschlag zertrümmerte. Auf Anraten eines Engels tötete er den König nicht, sondern kettete ihn in einer Berghöhle an. Dann übernahm er den Thron und regierte viele hundert Jahre lang. (Siehe auch SCHLANGEN UND DRACHEN)

FATIMA, *die Tochter des Propheten Mohammed, erhält auf dem Weg zu einer jüdischen Hochzeitsfeier mit Mohammed, Aisha, Umm Salma und Umm al-Ayman einen grünen Umhang, den ihr Gabriel aus dem Paradies mitbringt.*

Die **FRAVASHI** waren in der Mythologie des antiken Iran gute Geister oder Schutzengel. Sie halfen AHURAMAZDA bei der Erschaffung der Welt und hielten mit ihren scharfen Speeren, auf schnellfüßigen Streitrossen sitzend, Feinde vom Himmel fern. Als Ur-Geister waren sie der Teil der menschlichen Seele, den Ahuramazda vor der Geburt eines jeden Menschen erschaffen hatte. Fravashi bedeutet „Die Erwählten".

GABRIEL oder Jibril ist nach islamischer Überlieferung der Geist der Wahrheit oder „Engel der Offenbarungen". Er stand an der Spitze der himmlischen Heerscharen und soll Mohammed den Koran diktiert haben. Gabriel steht angeblich auch an der nord-östlichen Ecke des heiligen Schreines des Islam, der KAABA.

In der Bibel ist Gabriel der Gesandte Gottes. Zwei Mal erscheint er im Alten Testament dem Patriarchen DANIEL: Einmal kündigt er die Befreiung der Hebräer aus der babylonischen Gefangenschaft an, das zweite Mal erklärt er die Vielfalt der Völker. Im Neuen Testament überbringt der Erzengel Gabriel der Jungfrau Maria die Botschaft, dass sie Jesus empfangen wird. Gabriel wird auch die Posaune, die das Letzte Gericht ankündigt, blasen. In der hebräischen Apokalypse-Literatur ist Gabriel ein Todes- und Racheengel. (Siehe auch ENGEL UND DJINN)

GAD war im vorislamischen Nordarabien der Name einer Vielzahl von wohlwollenden Göttern. Manchmal glaubt man auch, dass es sich lediglich um eine Bezeichnung für die Personifikation des Glücks handelt.

GAYOMART war in der alten iranischen Mythologie das Urwesen. Aus seinem Leichnam und dem des Ur-Stieres GEUSH URVAN soll alles Leben entstanden sein. Nach einer Überlieferung existierte Gayomart 3000 Jahre lang als Geist, bis AHURAMAZDA, das Prinzip des Guten, ihn in der zweiten großen Epoche in ein körperliches Wesen verwandelte. ANGRA MAINYU, das Prinzip des Dunklen, tötete ihn. Alle Teile des Universums sollen aus seinem Körper entstanden sein.

GEB, *der ägyptische Erdgott, war der Bruder und Gemahl der Himmelsgöttin Nut.* (PAPYRUS.)

GABRIEL, *Engel der Verkündigung, offenbart Maria, dass sie Jesus empfangen wird. Er soll auch an der Kaaba stehen, dem heiligen Schrein des Islam, der den Schwarzen Stein enthält.* (IKONE, 12. JH.)

In einer anderen Erzählung war der Samen des Gayomart 40 Jahre lang in der Erde vergraben, bis daraus das erste menschliche Paar MASHYA UND MASHYAI hervorging sowie die sieben Metalle.

Gayomarts Name wird mit „Sterbliches Leben" oder „Sterbendes Leben" übersetzt.

GEB, der ägyptische Erdgott, war der Bruder und Gemahl von NUT und der älteste Sohn von SCHU und Tefnut, den Gottheiten des Windes und der Feuchtigkeit. Schu, in einigen Versionen auch RE, riss Geb und Nut aus einer leidenschaftlichen Umarmung und stieß sie auseinander. Nut bildete dann das Himmelsgewölbe und Geb die Erde. Bis dahin war zwischen ihren beiden Körpern so wenig Raum gewesen, dass Nut nicht gebären konnte.

Geb soll fortwährend über die Trennung von seiner geliebten Nut getrauert haben. So groß war sein Kummer, dass er Erdbeben verursachte.

Im Allgemeinen galt Geb als wohlwollende Gottheit, der für eine gute Ernte sorgte und die Kranken heilte. Man fürchtete ihn aber auch als denjenigen, der die Toten verschlang und sie so daran hinderte, in die Unterwelt einzutreten. Häufig zeigen Darstellungen ihn als bärtigen Mann zu Füßen von Schu, manchmal auch grün gefärbt, als Symbol dafür, dass Pflanzen aus seinem Leib wuchsen. Gelegentlich wurde er auch in Begleitung einer Gans oder als Stier abgebildet.

Geb, der „Vater der Götter", und Nut sollen OSIRIS, ISIS, NEPHTHYS und SETH gezeugt haben. Die Könige Ägyptens bezeichneten sich selbst als „Erben von Geb".

GEUSH URVAN war in der alten iranischen Mythologie der Urstier, den AHURAMAZDA, das Prinzip des Guten, zugleich mit dem Urmenschen GAYOMART erschuf. Nach einer Überlieferung starb Geush Urvan – wie auch Gayomart – durch die Hand von ANGRA MAINYU, der Verkörperung der Finsternis, während in einer anderen Version MITHRA den Geush Urvan tötet, woraufhin alle Arten von Pflanzen und Tieren aus seinem Körper wuchsen.

Geush Urvan bedeutet „Seele der Kuh"; er gilt allgemein als Hüter des Viehs. Stier-Opfer waren wichtiger Bestandteil der Mithra-Riten.

GILGAMESCH, der legendäre Held Mesopotamiens, soll wahrscheinlich einem sumerischen König, nachempfunden sein. Das Gilgamesch-Epos berichtet in Gedichtform von seinen Heldentaten. Es wurde im 2. Jt. v. Chr. auf Tafeln niedergeschrieben.

Gilgamesch, zu zwei Dritteln Gott und einem Drittel Mensch, war ein zügelloser Lüstling. Die Bewohner der Stadt Uruk (oder Erech), in der er lebte, riefen daher die Götter um Hilfe an. Die Götter schenkten ihnen Gehör und schufen ein menschliches Wesen namens Enkidu (oder Eabani), das aber noch mehr Schaden stiftete als Gilgamesch selbst. Schließlich stellten Gilgamesch und das Volk von Uruk ihm eine Falle. Es gelang ihnen, das ungestüme Wesen zu zähmen. Enkidu wurde Gilgameschs' Freund und ständiger Begleiter.

Bald aber forderten die Götter Gilgamesch auf, seine Heimat zu verlassen, um die schreckerregende Bestie Chumbaba (oder Chuwawa) zu bekämpfen. Diese lebte ungefähr 20000 Marschstunden entfernt von Uruk in einem Zedernwald. Enkidu und Gilgamesch brachen auf und gelangten schließlich zu Chumbabas Behausung. Gilgamesch forderte das Ungeheuer heraus. In einem furchtbaren Kampf bezwangen die beiden Männer Chumbaba. Enkidus Speer versetzte ihm den Todesstoß.

GILGAMESCH *mit einem Löwen. Ein episches Gedicht beschreibt die Abenteuer des mesopotamischen Helden, die ihn bis in die Welt des Todes und wieder zurück führten.* (RELIEF AM PALAST VON SARGON IN CHORSABAD, 8. JH. V. CHR.)

Kurz darauf versuchte die Göttin INANNA, Gilgamesch zu verführen, doch er wies sie zurück. Erzürnt forderte sie daraufhin von dem Gott An (siehe ANU), ihr die Dienste des Himmelsstieres gegen Gilgamesch zur Verfügung zu stellen. Doch Enkidu packte den Stier und Gilgamesch erstach ihn. Die Götter waren entrüstet über die Tötung des Stieres und rächten sich: Enkidu wurde krank und starb nach wenigen Tagen. Der Tod seines Freundes stürzte Gilgamesch in tiefe Verzweiflung. Von Angst vor dem eigenen Tod erfüllt, beschloss er herauszufinden, wie er unsterblich werden könnte. Auf der Suche nach Utnapischtim, dem Helden, der die Flut überlebt und von den Göttern die Gabe des ewigen Lebens erlangt hatte, gelangte Gilgamesch schließlich zum Berg Maschu. Die Skorpionmenschen, die die Tore des Berges bewachten, erkannten, dass Gilgamesch zum Teil göttlicher Natur war und ließen ihn passieren.

Zu guter Letzt erreichte Gilgamesch einen schönen Garten, hoch über einem Meer gelegen, dessen Boden mit Edelsteinen bedeckt war. In dem Garten stand der Baum der Götter, der wundersame Früchte trug. Dort traf er die Göttin Siduri Sabitu, die versuchte, den Helden von seinem Vorhaben abzubringen. Doch da Gilgamesch hartnäckig blieb, gab sie ihm den Rat, Urschanabi, den Fährmann des Utnapischtim, um Hilfe zu bitten. Urschanabi setzte Gilgamesch über die Wasser des Todes. Als Gilgamesch schließlich zu Utnapischtim kam, erzählte er ihm: „Wegen meines Bruders fürchte ich den Tod, wegen meines Bruders irre ich durch die Wildnis. Sein Geschick bedrückt mich. Wie soll ich still sein, wie soll ich Ruhe finden? Er ist zu Staub geworden und auch ich werde sterben und für immer in der Erde liegen müssen." Der Überlebende der Flut erklärte, dass der Tod – so wie der Schlaf – notwendig für die Menschen sei. Um dies zu verdeutlichen, forderte er Gilgamesch auf, sechs Tage und sieben Nächte wach zu bleiben. Gilgamesch war einverstanden, doch kaum hatte er sich zu Boden gesetzt, schlief er auch schon ein.

Trotzdem erzählte Utnapischtim ihm vor seiner Rückkehr von der Pflanze der Jugend, die auf dem Meeresgrund lag. Gilgamesch fand die Pflanze, doch als er sich niederbückte, um sie zu pflücken, kam eine Schlange und stahl sie. Das Epos endet Recht düster, denn der Geist des Enkidu beschreibt Gilgamesch die Qualen des Lebens in der Unterwelt. (Siehe auch UNTERWELTEN; HELDEN UND ZIELE).

GUBABA siehe KUBABA.

GULA siehe NINURTA.

GUL-ASHSHESH siehe GUL-SHESH.

Die GUL-SHESH, oder Gul-ashshesh, waren hethitische Gottheiten, deren Namen entweder „Schreiberinnen" oder „Schicksalsbestimmerinnen" bedeutet. Sie bestimmten das Geschick der Männer und Frau-

GILGAMESCH *und sein Freund Enkidu, hier im Kampf gegen Stiere.*
(ABDRUCK EINES SIEGELZYLINDERS, 3. JT. V. CHR.)

en und schickten Gutes und Böses ebenso wie Leben und Tod. Die Hurriter nannten sie Hutena.

HADAD siehe BAAL.

Die **HAFAZA** waren in der islamischen Mythologie eine Art Schutzengel, die die Menschen vor den DJINN, den Dämonen, beschützten und auch Buch über die guten und bösen Taten führten. Jedem Menschen stehen angeblich vier Hafaza zur Seite, zwei für den Tag und zwei für die Nacht. Die größte Gefahr geht bei Sonnenaufgang und bei Sonnenuntergang von den Djinn aus, wenn die Hafaza Wachablösung halten.

HAHHIMAS, der verschwindende Gott, wird in einer Version des hethitischen Mythos von TELIPINU für die große Verwüstung der Erde verantwortlich gemacht. „Hahhimas hat die ganze Erde gelähmt, er hat die Wasser ausgetrocknet, Hahhimas ist mächtig!" Angesichts dieses trostlosen Zustandes bittet der Sturmgott TARU seinen Bruder, den Wind, auf die Erde zu blasen und ihr so wieder Leben einzuhauchen. Doch bei seiner Rückkehr kann der Wind nur berichten, dass aller Handel und Wandel auf Erden völlig zum Erliegen gekommen war. Auch die Götter - einschließlich Telipinu - lähmt Hahhimas. Sein Name wird auch mit „Erstarrung" übersetzt.

HAN-UZZAI siehe AL-UZZA.

HANNAHANNA war die Große Mutter der Hethiter und die Göttin der Geburt. Ihr zu Diensten war die Biene, der es schließlich auch gelang, den Fruchtbarkeitsgott TELIPINU wieder zu finden. Dieser war von der Erde verschwunden und hatte nur Verfall und Tod hinterlassen. TESCHUB war nicht einverstanden, dass die Biene mit dieser Aufgabe betraut werden sollte: „Große Götter und kleine Götter haben ihn gesucht, aber nicht gefunden. Wie soll ihn jetzt diese Biene finden?" Doch Hannahanna hörte nicht auf Teschubs Einwände und schickte die Biene aus, Telipinu nach Hause zu bringen.

Die Biene suchte die ganze Erde ab und fand den Gott schließlich auf einer Wiese schlafend. Wie Hannahanna es ihr aufgetragen hatte, stach das Insekt den Gott. Daraufhin tötete Telipinu in einem Anfall von Raserei Mensch und Tier. Bei dieser Erzählung mag der Glaube eine Rolle gespielt haben, dass Honig böse Geister austreiben kann.

HAOMA war in der antiken iranischen Mythologie der Herr aller Heilpflanzen und hatte die Macht, seinen Anhängern das ewige Leben zu schenken. Er galt auch als Sohn von AHURAMAZDA, dem obersten Gott, der das Gute verkörperte. Wie das indische Soma war Haoma auch eine echte Pflanze, aus der man ein berauschendes Getränk gewann. Dieses Getränk, das bei Opferriten zur Austreibung von bösen Geistern eingesetzt wurde, sollte das spirituelle Bewusstsein vertiefen und Unsterblichkeit verleihen. Auch der große Religionserneuerer ZOROASTER hat angeblich seinen Geist durch den Genuss des Trankes gestärkt.

HAOSHYANGHA, auch Hoshang oder Husheng genannt, war der Sohn von Siyamek und der erste König in der antiken iranischen Mythologie. Ein Dämon hatte Siyamek, den Sohn des menschlichen Urpaares MASCHYA UND MASCHYAI, getötet. Haoshyangha rächte seine Eltern und befriedete zunächst sein Königreich. Dann sorgte er für Gerechtigkeit in der ganzen Welt. Er machte die Menschen mit allen Künsten der Zivilisation vertraut: Er zeigte ihnen, wie sie aus Eisen Äxte, Sägen und Hacken anfertigen konnten und ersann ein Bewässerungssystem, das Wasser aus den Flüssen auf die Felder leitete. Die wilden Tiere zähmte er, damit sie bei der Bestellung des Landes helfen konnten, und er lehrte die Menschen, sich aus der Haut wilder Tiere Kleider zu machen.

HAPI siehe APIS.

HARACHTE siehe HORUS.

HARSIESIS siehe HORUS.

HAOMA *ist der Gott der Medizin und der Name einer Pflanze mit magischen Kräften. Zoroaster soll sich angeblich mit einem Trank aus Haoma gestärkt haben.*
(LIEBIG, KOLORIERTE POSTKARTE, 19. JH.)

HATHOR, ägyptische Himmelsgöttin und Tochter des Sonnengottes RE, wurde für gewöhnlich als Kuh dargestellt. Sie war die Göttin der Freude und Liebe, des Tanzes und der Musik, und kümmerte sich um Mütter und Kinder. Die Lebenden nährte sie, die Toten trug sie in die Unterwelt, wo sie sie mit Speise und Trank aus der Platane erfrischte. In diesem Baum hatte sie angeblich Gestalt angenommen. Die Särge der Könige wurden aus Platanen angefertigt, in der Hoffnung, dass der Tod dann nichts anderes als eine Rückkehr in den Schoß sein würde.

Mit Hathor identifizierte man das Auge des Re. Als Re alt wurde, schmiedeten die Menschen Umsturzpläne gegen ihn. Doch der Gott erfuhr davon und schickte das Göttliche Auge, die schreckliche, alles versengende Macht der Sonne, aus, um das Menschengeschlecht zu töten. Das Auge nahm die Gestalt von Hathor an, die als Löwin Sachmet oder „Mächtige" ein Blutbad unter den Gottlosen anrichtete. Als Re das Gemetzel sah, beschloss er, es zu beenden, damit das Menschengeschlecht nicht völlig ausgelöscht würde.

Re tränkte dazu das Schlachtfeld mit Tausenden von Fässern Bier, vermischt mit Granatapfelsaft. Die blutrünstige Sachmet trank das leuchtend rote Getränk. Völlig berauscht konnte sie ihr Schlachten nicht fortsetzten und verwandelte sich in die schöne Hathor zurück. Zum Gedenken an dieses Ereignis wurden an Hathors Festtag alljährlich große Krüge mit Bier und Granatapfelsaft getrunken. (Siehe auch HEILIGE TIERE)

HATHOR, als Göttin Sachmet in menschlicher Form mit Löwenkopf dargestellt.

HATHOR *(oben), meist als Kuh oder als Frau mit einem gehörnten Kopfschmuck mit Sonnenscheibe dargestellt.* (TEMPEL VON HAREMHAB, ÄGYPTEN.)

HATHOR *(links), Tochter des Gottes Re, als Kuh. Sie nährte die Lebenden mit ihrer Milch und trug die Toten in die Unterwelt.* (TEMPEL VON HATSCHEPSUT, ÄGYPTEN.)

HAZZI war ein Berggott, den Hurriter und Hethiter anbeteten. Er gehörte zum Gefolge des Wettergottes TARU. Die Hethiter riefen ihn bei Staatsakten als Gott des Eides an. Hazzi hieß auch die Wohnstatt der Götter, die auf dem Berg Sapon nahe Ugarit gelegen sein soll.

HEBAT siehe HEPAT.

HEPAT, auch Hebat oder Hepit, die Hauptgöttin des hurritischen Pantheons, wurde manchmal „Königin des Himmels" genannt. Als Gemahlin des Wettergottes TESCHUB wurde sie oft mit diesem auf eine Stufe oder sogar über ihn gestellt. Mit Teschub hatte sie einen Sohn, Scharruma, der als Paar menschlicher Beine dargestellt wurde. Als Hepat erfuhr, dass ULLIKUMI Teschub zur Abdankung gezwungen hatte, fiel sie vor Schreck fast vom Dach eines Turmes herunter: „Wenn sie noch einen einzigen Schritt weiter gemacht hätte, wäre sie vom Dach gefallen, doch ihre Frauen hielten sie zurück und ließen sie nicht fallen." Die Hethiter übernahmen Hepat in ihr Pantheon, in dem sie oft mit ARINNA, der Sonnengöttin, gleichgesetzt wurde. Abbildungen zeigen sie entweder auf dem Throne sitzend oder auf einem Löwen, ihrem heiligen Tier, stehend.

HEPIT siehe HEPAT.

HORUS erscheint in der Erzählung von ISIS und OSIRIS manchmal auch als Harsiesis, um ihn von den über zwanzig anderen Göttern des ägyptischen Pantheons zu unterscheiden, die ebenfalls Horus hießen. Er wird als Falke oder falkenköpfiger Mensch dargestellt. Nachdem sich Osiris in die Unterwelt zurückgezogen hatte, wurde Horus auf der Insel Chemmis nahe Buto geboren, wo Isis ihn heimlich aufzog. Es gelang Harsiesis, den Tod des Osiris durch SETH zu rächen und dessen Thron einzunehmen. Dem friedlichen Herrscher wurde in ganz Ägypten gehuldigt.

Horus war der Himmelsgott. Seine Augen waren die Sonne und der Mond.

Harachte oder „Horus des Horizontes" war ein Sonnengott, der jeden Morgen am östlichen Horizont aufstieg. Oft mit dem Sonnengott RE identifiziert, verschmolz er schließlich sogar mit ihm zu Re-Harachte.

HOSHANG siehe HAOSHYANGA.

HUBAL war ein Gott, dem in vorislamischer Zeit in Arabien gehuldigt wurde. Sein Bild aus rotem Karneol steht immer noch in der KAABA

HORUS *(oben), der Sohn von Osiris und Isis, wurde als Falke oder falkenköpfiger Mensch dargestellt. Als erster Herrscher über ganz Ägypten trug er die Doppelkrone des vereinten Königreiches.* (RELIEF AM TEMPEL VON SETHOS I IN HYPOSTYLE, 1303-1290 V. CHR.)

HORUS *(links) im Kampf. Seine Mutter Isis zog ihn in einem Versteck auf. Er rächte die Ermordung seines Vaters Osiris duch Seth und übernahm den Thron.*

in Mekka, der Heiligen Stadt des Islam. Man geht davon aus, dass der Schwarze Stein der Kaaba in einem Zusammenhang mit dem Gott steht, der besonders für sein Orakel berühmt war.

HUPASIYA war der Geliebte von INARAS, der hethitischen Schutzgöttin der Händler und niedrigeren Gottheiten. Der sterbliche Held Hupasiya fesselte den fürchterlichen Drachen ILLUYANKA, nachdem Inaras ihn auf einem Fest gefangen hatte. Der Wettergott TARU tötete das Untier. Als Belohnung für seine Hilfe errichtete Inaras ein Haus für Hupasiya. Es war ihm nicht erlaubt, aus den Fenstern seines neuen Heimes zu sehen, damit er sich nicht an seine sterbliche Frau und seine Kinder erinnerte. Als Hupasiya diesen Befehl missachtete, tötete Inaras ihn.

HURIS sind in der islamischen Mythologie schwarzäugige Frauen, die für die sexuellen Freuden der Toten im Paradies sorgen. Jedem Mann gehören angeblich 72 Huris, deren Jungfräulichkeit immer wieder hergestellt wird.

HUSHEDAR, Sohn des Propheten ZOROASTER, ist in der antiken iranischen Mythologie ein Erlöser, dem alle tausend Jahre ein weiterer Erlöser nachfolgen würde, bis zum Erscheinen von SAOSHYANT, der den Menschen das letzte Gericht ankündigen würde.

Nach einer letzten Auseinandersetzung zwischen Gut und Böse würde das Universum von neuem rein sein und die Menschen in vollkommener Harmonie bei AHURAMAZDA weilen.

HUSHENG siehe HAOSHYANGHA.

HUTENA siehe GUL-SHESH.

IBLIS ist im Islam der Name des Teufels, der sich gegen Gott stellt und die Menschen in Versuchung führt. Ursprünglich war er der Engel Arazil. Als ALLAH den ersten Menschen ADAM aus Erde gebildet hatte, weigerte Arazil sich, ihm zu huldigen; auch Allahs Schöpfung wollte er nicht lobpreisen. So wurde er aus dem Paradies vertrieben. Von da an versammelte er die DJINN zum Krieg gegen Allah. Schließlich führte er Adam und Eva in Versuchung und war verantwortlich für den Sündenfall.

Am Tage des Letzten Gerichtes werden Iblis und seine Heerscharen böser Geister dem Höllenfeuer übergeben werden. Es herrscht geteilte Meinung darüber, ob Iblis ein Engel oder ein Djinn ist, denn einerseits verhält er sich wie ein gefallener Engel, ist aber angeblich aus rauchlosem Feuer erschaffen wie ein Djinn.

SCHLANGEN UND DRACHEN

Die Ängste der Menschen vor mächtigen und unkontrollierbaren Kräften fanden ihren Ausdruck in Visionen von riesigen, Furcht einflößenden Kreaturen. Schlangen und Drachen waren Wesen von fantastischer und vernichtender Stärke und Größe mit Schuppen, Klauen und Flügeln. Manchmal wiesen sie auch Merkmale anderer Tiere auf, wie den Kopf eines Löwen oder die Krallen eines Adlers. Oft handelte es sich um Meeresungeheuer, die die unheilvollen Kräfte der launischen Natur und die Bedrohung durch das Chaos verkörperten. Die dramatischsten Mythen erzählen von Drachen, die die Welt bedrohen. Sterbliche oder unsterbliche Helden töten die Drachen, stellen die Ordnung wieder her und sorgen für die Sicherheit des Volkes. Als Symbol für das Chaos kamen Schlangen häufig in Schöpfungsmythen vor: Im ägyptischen Mythos ist es die Schlange Apophis, die im Ur-Gewässer zusammengeringelt liegt und das kosmische Ei befruchtet. Später symbolisierten Schlangen das Böse selbst.

Die SCHLANGE *(oben) im Garten Eden wird häufig mit dem Gesicht von Lilith dargestellt. Diese war nach hebräischer Legende Adams erste Frau. Sie wollte sich nicht unterordnen und verließ deshalb Adam und den Garten Eden. Oft wurde sie mit Flügeln und dem Körper einer Schlange dargestellt. Sie soll Eva in Versuchung geführt haben und wurde später zum bösartigen Dämon, zum Feind der Menschen, der Neugeborene tötete.* (ANONYMER STICH.)

EVA *(links) und ihr Gefährte Adam durften alle Früchte im Garten Eden essen, außer der Frucht vom Baum der Erkenntnis von Gut und Böse. Die Schlange war schlauer als alle anderen Tiere. Sie redete Eva ein, dass sie genau diese Frucht begehrte, sodass Eva davon kostete und auch Adam davon zu essen gab. Nach dem Alten Testament bringt ihr Ungehorsam Mühe, Not und Tod über ihre Nachkommen. Die Schlange musste zur Strafe von da an auf dem Bauche kriechen und Staub fressen und war für immer der Feind der Menschen.* (BILD VON RICHARD RIEMERSCHMID.)

LEVIATHAN *(links) ist das Meeresungeheuer, das seit dem fünften Schöpfungstag existiert. Es symbolisiert die Kräfte des Chaos, die Jahwe untergeordnet sind. Nach einer hebräischen Überlieferung wird Leviathan in einem Kampf mit dem Erzengel Gabriel besiegt werden; aus seiner Haut wird das Zelt gemacht, in dem die langersehnte Ankunft des Messias mit einem Festbankett gefeiert werden wird.* (LEVIATHAN VON ARTHUR RACKHAM, 1908)

AARONS STAB *(oben) wurde von Jahwe in eine Schlange verwandelt, damit Moses und Aaron den Pharao davon überzeugen konnten, den Israeliten den Auszug aus Ägypten zu gestatten. Der Pharao ließ alle Zauberer und Magier von Ägypten kommen. Deren Stäbe verwandelten sich ebenfalls in Schlangen, doch die Schlange des Aarons verschlang sie alle.* („UND DA WARF ER SEINEN STAB VON SICH ...", QUAJAR, MINIATUR, UM 1860–70.)

APOPHIS *(links), die Riesenschlange, lauert in der ägyptischen Unterwelt dem Sonnengott auf, der sie in der Nacht durchquert. Für die Götter wie für die Menschen auf der Erde war die Nacht eine Zeitspanne voller Unsicherheit und Gefahren. Die Rückkehr der Sonne am Morgen stand für den Triumph des Lebens über den Tod, so wie der Falke Re-Harachte die Schlange vernichtete.* (KLEINE KALKSTEIN-PYRAMIDE.)

MARDUKS *(oben) Kampf mit Tiamat ist Teil des babylonischen Schöpfungsmythos. Tiamat war das Ur-Meer, das gezähmt werden musste, damit die Welt entstehen konnte. Marduk bezwang Tiamat, teilte sie in zwei und erschuf daraus den Himmel und die Erde. Aus den Augen Tiamats entsprangen die Quellen der Flüsse Euphrat und Tigris. Marduk tötete auch ihren Sohn Kingu, vermischte sein Blut mit Erde und erschuf daraus die Menschen.* (ABBILDUNG AUS „GILGAMESH" VON ZABELLE C. BOYAJIAN, 1924.)

DRACHEN *(rechts) dienten als Symbol für die Sterne in den Karten der arabischen Astronomen. Diese kosmischen Geschöpfe waren in Kämpfe verwickelt, die weitab von der Menschenwelt stattfanden, wie beim Aufeinandertreffen des persischen Helden Feridun und des mächtigen Drachen Azi Dahaka. Als Feridun das Ungeheuer erstach, quollen aus seinem Inneren Schlangen, Kröten und Skorpione. Also sperrte der Held den Drachen im Berg Demavend ein.* (ABBILDUNG AUS EINER BESCHREIBUNG DER FIXSTERNE VON 1629.)

IBRAHIM siehe ABRAHAM.

ILLUYANKA war in der hethitischen Mythologie eine riesige Schlange oder ein riesiger Drachen, der Krieg gegen die Götter führte, insbesondere gegen den Sturmgott TARU. Diesem gelang es aber mit Hilfe der Göttin INARAS und deren sterblichem Geliebten HUPASIYA, das Monster zu erlegen. In einer anderen Variante der Erzählung stahl Illuyanka Herz und Augen des Sturmgottes Taru. Dieser zeugte daraufhin einen Sohn, den er mit der Tochter des Illuyanka vermählte. Seine fehlenden Organe verlangte er als Mitgift zurück. Dann tötete er das Ungeheuer.

Das Motiv von Illuyanka und Taru findet sich in der kanaanäischen Mythologie wieder in der Erzählung vom Kampf der Götter gegen LEVIATHAN. Das hethitische Untier stand ebenfalls Modell für Typhon, das hundertköpfige Ungeheuer der griechischen Mythologie. Jedes Jahr wurde die Erzählung von Tarus Kampf gegen Illuyanka anlässlich des Neujahr- bzw. Frühlingsfestes vorgetragen. Die Vernichtung des Ungeheuers sollte das Signal für eine neue Zeit sein.

IMHOTEP war ein Weiser und Gelehrter am Hof des Pharaos Djoser, der im 3. Jahrtausend v. Chr. über Ägypten herrschte. Imhotep war nicht nur Astronom und Wissenschaftler, sondern auch ein großer Architekt, der die ersten Pyramiden entwarf und den Bau überwachte. Bis dahin waren die Herrscher in unterirdischen Kammern begraben worden. Imhoteps Stufenpyramide in Saqqara war das erste große Steinbauwerk überhaupt. Der Weise soll auch eine sieben Jahre andauernde Hungersnot beendet haben, indem er dem König den Rat gab, CHNUM, dem Gott, der die Fluten des Nils kontrollierte, Opfer darzubringen.

Zu Lebzeiten bewundert, wurde Imhotep nach und nach als Gott verehrt. In manchen Überlieferungen ist er der Sohn des großen Gottes PTAH und schenkte der Hohepriesterin des Ptah einen Sohn. Als Schutzgott der Schreiber wird er meist als kahlköpfiger Priester dargestellt. Daneben war er auch der Heilgott. Sein Name bedeutet „Der in Frieden Kommt“. (Siehe auch TORE ZU DEN GÖTTERN)

INANNA, Göttin der Liebe und der Fruchtbarkeit, aber auch des Krieges, und Herrin des Himmels und der Erde, nahm im sumerischen Pantheon die bedeutendste Stellung ein. Ihr Symbol war das Schilfbündel. Darstellungen zeigen sie oft mit hellen Sonnenstrahlen, die ihrem Bild entspringen. Ihre babylonische Entsprechung ist die Göttin ISCHTAR.

Wie diese stieg auch Inanna in die Unterwelt hinab, die das Reich von Ereschkigal war. Am Tor erklärte sie, warum sie gekommen war: „Wegen meiner Schwester Ereschkigal“. Später aber gab sie an, dass sie zum Begräbnis von Gugalanna, dem „Himmelsstier“ wolle.

An jedem der Tore zur Unterwelt musste Inanna eines ihrer Kleidungsstücke als Symbol für einen Teil ihrer weltlichen und sakralen sexuellen Macht ablegen. Schließlich wurde sie - zum Tode verurteilt und getötet - selbst Teil der Unterwelt.

Die Göttin Ninshubur, die Inanna diente, wandte sich in tiefer Trauer um ihre Herrin an die Götter. Doch weder ENLIL noch Nanna (siehe SIN) wollten sich einmischen. Allein der Gott EA kam Inanna zu Hilfe. Aus dem Schmutz unter seinen Fingernägeln erschuf er zwei geschlechtslose Wesen, die das Land der Unfruchtbarkeit betreten konnten. Sie bekundeten ihr Mitleid für Ereschkigal, die unglücklich darüber war, immer nur Ablehnung zu erfahren, und linderten so deren Kummer. Als Belohnung dafür verlangten sie von der Herrscherin der Unterwelt die Erlaubnis, Inanna zu neuem Leben zu erwecken. Ereschkigal war einverstanden und die Göttin wurde wieder geboren.

Bevor sie die Unterwelt verließ, musste Inanna jedoch versprechen, jemanden zu finden, der ihren Platz einnehmen würde. Eine Gruppe von schrecklichen Dämonen begleitete die Göttin auf ihrer Heimreise.

IMHOTEP *beim Studium eines Papyrus'. Er gilt als Baumeister der berühmten Stufenpyramide in Saqqara. Zu Lebzeiten hoch geachtet, wurde Imhotep später als Gott verehrt.*

INANNA, *hier mit Ea und Gilgamesch, war die bedeutendste Göttin im sumerischen Pantheon.* (Akkadischer Siegelzylinder, 3. Jt. v. Chr.)

Als sie die Welt der Lebenden erreichte, traf Inanna ihre Dienerin Ninshubur, die an den Toren der Unterwelt auf sie gewartet hatte. Auch ihre zwei Söhne hatten in ihren Tempeln auf sie gewartet, alle drei in tiefer Trauer. Bestürzt musste sie aber feststellen, dass ihr Gemahl DUMUZI ganz und gar nicht um sie trauerte, sondern sich blendend amüsierte. Er saß in den prächtigen Gewändern auf seinem Thron, die sie selbst ihm geschenkt hatte. Außer sich vor Zorn, bestimmte sie, dass er ihren Platz in der Unterwelt einnehmen sollte.

Dumuzi wollte sich verstecken, aber die Dämonen, die Inanna aus der Unterwelt begleitet hatten, ergriffen ihn. Dumuzis Schwester Geshtinanna war vor Kummer überwältigt und erbot sich, seine Strafe mit ihm zu teilen.

Auf dem Weg in die Unterwelt verlieh Inanna Dumuzi und seiner Schwester ewiges Leben und Tod zugleich. Die Hälfte eines Jahres nahm Geshtinanna Dumuzis Platz ein, er war indessen mit Inanna zusammen. Dann floss die Milch, die Ernte reifte heran und die Obstbäume blühten. Danach musste Dumuzi in das Reich der Ereschkigal zurückkehren.

Im antiken Sumer fand alljährlich eine Zeremonie statt, in der der König einer jeden Stadt Dumuzi verkörperte und die Hohepriesterin die Rolle der Inanna einnahm. Das Paar vollführte ein Hochzeitsritual, das

Fruchtbarkeit und Wohlstand sicherstellen sollte.

INARAS, nach manchen Überlieferungen Tochter des Sturmgottes TARU, erscheint in der hethitischen Mythologie als die Göttin, die half, ILLUYANKA, den schrecklichen Drachen bzw. die schreckliche Schlange, zu besiegen.

Als Taru im Kampf Illuyanka unterlag, dachte Inaras sich eine List aus: Sie traf Vorbereitungen für ein prunkvolles Fest und bat dann den sterblichen Helden HUPASIYA, ihr zu helfen. Dieser war dazu bereit, aber

INANNA *(links), hier mit Anubanini, dem König der Lullubäer, wird oft mit Ischtar, der Göttin der Liebe und des Krieges, gleichgesetzt.*

ISCHTAR *(rechts), die babylonische Göttin der Liebe und des Krieges, hatte viele Liebhaber, doch war sie launisch und grausam.* (ABBILDUNG AUS „MYTHS OF BABYLONIA AND ASSYRIA" VON LEWIS SPENCE.)

nur unter der Bedingung, dass sie mit ihm schlief.

Inaras gab seinem Drängen nach. Dann lud sie den Drachen und seine Kinder zu dem Festbankett, auf dem diese nach Herzenslust aßen und tranken, bis sie nicht mehr in ihre unterirdische Wohnstatt zurück konnten. Hupasiya fesselte Illuyanka, und Taru tötete ihn. Als Dank für seine Hilfe erbaute Inaras ein Haus für Hupasiya, warnte ihn aber: „Lebewohl! Ich gehe jetzt. Du aber schaue nicht aus dem Fenster, denn sonst wirst du deine Frau und Kinder erblicken." Nach 20 Tagen öffnete Hupasiya das Fenster und sah seine Familie. Als Inaras zurückkehrte, bat Hupasiya sie, nach Hause gehen zu dürfen, doch die Göttin tötete ihn.

ISCHTAR war einerseits die Göttin der Liebe und Fruchtbarkeit, andererseits aber auch die Furcht einflößende und starke „Herrin des Kampfes". Als babylonische Erscheinungsform der sumerischen Göttin Inanna war sie der Schutzgeist allen Lebens und die Schöpferin der Weisheit. Ihr Emblem war der achtstrahlige Stern. Sie hatte zahlreiche Liebhaber, die sie allesamt grausam behandelte.

In einer Erzählung stieg Ischtar in die Unterwelt hinab, die das Königreich ihrer Schwester ERESCHKIGAL war. Diese verfluchte sie und Ischtar starb. Von da an wurde die Erde unfruchtbar und weder Vögel noch Tiere noch Menschen zeugten Nachwuchs. Die Beschwörungen des Wassergottes EA retteten Ischtar, doch Ereschkigal verlangte ein Unterpfand an Stelle ihrer Schwester. Schließlich war es ihr Gemahl TAMMUZ, der sie sechs Monate im Jahr in der Unterwelt vertrat.

Ischtars Hauptkultort Uruk oder Erech war auch die Stadt der heiligen Kurtisanen, denn Prostitution gehörte zum Kult der Schutzgöttin der Huren und Bierschenken. Ischtar, deren Vater der Mondgott SIN oder der Himmelsgott ANU war, verkörperte den Abendstern Venus. (Siehe auch STERBENDE UND WIEDERGEBORENE GÖTTER; HEILIGE TIERE)

ISCHTAR *(links) wurde zur Hauptgöttin der Babylonier und Assyrer. Wie Inanna wurde sie mit dem Abendstern Venus identifiziert.* (ALABASTER, 2800-2300 V. CHR., SYRIEN.)

ISCHTAR *(rechts) als kriegerische „Herrin des Kampfes", schwer bewaffnet und auf einem Löwen stehend.*

ISIS, die ägyptische Muttergöttin, ist die Tochter von GEB und NUT und schwesterliche Gemahlin des OSIRIS. Meist wird sie mit schützend ausgebreiteten Schwingen dargestellt. Das Schriftzeichen ihres Namens ist das Bild eines Thrones, als dessen Personifikation sie manchmal gilt. Ihr Schoß ist der Thron Ägyptens.

Isis half dem Osiris bei der Zivilisierung des Landes: Sie lehrte die Frauen Korn mahlen, spinnen und weben, unterwies die Menschen in der Heilkunst und führte den Hochzeitsritus ein. Wenn Osiris sich auf Reisen befand, vertrat Isis ihn und regierte weise das Land. Im 1. Jahrhundert n. Chr. fasste Plutarch die verschiedenen Aspekte des Isis-Mythos aus den ägyptischen Texten in einer einzigen Erzählung zusammen.

Als Isis von der Ermordung des Osiris durch den bösen Gott SETH hörte, war sie außer sich vor Schmerz. Sie schnitt ihr Haar ab, legte Trauerkleidung an und machte sich auf die Suche nach seinem Körper. Eine Gruppe von Kindern hatte die Kiste mit dem Körper des Osiris den Nil hinabtreiben sehen, auf das Meer hinaus. Die Kiste strandete an der Küste von Byblos im Libanon unter einem schönen Baum, der den Sarg in seinem Stamm einschloss. Als der König von Byblos von dem wundersamen Baum hörte, ließ er ihn fällen und zu seinem Palast bringen. Dort diente er als Stütze des Daches.

Rasch verbreitete sich die Neuigkeit und Isis erriet, was geschehen war. Sie begab sich hastig nach Byblos und setzte sich verkleidet neben einen Brunnen im Zentrum der Stadt. Als Dienerinnen der Königin Wasser vom Brunnen holten, flocht sie diesen das Haar und versah es dabei mit solch wohlduftenden Essenzen, dass die Königin kurze Zeit darauf nach der Fremden schickte und sie als Amme für ihr Kind einstellte.

ISIS *(oben) wird meist auf dem Thron sitzend dargestellt. Sie trägt einen Kopfschmuck und breitet schützend ihre Schwingen über das Land Ägypten und seine Bewohner.* (SARKOPHAG VON RAMSES III., GRANIT.)

ISIS *(links) war die schwesterliche Gemahlin des Gottes Osiris, der von dem bösen Gott SETH ermordet worden war. Sie suchte seinen Körper in ganz Ägypten.*

Jede Nacht legte Isis das Kind in das Feuer der Unsterblichkeit, während sie sich selbst in eine Schwalbe verwandelte und um den Stamm flog, in dem die Leiche des Osiris eingeschlossen war. Eines Abends kam die Königin in das Zimmer und sah ihren Sohn in den Flammen liegen. Erschreckt stieß sie einen durchdringenden Schrei aus und beraubte so ihr Kind der Möglichkeit, ewiges Leben zu erlangen. Isis enthüllte ihre wahre Identität und verlangte die Herausgabe des Stammes.

Ihrem Wunsch wurde entsprochen und die Göttin trug den leblosen Körper des Osiris zurück nach Ägypten, wo sie ihn in einem Sumpf verbarg. Seth entdeckte aber den Körper und schnitt ihn in 14 Teile, die er im ganzen Land verstreute. Mit der Hilfe anderer Götter gelang es Isis, alle Teile wieder zu finden, außer dem Penis, den ein Fisch verschluckt hatte. In einer Variante der Erzählung setzte Isis den Körper zusammen und schenkte Osiris durch ihre heilenden Zauberkräfte neues Leben. Vor ihrer Abreise in die Unterwelt zeugten Osiris und Isis ein Kind, HORUS.

Der Ruhm der Isis in Ägypten und darüber hinaus war so groß, dass sie nach und nach die Eigenschaften fast aller anderer Gottheiten in sich vereinte. So war sie die Große Mutter, die Göttin der Vögel, die Göttin der Unterwelt, die den Toten Leben schenkte, und die Göttin des Urwassers. Bis nach Griechenland und im ganzen Römischen Reich wurde ihr gehuldigt.

Ihre Verehrung währte mehr als 3000 Jahre lang, von 3000 v. Chr. bis weit in die Zeit der Christen hinein. Ihr Kult und viele ihrer Bilder gingen direkt auf die Jungfrau Maria über.

ISKUR war ein hethitischer Wettergott, der über Regen und Gewitter gebot. Als „König des Himmels" stand er dem irdischen König im Kampf bei. Darstellungen zeigen ihn auf zwei Berggöttern sitzend oder auf einem von zwei Stieren, seinen heiligen Tieren, gezogenen Wagen. Keule und Blitz sind seine Kennzeichen und die Zehn ist seine heilige Zahl.

JAHWE siehe YAHWE.

JAM siehe YAM, YIMA.

JAMM siehe YAM.

JEHOVA siehe JAHWE.

JIBRIL siehe GABRIEL.

Die KAABA ("Würfel") ist ein längliches, außen mit schwarzer Seide verkleidetes Steinbauwerk, in dem der heilige Schwarze Stein des Islam aufbewahrt wird. Die Kaaba liegt in der Moschee der heiligen Stadt Mekka und symbolisiert das Aufeinandertreffen von Himmel und Erde. Schon lange vor der Zeit des Propheten Mohammed (um 570-632 v. Chr.) enthielt der heilige Schrein die Bilder vieler Gottheiten des arabischen Pantheons.

Im Koran wird berichtet, dass ABRAHAM die Kaaba zu Ehren des einen wahren Gottes ALLAH wieder erbaut hatte, doch die Einwohner von Mekka bewahrten in dem Schrein Götzenbilder von den „Töchtern Allahs" auf. Mohammed warf die Götzenbilder aus der Kaaba und ordnete an, dass die Gläubigen ihre Gebete vor dem Bauwerk verrichten sollten. In vorislamischen Zeiten vereinbarten die sich befehdenden Stämme Arabiens jedes Jahr eine viermonatige Waffenruhe, während der die Menschen aller Stämme den Schrein besuchten und das Bauwerk umschritten.

Heute ist es die heilige Pflicht aller Moslems, zumindest einmal im Leben zu versuchen, nach Mekka zur Kaaba zu pilgern. Diese Wallfahrt, auch unter der Bezeichnung Hadjdj bekannt, ist eine der „Fünf Säulen des Islam". Zu den rituellen Handlungen gehört es, die Kaaba sieben Mal zu umschreiten und, wenn möglich, den Schwarzen Stein zu küssen.

Im Islam gilt der Schwarze Stein der Überlieferung gemäß als der Ort, an dem Hagar Ismael, den Stammvater der Araber, empfangen hat. Es fehlt nicht an Erklärungen, wie der Stein entstanden ist, diese sind aber allesamt apokryph. Nach einer Erzählung war der Stein einst der zuverlässigste der Engel Gottes, der im Garten Eden ADAM an sein Versprechen gegenüber Gott erinnern sollte. Beim Sündenfall aber vergaß Adam sein Versprechen. Gott verwandelte den Engel in eine weiße Perle, die vor die Füße des Adam rollte und sich dort auf wundersame Weise zurückverwandelte. Der Engel erinnerte Adam an sein Versprechen und Adam küsste ihn. Dann verwandelte Gott den Engel in den Schwarzen Stein, als Symbol für das Böse, das in die Welt gekommen war. Adam trug den Stein über die ganze Welt bis nach Mekka, wo ihm der Engel Gabriel befahl, die Kaaba zu erbauen und den Schwarzen Stein darin aufzubewahren.

In einer anderen Version versuchte der abessinische General Abraha, in Mekka einzudringen, um die Kaaba zu zerstören. Doch der Elefant, auf dem er ritt, weigerte sich, auch nur einen Schritt weiter zu gehen. Schließlich mussten sich die Truppen des Generals unverrichteter Dinge zurückziehen.

Die KAABA *oder „der Würfel" ist ein längliches Steinbauwerk, das mit schwarzer Seide verkleidet ist. Darin liegt der Schwarze Stein des Islam.* (BESCHEINIGUNG ÜBER DIE WALLFAHRT HADJDJ, 1432.)

KAMRUSEPA siehe TELIPINU.

KAUTAR siehe KOTAR.

KERESASPA ist in der iranischen Mythologie der Held, dem es gelang, den schrecklichen Drachen AZI DAHAKA zu töten. Keresaspa war für seine Tapferkeit berühmt. So zog er einmal in den Kampf gegen den Riesenvogel Kamak, dessen Schwingen den Himmel bedeckten, sodass der Leben spendende Regen nicht mehr zur Erde fallen konnte. Auch Gandarewa, ein Wasserdämon, der eine ständige Bedrohung für alles Gute in der Schöpfung war, sollte durch die Hand des Keresaspa fallen.

KERET, der König von Sidon, war angeblich der Sohn von EL, dem höchsten Gott des ugaritischen Pantheons. Die Tafeln aus dem 14. Jahrhundert v. Chr., auf denen die Heldentaten des legendären Königs beschrieben werden, wurden 1929 in Ras Schamra in Syrien gefunden. Dort lag die antike Stadt Ugarit.

Keret war mit sieben Frauen verheiratet gewesen, die alle gestorben waren, ohne ihm einen Erben für den Thron zu schenken. Da erschien El und befahl dem Keret, seine Truppen in den Kampf gegen die Feinde von Sidon zu führen. Erschrocken schloss Keret sich ein und brach in Tränen aus. In einem Traum sah er aber, dass er einen Sohn zeugen würde. Dies gab ihm Mut für den Feldzug. Er nahm sich eine Frau und versprach der Göttin Ashera (siehe ASTARTE) Silber und Gold. El segnete den König und versprach ihm acht Söhne. Die Söhne kamen zur Welt, doch Keret brach sein Versprechen gegenüber Ashera. Daraufhin wurde er schwer krank und alles Leben in seinem Königreich welkte dahin. Erst nach einer Zeremonie im Palast des Regen- und Fruchtbarkeitsgottes BAAL kehrte der Regen zurück und Keret wurde gesund.

KHNUM oder CHNUM ist ein ägyptischer Schöpfergott, der die Welt auf seiner Töpferscheibe modelliert haben soll. Sein Name bedeutet „Bildner“. Oft wird er als widderköpfiger, vor einer Töpferscheibe sitzender Mann abgebildet, auf der die Wesen, die er zuletzt erschaffen hat, stehen. Chnum formte sowohl die Götter als auch die Menschen. Er soll auch der Spender der Frucht bringenden Nilfluten gewesen sein.

In einer Erzählung fragte der Pharao Djoser im 3. Jahrtausend v. Chr. seinen weisen Wesir und Architekten IMHOTEP nach den Gründen für die Hungersnot, die schon sieben Jahre währte. Der Nil stieg nicht hoch genug, um die Felder zu bewässern, sodass die Menschen verhungerten. Imhotep riet dem Herrscher, Chnum Opfer darzubringen. Der König befolgte diesen Rat und Chnum erschien ihm daraufhin im Traum und versprach, dass er die Wasser freisetzen würde. In jenem Jahr war die Ernte im Königreich gut. (Siehe auch HEILIGE TIERE)

KINGU, ein Dämon im antiken Mesopotamien, galt als Sohn oder Gemahl von TIAMAT, die Muttergöttin und Chaosdrache zugleich war. Kingu kämpfte mit seiner Armee an der Seite seiner Mutter gegen MARDUK; dieser besiegte sie aber. Nach einer Überlieferung vermischte Marduk Kingus Blut mit Erde und formte daraus die ersten Menschen. Dann lebte Kingu zusammen mit den anderen Gottheiten, die Tiamat im Kampf beigestanden hatten, in der Unterwelt, dem Reich von ERESCHKIGAL.

CHNUM *(ganz links), der Schöpfergott, wurde mit einem Widderkopf als Symbol für Zeugungskraft und Männlichkeit dargestellt.*

CHNUM *(links) soll Männer und Frauen auf seiner Töpferscheibe modelliert haben. Er kontrollierte auch die Hochwasser des Nil.*

KISHAR siehe ANSHAR.

Die KORYBANTEN sind die Priester von Kybele, der Großen Mutter in der phrygischen Mythologie. Sie vollführten rasende Tänze und orgiastische Festlichkeiten. Angeblich hatten sie die Fähigkeit, Wahnsinn herbei zu führen, aber auch zu heilen.

Eine Überlieferung berichtet, dass sie Nachkommen des griechischen Gottes Zeus waren, der als Regen die Erde befruchtete. In einer anderen Version sind sie die Nachkommen der griechischen Gottheiten Thalia und Apollo.

L

KUBABA *(links) hält einen Spiegel, eines der Attribute, das die phrygische Göttin Kybele von ihr übernimmt.* (BASALTRELIEF, KARCHEMISCH, SYRIEN, 9. JH. V. CHR.)

KOTAR oder Kautar war der phönizische Handwerks- und Schmiedegott. Als Herr der Zaubersprüche erscheint er bereits in Mythen aus dem 14. Jahrhundert v. Chr., die in Ras Schamra in Syrien entdeckt wurden, wo die antike Stadt Ugarit lag. Kotar baute für den Helden AHAT einen wunderbaren Bogen aus gedrehtem Horn in Form einer Schlange. Als Diener des höchsten Gottes EL half Kotar beim Bau des Palastes für den Regen- und Fruchtbarkeitsgott BAAL.

KUBABA war eine antike Göttin in Karkemisch in Kleinasien. Als lokale Gottheit war ihre Rolle in der Mythologie des Landes zunächst unbedeutend. Nach und nach wurde sie aber zur Hauptgöttin und Muttergottheit der neo-hethitischen Königreiche. Die Phrygier übernahmen ihren Namen und auch einige ihrer Attribute, wie Spiegel und Granatapfel, für ihre Muttergöttin KYBELE. Im oberen Mesopotamien war sie als Gubaba bekannt.

KUBABA *hält einen Spiegel, eines der Attribute, das die phrygische Göttin Kybele von ihr übernimmt.* (BASALTRELIEF, KARCHEMISCH, SYRIEN, 9. JH. V. CHR.)

KUMARBI war der Vater der Götter in der Mythologie der Hurriter, einem Volk, das in den Bergregionen südlich des Kaspischen Meeres lebte und dessen Glaubensvorstellungen die der Hethiter stark beeinflussten. Neun Jahre lang diente und gehorchte Kumarbi dem ANU, bevor er ihn angriff, um ihm die Herrschaft zu entreißen. Obwohl sich Anu sofort wie ein Vogel in den Himmel erhob, gelang es Kumarbi, ihn an den Füßen nach unten zu ziehen und seinen Penis abzubeißen. Doch Anu warnte Kumarbi, er dürfe sich nicht zu früh freuen, da Anu ihn mit seinem Sperma befruchtet hatte. Kumarbi brachte drei schreckliche Götter zur Welt, die als verschiedene Aspekte des Sturmgottes TESCHUB gelten.

Als Kumarbi selbst von seinem Sohn Teschub entthront wurde, sann er auf Rache. Er suchte Hilfe beim Meer und zeugte noch einen Sohn, ULLIKUMI, der aus Diorit-Stein bestand und auf die Schultern des Riesen Upelluri gestellt wurde, der mitten im Meer lebte. Der Angriff von Teschub auf Ullikumi war erfolglos und er musste abdanken. Das Ende des Mythos ist leider verloren, doch geht man davon aus, dass Teschub den Kumarbi schließlich besiegt und den Thron zurückgewinnt.

KURUNTA war ein hethitischer Gott, der im Allgemeinen mit ländlichen Gegenden in Verbindung gebracht wurde. Er erscheint in einer Version des Mythos vom verschwindenden Gott HAHHIMAS, in der alles Leben erlischt. Der Sturmgott TARU versuchte zu verhindern, dass Kurunta sich von Hahhimas zur Untätigkeit verleiten lässt, doch selbst Kurunta, ein „Kind der Ebenen", fiel ihm zum Opfer.

Darstellungen zeigen Kurunta auf einem Hirsch stehend, der sein heiliges Tier ist. Er hält einen Hasen und einen Falken in der Hand. Nachbildungen von Hirschen wurden in Gräbern gefunden, die bis zurück ins 3. Jahrtausend v. Chr. datieren.

LEVIATHAN, *das fürchterliche Seeungeheuer, steht für das Chaos, vor dem Jahwe die Menschen beschützt.* (ABBILDUNG VON GUSTAVE DORÉ AUS „PARADISE LOST", 1866.)

KYBELE siehe CYBELE.

LELWANI war ursprünglich ein hethitischer Gott der Unterwelt, der als „König" bezeichnet wurde. Mit der Zeit hat er sich anscheinend in eine weibliche Gottheit verwandelt, die in der dunklen Erde lebt. Ihre Heiligtümer waren gleichzeitig Leichenhäusern und Mausoleen.

LEVIATHAN war ein grausames Ungeheuer in der phönizischen Mythologie. Sein Name bedeutet „gewundenes Tier". Die Gestalt des Leviathan geht zurück auf den kanaanäischen Lotan, ein siebenköpfiges Monster, das ANAT tötete, und auf den Chaosdrachen TIAMAT in der mesopotamischen Mythologie. Auch im Alten Testament ist Leviathan die Schlange des Chaos, die JAHWE unterwirft. Im Buch Jesaja wird sie als „betrügerische Schlange" bezeichnet und im Buch Hiob sagt Gott: „Sein Herz ist hart wie Stein; hart wie der unten liegende Mühlstein. Das Peitschen seines Schwanzes lässt die Tiefe brodeln wie einen Kessel. Auf Erden gibt es seinesgleichen nicht: König ist er über alle stolzen Tiere."

In apokalyptischen Schriften und im Christentum glaubt man, dass sich der Teufel in der Gestalt der Schlange Leviathan zeigt. Im apokryphen Buch Henoch erscheint er als riesige Kreatur, die „den Abgrund über den Quellen des Wassers" bewohnt.

Leviathans Kiefer gelten manchmal als Eingang zur Hölle selbst. (Siehe auch SCHLANGEN UND DRACHEN)

TORE ZU DEN GÖTTERN

Die Ägypter glaubten, dass beim Tod eines Pharao der Sonnengott Re die Strahlen der Sonne verstärkte, damit der tote König darauf wie auf einer Himmelsleiter emporsteigen könne. Die Form der Pyramide symbolisiert eine Rampe. Tatsächlich waren die ersten Pyramiden in Stufenform angelegt. Als stilisierter Erdwall erinnern die Pyramiden auch an den Urhügel, der zu Beginn der Schöpfung aus dem Wasser Nun stieg. Das mesopotamische Äquivalent der Pyramide ist die Zikkurat. Dabei handelt es sich um einen stufenförmig angelegten monumentalen Tempel, der gen Himmel strebt. Rampen und Treppen verbinden die verschiedenen Ebenen und führen zu einem Altar auf der Spitze. Für die antiken Baumeister dieser eindrucksvollen Monumente war die Sonne der allmächtige Schöpfer. Der weltliche Herrscher galt als Verkörperung der Gottheit. Die nach oben strebenden Bauwerke verbanden die Menschen mit den Göttern und verherrlichten deren sterbliche Vertreter auf Erden.

Die ZIKKURAT *(oben) in Ur war dem sumerischen Mondgott Nanna geweiht, der die Zeit maß und dem Land Fruchtbarkeit brachte. Der Tempel war aus rohen, ungebrannten Ziegeln erbaut, die ursprünglich mit glasierten Fliesen verkleidet waren. Lange Treppen verbanden die verschiedenen Ebenen und führten zu dem Altar auf der Spitze, wo die Anbetenden den Göttern des Himmels näher sein konnten.*

ZIKKURATs *(links) gab es in den meisten größeren Städten Mesopotamiens. Auf der obersten Ebene dieser riesigen stufenförmig angelegten Pyramiden befanden sich Tempel, in denen den Göttern Opfer dargebracht wurden. Der Tempel des Marduk in Babylon, sieben Stockwerke hoch, war wahrscheinlich das Vorbild für die Vorstellung vom Turm zu Babel.*
(OTTO GIRARI, REKONSTRUKTION EINER ZIKKURAT, 19. JH.)

ANUBIS *(oben) überwachte Mumifizierung und Begräbnisriten. Da die Ägypter glaubten, dass das Leben nach dem Tode eine Fortsetzung ihres Daseins auf Erden war, war es wichtig, den Körper richtig einzubalsamieren. Als Wegweiser in der Unterwelt sollten Beschwörungsformeln dienen, die zunächst in die Särge eingeritzt wurden und später auf illustrierten Papyrusrollen, den so genannten Totenbüchern, niedergeschrieben wurden.* (DAS TOTENBUCH DES KENSUMOSE, 11.–10. JH. V. CHR.)

Der TURM VON BABEL *(oben) sollte in der Ebene von Schinar in Babylonien erbaut werden. Die Bibel erzählt, dass die Nachkommen Noahs ihn bis zum Himmel bauen wollten. Jahwe, der Gott der Israeliten, verurteilte die Überheblichkeit der Menschen und vereitelte deren Vorhaben, indem er ihre Sprache verwirrte, sodass sie einander nicht mehr verstanden. Die Menschen gaben den Bau des Turmes und der ebenfalls geplanten Stadt auf und verstreuten sich in alle Himmelsrichtungen.* (IN STRUTTS „ALTERTÜMER" REPRODUZIERTES MANUSKRIPT, 1773.)

Die PYRAMIDEN *(oben) von Gizeh galten für die Griechen als eines der Sieben Weltwunder, das einzige, das praktisch unbeschädigt erhalten ist. Ihre eindrucksvolle Größe und geheimnisvolle Natur lassen sie nicht als das Werk von Menschenhand erscheinen. Imhotep, der Architekt der ersten Pyramiden – und der ersten Bauwerke aus Stein überhaupt in Ägypten – erlangte großen Ruhm wegen seiner Leistung: Im Späten Reich, 2000 Jahre nach seinem Tod, wurde er zum Gott erhoben.* (STICH VON JACQUES PICART AUS „DIE SIEBEN WELTWUNDER", 17. JH.)

Die PYRAMIDEN *(unten) zeugen von der großen Bedeutung, welche die Ägypter dem Leben nach dem Tode beimaßen. Zehntausende von Menschen arbeiteten jahrzehntelang an so einem Bau. Die Leitung oblag einem einzigen Architekten, der den Titel „Aufseher über alle Arbeiten für den König" erhielt. Die riesigen Blöcke, die meist aus Steinbrüchen vor Ort stammten, wurden auf Schlitten über Rampen nach oben geschleppt, die immer höher und steiler wurden, je mehr der Bau voranschritt.*

M

LILITH, *flankiert von Eulen, ihren heiligen Tieren. Sie wurde zusammen mit Adam erschaffen, lehnte aber seine Herrschaft ab und schloss sich lieber den Dämonen an. Sie trägt eine Krone von Mondhörnern und eine Regenbogenkette.* (TERRAKOTTA)

LILITH ist nach hebräischer Überlieferung die erste Frau, die erschaffen wurde. Darstellungen zeigen sie als geflügelte Kreatur, halb Schlange, halb Mensch. JAHWE beschuldigte sie, EVA in Versuchung geführt zu haben. Im Alten Testament erscheint sie als Dämonin der Nacht. Ihr Name bedeutet „Sturmdämonin" oder „Nächtliche", ihr Symboltier ist die Eule.

Nach dem Talmud wurden Lilith und Adam gleichzeitig erschaffen. Sie wollte sich Adam nicht unterwerfen, da sie sich für gleichrangig hielt, und floh in die Wüste. Dort gesellte sie sich zu den Dämonen und gebar ihrerseits zahllose Dämonen. Gott sandte drei Engel aus, die Lilith aus der Wüste zurückholen sollten, doch sie weigerte sich. Auf die Drohung der Engel, sie zu ertränken, antwortete Lilith, dass es in ihrer Macht stünde, Kinder zu töten. Schließlich willigte sie ein, den Kindern nichts Böses anzutun, die ein Amulett mit Namen oder Bild der Engel trügen. Fortan streifte sie auf der Suche nach schutzlosen Kindern durch die Welt, um sie für die Sünden ihrer Väter büßen zu lassen und sie mit einem Lächeln zu töten.

Nach einer anderen Überlieferung wollte sie in die Heerscharen der Cherubim aufgenommen werden, wurde aber von Gott gezwungen, auf die Erde hinabzusteigen. Als Lilith sah, dass Adam bereits eine Gefährtin, nämlich Eva, hatte, wünschte sie zu den Cherubim zurückzukehren, doch Gott verbannte sie in die Wüste. In einem hebräischen Mythos erschuf Jahwe Lilith aus verunreinigter Erde. In der sumerischen Mythologie war sie ursprünglich die Gottheit des Elends. Sie wurde auch mit der babylonischen Dämonin Lilitu identifiziert, die Jagd auf Menschen machte. (Siehe auch SCHLANGEN UND DRACHEN)

LILITU siehe LILITH.

LUZIFER siehe SATAN.

MAAT war die ägyptische Göttin von Wahrheit, Recht und Ordnung. Als Tochter des Sonnengottes Re stand sie dem Jenseitsgericht im Thronraum von OSIRIS vor. Jeder Mensch musste nach seinem Tod vor 42 Richtern erscheinen und Rechenschaft über seine Verbrechen ablegen. Das Herz des Toten wurde auf der Gerichtswaage gegen Maat abgewogen, symbolisiert durch eine Straußenfeder in der anderen Waagschale. ANUBIS, der schakalköpfige Gott, hielt die Waagschalen und der Gemahl von Maat, der Mondgott THOT, schrieb das Urteil nieder. Sank das Herz schwer von Verbrechen nach unten, verschlang das Ungeheuer Ammut, teils Krokodil, teils Nilpferd, teils Löwe, den Toten. Wenn aber der Verstorbene zu seinen Lebzeit „Maat in seinem Herzen" getragen hatte, also rein und tugendhaft gewesen war, wurde er zum Geist und konnte den Göttern im Kampf gegen die Schlange APOPHIS beistehen.

Darstellungen zeigen Maat mit der Straußenfeder auf dem Kopf, von der man glaubte, dass sie beim Jenseitsgericht in die Waagschale gelegt wurde. Oft wird sie auch als „Atem des Lebens" dargestellt, wie sie den PHARAONEN das Anch, das ägyptische Symbol des Lebens, an die Nase hält. Alle Menschen lebten angeblich „durch Maat, in Maat und für Maat."

MAAT, *Göttin der Wahrheit und des Rechts, trägt auf dem Kopf eine einzelne Straußenfeder, das Schriftzeichen für ihren Namen.* (GRABSTÄTTE DES HAREMHAB, ÄGYPTEN.)

Die MALAIKA sind nach islamischen Glaubensvorstellungen aus Licht gemachte Engel. Sie stehen über den gewöhnlichen Menschen, aber unter den Propheten. Die vier großen Engel sind Djibril oder GABRIEL, Engel der Offenbarung, Mikal, der Schutzengel des jüdischen Volkes, Israfil, der Engel, der die Posaune zur Auferstehung blasen wird und Izrail, der „Engel des Todes". IBLIS gilt entweder als gefallener Izrail oder als einer der DJINN.

MANAT war eine Göttin, die in vorislamischen Zeiten im Gebiet zwischen den heiligen Städten Mekka und Medina verehrt wurde. Angeblich soll sie die Geschicke der Menschen bestimmt haben. Sie galt neben AL-UZZA und AL-LAT als eine der drei Töchter des einzigen Gottes ALLAH.

MANDAH ist die Bezeichnung für eine Gruppe von vorislamischen Bewässerungs- und Schutzgottheiten in Arabien.

MARDUK, der Stadtgott von Babylon, war der älteste Sohn von EA, Gott des Wassers. Er wurde im Ur-Süßwasserozean APSU geboren und galt ursprünglich als Gott der Fruchtbarkeit und des Ackerbaus. So ist sein Attribut ein dreieckiger Spaten, „Marru" genannt. Später erlangte er Ruhm als furchtloser Krieger und wurde für gewöhnlich als für den Kampf gerüstet dargestellt. Sein Name bedeutet „Jungrind des Sonnengottes". Er wird mit dem Planeten Jupiter in Verbindung gebracht. Dieser herrlichste aller Götter hatte anscheinend vier Augen und vier Ohren. Feuer loderte auf, wenn sich seine Lippen bewegten.

Marduks Ruf als tapferer Kämpfer drang schließlich bis zu den Göttern durch, die ihm auftrugen, die schreckliche Schlange TIAMAT anzugreifen. Sie gaben ihm einen Donnerkeil als Waffe. Ferner führte er seinen Bogen, Speer und Streitkolben mit sich. In einem blutigen Kampf besiegt Marduk Tiamat: „Als Tiamat den Mund öffnet, um ihn zu verschlingen, schleudert er den Wirbelwind hinein und sie verschluckt ihn. Sie kann ihre Lippen nicht mehr schließen und ihr Bauch schwillt an. Marduk schießt einen Pfeil ab, der in ihren Leib eindringt und ihr Herz durchbohrt. So besiegt er sie und löscht ihr Leben aus."

MARDUK *(rechts) die oberste Gottheit, mit dem babylonischen Sonnengott Shamash (links).* (AKKADISCHER SIEGELZYLINDER, 3. JT. V. CHR.)

Der große Gott warf den leblosen Körper nieder und stellte sich darauf. Er teilte ihn in zwei Hälften: Aus der oberen bildete er das Himmelsgewölbe, aus der unteren den Boden über der Tiefe. So erschuf er Himmel und Erde. Dann teilte er das Jahr in zwölf Monate ein und gab den Sternbildern, Sonne und Mond ihren Platz an der Himmelskuppel. Schließlich wandte er sich an seinen Vater: „Blut werde ich zusammenmengen und Knochen machen. Ich werde einen Wilden schaffen: Mensch sei sein Name."

Die Götter fesselten KINGU, der seiner Mutter Tiamat im Kampf beigestanden hatte, und durchtrennten seine Blutgefäße. Sein Blut vermischten sie mit Lehm und modellierten menschliche Wesen daraus.

Bevor er sich bereit erklärte, Tiamat anzugreifen, hatte Marduk von den Göttern mehr Macht verlangt, wenn er die Herausforderung bestünde. Er wollte über das Schicksal bestimmen und das Recht über Leben und Tod derer haben, die im Kampf gefangen wurden. Nach seinem Sieg über Tiamat verliehen ihm die Götter 50 Titel, von denen jeder ein machtvolles göttliches Attribut kennzeichnete. So nahm Marduk alle anderen Gottheiten in sich auf und symbolisierte allein absolute Göttlichkeit. Sogar der Status von ANU als oberster Gottheit geriet in Gefahr, denn Marduk nahm ihm Macht und Würde.

Nach einer Überlieferung ärgerten sich die bösen Geister über den Mondgott SIN, dessen Licht ihre Übeltaten enthüllte. Sie schmiedeten mit SHAMASH, ISCHTAR und ADAD ein Komplott und es gelang ihnen, das Licht des Sin zu verdunkeln. Marduk aber griff die Verschwörer furchtlos an und schlug sie in die Flucht. (Siehe auch HEILIGE TIERE; SCHLANGEN UND DRACHEN)

MARDUK *wurde zum Reichsgott Babylons und übernahm viele Aufgaben des Enlil. Ein Priester betet vor seinem Symbol, einer Art Hacke oder Spaten, das Marru genannt wurde.* (BABYLONISCHES SIEGEL, 7. JH. V. CHR.)

MIN *(links), der Gott der Wege und der Reisenden, trug auf seinem Kopf eine hohe Federkrone.* (RELIEF, KARNAK.)

MASHYA UND MASCHYAI waren in der antiken iranischen Mythologie das erste menschliche Paar. Nach einigen Versionen der Überlieferung sollen sie aus dem Samen des Urmenschen GAYOMART entstanden sein, der 40 Jahre lang in der Erde gelegen hatte. Nach ihrer Geburt standen sie auf, konnten gehen und essen. Dann aber schickte ein Dämon ihnen einen Gedanken und sie fielen ANGRA MAINYU, dem Prinzip der Finsternis, zum Opfer. Doch die guten Geister wachten weiterhin über sie.

Mashya und Mashyai zeugten sieben Paare, von denen eines, Siyamek und Siyameki, die Eltern von HAOSHYANGHA und von Fravak und Fravakai wurden. Diese wiederum gelten als Vorfahren der 15 verschiedenen Völker, in die das Menschengeschlecht aufgeteilt war.

MEHETURET siehe NEITH.

MEN war ein phrygischer Mondgott, Herrscher über Himmel und Unterwelt, mit dem Beinamen Tyrannos oder „Meister". Er war für das Gedeihen von Pflanzen und Tieren verantwortlich.

MIN war ein antiker und volkstümlicher ägyptischer Gott, der auf Darstellungen immer mit erigiertem Phallus und erhobener Geißel in der rechten Hand erscheint, auf dem Kopf eine hohe Federkrone. Man nimmt an, dass er ursprünglich ein Schöpfergott war, doch in klassischer Zeit verehrte man ihn als Schutzgott der Wege und der Reisenden durch die Wüste. Sein Hauptkultort Koptos war Ausgangspunkt für Karawanen und bevor sich die Händler auf den Weg machten, beteten sie zu ihm. Min war auch ein Gott der Fruchtbarkeit und Vegetation und beschützte die Ernte. Ihm zu Ehren wurde das Fest der Treppe gefeiert. Der Gott saß auf einer Stufe und nahm die erste Garbe in Empfang, die der König selbst geerntet hatte.

MINUCHER war in der antiken iranischen Mythologie ein Nachkomme des großen Helden FERIDUN. Als Feridun alt wurde, übergab er jedem seiner drei Söhne Selm, Tur und Irej einen Teil seines Königreiches. Selm und Tur aber verbündeten sich gegen den Irej, um ihm seinen Teil wegzunehmen. Irej war damit einverstanden, seinen Brüdern seinen Anteil am Königreich zu überlassen und trat unbewaffnet vor sie, doch ohne ihn auch nur anzuhören, schlug Tur ihm einen goldenen Stuhl über den Kopf und schlitzte ihn mit seinem Schwert von Kopf bis Fuß auf. Dann riss er Irejs Kopf von seinem blutüberströmten Körper, füllte den Schädel mit Moschus und Bernstein und ließ ihn Feridun überbringen. Der König, der auf die Rückkehr seines jüngsten Sohnes gewartet hatte, wurde von Kummer überwältigt und sann auf Rache.

Irejs Enkel MINUCHER war es schließlich, dem es gelang, Selm und Tur in einem blutigen und unnachgiebigen Kampf zu töten. Feridun starb und bestimmte Minucher zu seinem Nachfolger auf dem Thron.

MITHRA erscheint in der indischen Mythologie als Mitra und war ursprünglich ein Gott der Verträge und Freundschaften. Im Iran entwickelte er sich zum Beschützer der Wahrheit. Bevor ZOROASTER die Religion reformierte, wurde Mithra oft mit AHURAMAZDA, dem Prinzip des Guten, gleichgesetzt. Mithra war das Licht. Auf seinem goldenen Wagen, der Sonne, vor den vier weiße Pferde gespannt waren, soll er durch den Himmel gezogen sein. Er hatte 10000 Ohren und Augen und war für seine Kraft, sein Wissen und seine Tapferkeit im Kampf berühmt. Seinen Verehrern konnte der Gott den Sieg über ihre Feinde schenken und ihnen Weisheit verleihen, seinen Gegnern gegenüber aber war er ohne Erbarmen. Als Fruchtbarkeitsgott ließ er den Regen fallen und die Pflanzen wachsen.

Nach einer Überlieferung ist Mithra als Sonne das Bindeglied zwischen Ahuramazda und ANGRA MAINYU, dem Prinzip der Finsternis, denn die Sonne bedeutet den fortwährenden Wechsel von Licht und Dunkel. Nachdem Zoroaster die Reli-

MITHRA *war Vorläufer des griechisch-römischen Gottes Mithras, der hier abgebildet ist. Mithra wurde in unterirdischen Heiligtümern verehrt, die oft mit einem Relief verziert sind, auf denen er den Stier Geush Urvan tötet.* (MITHRÄUM IN SIDON, 4. JH. N. CHR.)

MOSES *(links) empfängt die Zehn Gebote auf dem Berg Sinai. Auf der Abbildung zeigt er sie dem hebräischen Volk.*
(ABBILDUNG VON H. PISAN.)

MOSES *(rechts) löst auf Befehl Gottes seine Sandale vor dem Dornbusch auf dem Berg Horeb oder Sinai.*
(MOSAIK, SAN VITALE, RAVENNA, ITALIEN)

gion im Iran reformiert hatte, nahm Ahuramazda den Rang der obersten Gottheit ein und Mithra verlor seine Macht. Zwar kehrte er im 4. Jahrhundert v. Chr. als Mittelpunkt eines weit verbreiteten Kultes zurück, doch die Anhänger von Zoroaster erkannten ihn weiterhin nicht an.

Mithra soll aus einem Felsen geboren sein, ein Messer und eine Fackel in Händen haltend. Seine heiligen Stätten lagen unter der Erde und waren fast immer mit einem Relief geschmückt, auf dem er den Stier GEUSH URVAN erlegt, aus dessen Leib alle Pflanzen und Tiere hervorgehen.

Um die Fruchtbarkeit der Natur zu sichern, brachte man dem Mithra regelmäßig Opfergaben, vor allem Stiere, dar. Im 1. Jahrhundert v. Chr. dehnte sich das Römische Reich bis nach Vorderasien aus und Mithra ging als Gott Mithras in die griechisch-römischen Glaubensvorstellungen ein.

MOLECH siehe MOLOCH.

MOLOCH oder Molech war der Name einer ammonitischen Gottheit, der Menschenopfer dargebracht wurden. Die Ammoniter bewohnten den südlichen Teil des heutigen Jordanien und waren Nachfahren von Lot, der im Alten Testament der Neffe des Patriarchen ABRAHAM ist.

Das Zweite Buch der Könige nennt Moloch den „Schrecken der Kinder von Ammon".

Viele Israeliten sollen ihre Kinder dem Moloch geweiht haben, indem sie sie ins Feuer warfen. Manchmal wird allerdings auch die Auffassung vertreten, dass Moloch nicht der Name eines Gottes ist, sondern lediglich den Opferritus bezeichnet. Die Kinder wurden an einem Ort namens Tophet im Hinnomtal verbrannt, der ausschließlich zu diesem Zweck errichtet worden war.

Da der König manchmal als Sohn von Moloch galt, mag der Ausdruck „für den Molech" gleichzusetzen sein mit „für die Sache oder das Leben des Königs", und sich auf das Opfer eines Kindes beziehen, das während eines heiligen Eherituals gezeugt worden war.

Andere Studien lassen darauf schließen, dass Moloch der Gott Baal-Chammon ist, der in Tyrus und Karthago verehrt wurde.

MOSES war ein großer hebräischer Prophet, der im 13. Jahrhundert v. Chr. gelebt haben soll und viele der traditionellen Aufgaben eines Helden erfüllte. Er war das Werkzeug Gottes bei der Befreiung der Stämme Israels aus der Knechtschaft in Ägypten und er überbrachte ihnen das Gesetz des Bundes, den Gott mit den Menschen schloss. Er gilt als Verfasser eines Teils der ersten fünf Bücher der Bibel, die Pentateuch genannt werden.

Zur Zeit des Exils der Israeliten in Ägypten überlebte Moses versteckt im Schilf ein Dekret, welches befahl, alle männlichen Kinder zu töten. Eine ägyptische Prinzessin fand ihn und zog ihn in ihrem Palast auf. Als Moses einmal seine Herde weiden ließ, erschien ihm ein Engel Gottes in einem brennenden Dornbusch. Die Stimme Gottes erklang aus der Mitte des Feuers und ließ Moses wissen, dass Gottes Name „Ich bin, der ich bin" sei. In hebräischen Schriftzeichen erscheint dieser Name als JHWH und wurde später „Jahwe" ausgesprochen.

Im Buch Exodus führt Moses sein Volk aus Ägypten. Gott teilte die Wasser des Roten Meeres, sodass sie es auf ihrem Weg in die Freiheit durchqueren konnten. Auf dem Berg Sinai empfing Moses die Zehn Gebote, auf Steintafeln geschrieben. So ging das Volk Israel einen Bund mit seinem neuen Gott Jahwe ein.

N

MOT war in der phönizischen Mythologie der Gott des Todes, der Dürre und Unfruchtbarkeit. Er herrschte über die Unterwelt und das Land zu Zeiten der Dürre.

BAAL, der Gott des Regens, Gewitters und der Fruchtbarkeit, forderte Mot zu einem Wettstreit heraus und verbannte ihn in das unfruchtbare Ödland. Daraufhin ließ Mot seinerseits den Baal in sein unterirdisches Reich kommen, wo er Schlamm, die Speise des Todes, essen musste. Baal nahm die Herausforderung an und starb. Rasend vor Zorn forderte seine schwesterliche Gemahlin ANAT von Mot die Herausgabe der Leiche des Baal. Als Mot sich weigerte, Baal wieder zum Leben zu erwecken, tötete die Göttin ihn in einem rituellen Blutbad: „Mit ihrer Sichel zerteilt sie ihn. Mit ihrer Geißel schlägt sie ihn. Mit Feuer verbrennt sie ihn. Mit Mühlsteinen zermahlt sie ihn. Auf die Felder verstreut sie ihn, um seine Kraft zu zerstören, damit er nicht länger die Ernte zurückhalten kann." In einem Traum sah der oberste Gott EL, wie es Öl vom Himmel regnete und die Flüsse Honig führten. Da wusste er, dass Baal ins Leben zurückkehren würde.

Die Geschichte von Mot und Baal ist eine dramatische Darstellung von Werden und Vergehen in der Natur: Perioden der Trockenheit und des Todes unter der Herrschaft von Mot wechseln sich ab mit der Wiederkehr der Fruchtbarkeit des Landes, wenn Baal wieder aufersteht. Nach dem jüdischen Geschichtsschreiber Philo (um 30 v. Chr. - 45 n. Chr.) wurde Mot zu Beginn der Zeiten erschaffen, als sich die dunklen Kräfte des Chaos mit der Luft vermischten. Im Allgemeinen gilt Mot aber als Sohn von EL.

NECHBET, *die Geiergöttin Oberägyptens, beschützt den herrschenden Pharao und säugt ihn und seine königlichen Kinder.* (TEMPEL DES HATSCHEPSUT, ÄGYPTEN.)

NAMTAR siehe RESHEF.

NANNA siehe SIN.

NASR, eine arabische Gottheit aus vorislamischer Zeit, wird im Koran erwähnt. Er ist auf einem der fünf Götzenbilder dargestellt, welche die Nachkommen Kains aufstellten. Die anderen sind WADD, Sowa, Yagut und Yauq. Sein Name wird mit „Geier" oder „Adler" übersetzt.

NEBETHUT siehe NEPHTHYS.

NEITH, die Große Mutter der Ägypter, war ursprünglich die Ortsgöttin von Sais im Nildelta Unterägyptens und zugleich die Göttin des Heimes. Als Kriegsgöttin, deren Symbol ein Schild mit gekreuzten Pfeilen ist, soll sie an der Spitze der Soldaten in den Kampf gezogen sein. Oft wurde sie als Mutter von SOBEK, dem Krokodilgott, genannt. Indem sie in das Urgewässer NUN spuckt, erzeugt sie die kosmische Schlange APOPHIS.

Neith galt schließlich als Mutter aller Götter und insbesondere von RE. Als Himmelskuh MEHETURET gebar sie den Himmel, bevor alles Leben begann. Neith wurde auch zur Schutzgöttin der Toten und wird oft dargestellt, wie sie ihnen bei ihrer Ankunft in der Unterwelt Essen und Trinken anbietet.

NEITH, *die Große Mutter Ägyptens, war die große Weberin, die die Welt mit ihrem Schiffchen webte.* (GRABSTÄTTE VON RAMSES I.)

NECHBET, die Geiergöttin Oberägyptens, wurde oft mit ausgebreiteten Schwingen dargestellt, die Symbole der Ewigkeit in den Krallen haltend. Weit verbreitet war die Auffassung, dass sie als Muttergottheit den herrschenden PHARAO beschützte, zusammen mit der Schlangengöttin Unterägyptens WADJET.

NEPHTHYS oder Nebethut ist die Gattin des ägyptischen Gottes SETH sowie die Tochter des Erdgottes GEB und der Himmelsgöttin NUT. Ihr Name bedeutet „Herrin des Hauses". Manchmal wurde sie als Symbol des Wüstenrandes betrachtet: oft trocken, aber nach der Flut fruchtbar.

Nephthys und Seth hatten zusammen keine Kinder. Nach einer Überlieferung nötigte Nephthys aber einmal ihren Bruder OSIRIS zum Trinken, verführte ihn und empfing ein Kind von ihm, das in manchen Versionen der schakalköpfige Gott ANUBIS war. Nachdem Seth den Osiris ermordet hatte, verließ sie ihren Ehemann sofort und half ihrer Schwester ISIS, den toten Osiris einzubalsamieren. Dann nahmen die Schwestern die Gestalt von Drachen an und schwebten schützend über

NEPHTHYS *bereitet mit ihrer Schwester Isis den toten Osiris für das Begräbnis vor. Die Schwestern werden oft dargestellt, wie sie die Körper der Toten beschützen.*
(PAPYRUS, ÄGYPTEN, UM 1300 V. CHR.)

dem Körper, bis er beigesetzt wurde. So wurde Nephthys auch mit den Toten in Verbindung gebracht.

NERIGAL siehe ERESCHKIGAL.

NINCHURSANGA war für die Sumerer die „Herrin des Gebirges" oder die „Herrin des Steinigen Bodens". Sie galt manchmal als Mutter der Götter und als großes Schöpfungsprinzip. Als NINLIL war sie die Gemahlin von ENLIL, dem Windgott, und als Ninki war sie die Frau des Enki (oder EA), des Wassergottes. Ninchursanga soll die weltlichen Könige mit ihrer Milch genährt und sie so zu Göttern gemacht haben. Viele mesopotamische Herrscher, darunter auch Nebukadnezar, verstanden sich als ihre Söhne.

Als Geburtsgöttin war sie die Kraft, die dem Leben im Schoß Gestalt gab, und die himmlische Hebamme, die Sterblichen und Unsterblichen beistand. Sie lebte aber auch im steinigen Gelände am Rande der arabischen Wüste.

Enki und Nenki sollen zusammen auf der paradiesischen Insel Dilmun – vermutlich das heutige Bahrein – gelebt haben. Das göttliche Paar hatte nicht nur mehrere Kinder, auch die Vegetation des Landes entstammte angeblich ihrer Verbindung. Als Enki sexuelles Interesse an seinen Töchtern zeigte, entbrannte Ninki vor Wut. Sie holte seinen Samen aus dem Körper der Spinnengöttin Uttu zurück und pflanzte ihn in den Boden ein. Daraus entstanden acht Pflanzen. Als Enki diese aß, wurde er krank. Nur Ninki konnte ihn heilen, indem sie ihn in ihren Schoß setzte, aus dem er neu geboren wurde.

NINGAL siehe SIN.

NINGIRSU siehe NINURTA.

NINKI siehe NINCHURSANGA.

NINLIL, die sumerische Getreidegöttin, wurde manchmal mit der Göttin NINCHURSANGA in Verbindung gebracht. Eines Tages sah der Windgott ENLIL sie beim Bade nahe der Stadt Nippur. Betört von ihrer Schönheit vergewaltigte er sie. Die Götter verbannten ihn daraufhin aus Nippur und verurteilten ihn zum Tode. Enlil brach in das Land des Todes auf, doch Ninlil folgte ihm, damit er den Sohn sehen konnte, den sie von ihm empfangen hatte. Das Kind, der Mondgott Nanna oder SIN, kam zur Welt. Tieftraurig darüber, dass sein Sohn mit ihm im Land der Toten leben sollte, bat Enlil Ninlil, ihm ein weiteres Kind zu schenken, das an Nannas Stelle in der Unterwelt bleiben sollte. Ninlil willigte ein und gebar drei weitere Kinder. So konnte die Göttin der Unterwelt ERESCHKIGAL für den Verlust von Nanna entschädigt werden, der in das Land der Lebenden zurückkehrte.

NINURTA oder **NINGIRSU** war ein mesopotamischer Kriegsgott, galt aber auch als verantwortlich für die Bewässerung des Landes. Sein kriegerisches Temperament brachte die gesamte Natur, einschließlich der Felsen und Steine, gegen ihn auf, doch Ninurta siegte im Kampf gegen sie. Die Steine, die an seiner Seite gekämpft hatten, belohnte er, indem er ihnen die Fähigkeit verlieh zu funkeln und zu glitzern. Die anderen Steine wurden fortan mit Füßen getreten. In einer anderen Erzählung holt Ninurta die Tafeln des Schicksals vom Sturmvogel ZU. Ninurta gilt als Sohn von ENLIL und NINCHURSANGA sowie als Gemahl von Gula, der Göttin der Heilkunst. In der frühen sumerischen Überlieferung erscheint Ninurta noch als Sturmvogel Imdugud, doch im Laufe der Zeit nimmt er menschliche Gestalt an. Darstellungen zeigen ihn jedoch oft mit Flügeln. Auch auf dem Schlachtfeld erscheint er meist als löwenköpfiger Sturmvogel.

NOAH ist im Buch Genesis im Alten Testament der Held der Sintflut. Gott sah, dass das Menschengeschlecht verdorben war und sprach: „Ich will den Menschen, den ich erschaffen habe, vom Antlitz der Erde tilgen; Mensch und Vieh und Kriechtiere und alles fliegende Getier, denn ich bereue, dass ich sie geschaffen haben.“ Doch da Noah gut und rechtschaffen war, beschloss Gott, ihn und seine Familie zu retten.

Gott wies Noah an, eine Arche zu bauen und ein Paar von allen Lebewesen darin aufzunehmen. Dann kam die Flut und der Regen begann zu fallen. 40 Tage und 40 Nächte lang ergoss er sich auf die Erde. Nach einiger Zeit schickte Noah eine Taube aus, um zu sehen, ob die Flut zurückgewichen war, doch das Tier

NOAH *verflucht Kanaan, den Sohn des Ham, da Ham „die Nacktheit seines Vaters Noah“ gesehen hat. Vielleicht handelt es sich um einen nachträglichen Versuch, Kanaans Unterwerfung unter die Stämme Israels zu erklären.* (STICH AUS DEM 19. JH.)

NINURTA, *der mesopotamische Kriegsgott, nimmt an einem Neujahrs- oder Schöpfungsritual teil, zusammen mit der geflügelten Göttin Ischtar, dem Wassergott Ea und dem Sonnengott Shamash.* (AKKADISCHER SIEGELZYLINDER, UM 2400-2200 V. CHR.)

flog zur Arche zurück. Erst einige Zeit später kehrte eine zweite Taube mit einem Olivenzweig im Schnabel zurück. Gott versprach Noah, die Erde nie mehr mit Wasser zu überfluten und setzte als Zeichen seines guten Willens den Regenbogen in den Himmel: „Dies ist das Zeichen des Bundes zwischen mir und dir und allen Lebewesen, die mit dir sind, und für die nachfolgenden Generationen: Ich setze meinen Bogen zwischen die Wolken." Flutmythen finden sich in der gesamten antiken Welt, von Griechenland bis nach Indien. Im Gilgamesch-Epos erscheint die Erzählung von einer großen Flut, die die Erde zerstört, ebenso wie im Mythos vom sumerischen Wassergott Enki (siehe EA) und dem Helden Atrachasis oder Ziusadra. (Siehe auch MYTHEN VON DER FLUT)

NOAH *wird von Gott angewiesen, eine Arche zu bauen und ein Paar von allen Lebewesen darin aufzunehmen, um sie vor der Zerstörung durch die Flut zu retten.* (FRANZÖSISCHE BUCHILLUSTRATION, UM 1260.)

UNTERWELTEN

In der Mythologie aller Kulturen existiert die Vorstellung von einem Leben nach dem Tode: Der Geist würde entweder in einem anderen Körper auf der Erde weiterleben oder aber sein Dasein in der düsteren Unterwelt fristen. Dem Tod folgte unweigerlich ein letztes Gericht, in dem über die Zukunft der Seele entschieden wurde. Götter oder Engel richteten die Verstorbenen. Der Begräbniskult spielte eine wichtige Rolle in der Religion der Ägypter, obwohl der Tod selbst kaum Interesse erweckte. Dieser war für sie nicht mehr als eine kurze Unterbrechung. Sie strebten stattdessen ein Leben nach dem Tode an, das in jeder Hinsicht eine Fortführung ihrer irdischen Existenz sein sollte. Sozialer Status, Familienbande, ja selbst Besitztümer sollten erhalten bleiben. Nur für den, der den Göttern in seinem sterblichen Dasein missfallen hatte oder sich nicht mit den angemessenen Riten und Beschwörungsformeln auf seine Reise durch die Unterwelt vorbereitet hatte, war der Tod wirklich das Ende.

OSIRIS *(rechts) war ursprünglich eine Vegetationsgottheit, doch im Laufe der Zeit rückte der Mythos von seinem Tod in den Mittelpunkt und er stieg zum Herrschergott auf. Die Pharaonen wurden zu Lebzeiten als Verkörperung des Sonnengottes Re angesehen, bei ihrem Tod verschmolzen sie aber mit Osiris. Darstellungen zeigen Osiris in einer Mumienhülle, die Krone Äyptens auf dem Haupt und mit den königlichen Insignien Krummstab und Geißel. Als Herr der Unterwelt führte er den Vorsitz beim Jenseitsgericht, das die Toten bei ihrer Ankunft in seinem Reich erwartete.* (WANDMALEREI AUS DER GRABSTÄTTE VON SENNUTEM, 14. JH. V. CHR.)

MASCHU *(rechts) war ein magischer Berg an der Grenze zur mesopotamischen Unterwelt, wo die Sonne jede Nacht unterging. Als der Held Gilgamesch den unsterblichen Utnapischtim in der Unterwelt aufsuchte, musste er das Tor zum Berg Maschu passieren, das Furcht erregende Skorpiongötter bewachten. Nach einer Reise durch völlige Finsternis gelangte er in einen verzauberten Edelsteingarten.* (ABBILDUNG AUS „GILGAMESH“ VON ZABELLE C. BOYAJIAN, 1924.)

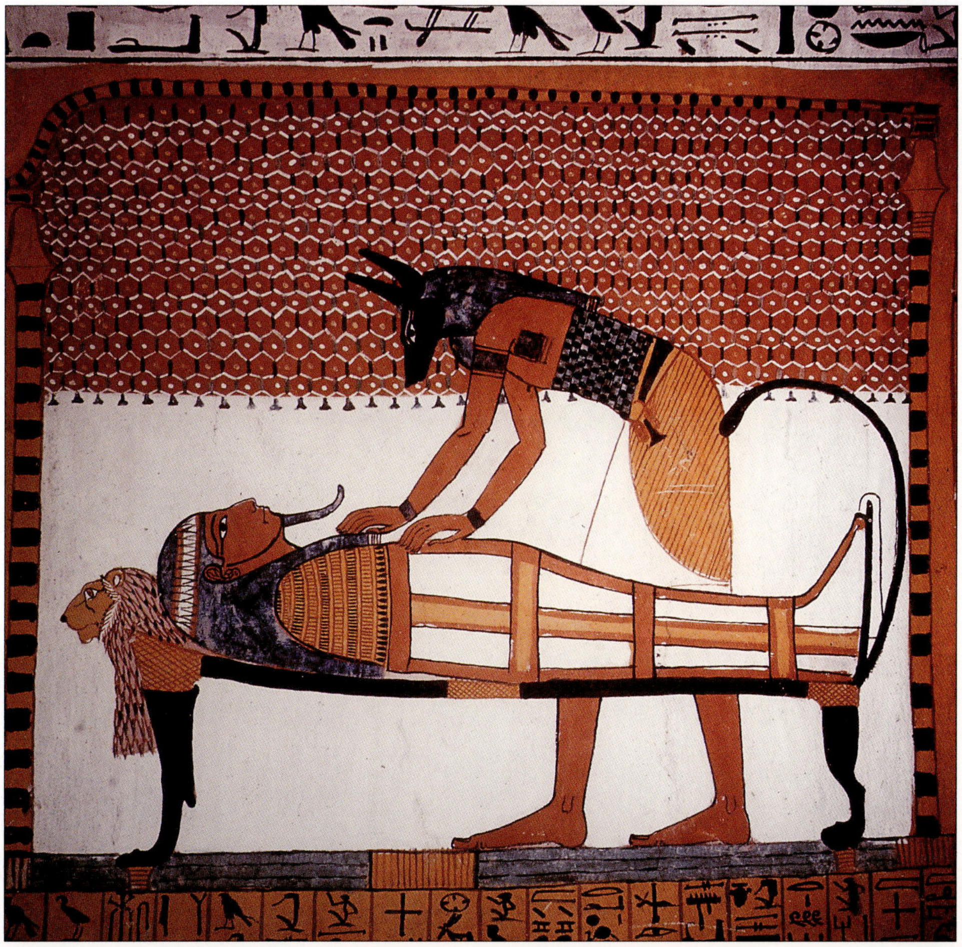

DAS WÄGEN DER SEELE *(oben) war ein entscheidender Moment auf der Reise der Ägypter in die Unterwelt. Anubis führte den Verstorbenen vor die Richter, die sein Herz, Sitz der Gedanken und des Gedächtnisses, in die Waagschale legten. War es schwerer als die Göttin der Wahrheit Maat, wurde die Seele für immer vernichtet. Neben der Waage kauerte die schreckliche Ammut, mit dem Kopf eines Krokodiles und der Mähne eines Löwen und wartete darauf, die Verdammten zu fressen. Thot, der ibisköpfige Gott, verkündete die Entscheidung.* (AUS DEM TOTENBUCH VON HUNEFER, 13. JH. V. CHR.)

Die **MUMIFIZIERUNG** *(links) sollte den Körper für das Leben nach dem Tode erhalten. Zuständig dafür war der Totengott Anubis, der die Gestalt eines schwarzen Hundes oder eines Schakals annahm, jenes Tieres, das nicht korrekt beigesetzte Körper fraß. Ein Skarabäus beschützte das Herz, das einzige Organ, das im Körper verblieb. Dieser Käfer verfügte über einen Zauber, der während der Befragung durch Anubis verhindern sollte, dass das Herz Sünden bekannte.* (WANDMALEREI AUS DER GRABSTÄTTE VON SENNUTEM, 14. JH. V. CHR.)

O

NUN war in der ägyptischen Mythologie die Personifikation der Urgewässer, die vor der Schöpfung existierten und aus denen alles hervorging.

Einer Legende zufolge enthielten diese chaotischen Wasser vier Urzeitpaare: Nun und Naunet, Kuk und Kauket, Huh und Hauhet, AMUN und Amaunet. Diese Paare sind als die „Achtheit" bekannt. Im Wasser von Nun formten sie ein Ei, aus dem ein sagenhafter Vogel, eine Erscheinung des Schöpfergottes, brach (in anderen Varianten wurde so die Luft geboren). Eine Überlieferung berichtet, dass der Sonnengott Atum sich als Hügel aus den Urgewässern erhob und die Elemente SCHU, die Luft, und TEFNUT, die Feuchtigkeit, hervorbrachte. Nun wurde als Mensch dargestellt, der im Wasser stehend die Barke des Sonnengottes in seinen Armen hält. (Siehe auch MYTHEN VON DER FLUT)

NUSKU siehe SIN.

NUT war die ägyptische Himmelsgöttin und Zwillingsschwester des Erdgottes GEB, den sie gegen den Wunsch von RE heiratete. Aufgebracht befahl Re dem SCHU, das Paar zu trennen. Schu stieß Nut nach oben, sodass sie den Himmel bildete, und Geb nach unten: er wurde die Erde. So groß war der Zorn des Re, dass er verfügte, dass Nut in keinem Monat des Jahres Kinder gebären sollte. Doch der Gott Thot hatte Mitleid mit Nut: Er forderte den Mondgott zu einem Damespiel heraus und gewann. Dafür forderte er von ihm Licht für fünf neue Tage, an denen Nut je ein Kind gebar: OSIRIS, SETH, ISIS, NEPHTHYS und nach einigen Versionen der Überlieferung auch HORUS.

In einem anderen Mythos half Nut dem Re, sich von den Menschen zu entfernen, als diese ihn enttäuscht hatten. In Gestalt einer Kuh trug sie den Gott auf ihrem Rücken nach oben. In der Höhe schwindelte ihr und sie rief vier Götter zu Hilfe, die ihre Beine stützten und zu Säulen des Himmels wurden.

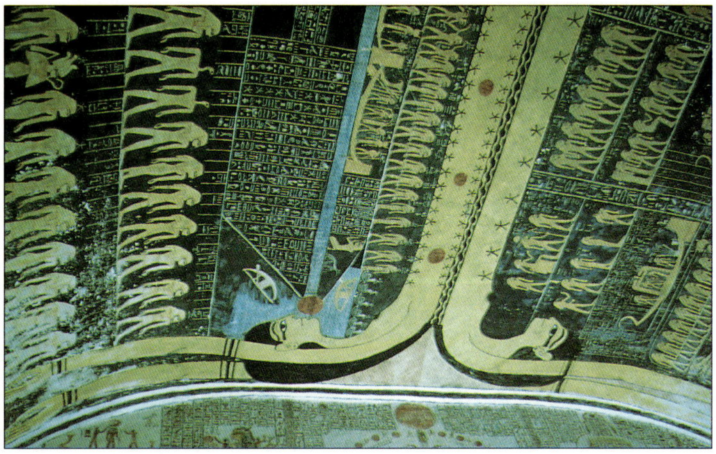

NUT, *die ägyptische Himmelsgöttin, wölbt sich über ihren am Boden liegenen Gemahl, den Erdgott Geb. Sie stützt sich auf ihre Finger und Zehen, die die vier Himmelsrichtungen markieren.* (GRABSTÄTTE VON RAMSES VI.)

OG war in der hebräischen Mythologie einer der vielen Riesen, die vor der großen Flut, welche die Schöpfung zerstörte, über die Erde zogen. Doch Og war der einzige Riese, der überlebte, denn das Wasser reichte nur bis zu seinen Knöcheln. In anderen Versionen gestattete NOAH dem Og, auf dem Dach seiner Arche zu sitzen und er fütterte ihn sogar mit Ochsen.

Nachdem sich das Wasser zurückgezogen hatte, verliebte Og sich in Sarah, die Frau des ABRAHAM. Eifersüchtig schmiedete er ein Komplott gegen den Patriarchen. Viele Jahre lang währte die Feindschaft zwischen Og und Abraham und entlud sich schließlich im Kampf mit MOSES. Der große Prophet führte die Israeliten aus der Knechtschaft in Ägypten in das Land Kanaan, wo sie zahlreiche Kämpfe mit den dort ansässigen Völkern zu bestehen hatten, unter anderem auch gegen Edre, die Stadt des Riesen Og. Als der Riese die näher rückenden Streitkräfte ausmachte, hob er einen Berg hoch über seinen Kopf, um Moses und seine Mitstreiter zu zerschmettern. Doch JAHWE lenkte das tödliche Geschoss auf Ogs eigene Schultern. Der Riese wollte den Berg abwerfen, doch seine Zähne gruben sich unbeabsichtigt hinein und er konnte nichts mehr

NUT *wird auf Begräbnisamuletten abgebildet, die den Mumien zum Schutz umgelegt wurden. Angeblich gingen die Pharaonen bei ihrem Tod in den Körper der Nut über. Ein Skarabäus über dem Herzen sollte dieses während des letzten Gerichtes ruhig halten.* (MUMIENBEIGABEN, PTOLEMÄISCHES REICH, UM 100 V. CHR.)

sehen. Da sprang Moses in die Höhe und durchschnitt mit einer Axt die Knöchel des Riesen. Dieser brach zusammen und starb. Im Alten Testament wird im Buch Deuteronomium berichtet, dass Og der König des Bashan ist: „Seht, sein Bett war aus Eisen... Es ist neun gewöhnliche Ellen lang und vier breit."

ORMAZD siehe AHURAMAZDA.

OSIRIS, Sohn der ägyptischen Gottheiten GEB und NUT, war ursprünglich ein Symbol für das ständige Werden und Vergehen in der Natur. Mit der Zeit wurde er jedoch zum Herr des Totenreiches. Bei seiner Geburt rief man ihn zum „Alleinigen Herrscher" aus. Er wurde zu einer großen und schönen Gottheit und trat die Nachfolge seines Vaters als König von Ägypten an. Seine Schwester ISIS erwählte er als Königin. Er lehrte das Menschengeschlecht Brot backen und Wein anbauen, und er war es auch, der den Bau der ersten Tempel und Statuen zu Ehren der Götter überwachte. Nachdem er so Ägypten die Kultur gebracht hatte, brach Osiris auf, um auch die anderen Länder zu zivilisieren. Seine weiten Reisen waren von Erfolg gekrönt, sicher auch, da seine Ausstrahlung alle in ihren Bann schlug.

Bei seiner Rückkehr nach Ägypten fanden ihm zu Ehren viele Festlichkeiten statt. Sein jüngerer Bruder SETH aber neidete ihm seine Beliebtheit und heckte einen bösen Plan aus. Er lud Osiris auf ein Fest ein und ließ einen herrlichen Sarg hereintragen, der demjenigen gehören sollte, der genau hineinpasste. Osiris ging auf den vorgeblichen Scherz ein und legte sich in den Sarg. Doch sogleich ließ Seth den Deckel festnageln und den Sarg in den Nil werfen. An den Ufern von Byblos strandete er.

Eine andere Version berichtet, dass Seth sich in ein Krokodil verwandelte und dann den Osiris tötete. In wieder einer anderen Legende wird Seth zum Stier, der Osiris zu Tode trampelt. Als Isis erfuhr, was ihrem Bruder und Gemahl geschehen war, machte sie sich, von Kummer überwältigt, auf die Suche nach seinem Körper und brachte ihn nach Ägypten zurück, wo sie ihn in einem Sumpf versteckte. Seth fand den Körper und zerstückelte ihn in 14 Teile. Doch Isis ließ sich auch davon nicht abschrecken. Sie setzte den Körper des Osiris neu zusammen und rief ihn in einem magischen Ritual ins Leben zurück. So vollführte sie zum ersten Mal den Ritus der Einbalsamierung. Tief enttäuscht über seinen Bruder beschloss Osiris, sich aus dem Leben zurückzuziehen und fortan in der Unterwelt über die Toten zu herrschen. Dort überwacht er in seinem Thronraum das Jenseitsgericht.

Auf Darstellungen erscheint er meist als bärtiger Mann, der in Mumienbandagen eingewickelt ist, Krummstab und Geißel als königliche Insignien in den Händen. Er steht für die Fähigkeit der Natur, sich stets zu erneuern, aber auch für die Bedrohung, die widrige Wetterbedingungen für das Wohlergehen der Menschen darstellen. (Siehe auch UNTERWELTEN; STERBENDE UND WIEDERGEBORENE GÖTTER)

OSIRIS *wird von Seth ermordet und gibt im Sterben seiner Gemahlin Isis sein göttliches Sperma, Quelle des Lebens.*
(BASALTRELIEF AM SARKOPHAG VON NES-SHUTFENE, SAQQARA, 4. JH. V. CHR.)

P

Die PHARAONEN *(ganz oben) hatten legendäre Schatzkammern voll mit Reichtümern und herrlichen Kunstschätzen. Vieles davon fiel in der Antike Grabräubern zum Opfer. Die Abbildung zeigt die Schatzkammer von Rhampsinitus.*

PHARAO RAMSES II. *(oben) besiegte die Khetaner im Kampf. Oft wurden die Gott-Könige als Vermittler angerufen.*

PHARAO RAMSES II. *(oben links) als junger Mann. Der göttliche Monarch wurde manchmal bei der Verehrung seines eigenen Bildes dargestellt.* (BAS-RELIEF, 13. JH. V. CHR.)

PHARAO TUTANCHAMUN *(rechts) zeichnete sich während seiner Herrschaftszeit nicht besonders aus. Doch seine Grabstätte in Theben blieb all die Jahrhunderte unversehrt, bis sie 1922 geöffnet wurde. Zu den herrlichsten Schätzen, die sich darin befanden, zählt diese goldene Maske aus der inneren Kammer.* (14. JH. V. CHR.)

PAPAS siehe ATTIS.

PHARAONEN herrschten seit der Einung Ägyptens um 3100 v. Chr. über das Land. Ursprünglich bedeutet Pharao „Großes Haus" oder „Palast". Erst im Neuen Reich (um 1570–1085 v. Chr.) bezeichnete man so den Herrscher selbst. Der Pharao galt als gottgesandter Monarch. Darstellungen zeigen ihn manchmal, wie er sein eigenes Bild anbetet. Er hatte viele Titel, darunter „Horus", „Die Zwei Herrscherinnen" (womit NECHBET und WADJET, die Göttinnen von Ober- und Unterägypten gemeint sind), „Horus aus Gold", „König von Ober- und Unterägypten und Herrscher des Geeinten Landes" sowie „Sohn des Re und Herr des Diadems". Bei einem Herrscherwechsel nahm man an, dass die Königin vom Sonnengott RE einen Sohn gebar, der der neue König würde. Auf Darstellungen werden Pharaonen häufig von einer Göttin genährt, was ihre Göttlichkeit zeigen soll.

Ein Papyrus zeigt, wie der Sonnengott Re die Frau eines Hohepriesters schwängert. Der herrschende Pharao Khufu aus der vierten Dynastie versuchte, die Geburt zu verhindern, doch Re sandte unter der Führung von ISIS und NEPHTHYS zahlreiche Gottheiten aus, um die Frau zu schützen. Die Götter halfen bei der Entbindung und gaben den Kindern Namen. Bevor sie den Palast verließen, versteckten sie drei Kronen. Der Priester fand die Kronen und wusste, dass seine Kinder Könige werden würden.

Der Pharao war für das wirtschaftliche und geistige Wohlergehen seines Volkes verantwortlich und auch für Bau und Erhalt der Tempel. Die Priester galten lediglich als seine Stellvertreter. Man glaubte, dass der Pharao nach seinem Tod zusammen mit dem Sonnengott Re in dessen Barke über den Himmel segeln und wie OSIRIS König der Unterwelt würde. (Siehe auch TORE ZU DEN GÖTTERN)

R

PTAH war der Stadtgott von Memphis, der alten Hauptstadt im Norden Ägyptens, in der die PHARAONEN gekrönt wurden. Ursprünglich ein Fruchtbarkeitsgott, glaubte man später, dass er die Welt erschaffen hatte. Im 3. Jahrtausend v. Chr. kam er in der göttlichen Hierarchie an dritter Stelle nach AMUN und RE.

Ptah galt als Urheber der Künste, der weltliche Bauten und Tempel entwarf und den Bau überwachte. Ebenso soll er die Götter und Könige aus Metall geformt haben. Nach einer Überlieferung erschuf er die Welt durch die Macht seines Wortes.

Darstellungen zeigen den Gott meist in einer Mumienhülle, auf dem Kopf eine eng anliegende Kappe und in der Hand das Regierungsszepter. Manchmal nahm er aber auch die Gestalt eines verkrümmten, Furcht erregenden Wesens an, um die Menschen vor Übel zu beschützen.

Als die Stadt Memphis an Bedeutung verlor, verschmolz Ptah mit anderen Gottheiten, auch mit OSIRIS selbst. Seine Gemahlin war die Löwengöttin SACHMET (siehe HATHOR), sein Sohn Nefertum. Der Tempel des Stieres APIS, der als Verkörperung von Ptah galt, lag dem des Gottes gegenüber. (Siehe auch HEILIGE TIERE)

RE war die oberste Erscheinung des Sonnengottes aus Heliopolis und nahm im ägyptischen Pantheon eine bedeutende Stellung ein. Er soll aus dem Urhügel hervorgegangen sein, der sich aus dem Wasser NUN erhob. Nach seiner Geburt erstellte er einen Schöpfungsplan. Manchmal wird er auch als Kind dargestellt, das aus einer Lotusblüte steigt. Die Ägypter glaubten, dass Re jeden Tag neu geboren wurde. Nach einem Bad und dem Frühstück bestieg er seine Barke und begann die Reise

PTAH, *der Schöpfergott und Schutzpatron der Handwerker, mit seinem Regierungsszepter, auf dem das Anch, das Symbol des Lebens, sitzt.* (STATUETTE AUS DEM SCHATZ DES TUTANCHAMUN, 14. JH. V. CHR.)

RE *(oben), der oberste ägyptische Sonnengott, hier mit Aten, einer anderen Gottheit, zu seiner Linken.* (WANDMALEREI AUS DER GRABSTÄTTE VON SENNEDJEM, THEBEN, 13. JH. V. CHR.)

RE *(links) war in Ägypten die höchste Manifestation des Sonnengottes. Oft wird er als falkenköpfiger Mensch mit der Sonnenscheibe auf dem Kopf dargestellt.* (GROSSER TEMPEL, ABU SIMBEL.)

über den Himmel. In jeder seiner zwölf Provinzen verbrachte er eine Stunde. Bei Sonnenuntergang trat Re bis zum nächsten Morgen in die Unterwelt ein, wo er in der Nacht seinen Widersacher APOPHIS, die schreckliche kosmische Schlange, bekämpfte.

Re gebar den Luftgott SCHU und die Feuchtigkeitsgöttin Tefnut. Einmal machte sich das Paar auf, um das Universum zu erkunden. Als Re sie schließlich wieder fand, brach er vor Erleichterung in Tränen aus. Aus diesen Tränen entstanden die ersten Menschen. In einer anderen Erzählung ist Re ein alter Mann, dem der Speichel aus dem Mund fließt. Die Göttin ISIS wollte ihm seinen geheimen Namen entlocken und formte aus Erde, auf die der Speichel des großen Gottes getropft war, eine Schlange. Diese setzte sie neben den Weg, auf dem Re spazieren zu gehen pflegte. Die Schlange biss den Gott und verursachte ihm mit ihrem Gift große Schmerzen. Isis verlangte von Re die Preisgabe seines Namens und Re musste ihr nachgeben, da er sehr litt. Isis versprach, ihr Wissen nur dem HORUS weiterzugeben. Dann heilte sie ihn, indem sie seinen wahren Namen aussprach.

Die PHARAONEN bezeichneten sich als „Söhne des Re“, denn ihm wurde große Verehrung entgegengebracht. Auch soll er das Chaos geordnet haben. Auf Darstellungen erscheint Re meist als falkenköpfiger Mensch mit der Sonnenscheibe auf dem Kopf. (Siehe auch MYTHEN VON DER FLUT).

STERBENDE UND WIEDERGEBORENE GÖTTER

Viele alte Kulturen kennen Erzählungen von schönen und geliebten Halbgöttern, die auf tragische Weise ums Leben kommen oder vom grausamen Herren der Unterwelt ergriffen werden, doch dann auf wunderbare Weise ins Leben zurückkehren. Wie der Glaube an ein Weiterleben nach dem Tode waren auch sie Ausdruck der Hoffnung, dass es möglich sei, den Tod zu besiegen. Ihre Existenz spiegelte den ewigen Zyklus von Werden und Vergehen wider und legte nahe, dass das Menschengeschlecht in künftigen Generationen fortbestehen würde, wie auch die Natur jedes Jahr wieder aufblühte. Auferstehungsgottheiten standen mit Vegetation, Fruchtbarkeit und Ernte in Zusammenhang: Wenn die Sommerdürre kam und die Früchte des Feldes dahinwelkten, gaben sie den Gläubigen die Gewissheit, dass auch im nächsten Jahr wieder eine Ernte eingebracht werden konnte. Der Glaube an die jährliche Wiederkehr einer Macht, die den Tod und die Kräfte der Dunkelheit herausforderte, gab ihnen Hoffnung auf ein fruchtbares Jahr. Die ewige Jugend dieser Götter, die aus der Unterwelt zurückkehren, entspricht den jungen grünen Trieben, die aus dem Boden sprießen.

ADONIS *(oben), der schöne Jüngling, war der Geliebte von Venus, der römischen Entsprechung der phönizischen und kanaanäischen Göttin Astarte. Er musste in die Unterwelt hinabsteigen, durfte sie aber für sechs Monate im Jahr verlassen. In der phönizischen Stadt Byblos, seinem Hauptkultort, betrauerten seine Anhänger alljährlich seine Rückkehr in die Unterwelt in ekstatischen Festen.* („VENUS UND ADONIS" VON PJOTR SOLOKOV, LEINWAND, 1782.)

ADONISRÖSCHEN *(links) bedecken nach den Winterregen den Fuß des Berges Libanon wie ein roter Teppich. Sie sollten das Blut von Tammuz sein, dessen Abstieg in die Unterwelt den Beginn der trockenen Jahreszeit markierte. Tammuz, der mesopotamische Vegetationsgott, war der Gemahl der Fruchtbarkeitsgöttin Ischtar. Um sie den Klauen des Todes zu entreißen, musste er an ihrer Stelle ein halbes Jahr in der Unterwelt verbringen.*

OSIRIS' *(rechts) Tod und die Trauer seiner Witwe Isis sind Elemente, die sich in Mythen von anderen sterbenden und wieder geborenen Göttern wiederfinden. In einigen Versionen tötet Seth in Gestalt eines Stieres oder Ebers Osiris, in anderen ist er in einem Sarg gefangen, den ein Baum in Byblos umschließt. Isis haucht Osiris neues Leben ein und empfängt von ihm ihren Sohn Horus. Doch dann zerstückelt Seth seinen Körper und verstreut die Teile, wie man Körner auf das Feld streut. Hier kauert Osiris auf einem Podest, von Isis und Horus flankiert.*

(GOLD UND LAPISLAZULI, ÄGYPTEN, 9. JH. V. CHR.)

BAAL *(links) war der Sohn der Fruchtbarkeitsgöttin Dagan. Bewaffnet mit Donner (einer Keule) und Blitz (einem Speer) zog er heldenhaft in den Kampf gegen den Meeresgott Jamm, der die Kräfte des Chaos darstellte. Durch seinen Sieg über Jamm ermutigt, fordert Baal den Todesgott Mot heraus, doch er unterliegt. Seine schwesterliche Gemahlin Anat rächt ihn. Baal kehrt ins Leben zurück und mit ihm die Fruchtbarkeit auf Erden.*

(SYRISCHES KALKSTEIN-RELIEF, 17.-13. JH. V. CHR.)

ATTIS *(rechts), der Gemahl der phrygischen Muttergöttin Kybele, wurde in einer Version des Mythos von einem wilden Eber durchbohrt. Am bekanntesten ist aber die Erzählung, wie die eifersüchtige Kybele ihn mit Wahnsinn schlägt, sodass er sich selbst entmannt. Die Anhänger seines Kultes betrauerten seinen Tod und feierten seine Wiedergeburt alljährlich im Frühling in rasenden und blutigen Ritualen.*

(MARMORBÜSTE, KAISERLICHES ROM.)

RASHNU war in der antiken iranischen Mythologie die Personifikation der Gerechtigkeit und einer der Totenrichter, die die guten und schlechten Taten der Verstorbenen auf einer goldenen Waage gegeneinander aufwogen. Die Richter berieten drei Tage und Nächte lang über das Schicksal des Toten. Während dieser Zeit schwebte die Seele neben der Leiche und erwartete ängstlich das Urteil. Nachdem die Richter ihre Entscheidung getroffen hatten, musste die Seele Chinvat, die Brücke der Toten, überqueren, die in das Paradies des AHURAMAZDA führte. Die guten Seelen führte eine schöne Frau über die Brücke, für die Sünder aber war Chinvat schmal und scharf wie ein Rasiermesser, sodass sie von der Brücke in die Tiefe stürzten. Dort warteten schon Dämonen auf sie, um ihnen jede nur erdenkliche Grausamkeit zuzufügen. Der Aufenthalt in Himmel oder Hölle war aber nur vorübergehend, denn erst am Tag der Wiederauferstehung wurde der ganze Mensch mit Körper und Seele beurteilt.

RE-HARACHTE siehe HORUS.

RESCHEF siehe RESCHEP

RESCHEF oder RESCHEP war der phönizische Blitz- und Seuchengott. Man nannte ihn „Herr des Pfeiles“, vermutlich auf Grund der Art und Weise, wie er Krankheit um sich verbreitete. Der Gott, der manchmal als Gemahl der grausamen Göttin ANAT galt, wurde aber auch um Heilung gebeten.

In Mesopotamien entsprach ihm der Seuchengott Namtar. Die Ägypter übernahmen Reschef in ihr Pantheon als Kriegsgott. Abbildungen zeigen ihn oft mit einer Axt.

RESCHEF, *der phönizische Seuchengott. Schon in frühesten Zeiten wurde er mit Axt, Keule und Schild dargestellt, einen hohen spitzen Kopfschmuck tragend.* (KANAANÄISCHE BRONZE, SPÄTE BRONZEZEIT ODER FRÜHE EISENZEIT.)

RUSTEM, *der antike iranische Held, hatte ein wundervolles Pferd, Rakhsh, das ihm in seinen Kämpfen gegen Drachen und Dämonen treu und tapfer zur Seite stand.* (ABBILDUNG AUS EINEM MANUSKRIPT DES EPOS „SHAH-NAMEH", 1486.)

RUDA bedeutet „Gnädig sein" und ist eine vorislamische Gottheit, der die Völker Nordarabiens huldigten. Sie erscheint manchmal in männlicher, manchmal in weiblicher Form. Ruda, auch als Arsu bekannt, wurde mit dem Abendstern in Verbindung gebracht.

RUSTEM, Sohn des ZAL, ist der Held des iranischen Epos „Shah-Nameh", das aus dem 10. Jahrhundert datiert. Der Edle war ein Berater des Königs und zog gegen jede Gefahr, die dem Reich drohte, furchtlos in den Kampf. Er besiegte zahllose irdische Feinde, aber auch Dämonen. Einmal überraschte ein Dämon Rustem im Schlaf und warf ihn ins Meer; doch der Held konnte sich retten.

Der König, dem Rustem so viele Jahre treu gedient hatte, wurde schließlich eifersüchtig auf ihn. Er wies seine Männer an, tiefe Gräben auszuheben, die mit spitzen, nach oben gerichteten Speeren und Schwertern gespickt wurden. Dann lud er Rustem ein, auf seinem Land zu jagen. Rustems Pferd Rakhsh wollte den Jagdgrund nicht betreten, doch der Held trieb es mit den Sporen voran. Pferd und Reiter fielen in einen Graben und wurden durchbohrt. Bevor Rustem starb, erschoss er den König mit Pfeil und Bogen. Rustems Tapferkeit ist ein Symbol für die Kämpfe zwischen Persern und Turanern, Indern und Semiten. (Siehe auch HELDEN UND ZIELE)

SACHMET siehe HATHOR.

SALOMO siehe SOLOMON.

SANDA siehe SANTAS.

SANTAS, manchmal auch „König" genannt, war ein antiker Gott im Westen von Kleinasien. Oft wurde er mit der Muttergöttin KUBABA in Verbindung gebracht. In der babylonischen Mythologie erscheint er als Gott MARDUK und die Griechen übernahmen ihn als Sandon in ihr Pantheon.

SAOSHYANT ist in der iranischen Mythologie die Bezeichnung für den Erlöser. Wenn er erscheint, sind die letzten Tage angebrochen und Frasho-Kereh, die „Wiederherstellung der Welt", ist nah. Nach einer Überlieferung ist Saoshyant der Sohn einer Jungfrau, die beim Bade von einem Samenkeim des ZOROASTER schwanger wird. Man glaubte, dass die 12000-jährige Weltperiode in vier Zeitalter aufteilt ist, von denen ein jedes 3000 Jahre dauert. In den ersten 3000 Jahren schuf AHURAMAZDA freundliche Geister und die Schutzengel FRAVASHIS und vollendete so die geistige Schöpfung. In der zweiten Periode erschuf er die materielle Welt, nämlich GAYOMART, den Urmenschen, und GEUSH URVAN, den Urstier. ANGRA MAINYU suchte sein Werk zu behindern und brachte Übel und Zerstörung in die Welt. Im dritten Zeitalter lieferten sich Gut und Böse einen verbissenen Kampf. Angra Mainyu bevölkerte die Welt mit bösen Geistern. Zu Beginn des vierten und letzten Zeitalters, das dem jetzigen entspricht, erschien der Religionsreformator Zoroaster. Am Ende wird der Erlöser Saoshyant die Welt erneuern und die Toten wieder erwecken.

Eine Flut von geschmolzenem Metall wird den gesamten Planeten bedecken und ihn reinigen und Angra Mainyu findet sein endgültiges Ende. Alle Menschen werden in einen glühenden Strom getaucht, der alles Übel von ihnen abwäscht, damit sie für ein Leben mit Ahuramazda bereit sind. Diejenigen, die ein untadeliges Leben geführt haben, werden die kochende Flüssigkeit nur wie „warme Milch" empfinden. Nach einer Version wird Saoshyant einen Stier opfern, dessen Fett mit dem magischen Elixier HAOMA vermischen und diesen Trank der Unsterblichkeit allen Menschen zu trinken geben.

RUSTEM *wird im Schlaf von dem Dämon Akwan überrascht, der versucht, ihn in den Ozean zu schleudern. Selbstverständlich kann sich der Held retten.* (ABBILDUNG AUS DEM EPOS „SHAH-NAMEH", LITHOGRAPHIE.)

SATAN *oder Luzifer, der gefallene Engel, wurde zum Herrscher über die Hölle. Hier hat er drei Gesichter und verschlingt den Verräter Judas Ischariot sowie zwei andere Sünder.* (HANDKOLORIERTE SCHNITZEREI, 1512.)

SATAN oder der TEUFEL, dessen Name „Widersacher" bedeutet, spielt im Alten Testament zunächst eine untergeordnete Rolle als Gegner des Menschengeschlechtes. Er ist ein Engel im Reich des Himmels und wird von JAHWE beauftragt, den Glauben der Menschen zu testen.

Im Buch Hiob weist Jahwe Satan an, Hiobs Familie und Besitztümer zu zerstören und ihn mit Geschwüren zu bedecken, um ihn dazu zu verleiten, Gott zu verfluchen. Doch Hiob ist geduldig und erklärt: „Nehmen wir das Gute an von Gott, sollen wir dann nicht auch das Böse annehmen? Bei all dem sündigte Hiob nicht mit den Lippen."

Satan wurde schließlich für die Hebräer das höchste Wesen des Bösen, dem eine ganze Hierarchie von Dämonen unterstellt war. Unter dem Einfluss des Zoroaster-Kults sahen sie die Schöpfung als Kampf zwischen den Kräften des Guten und des Bösen an.

In einer Erzählung lehnt sich Satan, der Teufel und „Fürst dieser Welt", gegen Jahwe auf und ein Engel schleudert ihn in die Hölle. Er erscheint oft in Gestalt einer Schlange oder eines Drachen. Für die Christen ist er die Verkörperung des Bösen. Abgebildet wird er häufig als schöner junger Mann mit Hörnern, einem spitzen Schwanz und gespaltenen Hufen.

Im apokryphen Johannes-Evangelium beschreibt Jesus die Verwandlung des Satan: „Mein Vater änderte sein Aussehen wegen seines Stolzes. Das Licht wurde von ihm genommen und sein Gesicht wurde wie das eines Menschen. Mit seinem Schwanz zog er den dritten Teil der Engel Gottes mit sich; er wurde aus dem Sitz Gottes geworfen." (Siehe auch ENGEL UND DJINN)

SCHU siehe SHU.

SEBEK oder **SOBEK**, der ägyptische Krokodilgott, wurde entweder als das Reptil selbst dargestellt oder als krokodilköpfiger Mensch. Sein Hauptkultort war in Krokodilopolis in der Provinz Fayum. In einem See neben Sobeks Heiligtum wurde ein lebendiges Krokodil, Petsuchos genannt, gehalten, das man für eine Verkörperung des Gottes hielt. Die Anhänger von Sobek tranken Wasser aus dem See und fütterten das Krokodil mit Leckereien, um so den Gott gnädig zu stimmen. Im zweiten Jahrtausend v. Chr. nannten sich viele Könige der 13. Dynastie Sobekhotep, was „Sobek ist zufrieden" bedeutet. Dies deutet darauf hin, dass Sobek als Hauptgottheit galt. In einigen Überlieferungen verbarg sich der böse Gott SETH selbst in Sobeks Körper und entging so der Strafe für die Ermordung des OSIRIS.

Sobek galt manchmal als Sohn von NEITH, der großen Mutter und Kriegsgöttin, die auch die schreckliche Schlange APOPHIS zur Welt gebracht haben soll. (Siehe auch HEILIGE TIERE)

SETH, ein ägyptischer Sturm- und Chaosgott, wurde im Laufe der Zeit mit dem Bösen gleichgesetzt, aber dennoch hoch geschätzt. Der Sohn des Erdgottes GEB und der Himmelsgöttin NUT war ungeschlacht und wild, mit rotem Haar und weißer Haut.

Aus Eifersucht auf seinen anmutigen älteren Bruder OSIRIS tötete er diesen und ernannte sich zum König über Ägypten. Doch Seth wusste nicht, dass Osiris und ISIS ein Kind, den HORUS, gezeugt hatten. Isis nährte Horus heimlich, bis er alt genug war, um seinen Vater zu rächen. Gelegentlich kehrte auch Osiris selbst aus der Unterwelt

SOBEK *verkörperte die todbringende Kraft des Krokodils und drückte die militärische Macht der Pharaonen aus.* (RELIEF AUS DEM TEMPEL VON SOBEK UND HORUS, KOM OMBO.)

SETH *(oben), der Mörder von Osiris, galt nicht immer als böse. In frühen Zeiten wurde er ebenso verehrt wie zur Zeit der Ramessiden-Pharaonen.*

SETH *(links), Gott des Bösen und der Wüste, mit seiner Frau Nephthys, der Schwester von Isis. Er wird als Tier, teils Schwein, teils Esel, dargestellt.* (BASALTSKULPTUR.)

zurück, um seinen Sohn in der Kriegskunst zu unterweisen. Im richtigen Moment zog Horus schließlich in den Kampf gegen Seth und besiegte ihn.

Vor einem göttlichen Gericht erklärte Seth, dass nur er stark und tapfer genug sei, um den Sonnengott RE zu beschützen. Ihm allein solle daher der Thron Ägyptens zustehen. Einige Götter waren auf seiner Seite, wurden aber schließlich von Isis umgestimmt. Osiris wurde in der Unterwelt um Rat gefragt und forderte für seinen Sohn den ihm zustehenden Platz auf dem Thron. Da er drohte, Dämonen auszusenden, die die Götter angreifen würden, beugte Re sich schließlich den Ansprüchen des Horus.

Eine Überlieferung berichtet, dass Seth mit Re im Himmel lebte. Ein anderer Mythos erzählt, dass Seth dazu verurteilt wurde, Osiris für alle Ewigkeit auf den Schultern zu tragen. Wieder eine andere Version berichtet, dass die Göttin NEITH vorschlug, dem Seth zwei fremde Göttinnen, ANAT und ASTARTE, zur Frau zu geben, damit er seinen Schmerz über den Verlust des Thrones an Horus vergaß. In einer Erzählung über Seth und Anat überraschte der Gott die Kuhgöttin HATHOR beim Bade im Fluss und vergewaltigte sie. Sofort befiel ihn eine schreckliche Krankheit und seine Frau Anat musste Re um Hilfe bitten. Schließlich war es aber Isis, die Seth heilte. Der Gott symbolisiert die rauen Seiten der Natur und soll in der unfruchtbaren Wüste gelebt haben.

SHAHAR, die „Morgendämmerung“, und SHALIM, der „Abendstern“, waren Nachkommen von EL, der höchsten Gottheit im phönizischen Pantheon. Alte Texte, die in Ras Schamra in Syrien entdeckt wurden, wo früher die Stadt Ugarit lag, beschreiben, dass die Götter gezeugt wurden, als El seine Hände wie Wellen über das Meer ausstreckte und so seine zwei Frauen befruchtete. Die zwei Frauen sollen Ashera (siehe ASTARTE) und ANAT gewesen sein.

SHAMASH *war der babylonische Sonnengott, dessen Strahlen Ungerechtigkeit und Falschheit aufdeckten. Er war auch der Gott der Weissagung und konnte durch Wahrsager befragt werden. Hier erscheint er als Mrn, oberste Gottheit von Hatra.* (PARTHISCHE SKULPTUR, UM 150-200 N. CHR.)

SHAMASH war der babylonische Sonnengott, der alles sah und so zum Gott der Gerechtigkeit und Wahrsagung wurde. Die Sumerer kannten ihn als Utu. Sein Licht enthüllte alle Missetaten und verlieh ihm die Fähigkeit, in die Zukunft zu blicken. Jeden Morgen öffneten die Skorpionmänner ein Tor im Berg Maschu und Shamash trat heraus. Langsam stieg er auf den Berg, bis er den höchsten Punkt des Himmels erreichte. Gegen Abend lenkte er seinen Wagen zu einem anderen großen Berg und verschwand in seinen Pforten. Während der Nacht reiste Shamash durch die Tiefen der Erde, bis er schließlich wieder bei seinem Ausgangspunkt angelangt war. Die Gemahlin des Sonnengottes war Aja. Sie gebar ihm Kittu, Gerechtigkeit, und Misharu, Gesetz und Ordnung. Shamash wird auf einem Throne sitzend dargestellt.

SHAUSHKA war eine wichtige hurritische Gottheit, die mit ISCHTAR gleichgesetzt wurde, der babylonischen Göttin der Liebe, der Fruchtbarkeit und des Krieges. Wie Ischtar auch erscheint sie auf Abbildungen als geflügelte Gestalt, die auf einem Löwen steht; zwei Frauen warten ihr auf. Das Wesen der Gottheit scheint einen Doppelcharakter zu haben.

SHU oder **SCHU** ist der ägyptische Luftgott und die männliche Hälfte des ersten Götterpaares. Sein Name wird manchmal mit „Leere“ übersetzt, manchmal mit „Träger“. Der oberste Gott RE oder Re-Aton spieh ihn aus seinem Mund oder aus seiner Nase. Auch seine Gemahlin Tefnut, die Göttin der Feuchtigkeit, entstand auf diese Weise. Schu und Tefnut verließen Re-Aton, um NUN, den dunklen Abgrund, der seit Anbeginn der Zeiten existierte, zu erforschen. Re-Aton dachte, dass er seine Kinder verloren hätte und geriet in Verzweiflung. Als sie schließlich zurückkehrten, weinte er Freudentränen, aus denen die ersten menschlichen Wesen geformt wurden.

Schu und Tefnut zeugten GEB, die Erde, und NUT, den Himmel. Schu trennte seine Kinder, indem er Nut mit seinen Armen nach oben stieß. So wird er oft als Träger des Himmels abgebildet.

Schu folgte Re auf den Thron, doch die Anhänger der schrecklichen Schlange APOPHIS griffen ihn fortwährend an. Müde des endlosen Kampfes dankte Schu ab und setzte seinen Sohn Geb als König ein. Nach einem verheerenden Sturm, der mehr als eine Woche dauerte, nahm Schu seinen Wohnsitz im Himmel ein. Manchmal wird Schu als Sohn des Sonnengottes Re mit einem Löwenkopf dargestellt.

SIN ist der sumerisch-babylonische Mondgott und Vater von SHAMASH, dem Sonnengott, INANNA (oder ISCHTAR), dem Planeten Venus, und Nusku, dem Gott des Feuers. Manchmal heißt er auch Suen oder Nanna. Er wurde gezeugt, als der Luftgott ENLIL die Korngöttin NINLIL vergewaltigte, geboren wurde er in der Unterwelt. Seine Gemahlin ist Ningal, die „Große Herrin". Meist wird er, den man „Glänzendes Boot des Himmels" nennt, als alter Mann mit blauem Bart abgebildet. Jeden Abend steigt er in seine Barke, eine mit den Enden nach oben weisende Mondsichel, und segelt über die Himmel. Der aufsteigende Mond gilt als die Waffe des Gottes, der Vollmond als seine Krone.

Sin war der Feind alles Bösen, denn sein Licht enthüllte das Übel. Einmal schmiedeten die bösen Geister Utukku ein Komplott gegen Sin. Mit Hilfe von Shamash und von Ischtar, der Göttin der Liebe und Fruchtbarkeit, sowie ADADs, dem Gott des Donners, löschten sie sein Licht aus. Doch der große Gott MARDUK zog gegen die Verschwörer in den Krieg und gab Sin seinen Schein zurück.

Sin galt auch als weise. Sein Zunehmen und Abnehmen maß die Zeit. Wenn er die Sumpfwasser um die Stadt Ur, wo sein Tempel stand, ansteigen ließ, schuf er reiches Futter für das Vieh. (Siehe auch TORE ZU DEN GÖTTERN)

SIYAMEK siehe HAOSHYANGHA.

SOBEK siehe SEBEK.

SIN *(rechts) war der babylonische Mondgott, dessen Symbol, der aufsteigende Mond, in diesen Stein gemeißelt ist. In Mesopotamien stand der Gott in höchstem Ansehen. Seine Hauptkultorte waren Ur und Harran.* (GRENZSTEIN, UM 1120 V. CHR.)

SCHU *(unten) hält eine Kopfstütze, die im Grab des Tutanchamun gefunden wurde. Der Luftgott Schu war der Vater der Himmelsgöttin Nut und wird oft in dieser Haltung abgebildet, den Himmel über seinem Kopf haltend.* (GESCHNITZTES ELFENBEIN, 14. JH. V. CHR.)

SALOMOs *(links) Weisheitssprüche lassen den zweiten Sohn Davids zum legendären König des Alten Testaments werden. Er soll den Djinn befehligt haben.*

SALOMO *(rechts) regierte 40 Jahre lang über Israel. Seine größte Tat war der Bau des Tempels in Jerusalem.* (BYZANTINISCHE BUCHILLUSTRATION, 11. JH.)

SOLOMON oder **SALOMO** regierte nach dem Alten Testament im 10. Jahrhundert v. Chr. als König über Israel. Er war berühmt für seine große Weisheit und als Erbauer von JAHWEs herrlichem Tempel in Jerusalem. Unter dem Einfluss seiner zahlreichen nicht-israelitischen Frauen ließ Salomo auch Heiligtümer für andere Götter erbauen und zog so Jahwes Zorn auf sich. Salomos Siegel, der sechsstrahlige Stern, wurde oft als Amulett oder Talisman verwendet. In der arabischen Mythologie ist überliefert, dass der Stern und der wahre Name Gottes auf König Salomos magischem Ring eingraviert sind und ihm die Kraft verleihen, die Armeen der Dämonen zu befehligen. (Siehe auch ENGEL UND DJINN)

SPENTA ARMAITI gehört in der antiken iranischen Mythologie zu den AMESHA SPENTAS, den „Unsterblichen Heiligen“. Wie die anderen Amesha Spentas existierten sie vermutlich bereits vor ZOROASTER, der sie als Aspekt des obersten Wesens AHURAMAZDA in seine Lehre übernahm. Spenta Armaiti war die Schutzgöttin der Erde und symbolisierte Hingabe und Demut. Das Volk hielt sie für die geistige Mutter aller Menschen und betete zu ihr: „Meine Mutter ist Spendarmat, Erzengel der Erde, und mein Vater ist Ohrmazd, Herr der Weisheit.“

In einigen Überlieferungen erscheint sie als Mutter des Urwesens GAYOMART. Als Gayomart im Sterben lag, löste sich sein Körper in die sieben Metalle auf. Spenta Armaiti nahm davon das Gold und zog eine Pflanze daraus, der das erste Menschenpaar entstammen soll.

Der Name Spenta Armaiti bedeutet „Weisheit“ oder „Ergebung“.

SRAOSHA galt als „Gehör“ von AHURAMAZDA, dem Prinzip des Guten in der antiken iranischen Mythologie. Er gehört im Zoroaster-Kult zu den „Verehrungswürdigen“, den YAZATA. Mit seiner Hilfe fanden die Verehrer von Ahuramazda Zugang zum höchsten Gott. Nachts wachte Sraosha über die gesamte Schöpfung und beschützte sie vor den Dämonen.

TAHMURAS war in der antiken iranischen Mythologie der Sohn des ersten Königs HAOSHYANGHA. Er lehrte die Menschen spinnen und weben, unterwies sie aber auch in der Kunst, Raubvögel abzurichten. Einmal gelang es ihm, das böse Wesen ANGRA MAINYU einzufangen und er ließ sich von ihm auf dem Rücken um die Welt tragen. Während seiner Abwesenheit richteten die DAEVAS Chaos und Zerstörung an und Tahmuras musste zurückkehren, um den Kampf gegen sie aufzunehmen.

Die Daevas hatten sich zu einem lärmenden Haufen versammelt und hüllten sich in dichten schwarzen Rauch. Doch Tahmuras besiegte zwei Drittel der Angreifer mittels seiner magischen Kräfte, die Übrigen streckte er mit einer Keule nieder. Die Daevas jammerten um Gnade und versprachen Tahmuras, ihm ein wunderbares Geheimnis zu enthüllen, wenn er sie am Leben ließe. Tahmuras willigte ein und die Daevas lehrten ihn schreiben und statteten ihn mit großer Weisheit und Gelehrtheit aus.

TAMMUZ, der babylonische Ernte- und Vegetationsgott, galt als sterbender und wieder geborener Gott. Zwar nahm er eine relativ bescheidene Stellung in der Hierarchie der Götter ein, im Volk aber war er sehr beliebt und hatte zahlreiche Anhänger. Seine Heirat mit ISCHTAR, der Göttin der Liebe und Fruchtbarkeit, brachte ihm den Tod, denn wie das Getreide vom Halm geschnitten wird, wenn es am höchsten steht, wurde Tammuz gezwungen, in der Unterwelt zu leben. Ischtar war über seinen Verlust verzweifelt und es begann für sie eine Zeit des Jammers und der Klage. Jedes Jahr nach der Ernte führten die Anhänger von Ischtar und Tammuz ein Trauerritual auf.

Schließlich stieg Ischtar zu ihrem Gemahl Tammuz in die Unterwelt hinab und handelte seine Freilassung für sechs Monate im Jahr aus. So konnte Tammuz in das Land der Lebenden zurückkehren und der Himmelsgott ANU setzte ihn als seinen Torhüter ein. Hier begegnete ihm der Weise ADAPA, der zu Anu gerufen wurde, weil er zu mächtig geworden war. Adapa schmeichelte Tammuz und gewann den Gott als Fürsprecher. Tammuz' Schwester war Belili. In der sumerischen Mythologie erscheint er als DUMUZI, Gemahl der INANNA. (Siehe auch STERBENDE UND WIEDERGEBORENE GÖTTER)

TAMMUZ *(unten) wurde nach dem Tod von der Göttin Ischtar in der Unterwelt gesucht.* (ABBILDUNG VON ZABELLE C. BOYAJIAN, 1924.)

ΣΟΛΟΜΩΝ

HELDEN UND ZIELE

Mythen über sterbliche Helden sprachen die Menschen unmittelbar an, da sie sich hierin wieder fanden. Zwar waren die großen Helden außergewöhnlich tapfer und ihre Taten überstiegen bei weitem die Fähigkeiten der normalen Sterblichen, doch der Schauplatz ihrer Abenteuer war die Erde und sie besaßen menschliche Züge: sie verliebten sich, schliefen ein, schlossen Freundschaften und machten Fehler. Die Zuhörer konnten sich mit ihnen eher identifizieren als mit den fernen Göttern und Göttinnen. Die Helden fürchteten den Tod und konnten ihm nicht entgehen, so sehr sie es auch versuchten. Im Allgemeinen stand eine gefährliche Reise im Mittelpunkt der Erzählung. Auf dem Weg hatte der selbstlose Held viele gefährliche Abenteuer zu bestehen: Er musste Drachen töten und andere Aufgaben erfüllen, die ihn von seinem eigentlichen Ziel entfernten, aber dem Volk Hilfe brachten.

GILGAMESCH *(oben), König von Uruk, war der Held einer Reihe von sumerischen Erzählungen, die babylonische Schreiber um 2000 v. Chr. zusammentrugen. Gilgamesch soll zu zwei Dritteln Gott und zu einem Drittel Mensch gewesen sein, da seine Mutter die Göttin Ninsun war, die ihm auch seine große Stärke verlieh. Zunächst war er ein tyrannischer König. Zum positiven Helden wurde er erst, nachdem das Volk die Götter um Hilfe gegen ihn angerufen hatte.* (ABDRUCK EINES ASSYRISCHEN SIEGELZYLINDERS, 1350–1000 V. CHR.)

ENKIDU *(oben links) war ein wilder Mensch, den die Götter den Menschen als Beistand gegen König Gilgamesch gesandt hatten. Er war jedoch so ungestüm, dass Gilgamesch ihn nun bändigen musste. Sie maßen ihre Kräfte in einem erbittertem Kampf, doch keiner konnnte den anderen niederringen. Schließlich wurden sie Freunde und bestanden zahlreiche Abenteuer: Sie töteten wilde Stiere und den Feuer speienden Dämonen Chumbaba.* (ABDRUCK EINES ASSYRISCHEN SIEGELZYLINDERS, UM 2300 V. CHR.)

GILGAMESCH *(links) widerstand den Verführungskünsten der Göttin Ischtar. Aufgebracht schickte sie den Stier des Himmels, sie zu rächen, doch mit Hilfe von Enkidu erstach Gilgamesch den Stier. Erzürnt beschlossen die Götter, Enkidu zu bestrafen: er erlag innerhalb weniger Tage einer schweren Krankheit. Der Verlust seines Freundes flößte Gilgamesch Furcht vor dem Tode ein und er begab sich auf die Suche nach dem Weg zur Unsterblichkeit.* (ABBILDUNG VON E. WALLCOUSINS AUS „MYTHS OF BABYLONIA UND ASSYRIA" VON DONALD MACKENZIE.)

USCHANABI *(oben), der Fährmann, war der einzige, der die trügerischen Wasser des Todes sicher überqueren konnte. Er setzte Gilgamesch auf seinem Weg zum alten Utnapischtim über. Der einzige Überlebende der großen Flut hatte von den Göttern die Gabe der Unsterblichkeit erhalten. Gilgamesch wollte ihm das Geheimnis des Ewigen Lebens entlocken.* (ABBILDUNG AUS „GILGAMESH“ VON ZABELLE C. BOYAJIAN, 1924.)

UTNAPISCHTIM *(oben) verriet Gilgamesch widerstrebend, dass am Grunde des Ozeans die Pflanze der ewigen Jugend wuchs. Gilgamesch fand die Pflanze, doch als er sie pflücken wollte, kam eine Schlange und stahl sie. Deshalb können Schlangen ihre alternde Haut abstreifen und bleiben immer jung. Gilgamesch musste einsehen, dass der Tod unvermeidbar ist und kehrte in sein Königreich zurück.* (ABBILDUNG AUS „GILGAMESCH“ VON ZABELLE C. BOYAJIAN, 1924.)

RUSTEM *(oben), der iranische Held, wurde auf wunderbare Weise geboren. Er entstand aus den Beschwörungen eines Zauberers und mit Hilfe der magischen Federn des Vogels Simurgh. Er war acht Mal so groß wie normale Sterbliche und tapfer und stark im Kampf. Als Jüngling erschlug er einen bösartigen weißen Elefanten mit einer ochsenköpfigen Keule.* (ABBILDUNG AUS „SHAH-NAMEH∑ VON SHIRAZ, UM 1545.)

RUSTEM *(links) wagte es, den König aus den Fängen des großen Weißen Dämon zu befreien. Der König wollte – vom bösen Geist Angra Mainyu beeinflusst – dem Herrscher von Mazinderan den Thron rauben. Rustem überraschte den Dämonen schlafend in seinem Bergversteck, weckte ihn und rang mit ihm bis „Blut und Schweiß in Strömen von ihren Körpern rannen.“ Rustem war siegreich und schnitt den Kopf des Dämonen ab.* (ABBILDUNG AUS „SHAH-NAMEH“, LITHOGRAPHIE.)

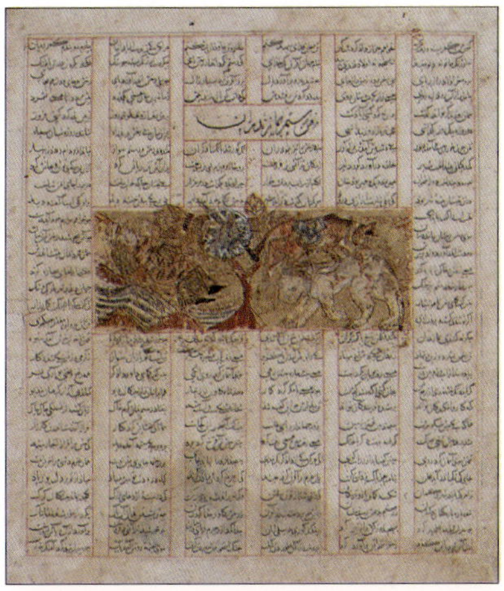

RUSTEM *(links) suchte im ganzen Land nach einem Pferd und fand schließlich das Pferd Rakhsh, das von Geburt an für ihn bestimmt war. Es stand dem Helden an Herrlichkeit und Mut nicht nach, war stark wie ein Elefant und schnell wie ein Rennkamel. Einmal, als ein Löwe Rustem angreifen wollte, der unbewaffnet schlief, tötete das Pferd den Löwen und rettete dem Helden so das Leben.* (ABBILDUNG AUS „SHAH-NAMEH“ VON INJU SHIRAZ, 1341.)

TARU, der hethitische Wettergott, war der Vater von TELIPINU. Wie viele andere vorderasiatische Mythen beschäftigen sich die Erzählungen über Taru mit dem immer wiederkehrenden Zyklus von Werden und Vergehen in der Natur. Sie beschreiben seinen Kampf gegen ein riesiges Ungeheuer in Schlangen- oder Drachengestalt, ILLUYANKA. Wenn Taru das Untier bezwingt, erblüht die Vegetation, unterliegt er aber, verwelkt jedes pflanzliche Leben und stirbt.

In einer Legende gelang es Illuyanka, den Wettergott zu besiegen. Die Göttin Inaras aber lockte das Furcht erregende Ungeheuer in eine Falle. Sie bereitete ein opulentes Festbankett vor, zu dem sie Illuyanka und seine zahlreichen Nachkommen einlud.

Die Ungeheuer schlugen sich den Wanst voll und mussten dann feststellen, dass sie nicht mehr durch den Tunnel zu ihrer unterirdischen Höhle passten. Der irdische Held HUPASIYA, Inaras Gemahl, fesselte die Ungeheuer und Taru tötete sie mit Hilfe der anderen Götter.

Nach einer anderen Überlieferung besiegte die Schlange Taru und verschlang sein Herz und seine Augen. Daraufhin zeugte Taru einen Sohn, den er mit der Tochter von Illuyanka vermählte. Als Mitgift verlangte der Sohn die fehlenden Organe seines Vaters. Dann tötete der Wettergott Illuyanka in einem unerbittlichem Kampf auf dem Meer. Auch seinen Sohn tötete er, vermutlich als Vergeltung dafür, dass dieser dem Ungeheuer im Kampf beigestanden hatte.

TEFNUT siehe SCHU.

TELIPINU, der hethitische Vegetationsgott, war für die Fruchtbarkeit von Pflanzen und Tieren verantwortlich. Sein Vater TARU, der Wettergott, sagt über ihn: " Dieser mein Sohn ist mächtig; er eggt und pflügt, er bewässert die Felder und lässt die Früchte des Feldes wachsen."

In dem berühmten „Mythos vom verschwundenen Gott" zieht sich Telipinu plötzlich von der Welt zurück. So groß war seine Hast, dass er seine Schuhe verkehrt herum anzog. Sofort begann alles Leben auf Erden zu verwelken und starb. Selbst die Götter drohten zu verhungern. Das Feuer brannte nicht mehr, Tiere verendeten, die Bäume verloren ihre Blätter und die Felder lagen trocken und ausgedörrt. „Gerste und Weizen gediehen nicht mehr, Rinder, Schafe und Menschen wurden unfruchtbar und diejenigen, die trugen, konnten kein Junges zur Welt bringen." Der Sonnengott lud die Götter zu einem gewaltigen Festessen ein, doch seine Gäste konnten ihren Hunger und Durst nicht stillen. Taru erklärte schließlich, dass sein Sohn in Zorn

TESCHUB *(oben), Wettergott und höchste Gottheit im hethitischen Pantheon, mit einer Axt und einer dreizackigen Blitzgabel. Er war auch ein Gott des Kampfes und bezwang Kumarbi, den Vater der Götter. Kumarbis Sohn Ullikumi versuchte erfolglos, die Stadt von Teschub einzunehmen.*

THOT *(unten), ägyptischer Mondgott und Wesir von Osiris, hält das Ergebnis des Wägens einer Seele fest. Als heiliger Schreiber von Osiris steht er im Zusammenhang mit geheimem Wissen und hilft, den Osiris zu bestatten.* (AUS DEM TOTENBUCH VON HUNEFER, UM 1310 V. CHR.)

verschwunden war und alle guten Dinge mitgenommen hatte.

Alle Götter, niederen oder hohen Ranges, machten sich auf die Suche nach Telipinu. Die Sonne sandte einen Adler mit den Worten aus: „Geh, durchsuche die hohen Berge, durchsuche die tiefen Täler, durchsuche die tiefblauen Wasser." Doch obwohl der Adler das ganze Land durchstreifte, konnte er den verschwundenen Gott nicht finden. Da fragte der Wettergott die Muttergöttin Hannahanna um Rat. Sie gab ihm den Rat, selbst nach seinem Sohn zu suchen, doch bald gab Taru auf und setzte sich nieder, um auszuruhen. Da beschloss Hannahanna gegen den Willen des Wettergottes, eine Biene auf die Suche nach Telipinu auszusenden. Sie sollte ihn finden, durch Stiche an Händen und Füßen wecken und dann nach Hause zurückbringen.

Nach langer Suche fand die Biene den Gott auf einer Wiese schlafend. Als die Biene ihn stach, geriet er in Raserei und richtete noch mehr Verwüstung an: Von früh bis spät tötete er Menschen, Rinder und Schafe.

Erst die Göttin Kamrusepa konnte ihn durch magische Beschwörungen beruhigen: „Sie besänftigte seinen Ärger, sie besänftigte seinen Zorn, sie besänftigte seine Wut, sie besänftigte seine Raserei." Auf dem Rücken eines Adlers flog Telipinu nach Hause und das Leben nahm wieder seinen gewohnten Gang: „Er befreite die Funken im Herd, er befreite die Schafe im Pferch, er befreite die Rinder im Stall. Die Mutter kümmerte sich um ihr Kind, das Mutterschaf kümmerte sich um ihr Lamm, die Kuh kümmerte sich um ihr Kalb."

TESCHUB ist ein Wettergott, der in ganz Vorderasien verehrt wurde. Ursprünglich eine hurritische Gottheit, sind seine Taten hauptsächlich in den Mythen der Hethiter überliefert. Dort wird erzählt, wie der Furcht erregende Gott Teschub den Göttervater KUMARBI besiegte. Kumarbi hatte einen Sohn, ULLIKUMI, der aus Dioritstein bestand und auf dem Rücken des Riesen Upelluri zu gewaltiger Größe heranwuchs. Teschub stieg auf den Gipfel eines hohen Berges, um das riesige Geschöpf sehen zu können. Vom Anblick des Ungeheuers zu Tode erschreckt, überredete der Wettergott die anderen Götter, mit ihm zusammen einen Angriff zu wagen, der aber erfolglos blieb. Ullikumi drang bis zu den Toren von Teschubs Stadt vor und zwang den Gott, vom Thron abzudanken.

Teschub suchte daraufhin den Rat des weisen Gottes EA, der eine Weile nachsann und dann die Säge ausgrub, mit der zu Urzeiten der Himmel von der Erde getrennt worden war. Als er damit die Beine aus Diorit des Ullikumi durchsägte, schwanden dessen Kräfte rasch dahin und die Götter wagten einen neuen Angriff. Das Ende des Mythos ist unbekannt, doch geht man davon aus, dass Teschub sein Königreich und seinen Thron zurückeroberte.

Teschub war der Gemahl von Hebat, die ihrem Ehemann gleichgestellt war oder sogar einen höheren Rang als er einnahm. Die Attribute des Wettergottes sind Axt und Blitzbündel. Manchmal wird er als bärtige Gestalt abgebildet, die mit einer Keule in der Hand auf einer vergötterten Bergkette steht. Sein Wagen wird von zwei Stieren gezogen.

TEUFEL siehe SATAN.

THOT, der ägyptische Mondgott, galt als Schützer der Schreiber und des Wissens und als „Herr des Heiligen Wortes". In einigen Versionen der Überlieferung ist er der Sohn des Sonnengottes RE, andere wieder erzählen, dass er dem Kopf des Gottes SETH entsprungen war.

Thot ist üblicherweise der Wesir und heilige Schreiber von OSIRIS, dem Gott der Vegetation und der Toten. Da er über geheimes Wissen verfügte, konnte Thot helfen, Osiris zu bestatten. Er stand auch ISIS bei der Erziehung von Horus bei.

Schließlich folgte Thot Horus auf dem Thron von Ägypten nach und regierte das Land mehr als 3000 Jahre lang in Frieden. Danach nahm er seinen Platz am Himmel als Mond ein.

In einer Erzählung befahl Re ihm, den Himmel in der Nacht zu erhellen. Dort verschlangen ihn langsam Ungeheuer, die ihn aber Stück für Stück wieder ausspieen. Meist wird Thot als Ibis oder als Pavian dargestellt. Thot soll ein Buch der Magie geschrieben haben, das als „Buch des Thot" bekannt ist und in einer Grabstätte nahe Memphis begraben liegt. Die Zaubersprüche des Buches verleihen angeblich Macht über die Götter. Thot schreibt auch beim Totengericht in der Unterwelt das Urteil auf. (Siehe auch HEILIGE TIERE)

THOT, *Gott des Mondes, Schreibens und Wissens, mit einem Schreiber. Oft wird er als Pavian dargestellt, eines seiner heiligen Tiere.* (BRONZE, ARMARNA, UM 1340 V. CHR.)

TIAMAT *verkörperte die Urgewalt des Ozeans. In der babylonischen Schöpfungsgeschichte spaltet Marduk Tiamat in zwei Hälften und bildet daraus Himmel und Erde. Aus ihren Augen entsprangen die Ströme Euphrat und Tigris (links), von denen das Leben der Mesopotamier abhing.*

TIAMAT war in der mesopotamischen Mythologie der aufgewühlte Salzwasserozean, der vor der Erschaffung des Kosmos existierte, aber auch die universelle Urmutter. Sie wurde als riesiger weiblicher Drache dargestellt, der angeblich die Kräfte des Chaos' verkörperte. Die Wasser von Tiamat vermischten sich mit denen des Süßwasserozeans APSU: So begann die Schöpfung der Götter.

Apsu wurde des Lärmes, den die Götter veranstalteten, bald überdrüssig und sann auf ihre Vernichtung. Zunächst weigerte Tiamat sich, seinen Plan zu unterstützen, doch als der Wassergott EA Apsu und Mummu, die Wellen, gefangen nahm, ergriff sie die Initiative. Sie gebar eine Horde Ungeheuer „mit scharfen Zähnen und schonungslosen Fängen" und zog gegen Ea und die anderen Götter in den Kampf.

Für einige Zeit schien Tiamat unbesiegbar, bis Eas Sohn MARDUK gegen sie geschickt wurde. Tiamat öffnete ihren Mund, um Marduk zu verschlucken, doch der Gott trieb einen Sturmwind in sie hinein und sie konnte die Lippen nicht mehr schließen. Da fing Marduk sie in einem Netz und durchbohrte sie mit einem Pfeil, der ihre Eingeweide zerriss. Nachdem er auch Tiamats Furcht einflößende Armee besiegt hatte, zerschmetterte er Tiamats Schädel und schnitt ihren Körper in zwei Hälften. Aus der einen Hälfte machte er das Himmelsgewölbe, aus der anderen den Erdboden, der die unterirdischen Wasser zurückhält. Dann durchbohrte er ihre Augen und ließ daraus Euphrat und Tigris strömen. Ihren Schwanz bog er himmelwärts und machte daraus die Milchstraße. (Siehe auch SCHLANGEN UND DRACHEN)

TISHTRYA war die Bezeichnung der Iraner für Sirius, den Hundsstern. Er galt als Gott des Wassers in jeder Erscheinungsform, ob Wasser der Wolken, Seen, Flüsse oder Ozeane. Tishtrya sorgte auch für die Samen der Nutzpflanzen. Angeblich stand er AHURAMAZDA, dem Prinzip des Guten, im Kampf gegen alles Böse bei.

ULLIKUMI, der Sohn von KUMARBI, war ursprünglich eine antike anatolische Gottheit, die später Eingang in die hethitische Mythologie fand. Im Mittelpunkt des Mythos von Ullikumi steht Kumarbis Versuch, sich an seinem ersten Sohn TESCHUB, der ihn entthront hatte, zu rächen.

Mit der Absicht, ein böses Wesen zu erschaffen, schwängerte Kumarbi einen Felsen, der einen Sohn, Ullikumi, zur Welt brachte. Die Götter setzten den Jungen, der aus Dioritstein bestand, dem Riesen Upelluri inmitten des Ozeans auf die Schulter. Dort sollte er in Sicherheit aufwachsen. Das Kind wurde so groß, dass er halb aus dem Meer ragte. Als der Sonnengott ihn erblickte, warnte er Teschub vor der drohenden Gefahr. Teschub weinte vor Angst

TIAMAT *war die Personifikation des Urozeans, der sich mit Apsu vermischte. Daraus entstanden die Götter. Sie wird als mächtiger Drache abgebildet, der gegen Ea und die anderen Götter ankämpfte. Erst Eas Sohn Marduk konnte ihr Einhalt gebieten.* (ABBILDUNG VON EVELYN PAUL.)

und fasste erst auf Zuspruch seiner Schwester Mut, das Ungeheuer anzugreifen. Doch auch mit Hilfe des Donners und des Regens gelang es ihm nicht, den Dämon zu besiegen.

Ullikumi erreichte schließlich die Tore von Teschubs Stadt und zwang den Wettergott zur Abdankung. Teschub suchte den Rat des weisen Gottes EA und dieser verstümmelte mit der Säge, mit der er einst den Himmel von der Erde getrennt hatte, Ullikumis Füße. Die Kräfte des Ungeheuers schwanden und er konnte dem erneuten Angriff der Götter keine Widerstand mehr bieten. So gewann Teschub seinen Thron wieder.

UTNAPISCHTIM ist ein Weiser und nach einer Version des mesopotamischen Mythos der einzige Überlebende der großen Flut. Die Götter ANU, ENLIL, NINURTA und Ennugi waren der Menschen überdrüssig und beschlossen, sie zu vernichten. Doch der Wassergott EA warnte Utnapischtim und befahl ihm, ein Schiff zu bauen und es mit den Samen des Lebens zu füllen. Utnapischtim baute ein großes Schiff, 120 Ellen hoch, und belud es mit seiner Familie, seinem Vieh und zahlreichen anderen Tieren und Vögeln.

An dem Abend, als er sein Werk beendet hatte, begann ein schmutziger Regen zu fallen, der alle auf Erden in Schrecken versetzte. Sechs Tage und sechs Nächte lang dauerte die Sintflut, bis sie am Morgen des siebten Tages plötzlich endete. Dicker Schlamm hatte alles unter sich begraben.

Das wunderbare Schiff von Utnapischtim war auf dem Berg Nisir gestrandet. Verzweifelt ließ er einen Vogel nach dem anderen aufsteigen, doch alle kehrten zu seinem Boot zurück, da sie sich nirgends niederlassen konnten. Zuletzt schickte er einen Raben aus, der nicht mehr zurückkehrte, ein Zeichen, dass er trockenes Land gefunden hatte.

Aus Dankbarkeit brachte Utnapischtim den Göttern auf dem Gipfel des Berges Opfer dar. Enlil war jedoch erbost, dass ein menschliches Wesen dem Zorn der Götter entkommen war. Erst nachdem Ea Enlil besänftigt hatte, nahm dieser Utnapischtim und seine Frau bei der Hand und erklärte, dass sie von nun an unsterblich wie die Götter selbst sein sollten.

Einige Zeit später machte GILGAMESCH, ein Nachkomme von Utnapischtim, diesen ausfindig. Er hoffte, von ihm das Geheimnis des ewigen Lebens zu erfahren. Utnapischtim weigerte sich zwar, das Geheimnis zu verraten, führte Gilgamesch jedoch auf seiner Heimreise zum Grunde des Ozeans, wo er das Lebenskraut fand.

Doch eine Schlange stahl die Pflanze, als der Held sich nach einem Bad ausruhte. (Siehe auch MYTHEN VON DER FLUT, HELDEN UND ZIELE)

UTUKKU siehe SIN.

UTU siehe SCHAMASCH.

UTNAPISCHTIM *wird von Ea aufgefordert, ein Boot zu bauen und jede Art von Lebewesen darin aufzunehmen. Die Götter wollten die verdorbene Stadt Shurripak mit einer Sintflut strafen, doch Ea wollte, dass Utnapischtim überlebte.*
(ABBILDUNG AUS „GILGAMESH" VON ZABELLE C. BOYAJIAN, 1924.)

W

VOHU MANO ist einer der AMESHA SPENTAS, der „Unsterblichen Heiligen“ der antiken iranischen Mythologie. Diese göttlichen Wesen bevölkerten das Universum und sorgten für die Menschen. Wahrscheinlich wurden sie schon vor dem Auftreten ZOROASTERs verehrt. Dieser verurteilte zwar die alten Götter, verehrte aber die Amesha Spentas weiterhin als Aspekte von AHURAMAZDA, dem einen wahren Geist, dem ANGRA MAINYU, das Prinzip der Finsternis, gegenüberstand. Als Zoroaster um die 30 Jahre alt war, soll Vohu Mano seinen Geist zu Ahuramazda geführt und so seine spirituelle Erleuchtung bewirkt haben. Vohu Mano („Gutes Denken“ oder „Geist des Guten“) war der Schutzgeist der Nutztiere und wurde oft als Kuh dargestellt.

WADD war ein Mondgott, der in einigen Teilen Südarabiens zwischen dem 5. und dem 2. Jahrhundert v. Chr. verehrt wurde. Seine Name bedeutet „Liebe“ oder „Freundschaft“ und sein heiliges Tier ist die Schlange. Wadd wird im Koran als

VOHU MANO, *das „Gute Denken“, war in der iranischen Mythologie einer der Amesha Spentas. Er verkörperte die Weisheit von Ahuramazda. Hier überreicht er Ardechir I. die Krone des Königreiches von Persien.* (IN FELS GEMEIßELT, FRÜHES 3. JH. V. CHR.)

heidnische Gottheit bezeichnet, als eines der fünf Götzenbilder, das die Nachkommen Kains errichteten.

WADJET war die Kobragöttin Unterägyptens. Meist wurde sie als sich aufbäumende Kobra dargestellt, manchmal allerdings auch als Löwin. In dem Mythos, der erzählt, wie ISIS ihren Sohn HORUS heimlich aufzieht, erscheint Wadjet als Amme des jungen Gottes. Wadjet und NECHBET sollen den Pharao beschützt haben. (Siehe auch HEILIGE TIERE)

YAHWE oder **JAHWE** wurde von den Stämmen Israels als Schöpfer aller Dinge und als Richter der Völker verehrt. Vermutlich war er ursprünglich ein Berggott, der mit EL, der höchsten Gottheit des kanaanäischen Pantheons, gleichgesetzt wurde. Jahwe griff in die irdischen Angelegenheiten der Menschen ein, oft sprach er durch seine Propheten. Als eifersüchtiger Gott

JAHWES *Anhänger sprachen die vier hebräischen Zeichen, die seinen Namen bildeten, nicht laut aus, denn dieser galt als heilig.*

verlangte er von seinen Anhängern, keinen anderen Gott anzubeten. Wer seine Lehren missachtete, den tadelte er ernsthaft. Dennoch war er ein gerechter und gütiger Gott. Er wurde mit keiner bestimmten physischen Gestalt verbunden.

Das Dritte Gebot lautet: „Du sollst den Namen des Herrn, deines Gottes, nicht missbrauchen.“ Folglich vermieden es seine Anhänger, die vier hebräischen Zeichen JHWH, die seinen Namen bildeten, auszusprechen. Die Zeichen sollen die Identität Gottes darstellen und werden meist mit „Ich bin, der ich bin“ übersetzt. Seit dem 13. Jahrhundert wird Jahwe auch als Jehova bezeichnet. (Siehe auch SCHLANGEN UND DRACHEN; ENGEL UND DJINN)

YAM (auch Jam oder Jamm) war ein phönizischer Wasser- und Meeresgott. Einer seiner Beinamen war „Herrscher-Fluss“. In einem Mythos verlangte er vom obersten Gott EL, ihm Macht über die anderen Götter zu verleihen. El willigte ein, warnte ihn aber, dass er zunächst den Fruchtbarkeitsgott BAAL besiegen musste.

Dieser zog mit magischen Waffen, die die Schmiedegötter angefertigt hatten, in den Kampf, besiegte Yam und verstreute seine Überreste. Dann ernannte er sich selbst zum König. Der Mythos symbolisiert, wie die ordnenden Kräfte der Natur das Chaos überwinden und reiche Ernte garantieren.

In einer anderen Version geben die Götter Yam als Entschädigung für seine Niederlage die Göttin ASTARTE zur Frau. Manchmal wird er als Drache, Schlange oder auch als Seeungeheuer LEVIATHAN dargestellt.

Die YAZATA oder „Verehrungswürdigen“ waren im Zoroaster-Kult Schutzgeister. Meist handelte es sich um antike iranische Götter, die ZOROASTER als Helfer des höchsten Wesens AHURAMAZDA in die reformierte Religion übernahm. Einige Yazata entsprachen Sternen und Planeten, andere den Elementen, während wieder andere abstrakte Konzepte verkörperten.

Die himmlischen Yazata unterstanden Ahuramazda und die irdischen Zoroaster. Zu ihnen zählten RASHNU und SRAOSHA.

YAM, *der phönizische Seegott, verkörperte die Launen der Natur. Der Fruchtbarkeitsgott Baal besiegte ihn. Manchmal ist er mit der Göttin Astarte verheiratet, meist gilt sie allerdings als Gemahlin von Baal.* (VERGOLDETE BRONZE, 19.-18. JH. V. CHR.)

ENGEL UND DJINN

Engel sind Mittler zwischen Himmel und Erde und überbringen dem Menschengeschlecht Botschaften – der Name „Engel" kommt von dem griechischem Wort für „Bote". Während in der Vision des hebräischen Patriarchen Jakob die Engel noch zu Fuß auf einer Leiter, die von der Erde bis zum Himmel reichte, hinauf- und hinabstiegen, ist in späteren Konzepten der Himmel ein weit entferntes Reich, von dem Engel mit Flügeln auf die Erde niederschweben. In der Bibel lobpreisen Engel Jahwe oder überbringen seine Verkündigungen und Aufträge. Im Islam sind die Engel ebenfalls geflügelte Boten. Daneben verzeichnen sie die guten und schlechten Taten der Menschen und prüfen den Glauben der Toten während derer ersten Nacht im Grab. Djinn dagegen sind unberechenbar. Ursprünglich Naturgeister, üben sie später einen störenden Einfluss auf die Menschen aus und können sogar Wahnsinn hervorrufen. Sünder riskieren es, nach ihrem Tod in eine Art Djinn verwandelt zu werden.

Die SCHUTZGEISTER *(oben) der antiken iranischen Mythologie wurden als geflügelte Geschöpfe abgebildet. Möglicherweise rührt daher die Vorstellung von Engeln mit Flügeln. Schützende Flügel waren ein Symbol für die Wohltätigkeit von Ahuramazda, der obersten Gottheit der Iraner, oder für ihn selbst.* (PERSISCHE MINIATUR, UM 1370–80.)

Die DJINN *(oben) waren in vorislamischer Zeit hässliche und böse übernatürliche Wesen, Feuergeister aus unwirtlichen Gegenden, die ihr unheilvolles Tun unter dem Schutzmantel der Unsichtbarkeit verbargen oder ihre Gestalt nach Belieben änderten. Im Islam konnten sie entweder erlöst werden oder zu Dämonen werden, wenn sie Allah nicht anerkannten.* (SYRISCHE RELIEFSKULPTUR, 9. JAHRHUNDERT V. CHR.)

Die ENGEL *(links) wurden vor den Menschen erschaffen und warnten Allah davor, die Erde zu bevölkern, denn die Menschen würden sich gegen ihn stellen. Als Allah aber Adam, den ersten Propheten, erschaffen und ihm die Namen aller Dinge verraten hatte, willigten alle Engel ein, sich vor ihm zu beugen, mit Ausnahme von Iblis, dem Teufel, der sich als aus Feuer geschaffenes Wesen den aus Erde gemachten Menschen überlegen fühlte.* (OTTOMANISCHE MINIATUR, 1558.)

LUZIFER *(oben links) bei seiner Ankunft in der Hölle bei Beelzebub. In dem neuen und schrecklichen Reich sinnt er auf Rache gegen die Menschen. Ein Abschnitt aus dem Buch Jesaja und die Worte von Jesus – „Ich sah Satan, der als Blitz vom Himmel kam" – zeigen Satan als Engel, der aus dem Himmel verbannt wurde, da er die Überlegenheit von Jahwe nicht anerkannte.* (ABBILDUNG VON JOHN MARTIN ZU „DAS VERLORENE PARADIES" VON MILTON, 1827.)

DER ERZENGEL GABRIEL *(unten) sitzt zur Linken von Jahwe und beschützt in der hebräischen Literatur die linke Seite der Schlafenden. Am Ende der Tage wird er in den letzten großen Kampf mit Leviathan ziehen, der das Chaos symbolisiert. In der christlichen Tradition verkündigt Gabriel die Geburt von Johannes dem Täufer und von Jesus. Im Islam ist er als Djibril der Engel der Offenbarung.* (ERZENGEL GABRIEL, BYZANTINISCH-SERBISCHE IKONE, 14. JH.)

SALOMO *(links), der Sohn Davids, regierte im 10. Jahrhundert v. Chr. 40 Jahre lang weise als König von Israel. Er hatte viele Frauen, die den verschiedensten Religionen angehörten. Ihm wurden sogar übernatürliche Kräfte zugeschrieben. Er soll mit Peris und Djinn gesprochen haben. Salomos Siegel, der sechsstrahlige Stern, war ein mächtiger Talisman.* (KÖNIG SALOMO UND EIN PERI VON QAZWIN, UM 1570.)

DER TEMPEL *(oben) in Jerusalem war das bedeutendste Werk unter Salomos langer Herrschaft. Er wurde von 180000 Arbeitern erbaut, doch seine Größe und Pracht ließen die Legende entstehen, dass eine Armee von Djinn den Bau ausführte. Als der Tempel fertig gestellt war, wurde er mit einem 14 Tage währenden Fest eingeweiht: 22000 Ochsen und 120000 Schafe wurden geopfert.* (ABBILDUNG AUS CALMETS WÖRTERBUCH ZUR HEILIGEN BIBEL, 1732.)

MOHAMMED *(oben) reiste als junger Mann nach Syrien, wo er Christen, Juden und Vertretern anderer Religionen begegnete, die an einen einzigen Gott glaubten. Er gelangte zu der Überzeugung, dass dies der rechte Glauben sei. Als er um die 40 Jahre alt war, zog er sich in eine Höhle auf dem Berg Hira zurück, um mit seinen Glaubensvorstellungen ins Reine zu kommen. Dort hatte er eine Vision des Engels Djibril, der ihn aufforderte, die Wahrheit über Allah zu verkünden.* (ABBILDUNG AUF EINER UNDATIERTEN MINIATUR.)

Z

YIMA oder Jam ist in der antiken iranischen Mythologie ein großer König, der meist als Sohn von TAHMURAS, einem der Helden, die die Zivilisation brachten, galt. Nach manchen Versionen wurde er aber auch in einer Feuersäule geboren, als ein Blitz in die Erde einschlug.

Yima war ein weiser und gerechter Herrscher, dem man den Titel „Guter Hirte" verlieh. Als Priester war er fromm, als Krieger stark und als Herdenbesitzer mit viel Vieh gesegnet. Er lebte im so genannten Goldenen Zeitalter, in dem es den Tod nicht gab.

Da niemand starb, musste Yima unter Zuhilfenahme seiner magischen Werkzeuge drei Mal die Erde vergrößern. Doch eines Tages sandte der böse Dämon Mahrkuscha eine schreckliche Flut auf die Erde, auf die sengende Sommer folgten. Seine Absicht war, alle Lebewesen, Menschen wie Tiere, zu vernichten. Als AHURAMAZDA, das Prinzip des Guten, sah, was geschehen würde, entschloss er sich, den edlen und aufrechten Yima zu retten. Er befahl ihm, eine unterirdische Wohnstatt zu bauen, in die er jede Art, Mensch und Tier, mitnehmen sollte. In der sagenhaften Höhle sollte es fließendes Wasser und Bäume geben, Blumen und Früchte. Kein krankes, schlechtes, bösartiges oder verunstaltetes Wesen sollte Einlass finden. Yima fragte, wie er diese Höhle erbauen sollte, und Ahuramazda antwortete ihm, dass er die Erde mit seinen Händen und Füßen formen sollte, so wie ein Töpfer. Yima ging unversehrt aus der Katastrophe hervor.

In einer späteren Überlieferung soll Yima schließlich dem Schlangendämon AZI DAHAKA zum Opfer gefallen sein, der ihn entzweisägte. Anscheinend hatte er diese Strafe verdient, da er die Sünde des Stolzes begangen hatte.

ZAL, ein Held der antiken iranischen Mythologie, war der Sohn von Sam, Nachkomme des FERIDUN. Zal wurde mit weißem Haar geboren und sein Vater erschrak so über sein merkwürdiges Aussehen, dass er befahl, ihn am Hang eines Berges auszusetzen. Simurgh, ein edler Geier, rettete den Säugling aber und brachte ihn zu ihrem Nest auf dem Gipfel des Berges Elburz. Simurgh ist ein mythischer Vogel, der so alt gewesen sein soll, dass er drei Mal die Zerstörung der Welt miterlebt hatte und dadurch große Weisheit erlangt hatte.

Zal wuchs zu einem schönen Jüngling heran. Sam, von Schuldgefühlen wegen der Aussetzung seines Sohnes verzehrt, machte sich auf die Suche nach ihm. Schließlich gelangte er zum Nest der Simurgh und flehte sie an, ihm seinen Sohn zurückzugeben. Der Vogel willigte ein, und Sam segnete seinen Sohn und gab ihm den Namen Zal.

Zal erlebte viele Abenteuer. Eines davon führte ihn nach Kabul im Hindustan, der Heimat seines Vaters, wo er bei einem der Diener seines Vaters, Mihrab, übernachtete und von dessen schöner Tochter Rudabeh hörte. Ohne die junge Frau auch nur gesehen zu haben, verliebte Zal sich in sie und sie erwiderte seine Liebe. Sie vereinbarten als geheimen Treffpunkt einen Palast, den Rudabeh mit herrlichen Blumen und Edelsteinen bestreut hatte. Rudabeh stand auf einer hohen Terrasse und

ZAL *wurde als Säugling von seinem Vater Sam verstoßen und auf einem Berg ausgesetzt. Der sagenhafte Vogel Simurgh rettete ihn und zog ihn auf.* (MINIATUR, MITTE DES 15. JAHRHUNDERTS.)

blickte auf Zal herab. Dann ließ sie ihr schönes Haar herab, damit Zal zu ihr klettern konnte. Doch Zal wollte Rudabeh keinen Schmerz zufügen und warf ein Seil auf die Terrasse, an dem er sich hochzog.

Die tiefe Liebe des jungen Paares wurde durch die Tatsache beeinträchtigt, dass Rudabehs Familie und Sams Herrscher, König MINUCHER, von alters her verfeindet waren. Erst als Astrologen verkündeten, dass das Paar einen großen Helden hervorbringen würde, willigte Sam in ihre Heirat ein. Dieser Held sollte RUSTEM sein.

ZARATHUSTRA siehe ZOROASTER.

ZERVAN AKARANA siehe ZURVAN AKARANA.

ZOHAK war in der antiken iranischen Mythologie der Sohn eines Wüstenkönigs. ANGRA MAINYU, das Prinzip der Finsternis, überredete ihn, seinen Vater zu töten und den Thron einzunehmen. Angra Mainyu arbeitete als Koch in Zohaks Schloss und setzte Fleisch auf die Speisekarte des neuen Königs. Als Belohnung für die schmackhaften Gerichte versprach Zohak dem Angra Mainyu ein Geschenk seiner Wahl. Angra Mainyu wünschte, die Schultern des Königs zu küssen und sein Gesicht und seine Augen dort niederzulegen. Danach verschwand er. Plötzlich erschien eine Schlange aus jeder der Schultern von Zohak. Seine Höflinge versuchten, die Schlangen abzuschneiden, doch sie wuchsen jedes Mal nach. Als Arzt verkleidet, befahl Angra Mainyu dem Zohak, die Schlangen jeden Tag mit menschlichen Hirnen zu füttern. So wurde Zohak selbst zum Dämon und herrschte eintausend Jahre lang über die Welt und verwandelte sie in ein Reich des Bösen. Da hatte Zohak einen Traum, den seine Ratgeber für ihn deuteten. Ein Mensch namens FERIDUN sollte ihn besiegen. Zohak ließ daraufhin alle Kinder töten, doch der Säugling Feridun überlebte und wuchs heran. Schließlich tötete er Zohak und übernahm die Macht.

ZAL *wurde von Simurgh auf die höchsten Gipfel des Berges Elburz getragen, wo er ohne das Wissen seines Vaters aufwuchs. Ein Traum führte Sam schließlich auf der Suche nach seinem Sohn in die Berge und die beiden versöhnten sich.*

ZOROASTER oder Zarathustra war der große Religionsreformator im alten Iran. Er soll im 6. oder 5. Jahrhundert v. Chr. im Nordosten des Landes gelebt haben. Heute ist man der Ansicht, dass er viel früher, nämlich schon um 1200 v. Chr. gelebt hat. Um die Figur des Zoroaster ranken sich viele Mythen. Seine Geburt soll von Anbeginn der Zeiten festgestanden haben. Er kam lachend zur Welt und das gesamte Universum freute sich mit ihm.

Die bösen Dämonen, die DRUJS, wollten das Kind töten, doch AHURAMAZDA, das Prinzip des Guten, beschützte ihn. Im Alter von 30 Jahren machten die AMESHA SPENTAS, die „unsterblichen Heiligen", ihm verschiedene Offenbarungen. Auf Grund dieser spirituellen Einsichten konnte Zoroaster den Versuchungen von ANGRA MAINYU oder Ahriman, dem Prinzip der Finsternis, widerstehen.

Zoroaster wandte sich gegen die Verehrung von mehreren Göttern, wie sie bislang praktiziert wurde. Er verkündete einen reformierten Glauben, der vom Kampf zwischen Gut und Böse, verkörpert durch Ahuramazda und Angra Mainyu, bestimmt war. Er vertrat eine Art von Monotheismus, der allerdings dualistische Züge trägt.

Einmal soll Zoroaster am Hofe eines Königs zahlreiche Wunder gewirkt und auch das Lieblingspferd des Königs geheilt haben. Zur neuen Religion bekehrt, zog der König dann in den Krieg gegen die Herrscher der benachbarten Reiche, um sie zu bekehren. Nach einer Überlieferung wurde Zoroaster im Alter von 77 Jahren während er betete ermordet.

ZU war in der mesopotamischen Mythologie der Sturmvogeldämon, der in der Unterwelt lebte und

ZOROASTER *soll einen wundervollen Vogel besessen haben. Die Legende berichtet, dass seine Mutter Dughdova ihn jungfräulich von einem Lichtstrahl empfing. Die Mächte des Bösen trachteten dem Säugling nach dem Leben, doch Ahuramazda beschützte ihn.* (LIEBIG, KOLORIERTE POSTKARTE, 19. JH.)

ZOROASTERs *Lehren wurden von den achämenidischen Herrschern des Iran übernommen. Sie bauten diesen viereckigen Turm, Kabah-i-Zardusht, gegenüber von den Felsengräbern in Naqsh-i-Rustam, nahe der Hauptstadt Persepolis. Vielleicht wurde er als Tempel des Feuers genutzt, dem zoroastrischen Symbol für Reinheit und Weisheit.*

ENLIL, „dem Herrn des Windes", die Schicksalstafeln raubte. Wer im Besitz dieser Tafeln war, besaß die Macht über das gesamte Universum. Der oberste Gott ANU versprach demjenigen Gewalt über die Götter, der die Tafeln zurückbrachte. Der überlieferte Text ist nur fragmentarisch erhalten und der Ausgang der Erzählung ist ungewiss, doch anscheinend gelang es dem Gott MARDUK, die Tafeln zu beschaffen. In einigen Versionen wird auch NINURTA, der Sohn von Enlil, genannt.

ZURVAN oder **ZERVAN AKARANA** erlangte in der iranischen Mythologie als das transzendente Wesen Bedeutung, aus dem das Prinzip des Guten und des Lichtes, AHURAMAZDA, und das Prinzip des Bösen oder der Finsternis, ANGRA MAINYU oder Ahriman, entstand.

In der Lehre des Religionsreformators ZOROASTER war Ahuramazda der eine wahre Gott, der in Angra Mainyu einen ewigen Widersacher hatte. Im Laufe der Zeit verschärfte sich dieser Dualismus und brachte ein Problem mit sich: Wenn Ahuramazda allmächtig war, musste er auch das Böse erschaffen haben. Das Konzept von Zervan Akarana, der „Unbegrenzten Zeit", half, dieses intelektuelle Dilemma zu überwinden.

Wahrscheinlich war Zervan Akarana zunächst eine wichtige Gottheit in der frühen iranischen Mythologie. In den Jahrhunderten nach ZOROASTER wurde er für die Anhänger einer religiösen Bewegung, des so genannten Zervanismus, der ewige Urgott jenseits von Gut und Böse, der Ahuramzada und Angra Mainyu erschaffen hatte, damit sie die Herrschaft über die Schöpfung unter sich ausmachten.

In einer Überlieferung versprach Zervan Akarana dem Erstgeborenen die Vorherrschaft, woraufhin Angra Mainyu sich aus dem Schoß kämpfte. So regierte das Böse mehrere tausend Jahre lang. Zervan Akarana soll seine beiden Nachkommen auch in dem Moment gezeugt haben, in dem er daran zu zweifeln begann, ob er je Nachwuchs haben würde.

Folglich verkörperte Ahuramazda seine Weisheit und Angra Mainyu seine Zweifel.

ZOROASTER *war ein Priester, Prophet und Denker, der die Religion grundlegend erneuerte. Der von ihm reformierte Glaube konzentrierte sich auf den Kampf zwischen Licht und Finsternis, zwischen Ahuramazda und Angra Mainyu.* (SYRISCHES WANDGEMÄLDE.)

MYTHEN AUS SÜD- UND ZENTRALASIEN

EINFÜHRUNG

Der gigantische Subkontinent Indien umfasst eine erstaunliche Vielfalt von geografischen Regionen. Im Norden das zerklüftete Himalayagebirge, im Süden die fruchtbaren, weiten Ebenen des Ganges, Hochebenen ebenso wie tiefer gelegene Küstenregionen, Wüsten ebenso wie dichte Regenwälder. Das Klima ist extrem: Sengende Sonne wechselt sich mit strömendem Monsunregen ab. Dieses geheimnisvolle, abwechslungsreiche Land hat eine reiche Mythenwelt hervorgebracht. Seine Götter fanden auch in anderen Ländern Verbreitung, so z.B. in Sri Lanka und Tibet. Auch um diese Länder geht es hier.

Nicht von ungefähr sind indische Glaubensvorstellungen vom Versuch geprägt, dem vielfältigen Chaos der Welt zu entrinnen und die letztendliche Wahrheit, das Nirwana (spirituelle Ekstase) bzw. die Erleuchtung zu finden. Bereits in der Bronzezeit hat man dieses Ziel scheinbar auf dem Weg der Meditation zu erreichen versucht. So zeigen jüngere Ausgrabungen, dass die Harappa-Kultur des Indus-Tales, die sich etwa 3000 v. Chr. im heutigen Pakistan fand, schon eine Meditationsgottheit kannte.

Die Harappa-Kultur brach um 2000 v. Chr. unter dem Ansturm der Arier zusammen, einer Stammesgruppe mit überlegener Waffentechnik.

GAUTAMA BUDDHA, *der Begründer des Buddhismus, erreicht nach mehreren Wiedergeburten als Bodhisattva („künftiger Buddha") die Erleuchtung und wird damit zum Vorbild für seine Anhänger.* (RELIEF IM GANDHARA-STIL, 3. JH. V. CHR.)

SÜD- UND ZENTRALASIEN

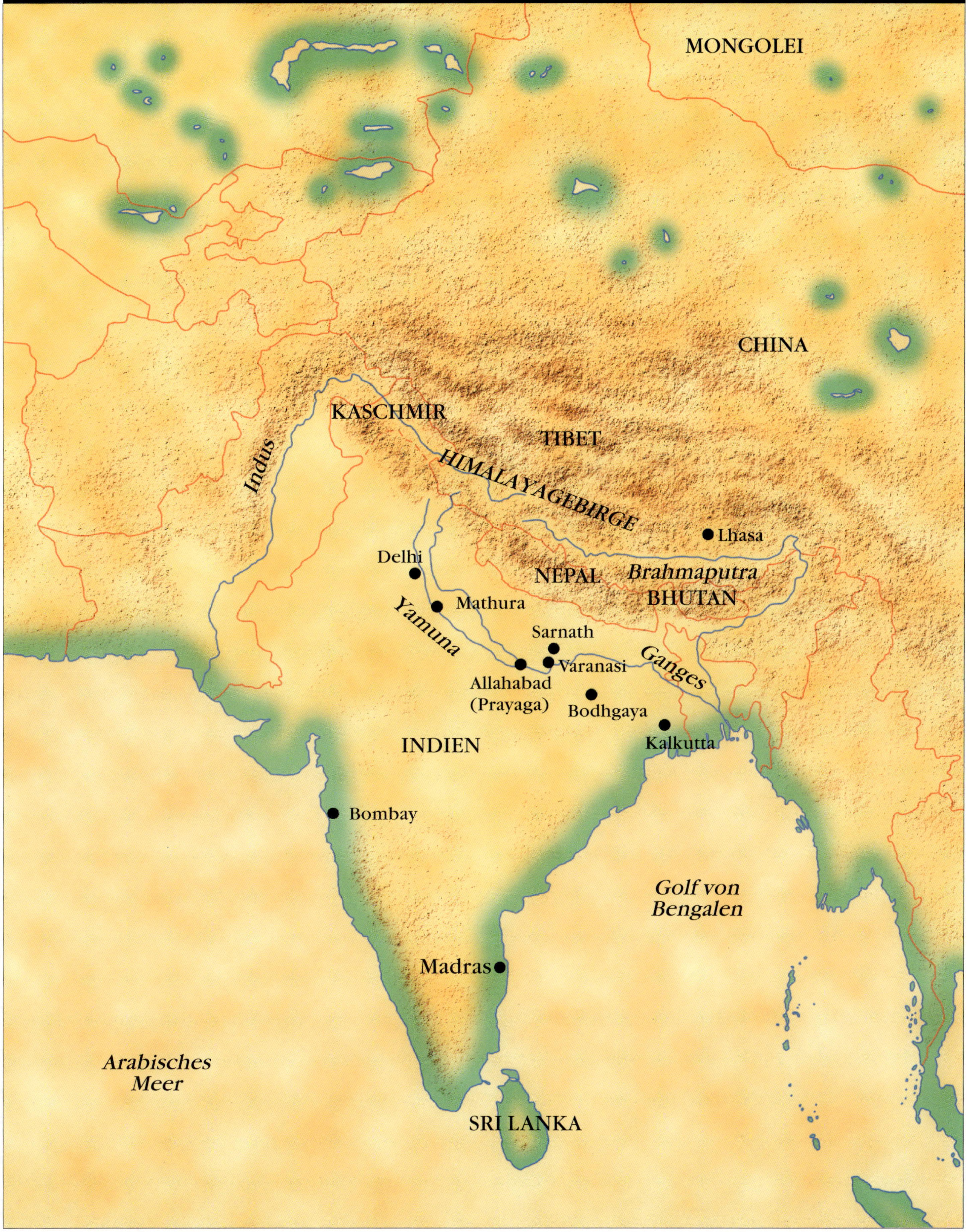

MANDALAS *symbolisieren das zyklische Universum. Man findet sie häufig als Stoffbilder. Zu Ritualzwecken werden sie jedoch mit buntem Reis auf geweihter Erde erstellt. Der Mandala-Nrtya genannte Kreistanz geht auf Krishnas Tanz mit den Gopis zurück. Er zeigt die ewige Präsenz des Gottes.* (MANDALA DES BODHISATTVA AMOGHAPASA, DETAIL, GOUACHE, NEPAL 1860)

Die Arier, das „edle Volk", glaubten an viele Götter, Geister und Dämonen. Zu ihren wichtigsten Gottheiten zählen Indra, der Kriegs- und Wettergott, Varuna, der Erhalter von Ordnung und Moral, Agni, Gott des Feuers, Surya, Sonnengott, und Yama, der Herr des Todes.

Viele arische Götter werden in Indien bis zum heutigen Tag verehrt. Aber auch die Gottheiten der Harrappa-Kultur erlebten eine Renaissance. So trägt z.B. der große Hindugott Shiva Züge eines Fruchtbarkeitsgottes der Induskultur. Die ältere Form der Gottheit wird daher manchmal als „Proto-Shiva" bezeichnet und belegt die Kontinuität bestimmter Glaubensvorstellungen sowie die Offenheit der Menschen fremden Gottesvorstellungen gegenüber. Im Rigveda, einer Sammlung heiliger Hymnen, die zwischen dem 14. und 10. Jahrhundert v. Chr. entstanden, war Shiva nur ein unbedeutender Gott namens Rudra. Später wurde er zu einer der mächtigsten Gottheiten des Hinduismus. Er entwickelte sich aus den frühen religiösen Traditionen Indiens und gehört heute zu den am meisten verehrten Figuren. Shiva steht für eine der Grundüberzeugungen des Hinduismus: dass es ohne Zerstörung keine Schöpfung gibt. Dass der geordnete Kosmos aus dem ursprünglichen Chaos entsteht. Daher wird Shivas Name mit „Glückverheißender" übersetzt, obwohl er Sinnbild der Zerstörung ist. Shiva wird einerseits als Asket betrachtet (der sinnliche Freuden ablehnt), andererseits als wilder Gott mit einem enormen sexuellen Appetit.

Die Arier glaubten noch, dass sie nach dem Tod entweder in den Himmel oder in die Unterwelt kommen würden. Doch bereits in den Upanishaden, mystischen Schriften, die zwischen dem 8. und 5. Jahrhundert v. Chr. verfasst wurden, sah man den Menschen als Gefangenen eines endlosen Zyklus' von Geburt und Tod. Als Ziel galt die Befreiung aus diesem Kreislauf. Solche Ideen, die dem arischen Glauben völlig fremd waren, stammen vermutlich aus dem Gedankengut der dunkelhäutigen Harrappa-Völker.

SHIVA *als Nataraja, „Herr des Tanzes", steht für den Tanz des Lebens, in dem Zerstörung und Schöpfung im Gleichgewicht sind. Er tanzt auf seinem Stier Nandi.* (STEINRELIEF, 12. - 13. JH.)

VISHNU *galt als Erhalter der Welt. Seine erste Inkarnation (Avatar) war der Fisch Matsya.* (HOLZRELIEF VON BERNARD PICART, 18. JH.)

Buddhismus und Jainismus, beides Religionen, die sich im Indien des 6. Jahrhunderts v. Chr. ausbildeten, setzten auf meditative Techniken zur Erlangung der Befreiung. Die Jainas sehen ihren Weg in Askese und strenger Selbstzucht, während der Buddhismus mehr Wert auf die innere Entwicklung legt. Obwohl beide Religionen nicht an transzendente Götter glauben, besitzen sie eine reichhaltige Mythologie. Der Jainismus verehrt die Tirthankaras, große Lehrer, die den Pfad zur Befreiung gegangen sind. Im Buddhismus hingegen stehen Buddhas und Bodhisattvas („künftige Buddhas") den Menschen auf ihrem Weg zur Erleuchtung bei.

Diese Praxis machte den Buddhismus auch für die Stämme akzeptabel, welche an eine Vielzahl von Göttern gewöhnt waren. Seine Offenheit für Gottheiten aus anderen Kulturen verhalf ihm zu weiter Verbreitung. Daraus entstand ein vielfältiges, manchmal höchst erstaunliches Pantheon.

Im 3. Jahrhundert v. Chr. brachte Mahinda, ein Verwandter des indischen Herrschers Ashoka, den Buddhismus nach Sri Lanka. Der König von Sri Lanka trat zum neuen Glauben über, und der Buddhismus wurde zur Hauptreligion der Insel, was er bis heute blieb. Im 7. Jahrhundert n. Chr. reisten buddhistische Mönche dann nach Tibet. Und obwohl dort die alte Bön-Religion fest verwurzelt war, hatte sich der Buddhimus bereits im 12. Jahrhundert über das ganze Land verbreitet.

Die Bön-Anhänger kannten zwei Schöpfergottheiten, das Prinzip des Guten und des Bösen. Sie glaubten an Naturgeister. Diese schamanistischen Züge nahm der Buddhismus auf. Daher gibt es in der tibetischen Form so viele Orakel, in denen alte Bön-Geister überleben. Diese ganz spezielle Form des Buddhismus nennt man Lamaismus. Ein „Lama" ist ein tibetischer spiritueller Meister. Der Lamaismus breitete sich in der Folge auch in Nepal, der Mongolei und in Bhutan aus.

In Indien ging der Buddhismus bald im Hinduismus auf. Buddha wurde zur 9. Inkarnation des Hindugottes Vishnu umgedeutet.

Diese Aufnahme fremder Gottheiten ist vielleicht das wichtigste Merkmal indischer Glaubenssysteme. Nur so konnte solch ein reicher Mythenschatz entstehen.

A

Der ADIBUDDHA, der „Urbuddha", erlangte im 11. Jahrhundert Bedeutung bei dem Versuch, die Mahayana-Richtung des Buddhismus (das „Große Fahrzeug") monotheistisch zu begründen. Ein Satz in einem frühen buddhistischen Text besagt nämlich, dass es einen aus sich selbst erstehenden Buddha gibt, der Ursprung der Welt ist. In Nepal wurde der Adibuddha bald als unendlicher, allwissender und höchster Schöpfer angesehen. Er soll aus der mystischen Silbe „Om" entstanden sein und dann die fünf DHYANI-BUDDHAS oder „Weisheitsbuddhas" hervorgebracht haben.

Im tantrischen Buddhismus gilt Vajradhara als Adibuddha und wird mit Glocke und Donnerkeil abgebildet. In Nepal und Tibet trägt der Adibuddha häufig die Merkmale des BODHISATTVA.

Seine weibliche Energie (SHAKTI) heißt Adidharma.

Der ADIBUDDHA *oder „Urbuddha" in Yab-Yum-Stellung (Vater-Mutter) mit seiner Shakti.* (MESSING UND KUPFER, TIBET, 16. JH.)

ADITI ist eine hinduistische Muttergottheit und gilt als Verkörperung der Erde. Ihre Brust ist der Nabel der Welt. „Aditi" bedeutet „unendlich" oder „grenzenlos". Die unsterbliche Kuh ist ihr Symboltier. Sie selbst steht für die Einheit des unendlichen Lichtes und Bewusstseins.

Aditi soll die Mutter des großen Gottes VISHNU sein. In den Veden, den heiligen Schriften der Hindus, erscheint sie als Gefährtin von BRAHMA oder KASHYAPA. DAKSHA, Brahmas Sohn, ist gleichzeitig als Aditis Sohn und Vater bekannt. Die urtümliche Göttin gilt als Mutter der ADITYAS, Gottheiten, welche die Welt vor Chaos und Unwissenheit behüten. Sie ist die ordnende Kraft der Welt und bewahrt alle, die an sie glauben, vor Krankheit und Sünde. Aditi steht für das Universelle und Göttliche im Menschen, ihre Schwester Diti hingegen für seine individuelle menschliche Begrenztheit.

Der ADIBUDDHA *steht im tibetischen Buddhismus für die reine Leerheit oder Shunyata, die sich mit Weisheit verbindet. Alle Buddhas sind Aspekte des Urbuddha.* (TIBETISCHE MALEREI)

Die ADITYAS sind Kinder der ADITI, einer hinduistischen Muttergottheit. Ursprünglich sieben oder acht an der Zahl (auch MITRA und VARUNA gehören dazu) wuchsen sie später auf zwölf an. Jede dieser Gottheiten regiert einen Monat des Jahres und ist mit der Sonne als Lebensspenderin verbunden. Die Adityas bewahren vor Übeln und Krankheiten. Martanda, Aditis achter Sohn, wird als göttlicher Stammvater der Menschheit betrachtet.

AGASTYA war ein hinduistischer Weiser, den die schöne Urvashi (eine der APSARAS) empfing, als sie mit zwei Göttern schlief, mit MITRA (manchmal auch SURYA) und mit VARUNA. Agastya überwand jedes Hindernis, das dem Wohlergehen der Menschen im Wege stand. Als eine Bergkette so hoch wurde, dass sie den Bewohnern seines Tales das Sonnenlicht raubte, bat Agastya den Berg, sich klein zu machen, damit er passieren könne, und so zu bleiben, bis er in sein Dorf zurückkehren würde. Agastya half auch RAMA, einer Inkarnation des großen Bewahrergottes VISHNU. Als Rama gegen RAVANA, den König von LANKA, zog, der seine Frau entführt hatte, beschoss er den zehnköpfigen Dämon mit Pfeilen. Doch immer wenn er ein Haupt traf, wuchs diesem ein neues nach. Agastya besorgte Rama daher einen magischen Pfeil. Dessen Spitze bestand aus Sonnenlicht und Feuer und der Pfeil selbst wog schwerer als die beiden mythischen Berge MERU und Mandara zusammen. Mit diesem Pfeil gelang es Rama, Ravana zu töten. Danach kehrte die Wunderwaffe von selbst zu Rama zurück.

AGNI, das Feuer, ist eine der wichtigsten Gottheiten im Rigveda, einer

AGNI *(links) speit Feuer und trägt eine Fackel oder einen flammenden Speer.* (FRANKREICH, 19. JH.)

AGNI *(rechts) ist als Gott des Opferfeuers Mittler zwischen Göttern und Menschen.* (BRONZE, ORISSA, INDIEN, 11. – 12. JH.)

Sammlung heiliger hinduistischer Hymnen. Er schützt das Herdfeuer ebenso wie das sakrale Opferfeuer. In letzterer Funktion vermittelt er als Bote zwischen der Götter- und Menschenwelt, indem er Gaben zu den Himmlischen trägt. Am Himmel erscheint Agni als Blitz. Er gilt als grausam und gütig zugleich: So vertreibt er einerseits die Dunkelheit, verschlingt aber andererseits seine Eltern gleich nach seiner Geburt. Auch die Leichen auf den Scheiterhaufen sind traditionell seine Beute. Er gilt als Sohn des Himmels und der Erde, weshalb man ihm nachsagt, entweder aus dem Blitz oder aus der Sonne geboren worden zu sein. Andere Quellen sehen ihn als Spross der ADITI und des KASHYAPA. Für manche Sagen ist seine Geburtsstätte auch der Feuerstein, der Funken schlägt.

Als Weltenhüter kann Agni Menschen nach deren Tod von ihren Sünden reinigen und ihnen so Unsterblichkeit verleihen. Er versorgte auch den Affengott HANUMAN, dem der Dämonenkönig RAVANA im Kampf den Schwanz angezündet und verbrannt hatte. Gewöhnlich wird Agni mit zwei oder drei Köpfen, mehreren Armen und feuerroter Körperfarbe dargestellt. Er trägt einen langen Bart. Flammen sind sein Gewand. Er reitet auf einem Widder oder einer Ziege, mitunter bildet man ihn aber auch in einem von Rossen gezogenen Wagen ab.

AIRAVATA, *der große weiße Elefant, trägt Indra zum Kampf mit Krishna, der auf Garuda reitet. Krishna sollte Indra besiegen.* (AQUARELL, UM 1590)

AIRAVATA ist in der hinduistischen Mythologie der weiße Elefant, auf dem der Götterkönig Indra einherreitet. Die Legende berichtet, dass die Göttin PRAVATI eines Tages alle Götter zur Feier der Geburt ihres Sohnes GANESHA einlud. Shani, der Planet Saturn, weigerte sich zunächst, doch Pravati bestand auf seinem Kommen. Doch als Shani Ganesha erblickte, verbrannte sein feuriger Blick den Kopf des Kindes zu Asche. Daher machte sich der große VISHNU, der Bewahrer des Universums, auf die Suche nach einem neuen Kopf und kam mit dem des Elefanten Airavata zurück.

AKSHOBHYA *(oben) bedeutet „der Unerschütterliche". Er herrscht über das reine Land im Osten Abhirati, ein Ort ohne Leiden, Bosheit und Hässlichkeit.* (MESSING UND SILBER, TIBET, 13. JH.)

AMITABHA *(rechts) gab seinen Thron auf, um Mönch zu werden. Hier ist er mit Bettelschale dargestellt. Er erlangte Erleuchtung und herrscht nun über Sukhavati, das Reine Land im Westen.* (BRONZEGUSS, TIBET)

AKSHOBHYA, einer der fünf DHYANI- oder Weisheitsbuddhas, herrscht über das reine Land im Osten, Abhirati. Sein Name bedeutet „der Unerschütterliche". Er beherrschte die Leidenschaften und erlangte spiegelgleiche Weisheit. Als Akshobhya noch ein Mönch war, schwor er dem Buddha, der damals Abhirati regierte, dass er niemals Zorn oder Abneigung empfinden würde. Er ließ in seiner Übung nicht locker und wurde schließlich selbst zum Buddha und Herrn über Abhirati. In Abhirati wieder geboren zu werden, bedeutet, dass man nie mehr in die niedrigen Daseinsbereiche verfällt, daher streben Akshobhyas Anhänger - wie er selbst - nach Befriedung ihrer Passionen.

In Tibet wird Akshobhya als GAUTAMA BUDDHA dargestellt. Seine Körperfarbe ist blau, manchmal reitet er auf einem blauen Elefanten. Sein wichtigstes Attribut ist der Donnerkeil. Seine weibliche Energie (SHAKTI) ist Locana. Zu Akshobhya gehört der BODHISATTVA MANJUSHRI, der Schutzherr der tibetischen Könige. (Siehe auch DHYANIBUDDHAS)

AMITABHA ist einer der fünf DHYANIBUDDHAS und einer der wichtigsten Buddhas des Mahayana oder Großen Fahrzeugs. Seine Name bedeutet „Grenzenloses Licht" oder „Der voll unermesslichen Glanzes ist".

Amitabha herrscht über einen Bewusstseinszustand namens Sukhavati, d.h. das Reine Land im Westen. Jeder, der an ihn glaubt,

AMITABHA *(oben), auf einer Lotusblüte sitzend, strahlt goldenes Licht aus.*

wird in diesem Land wieder geboren. Amitabha ist eine Erlösergestalt, die ein Leben nach dem Tod sichert. Die bloße Nennung seines Namens führt seine Anhänger zur Befreiung vom endlosen Kreislauf der Wiedergeburten.

In einem früheren Leben war Amitabha ein König, der seinen Thron aufgab, um ein buddhistischer Mönch namens Dharmakara zu werden. Daher wird der Buddha manchmal mit kahlem Schädel abgebildet. Dharmakara legte 48 Gelübde ab und versprach, allen zu helfen, die den Pfad zur Erleuchtung beschritten. Durch Meditation erfüllte er all seine Gelübde und wurde zu Buddha Amitabha.

Sein Element ist das Wasser, seine Zeit die Abenddämmerung und die Sterbeminute. Seine Körperfarbe ist rot, er wird auf einer Lotusblüte sitzend dargestellt. Sein Reittier ist der Pfau.

Obwohl er aus Indien stammt, erlangte Amitabha seine größte Popularität in China und Japan. Dort kennt man ihn als Amida, den Buddha der Reinen-Land-Schule. Im 8. Jahrhundert brachte der indische Mönch PADMASAMBHAVA den Amitabha-Kult nach Tibet, wo er ebenfalls weite Verbreitung fand. In Tibet und Nepal wird der Buddha häufig in der Yab-Yum-Pose mit seiner SHAKTI oder weiblichen Energie, Pandara, dargestellt. (Siehe auch DHYANIBUDDHAS)

AMOGASIDDHI *(oben), einer der fünf Dhyanibuddhas, macht mit der Rechten die für ihn charakteristische Geste der Furchtlosigkeit.* (BRONZE MIT SILBERGRAVUR, TIBET, 14. JH.)

AMOGASIDDHI gehört zu den fünf DHYANIBUDDHAS. Er ist der Herrscher des Nordens. Sein Name bedeutet „Dessen Bemühungen Erfolg haben". Auch Amogasiddhi wird manchmal mit GAUTAMA BUDDHA identifiziert. Seine Körperfarbe ist grün. In Tibet wird er oft in Yab-Yum-Position abgebildet. Seine SHAKTI ist Aryatara. Der Buddha sitzt häufig auf einem mit Garudas, adlergleichen mythologischen Vögeln, verzierten Thron. In einer Hand hält er ein Schwert, mit der anderen macht er die rituelle Geste der Furchtlosigkeit. Amogasiddhis Element ist die Erde. Er wird mit dem Buddha der Zukunft, MAITREYA, assoziiert. (Siehe auch DHYANIBUDDHAS)

AMRITA ist das Elixier der Unsterblichkeit, das im populären indischen Mythos von der Quirlung des Milchozeans entsteht. Zu der Zeit, als die Macht der alten Götter abnahm, drohten die ASURAS, dämonische Halbgötter, ihnen die Herrschaft zu entreißen. Daher schlug VISHNU, der Bewahrer des Kosmos, vor, dass die Götter ihre Kräfte mit dem göttlichen Nektar Amrita stärken sollten. Doch dazu musste der himmlische Ozean gequirlt werden, was nur mit Hilfe der Dämonen zu bewerkstelligen war.

Vishnu lockte sie, bis sie sich zusammen mit den Göttern ans Werk machten. Sie rissen zuerst den Berg Mandara aus und schleuderten ihn in die Mitte des Meeres. Dann benutzten sie die riesige Schlange Vasuki als Quirlseil und wirbelten den Ozean durch.

Doch bald schon bohrte sich der Berg tief in den Grund des Meeres. Da baten die Götter Vishnu erneut um Hilfe. Dieser nahm die Gestalt der Schildkröte KURMA an und schwamm hinaus aufs Meer. Er nahm den Berg auf seinen Rücken und ließ Götter und Dämonen erneut quirlen. Doch diesmal wurde es Vasuki übel. Er musste sich übergeben, woraufhin sein Gift die ganze Erde überschwemmte. Nun eilte SHIVA zu Hilfe und trank das Gift, obwohl es ihn in der Kehle so sehr brannte, dass an seinem Hals ein blauer Fleck zurückblieb.

Schließlich wurde der Milchozean nach geraumer Zeit zu Butter. Die Götter waren müde, mühten sich aber weiter, bis schließlich Surabhi, die heilige Kuh, zum Vorschein kam. Dann erschienen nacheinander Varuni, die Weingöttin, Parijati, der Paradiesbaum, die Sonne, der Mond und LAKSHMI, die Göttin des Reichtums und des Glücks. Ganz am Ende erschien der himmlische Arzt DHANVANTARI zusammen mit dem Nektar der Unsterblichkeit Amrita.

Eine Version des Mythos erzählt, wie der böse Dämon RAHU das Amrita sofort an sich riss und zu trinken begann. Blitzartig schlug Vishnu ihm den Kopf ab, damit das Elixier nicht in den Körper des Dämons gelangte. Nichtsdestotrotz blieb Rahus grausiger Kopf unsterblich. Einer anderen Legende zufolge gelangte das Elixier zwar in Rahus Körper, doch Vishnu hieb diesen in Stücke und verteilte sie zwischen den Sternen am Himmel.

Eine dritte Fassung erzählt, wie die Dämonen das Elixier an sich rissen und damit wegliefen, doch Vishnu verwandelte sich schnell in eine verführerisch schöne Frau und lockte die Asuras zurück, um ihnen das Amrita wieder abzunehmen. Am Ende erhielten die Götter ihren Unsterblichkeitstrank und besiegten doch noch die Dämonen.

AMRITA *(links), Götternektar und Unsterblichkeitstrank, in den Händen des meditierenden Buddha Amitayus.* (BRONZE, TIBET, 10. JH.)

AMRITA *(rechts) entstand, als die Götter den Ozean quirlten und als Quirlseil die Schlange Vasuki benutzten.*

ANANGA siehe KAMA.

ANANTA siehe NAGAS.

ANIRUDDHA ist ein Beiname Vaharas, des dritten Avatars von Vishnu, dem bedeutenden hinduistischen Gott. Vahara ist ein Eber, in den sich die DAITYA-Prinzessin Usha verliebt. Mit Hilfe magischer Kräfte lockt sie ihn in ihre Kammer. Doch der dämonische Bana, der Vater der Prinzessin, sendet seine Häscher nach Aniruddha aus. Der Heros tötet alle seine Angreifer, woraufhin ihn Bana gefangen nimmt. Als KRISHNA, sein Bruder BALARAMA und sein Sohn PRADYUMNA davon hören, eilen sie Aniruddha zu Hilfe. In der darauf folgenden Schlacht schlagen sich SHIVA, der Zerstörer, und KARTTIKEYA, der Gott des Krieges, auf Banas Seite. Doch dieser verliert den Kampf trotzdem. Da muss Shiva Krishnas Vorherrschaft anerkennen. Am Ende bewegt er ihn jedoch dazu, Banas Leben zu schonen. Auf diese Weise kehrt Aniruddha schließlich mit seiner Prinzessin heim.

Die APSARAS sind himmlische Nymphen, ursprünglich Wasser-, später Erdgeister. Im Ramayana, dem großen hinduistischen Epos, entstehen sie beim Quirlen des Milchozeans (siehe AMRITA). Als die Apsaras aus dem Wasser kommen, wollen weder Asuras noch Götter sie zur Frau nehmen. So gehörten sie fortan jedermann und wurden zu „Töchtern der Freude".

Die Apsaras sind reizvolle Tänzerinnen. Sie bringen Glück im Spiel, rauben mitunter aber auch den Verstand. Ihre Behausungen sind vornehmlich Feigen- und Bananenbäume.

In einer der Legenden hört König Pururavas eines Tages auf der Jagd schreckliche Schreie. Er sieht, wie Dämonen zwei Apsaras fortschleppen. Der König rettet die Mädchen und bittet eine von ihnen, die bezaubernde Urvashi, seine Frau zu werden. Sie willigt unter der Bedingung ein, dass sie niemals des Königs nackten Körper sieht.

Nach ein paar Monaten entdeckt Urvashi, dass sie schwanger ist. Zur selben Zeit hecken die GANDHARVAS, die Gefährten der Apsaras, einen Plan aus, um die vermisste Nymphe zurückzuholen. Urvashi besitzt zwei Lämmer, die sie nachts im Schlafzimmer behält. Eines Nachts stehlen die Gandharvas eines

der Lämmer, woraufhin Urvashi lauthals losschimpft, dass man ihr ein Lamm gestohlen habe, obwohl sie das Bett mit einem „Mann und Helden" teilt. Bald darauf stehlen die Dämonen auch das zweite Lamm und Urvashi erhebt dasselbe Lamento. Da steht Pururavas, der nicht ertragen kann, als Mann in Frage gestellt zu werden, vom Bett auf. In eben diesem Augenblick senden die Gandharvas einen Blitz, und vor Urvashi Augen erscheint der nackte Körper ihres Mannes. Wie sie es geschworen hat, verschwindet sie augenblicklich.

Pururavas nimmt ihre Spur auf und entdeckt sie schließlich inmitten einer Gruppe anderer Apsaras als Schwan auf einem See. Er bittet sie, zu ihm zurückzukehren, aber Urvashi weigert sich. Schließlich nötigt er ihr zumindest das Versprechen ab, die letzte Nacht des Jahres mit ihm zu verbringen, damit er seinen Sohn sehen könne.

In dieser letzten Nacht des Jahres führen die Gandharvas den König in einen goldenen Palast, wo er Urvashi wieder sieht. Sie erzählt ihm, dass ihm die Gandharvas am nächsten Morgen einen Wunsch erfüllen würden, und rät, er möge sich wünschen, ein Gandharva zu werden.

Pururavas befolgt Urvashis Rat. Daraufhin geben ihm die Gandharvas heiliges Feuer in einer Schale und befehlen ihm, heimzukehren und dort Opfer zu bringen. Doch zu Hause achtet Pururavas für einen Moment nicht auf das Feuer und es erlischt. Wo er das Feuer und die Schale gelassen hat, wachsen zwei Bäume. Die Gandharvas ordnen an, dass er ein neues Feuer machen solle, indem er zwei Holzstücke aneinander reibe, eines von jedem Baum. Als dies gelingt, kann Pururavas seine Opfergaben in das Feuer legen und wird zum Gandharva, sodass er für immer mit Urvashi vereint ist.

Eine andere Apsara namens Shakuntala (die Mutter König Bharatas) lebte in der Einsiedelei eines RISHI oder Sehers. Der vorbeireitende König Dushyanta verliebte sich sofort in sie und bat sie um ihre Hand. Bevor er nach Hause zurückkehrte, gab er ihr einen Ring als Unterpfand seiner Liebe. Shakuntala aber, die von der Liebe träumte, vernachlässigte einen Gast des Rishi. Zur Strafe verfluchte dieser sie: Der König solle sie vergessen, wenn sie nicht zu ihm reisen und ihm den Ring geben würde. Doch auf dem Weg zu Dushyanta verlor die unglückliche Shakuntala den Ring in einem See, wo ein Fisch ihn verschlang. Der Fisch aber wurde gefangen und landete schließlich auf des Königs Tafel. Dieser schnitt ihn auf, fand den Ring, erinnerte sich der Apsara und schickte nach ihr, um sie zur Frau zu nehmen.

Die APSARAS *oder „Töchter der Freude" werden bei Hochzeiten um Eheglück angerufen. Sie sind Tänzerinnen in Indras Himmel.* (ANGKOR WAT, KAMBODSCHA, 12. JH.)

ARJUNA, der große hinduistische Held, war der Sohn des Götterkönigs INDRA und der Kunti, der Gemahlin Pandus. Kunti empfing Arjuna und die anderen PANDAVAS, nachdem sie lange zu den Göttern gebetet und ihnen geopfert hatte, da ihr Gemahl Pandu auf Grund eines Fluchs keine Kinder zeugen konnte.

Arjuna spielt eine bedeutende Rolle in der Bhagavadgita, dem „Gesang des Erhabenen", die Teil des großen hinduistischen Mahabharata-Epos ist. Vor der großen Schlacht von Kurukshetra weigert Arjuna sich zu kämpfen, weil er dabei das Blut seiner Verwandten, der Kauravas, vergießen müsste. KRISHNA, der achte Avatar Vishnus, verkleidete sich als Wagenlenker, spendete ihm Trost und gab ihm spirituelle Belehrungen. Vor allem wies er Arjuna darauf hin, dass der Kampf zu seinen Pflichten als Mitglied der Kriegerkaste Kshatriya gehört. So fand Arjuna, erfüllt von Ehrfurcht und Frömmigkeit, zu neuer Entschlusskraft. Bei anderer Gelegenheit halfen Arjuna und Krishna AGNI, dem Feuergott, seine Kraft zurückzugewinnen, indem er einen gigantischen Wald niederbrannte.

ARUNA siehe GARUDA.

ASANGA siehe MAITREYA.

Die ASURAS waren in der indischen Mythologie der Frühzeit Wesen mit göttlichen oder übernatürlichen Kräften. Sie waren Gegner der Götter, der DEVAS, und versuchten, ihnen ihre Macht zu rauben. Daher trifft die Bezeichnung „Dämonen" nicht ganz zu, denn sie waren nicht notwendig böse.

Spätere hinduistische Texte machen PRAJAPATI zum Stammvater beider Wesen. Die Devas aber folgten dem rechten Weg, während die Asuras die Falschheit wählten. Anfangs wurden die Asuras durch ihre Lügen reich, doch schließlich wurden sie trotzdem vernichtet. Mitunter mussten die Devas sich aber auch mit den Asuras verbünden, z.B. beim Quirlen des Milchozeans, als die Götter AMRITA, das Elixier der Unsterblichkeit, zu gewinnen suchten.

Einer der berühmtesten Asuras ist Jalamdhara. Er entstand aus der Vereinigung von GANGA, der Göttin des Ganges, mit dem Ozean. Als in früheren Zeiten die Macht des Kriegsgottes INDRA der des zerstörerischen SHIVA gleichzukommen drohte, trieb dessen maßlose Wut GANGA in die Arme des Meergottes. Bei der Geburt Jalamdharas verlieh der Schöpfergott BRAHMA diesem die Macht, die Götter zu besiegen. In seiner Jugend wirkte Jalamdhara viele Wunder, bevor er Vrinda, die Tochter einer Nymphe, ehelichte. Von diesem Augenblick an scharte er die Asuras um sich und erklärte den Göttern den Krieg.

In der darauf folgenden Schlacht gelang es ihm sogar, den großen VISHNU zu besiegen, aber die Glücksgöttin LAKSHMI überredete Jalamdhara, dem Gott das Leben zu schenken. Danach vertrieb Jalamdhara die Götter aus dem Himmel.

Diese wandten sich nun an Brahma, der sie zu Shiva schickte. Letzterer riet den Göttern, eine Wunderwaffe zu erfinden. Also schmiedeten sie einen riesigen Diskus, der

ARJUNA *(links), Pandavaprinz und Bogenschütze, zieht in die Schlacht von Kurukshetra, wo er gegen die Kauravas kämpfte. Am Ende waren beide Armeen völlig vernichtet.*

ARJUNA *(oben) und Krishna, achter Avatar Vishnus, blasen ihre heiligen Muschelhörner. Krishna hat sich als Arjunas Wagenlenker verkleidet.*

ARJUNA *brach einen Schwur, den er seinen Brüdern gegeben hatte, und verbrachte deshalb 14 Jahre im Exil. Während dieser Zeit reiste er an den Ganges, wo er zum Geliebten der Flussgöttin GANGA wurde. Sie verlieh ihm die Macht, im Wasser unsichtbar zu werden.* (GEMÄLDE VON WARWICK GOBLE)

so hell war, dass niemand ihn ansehen konnte.

In der Zwischenzeit versuchte Jalamdhara, Shivas Gemahlin PRAVATI zu verführen. Der Göttin gelang es zwar zu entkommen, doch nun nahm Vishnu aus Rache die Gestalt Jalamdharas an und legte sich zu Vrinda. Als die Tochter der Nymphe bemerkte, was geschehen war, starb sie vor Kummer und Schmerz.

Jalamdhara raste nun vor Wut. Er erweckte seine toten Asuras zum Leben und zog mit ihnen noch einmal in den Kampf. Shiva schleuderte den Diskus gegen ihn und trennte sein Haupt vom Rumpf. Aber Jalamdhara wuchs einfach ein neues, sodass Shiva ihn nicht töten konnte. Da rief Shiva die Frauen der Götter zu Hilfe. Diese verwandelten sich in wüste Dämoninnen und tranken das Blut der Asuras. So gewannen die Götter die Schlacht und konnten in ihr Reich zurückkehren.

Das große hinduistische Epos Mahabharata erzählt auch, wie Brahma drei DAITYAS, Asuras, die von Diti abstammen, die Erlaubnis gab, drei Städte zu gründen: eine goldene im Himmel, eine silberne im Äther und eine aus Eisen auf der Erde. Dort herrschten die drei Brüder jahrzehntelang. Zahllose Asuras versammelten sich dort und lebten in Saus und Braus. Doch auf der Höhe ihres Ruhms brannte Shiva auch diese drei Städte nieder und schleuderte die Asuras ins Meer.

Die ASURAS - *von Vishnu ausgetrickst - hielten während der Quirlung des Ozeans das Kopfende der Schlange Vasuki, sodass sie fast an ihrem feurigen Atem erstickten.* (MINIATUR AUS KANGRA, 18. JH.)

Die ASHVINS oder „Rosslenker" der hinduistischen Mythologie sind goldfarbene Zwillinge, die einen dreirädrigen Wagen lenken. Dieser wird von Pferden, manchmal aber auch von Vögeln, gezogen. Die Namen der Ashvins sind Nasatya und Dasra. Sie bringen der Menschheit göttlichen Segen und stehen für Kraft und Energie. Selbst Sprösslinge der Sonne und der Wolkengöttin Saranyu sind die Ashvins mit Lichtgöttinnen vermählt. Sie bahnen der Göttin der Morgenröte USHAS den Weg, Tau tropft von ihrer Geißel.

Im Rigveda treten die Ashvins bei den Göttern häufig für die Menschheit ein. Auch bewahren sie die RISHIS oder Seher vor Unwissenheit. Als Ärzte der Götter helfen sie allen Kranken und Schwachen. Sie heilen Blinde und Lahme und geben Greisen ihre Jugend zurück. Man betrachtet sie als Gefolgsmänner INDRAS, um dessen Ausrüstung sie sich kümmern.

Trotz ihrer Freundlichkeit versagten die Devas den Ashvins zunächst den Eintritt in den Himmel. Schließlich kam ihnen der Rishi Syavana zu Hilfe.

Obgleich er schon alt war, hatte Syavana doch eine junge, hübsche Frau, Sukanya. Eines Morgens entdeckten die Zwillinge Sukanya, die im Fluss badete. Sie baten das Mädchen, ihren Mann zu verlassen und einen von ihnen zu heiraten. Doch Sukanya lehnte diesen Vorschlag als ihrem Gemahl gegenüber ungerecht ab. Daraufhin verjüngten die Ashvins den Syavana, um gleiche „Wettbewerbsbedingungen" herzustellen. Syavana stieg in den Fluss und kam ebenso jung und schön daraus hervor wie die Ashvins. Sukanya ließ sich lange Zeit für ihre Entscheidung, blieb am Ende aber doch bei ihrem Mann. Dieser war überglücklich: Er hatte seine Jugend zurückgewonnen und seine Frau behalten.

Aus Dankbarkeit überredete er Indra, die Ashvins in den Götterhimmel aufzunehmen.

HEILIGE BERGE

Die gewaltige Bergkette des Himalayamassivs flößte allen, die sie betrachteten, Ehrfurcht ein. Seine Gipfel überstiegen die Welt der Menschen so weit, dass sie den Bereich der Götter zu berühren schienen. Tibeter und Inder verehrten die Bergkette als Übergangszone zwischen göttlichem und menschlichem Reich. Als ihr Mittelpunkt galt der Berg Meru, die mythische Achse des Kosmos.

Eine hinduistische Legende schreibt dem mächtigen Indra die Erschaffung des Himalayagebirges zu. Die Berge sollen aus einer Herde fliegender Elefanten entstanden sein, die Indras Missfallen erregten, sodass er ihre Flügel beschnitt. Alle Götter opferten am heiligen Berg, doch Shiva hatte eine besondere Beziehung zu seinen Gipfeln. Sein legendäres Paradies war der Berg Kailash, wo er sich zu Meditation und Askese zurückzog. Seine tiefe Versenkung stellte den Fortgang des Weltgeschehens sicher.

PARVATI *(oben rechts) war die Tochter Himavats, König des Himalaya und Gott des Gebirges. Parvati bedeutet „Tochter des Berges". Sie galt als Aspekt der Muttergottheit DEVI. Sie ehelichte Shiva, den Gott, dessen Heimstatt im Himalaya lag. Auch Ganga, die Flussgöttin des Ganges, war eine Tochter Himavats. Der Ganges entspringt nämlich im Himalaya. Auf bildlichen Darstellungen fließt der Fluss aus Shivas Haar.* (SHIVA UND PARVATI MIT SOHN SKANDA, BRONZE, 10. – 11. JH.)

MERU, *der Weltenberg, liegt auf den Köpfen des zusammengerollten Schlangenwesens Vasuki. Daher bebt die Erde, wenn Vasuki gähnt. Am Ende dieses Zeitalters wird Vasuki die Welt mit seinem glühenden Atem verbrennen. Sowohl im Hinduismus als auch im Buddhismus gelten Berge als heilig. Sie werden als konische Objekte, sogenannte yantras, dargestellt, deren äußere Kreise die materielle Welt repräsentieren, während die inneren für das Reich des Absoluten stehen.* (KANGRA MINIATUR, 18. JH.)

MERU *(links), der mythische Berg im Zentrum des Kosmos, galt als Nabel der Welt und war Hindus und Buddhisten gleichermaßen heilig. Alle Existenzbereiche hatten dort ihren Ursprung: Brahmas goldene Himmelsstadt, der heilige Fluss Ganges und die sieben niederen Welten. Seine Hänge glitzern vor Edelsteinen. Funkelnde Früchte schimmern im Grün seiner Bäume. Rund um Meru breitet sich ein weiter See aus, aus dessen Oberfläche goldene Spitzen hervorragen.* (WANDMALEREI IM WAT KO KEO SUTTHARAM, TEMPELANLAGE IN THAILAND)

DIE GÖTTER *(unten) versammelten sich auf dem Berg Meru, da sie den Unsterblichkeitstrank Amrita suchen wollten, der ihnen bei einer Flutkatastrophe abhanden gekommen war. Vishnu schlug vor, den kosmischen Ozean so lange zu quirlen, bis die Schätze zum Vorschein kommen würden. Also rissen die Götter den Berg Mandara aus und setzten ihn der Schildkröte Kurma auf den Rücken. Mit der Hilfe Asuras wickelten sie das Schlangenwesen Vasuki als Quirlseil um den Berg. Die Götter zogen an einem Ende, die Asuras am anderen.* (DAS QUIRLEN DES MILCHOZEANS, BASOHLI, UM 1700)

MANDARA *(rechts), ebenfalls ein heiliger Berg, wurde als Quirl für das kosmische Meer benutzt, das schließlich zu Milch und dann zu Butter wurde. Erst dann kamen die enthaltenen Kostbarkeiten zum Vorschein: Surabhi, die heilige Kuh, die Sonne, der Mond, Lakshmi, die Glücksgöttin, Dhanvantari, der Götterarzt mit dem Unsterblichkeitselixier Amrita. Rahu, der Dämonenkönig, bemächtigte sich des Tranks, doch Vishnu eroberte ihn für die Götter zurück, indem er Rahus Kopf abschlug. Dann tranken die Devas den Nektar, um ihre Kräfte wiederzuerlangen, und brachten den Berg Mandara an seinen angestammten Platz zurück.* (MINIATUR AUS KANGRA, 18. JH.)

AVALOKITESHVARA ist der bekannteste BODHISATTVA („künftiger Buddha") im Mahayana-Buddhismus. Sein Name bedeutet „Herr der mitleidvollen Sicht" oder „Der auf die Wesen voller Mitgefühl herabsieht". Der Bodhisattva des aktuellen Zeitalters ist eine Emanation von Buddha AMITABHA. Obwohl seine Heimat das Reine Land des Westens, eine Art Paradies, ist, bleibt er in dieser Welt, um allen Wesen zu helfen. Gewöhnlich wird er als schöner Jüngling mit mehreren Köpfen und Armen dargestellt.

Die Legende berichtet, dass Avalokiteshvaras Haupt vor Mitleid zersprang, als er das unendliche Leid in der Welt wahrnahm. Da sammelte sein Schöpfer Amitabha die Stücke ein und schuf neun neue Köpfe daraus. Und da Avalokiteshvara allen Wesen helfen wollte, ließ er ihm 1000 Arme wachsen. Auf jeder seiner Handflächen erschien ein zusätzliches Auge, mit denen er das Leid besser wahrnehmen konnte. „Aus seinen Augen entstanden Sonne und Mond, aus seiner Stirn Maheshvara, aus seiner Schulter BRAHMA und andere Gottheiten, aus seiner Brust Narayana, aus seiner Seite SARASVATI, aus dem Mund die Winde, aus seinen Füßen die Erde und VARUNA aus seinem Bauch."

Avalokiteshvara hilft allen, die ihn anrufen. Er begibt sich sogar in die Hölle, um an die Verdammten kühlenden Nektar zu verteilen. Wesen, die als Insekten oder Würmer wiedergeboren werden, predigt er die Lehre des Buddha. Er segnet Kinder und schützt Menschen vor Naturkatastrophen. Darüber hinaus schreibt man ihm die Bekehrung der Menschenfresserinnen von Sri Lanka zu. Er erhielt den Auftrag, den Buddhismus in Tibet zu verbreiten.

In Tibet heißt er sPyan-ras-gzigs oder Chenresig. In China hingegen entwickelte sich aus ihm die Göttin Kuan Yin oder Guan Yin, die in Japan als Kwannon bekannt ist. (Siehe auch BODHISATTVAS)

AVALOKITESHVARA *(links) wird auch Padmapani, „Halter des Lotus", genannt und trägt dann eine Lotusblüte in der Hand. Für die östlichen Religionen symbolisiert der Lotus Freiheit von Unwissenheit, also den Weg zur Erleuchtung.*

AVALOKITESHVARA *(oben), der Bodhisattva des universellen Mitgefühls, ist eine Emanation des Dhyanisbuddhas Amitabha. Daher trägt er sein Bildnis auf dem Haupt.* (BRONZE, 14. JH.)

Die AVATARE VISHNUs sind seine irdischen Inkarnationen. Bei großen Krisen kehrt der Gott auf die Erde zurück. Gewöhnlich zählt man zehn Avatare, doch Anzahl und Form variieren mitunter. Meist nennt man sie in folgender Reihung: Matsya, KURMA, Varaha, NARASIMHA, Vamana, Parashurama, RAMA, KRISHNA, GAUTAMA BUDDHA und Kalkin.

Der erste Avatar Matsya war ein Fisch, der den ersten Menschen MANU, während der großen Sintflut beschützte. Dann kam Kurma, die Schildkröte, die beim Quirlen des Milchozeans half. Varaha, der Eber, rettete die Erde, die während einer großen Flut von einem bösartigen Dämon entführt worden war. Varaha stürzte sich in die Fluten und spürte die Erde mit Hilfe seines Geruchssinnes auf. Er besiegte den Dämon und trug die Erde auf seinen Stoßzähnen zurück an die Oberfläche. Vishnu-Varaha wird als Riese mit einem Eberkopf dargestellt, der die Erdgöttin trägt.

Der vierte Avatar war Narasimha, der den mächtigen Dämon Hiranyakashipu, eine Inkarnation des Dämonenkönigs RAVANA, tötete. Der böse Geist hatte BRAHMA überzeugt, ihm genügend Kraft zu verleihen, um den Sturmgott INDRA vom Thron zu stoßen. Nachdem er dies getan hatte, verbannte er die Himmelsgötter und rief sich selbst zum König des Kosmos aus. Prahlada, Hiranyakashipus Sohn, aber war ein Anhänger Vishnus, was den Dämon nicht wenig aufbrachte. Er ließ seinen Sohn sogar foltern, um ihn zum Abschwören zu bewegen. Doch dieser blieb standhaft. Also ordnete der Dämon an, den eigenen Sohn zu töten. Und wieder konnte nichts Prahlada schaden. Voll rasender Wut stieß Hiranyakashipu dann eine Säule um und rief aus: „Wenn Vishnu so allmächtig ist, warum ist er dann nicht hier, in dieser Säule?“ Augenblicklich erschien Vishnu in der Form von Narasimha, d.h. als löwenköpfiger Mann, bekam den Dämon zu fassen und riss ihn in Stücke. Daraufhin erbte Prahlada seines Vaters Thron.

Die fünfte Inkarnation war Vamana, der Zwerg. Er rettete die Erde vor dem Dämon Bali. Der sechste Avatar war Parashurama. Im Auftrag seines Vaters erschlug Parashurama seine Mutter, weil sie unreine Gedanken hegte. Als sein Vater ihm daraufhin einen Wunsch gewährte, bat er ihn, die Mutter wieder zum Leben zu erwecken. Als der König Kartavirya, Mitglied der Kriegerkaste, seinen Vater beleidigte, vernichtete Parashurama die gesamte Kaste. Dann befahl er, dass die Witwen der kshatriyas Brahmanen ehelichen sollten, um eine neue, reinere Kriegerkaste zu schaffen.

Rama, der Krieger, ist der siebte Avatar, Krishna der achte. Seine neunte Inkarnation ist GAUTAMA BUDDHA. Vishnu soll sie angenommen haben, um die Sündigen bewusst fehlzuleiten und sie ihrer gerechten Strafe zuzuführen. Der zehnte Avatar, Kalkin, wird sich am Ende des aktuellen Weltzeitalters, des Kali-YUGA, zeigen. Als Krieger auf einem weißen Pferd oder mit Pferdekopf wird Kalkin dann allem Bösen ein Ende setzen, sodass die Welt zum „Absoluten“ zurückkehren und die Schöpfung neu beginnen kann. (Siehe auch DIE AVATARE VISHNUS)

Die AVATARE *umringen das Bild des Gottes Vishnu. In verschiedenen Formen half Vishnu der Menschheit zu Zeiten großer Krisen.* (JAIPUR, RAJASTHAN, 18. JH.)

B

BALARAMA war der ältere Bruder Krishnas (8. Avatar von Vishnu). Auch er galt als Teil-AVATAR des „Bewahrers des Universums". Als der böse König Kamsa von Krishnas Wundertaten hörte, beschloss er, diesen zu töten. Er kündigte einen Ringkampf an, in dem alle Männer der Umgebung gegen die Ringer seines Hofes antreten konnten. Als Krishna und Balarama davon hörten, machten sie sich sofort zur Hauptstadt auf. Sobald die beiden in den Ring traten, ließ König Kamsa einen wilden Elefanten los. Doch Krishna sprang auf seinen Rücken, schlang die Arme um seinen Nacken und erwürgte ihn. Dann schickte König Kamsa zwei seiner stärksten Männer gegen die Brüder, aber Krishna brach dem ersten den Hals und Balarama zerquetschte den anderen einfach.

Später tötete Krishna den dämonischen König. Balarama kam bei einer Kneipenrauferei mit Krishnas Blutsverwandten, den Yadavas, um.

BALARAMA *mit einem Horn, begleitet von seinem Bruder Krishna, der die Flöte spielt. Die beiden Brüder überwanden die Ringer des Dämonenkönigs Kamsa.*
(GEMÄLDE VON BECHERAM, DAS PANDEC, 1865)

BALI siehe VISHNU.

BANA siehe ANIRUDDHA.

BANDARA war ursprünglich ein Titel, den man hohen Beamten im singhalesischen Königreich von Sri Lanka verlieh. Später bezeichnete man damit eine Gruppe von Gottheiten, die über den niederen Gottheiten, den YAKSHAS, stand. DADIMUNDA, Schatzmeister des Götterkönigs UPULVAN und Schützergott des Buddhismus, gilt als Bandara. Häufig wird auch die wichtigste Lokalgottheit als Bandara bezeichnet.

BODHISATTVAS *sind lebende Zeugnisse des Mitgefühls. Sie lehnen den Eintritt ins Nirvana ab, um anderen auf dem Pfad zur Erleuchtung zu helfen.*
(STEIN, 2.-4. JH.)

bCAN siehe bTSAN.

Die bDUD sind die Himmelsgeister der Bön-Religion, der ursprünglichen Religion in Tibet. Der tibetische Buddhismus betrachtete sie als Dämonen von schwarzer Körperfarbe, die in einer Burg lebten.

BEG-TSE ist ein DHARMAPALA oder „Schützer der Lehre". Er gilt als mythischer Krieger und steht für die Bekehrung der Mongolei zum tibetischen Buddhismus. Er ist bewaffnet und trägt eine Kette aus Menschenschädeln. Im Lamaismus gehört er zu den zornvollen Gottheiten. Die Legende will es, dass Beg-Tse im

BEG-TSE *(oben), von Dakinis flankiert, übernatürlichen Wesen, welche die Feinde der Lehre verschlingen. Er nimmt die charakteristische Pose des Kriegers ein: ein Fuß auf einem Pferd, den anderen auf einem Dämon.*

17. Jahrhundert mit den mongolischen Kriegern den Dalai Lama angriff. Der Dalai Lama aber nahm die Form von AVALOKITESHVARA an und bekehrte den Krieger.

BHAGIRATHA war der Weise der Hindumythologie, welcher BRAHMA und SHIVA überzeugte, den Ganges vom Himmel zur Erde fließen zu lassen. In jener Zeit lag die Erde unter der Asche der Toten begraben. Bhagiratha erkannte, dass nur die Wasser des Ganges sie wieder rein waschen und die Geister der Feuerbestatteten befreien könnten. Um eine Flutkatastrophe zu verhindern, ließ Shiva den Fluss durch sein Haar fließen.

Mehrere Jahre lang zog der Ganges seine Mäander durch Shivas unendliche Locken, bis der Gott beschloss, den Fluss in sieben Ströme zu teilen. Erst dann floss er sicher in die Welt hinaus.

BODHISATTVAS sind „erleuchtete Wesen", die sich zum Buddha entwickeln. Sie schieben den Moment auf, in dem sie ins endgültige Nirvana eintreten, haben aber den Zyklus von Tod und Wiedergeburt schon überwunden. Sie inkarnieren sich freiwillig, um anderen Wesen auf dem Weg zur Erleuchtung beizustehen. Bodhisattvas sind also lebende Zeugen des Mitgefühls.

Im Mahayana-Buddhismus (Großes Fahrzeug) sind Bodhisattvas sogar fähig, andere durch ihr Mitgefühl in ein Reines Land (Paradies) zu bringen, wenn diese den Namen des Bodhisattva voller Glauben aussprechen. Das Verdienst der Gläubigen spielt hier keine große Rolle.

Bodhisattvas werden gewöhnlich königlich gekleidet dargestellt. Sie tragen eine fünfblättrige Krone. Die beiden bekanntesten sind AVALOKITESVARA und MANJUSHRI. (Siehe auch BODHISATTVAS)

BHAGIRATHA *(unten) unterzog sich asketischen Übungen, um die Götter zu überzeugen, den Ganges auf die Erde zu schicken. Dort spülte er die Asche der Feuerbestatteten ins Meer und befreite so ihre Geister.* (FELSRELIEF IN MAMMALAPURAM, INDIEN, 7. JH.)

BRAHMA ist in der hinduistischen Mythologie Schöpfer und Lenker des Universums. Er gilt als Vater der Götter und Menschen zugleich und bildet zusammen mit VISHNU und SHIVA die Dreigestalt des klassisch-indischen Denkens, Trimurti. Vishnu und Shiva stehen dabei für einander entgegengesetzte Kräfte, wohingegen der Schöpfer Brahma als ausgleichende Macht zwischen ihnen steht.

Brahma gilt als Verkörperung des Brahman. Dieser Begriff bezog sich ursprünglich auf die heilige Kraft des Opfers. Später wurde er mit dem „Absoluten", der allgegenwärtigen Wirklichkeit des Universums, gleichgesetzt.

Durch seine Meditation brachte Brahma alle Materie im Universum hervor, aber auch das Gedankengut, das die Menschen befähigte, den Kosmos zu begreifen. Brahmas Existenz ist so gewaltig, dass die Entstehung der Welt und ihre Entwicklung bis zum Zurücksinken in das Sein des Gottes nur einen Brahma-Tag und eine Brahma-Nacht dauert. Dieser kosmische Zyklus teilt sich in vier aufeinander folgende Zeitalter auf, die YUGAs. Krita Yuga, das goldene Zeitalter, kommt zuerst. Kali Yuga, das gegenwärtige Zeitalter der Dunkelheit und Verzweiflung, folgt ganz am Ende eines Brahma-Tages.

Die Legende berichtet, dass Brahma aus seinem Körper eines Tages die wunderschöne Göttin Shatarupa erschuf. Sie war so lieblich anzusehen, dass Brahma seinen Blick nicht von ihr wenden konnte. Und immer wenn sie versuchte, seinem Starren auszuweichen, wuchs ihm ein neuer Kopf, sodass er sie weiterhin im Auge behalten konnte. Schließlich gelang es Brahma, Shatarupa zur Ehe zu überreden. Die beiden zogen sich 100 göttliche Jahre an einen geheimen Ort zurück und zeugten dort MANU, den ersten Menschen.

Ein anderer Schöpfungsmythos erzählt, dass am Anfang der Zeiten die Welt in Dunkelheit lag. Aus dem Keim, der im Urozean schwamm, entstand ein leuchtendes Ei. Ein sakraler Text, das „Gesetz des Manu", berichtet: „In diesem Ei blieb der Gesegnete ein ganzes Jahr. Dann teilte er das Ei durch die Kraft seiner Gedanken in zwei."

Aus den beiden Hälften schuf er die Himmelssphäre und die der Erde. Dazwischen setzte er den Äther, die acht Himmelsrichtungen und die ewigen Tiefen des Wassers. „Aus sich selbst schuf er den Geist, der Sein und Nicht-Sein umfasste, und aus dem Geist das Selbst, das Bewusstsein." Dann brachte das Ei den Gott selbst hervor, der sich in einen Mann und eine Frau teilte. Diese beiden zeugten sodann den Rest der Welt.

BRAHMA, *Schöpfer des Universums. Zu seinen Attributen gehört ein Gefäß mit Wasser vom heiligen Fluss Ganges. Sein Reittier ist Hamsa, eine Gans oder ein Schwan*

mit vier Augen und vier Händen dargestellt. Er hält die vier Veden, die heiligen Schriften Indiens. Mitunter trägt er auch ein Gefäß mit Wasser vom Ganges und einen Kranz aus Rosen. Sein Reittier ist Hamsa, eine Gans oder ein Schwan. Brahmas Gemahlin ist die schöne SARASVATI, die Göttin des Lernens und Patronin der Künste, Wissenschaften und Sprache.

Die bTSAN oder bCAN sind tibetische Dämonen. Sie leben in der Luft und erscheinen vor den Menschen als wilde Jagd, die auf roten Rössern über die Gipfel hinweggaloppiert. Menschen, die sich allein an einsamen Plätzen aufhalten, fallen häufig ihren Pfeilen zum Opfer.

CANDI siehe DURGA.

CHANDRA siehe CUNDA.

CHAKRASAMVARA siehe SAMVARA.

BRAHMA *(oben) schuf aus seinem Körper eine wunderschöne Frau. Wann immer sie versuchte, seinem Blick auszuweichen, wuchs ihm ein neuer Kopf, sodass er sie weiter betrachten konnte.*
(STEINE, CHOLA-REICH, 11. JH.)

BRAHMA *(rechts) nimmt ein Opfer an. Mit einer (linken) Hand hält er die Veden, die heiligen Schriften, welche die Grundlage des Hinduglaubens bilden.*

Eine andere Version des Mythos vom kosmischen Ei besagt, dass Brahma dem Ei als Urwesen PURUSHA entstieg. Dieser hatte 1000 Schenkel, 1000 Füße, 1000 Arme, 1000 Augen, 1000 Gesichter und 1000 Köpfe. Das Urwesen opferte sich selbst, um den Kosmos hervorzubringen: Götter und Brahmanen entsprangen seinem Mund, die Jahreszeiten kamen aus seinen Achselhöhlen, aus seinen Füßen wurde die Erde und die Sonne aus seinen Augen.

Brahma trägt mitunter auch den Namen Narayana, „Der aus dem Wasser kommt“. In dieser Form wird er auf einem Blatt liegend und an seiner Zehe saugend dargestellt – eine symbolhafte Darstellung der Ewigkeit.

Brahmas Anhängerschaft war im 1. Jahrtausend n. Chr. am zahlreichsten. Heute findet er weniger Verehrung als Vishnu oder Shiva. In ganz Indien ist ihm nur ein einziger Tempel gewidmet.

Dieser Abstieg findet seinen Niederschlag im Mythos von der Geburt Shivas: Brahma und Shiva stritten darum, wer von ihnen am mächtigsten sei. Auf dem Höhepunkt der Auseinandersetzung erstand aus den Wogen des Urozeans plötzlich ein riesiger Lingam, ein Phallus, der Shiva symbolisiert. Als die beiden die darauf lodernde Flamme näher betrachteten, öffnete sich der Phallus und die beiden Götter fanden den Schöpfergott Shiva darin sitzen. Da mussten beide seine Übermacht anerkennen. Brahma wird häufig

Der Bodhisattva **CHENRESIG** *gilt als Schutzgottheit Tibets und inkarniert sich in den großen Führern des Landes.*

CHENRESIG oder sPyan-ras-gzigs, „Der mit klarem Auge blickt", ist die tibetische Form von AVALOKITESHVARA, dem BODHISATTVA des Mitgefühls. Der Legende zufolge ist er der mythische Vater Tibets und Schutzherr seines Volkes.

Die Sage erzählt, dass Chenresig geschaffen wurde, als Buddha AMITABHA auf das Leiden der Wesen sah. Das Mitgefühl, das er für sie empfand, verkörperte sich in Chenresig. Dieser manifestierte sich auf einer kleinen Insel mitten in Lhasa. Als er den Kummer der Wesen um sich herum sah, gelobte er, dass er erst dann den Kreislauf von Geburt und Tod verlassen wolle, wenn alle Wesen Frieden und Erleuchtung gefunden hätten.

Darauf baten die zahllosen Wesen um ihn herum um einen Körper. Chenresig erfüllte ihnen diesen Wunsch und führte sie in die Lehre Buddhas ein, um sie zur spirituellen Befreiung zu führen. Doch da die Wesen mehr und mehr wurden, verzweifelte Chenresig bald, denn er glaubte, niemals wirklich allen Geschöpfen helfen zu können. Er wandte sich an Amitabha und bat ihn um die Lösung seines Gelübdes, doch mittlerweile war er vor Kummer in 1000 Stücke zersprungen.

Amitabha hatte Mitleid mit ihm und schuf ihn neu. Doch dieses Mal gab er ihm 1000 Köpfe und Arme, und ein Auge in jeder Handfläche, damit er so besser helfen könne. Aber immer noch schien Chenresig seiner Aufgabe kaum nachkommen zu können. Da setzte er sich hin und weinte vor lauter Kummer. Aus seinen Tränen entstand die mitleidsvolle Göttin TARA. Zusammen unterstützen sie nun die Wesen auf deren Weg zur Erleuchtung.

Die Tibeter führen sogar ihren Ursprung als Volk auf diese beiden Gottheiten zurück. Chenresig nimmt dabei die Form eines Menschenaffen, Tara (sGrol-ma) die einer Bergriesin an. Die Legende berichtet, dass der Affe sich eines Tages in den Himalaya zurückzog, um ungestört meditieren zu können. Die Riesin entdeckte ihn, und da er ihr gefiel, machte sie ihm schöne Augen. Doch so sehr sie sich auch bemühte, sie brachte ihn nicht dazu, ihren Verführungskünsten zu erliegen und sein Keuschheitsgelübde zu brechen. Darüber wurde sie so wütend, dass sie drohte, die ganz Welt zu zerstören. Also gab der Affe nach und zeugte mit ihr sechs Kinder, die Vorfahren der Tibeter.

König Songtsen Gampo (620-649 v. Chr.), der den Buddhismus in Tibet einführte, soll eine Verkörperung des großen Chenresig gewesen sein. Auch der Dalai Lama gilt als Inkarnation des Bodhisattva.

CUNDA oder CHANDRA oder CUNDI ist ebenfalls ein BODHISATTVA. Sie gilt als weibliche Form von AVALOKITESHVARA oder als Inkarnation von Vajrasattva oder VAIROCHANA, der auf ihrer Krone dargestellt ist. Sie soll 700 000 Buddhas hervorgebracht haben und wird daher manchmal als „Mutter der Buddhas" bezeichnet.

Cunda ist vermutlich aus der hinduistischen Göttin der Morgendämmerung USHAS entstanden. Sie hat ein Gesicht und viele Arme. Ihre Körperfarbe ist weiß wie der Herbstmond oder grün. Sie reitet auf dem Rücken eines Menschen. Obwohl sie

voller Mitgefühl ist, gehört sie zu den zornvollen Gottheiten: Sie trägt viele Waffen wie z.B. den Donnerkeil, das Schwert, Pfeil und Bogen, eine Axt und einen Dreizack. Mit den freien Händen vollführt sie die rituelle Geste der Freigebigkeit und der Lehre. Sie beschützt die Guten und bedroht die Bösen. Eine der mit ihr verknüpften Legenden berichtet, dass sie einem Krieger half, eine böse Königin zu vernichten, die jede Nacht einen anderen König in ihr Bett lockte, um ihn dort zu töten. (Siehe auch BODHISATTVAS)

CUNDI siehe CUNDA.

DADIMUNDA oder Devata Bandara ist einer der beliebtesten Götter des auf Sri Lanka lebenden singhalesischen Volkes. Bevor er zum Schatzmeister des höchsten Götterkönigs UPULVAN wurde, waren ihm die Tempel unterstellt.

Schließlich wurde Dadimunda zum Patron des Buddhismus in Sri Lanka. Er reitet auf einem Elefanten, begleitet von zahllosen YAKSHAS oder niederen Gottheiten.

Die DAITYAS gehören zu den ASURAS, die in der hinduistischen Mythologie Gegenspieler der Devas oder Götter sind. Sie sind Kinder der Diti, Schwester von ADITI und Frau des Weisen KASHYAPA, der Vater von GARUDA ist.

HAYAGRIVA ist ein berühmter Daitya, der sowohl im Buddhismus als auch im Hinduismus eine Rolle spielt. Die Legende will es, dass er eines Tages BRAHMA die vier Bücher der Veden stahl, doch VISHNU, der sich als MATSYA, der Fisch, inkarniert hatte, tötete den Dämon Hayagriva und holte die heiligen Texte zurück. Im tibetischen Buddhismus gehört Hayagriva zu den zornvollen Gottheiten, die man als Drag-shed kennt. (Siehe auch DHARMAPALAS)

Ein anderer Daitya namens Prahlada war berühmt für seine Hingabe an VISHNU. Vishnu erzog Prahlada, da dieser eines Tages über alle Daityas herrschen sollte. Doch dessen Vater, der Dämon Hiranyakashipu, eine Inkarnation des Dämonenkönigs RAVANA, war darüber so erzürnt, dass er versuchte, seinen Sohn zu töten. Doch Vishnu gelang es, ihn als Avatar NARAHIMSA zu vernichten.

Die DAITYAS *halfen den Göttern – zusammen mit anderen Asuras – das Unsterblichkeitselixier zu gewinnen. Als sie aber davon trinken wollten, gaben ihnen die Götter stattdessen Wein. Als alle Daityas betrunken waren, stahlen die Götter sich mit dem Amrita davon.* (ILLUSTRATION DES MAHABHARATA)

Das große hinduistische Epos Mahabharata berichtet, dass drei Daitya-Brüder Brahma eines Tages um Unverwundbarkeit baten. Da er ihnen diesen Wunsch abschlug, forderten sie von ihm die Erlaubnis, drei Städte gründen zu dürfen. Brahma stimmte zu und befahl dem großen Asura Maya, sie zu bauen: eine goldene im Himmel, eine silberne im Äther und eine aus Eisen auf der Erde. Jeder der Brüder herrschte über eine Stadt und zahllose Asuras lebten dort in Saus und Braus. Am Ende aber zerstörte Shiva alle drei Städte durch Feuer und schleuderte die Asuras ins Meer.

Die DAITYAS *kämpfen mit den Göttern um Amrita, das die Götter brauchten, um ihre übernatürlichen Kräfte zurückzugewinnen. Hier trägt Brahma den Trank sicher durch die Schlacht.* (ILLUSTRATION DES MAHABHARATA)

BODHISATTVAS

BODHISATTVAS sind künftige Buddhas. Sie haben so viel Mitgefühl mit den Wesen, dass sie die Erleuchtung nicht um ihrer selbst willen erreichen wollen, sondern um der anderen Wesen willen. Im Mahayana-Buddhismus bedeutet dies, dass sie kurz vor der Schwelle des Nirvana stehen, sie aber nicht überschreiten. Die letztendliche Erleuchtung ist nicht ihr Hauptziel, obwohl sie die weiteren Stufen, die auf ihrem Weg zur Buddhaschaft noch vor ihnen liegen, schon deutlich erkennen. Transzendente Bodhisattvas wie Manjushri und Avalokiteshvara sind der Buddhaschaft sehr nahe und wirken daher als Mittler zwischen Menschen und Buddhas. Sie werden nicht als Mönche sondern als Laienanhänger dargestellt, häufig mit fürstlichem Schmuck und einer fünfblättrigen Krone. Der Bodhisattva Maitreya ist der Buddha der Zukunft, ein mitfühlendes Wesen, das in etwa 30 000 Jahren auf die Welt kommen wird, wenn der Buddhismus unserer Zeit erloschen sein wird.

PADMAPANI *(links), der „Träger des Lotus", ist ein Aspekt Avalokiteshvaras mit einer Lotusblüte in der Hand. Der Lotus ist sowohl im Hinduismus als auch im Buddhismus ein wichtiges religiöses Symbol. Für Buddhisten ist er Sinnbild für all jene, die sich aus dem Schlamm der Unwissenheit in das Licht der Befreiung erheben. Padmapani trägt die Farben Rot und Weiß. Da er zu Buddha Amitabha gehört, wird dieser auf des Bodhisattvas Krone dargestellt.* (BODHISATTVA PADMAPANI, KHARA KHOTO, 13. JH.)

AVALOKITESHVARA *(oben), „Der auf die Wesen voller Mitgefühl herabsieht", wird im Mahayana-Buddhismus als Verkörperung des Mitgefühls verehrt. Manchmal wird er mit 1000 Armen dargestellt, mit denen er den Wesen hilft. Er begibt sich sogar in die Höllenwelten, um die Leiden der Wesen dort zu lindern. In Tibet, wo man ihn Chenresig nennt, gelten alle Dalai Lamas als seine Inkarnationen.* (TIBETISCHE STATUE, 14. JH.)

Ein **MANDALA** *(links) mit Avalokiteshvara im Zentrum. Er wird mit vielen Köpfen abgebildet, weil er über das Leiden der Wesen so entsetzt war, dass sein Schädel in 1000 Stücke zersprang. Ein Mandala ist eine symbolische Darstellung des Universums. In den vier Wänden und vier Toren ist bildhaft die ganze äußere Welt eingeschlossen. In deren Mitte sitzt als Weltenherrscher der Bodhisattva.* (TIBETISCHES ROLLBILD)

Der Bodhisattva **MANJUSHRI** *(oben) steht für Weisheit und Lernen. Mit dem Schwert in seiner Rechten durchtrennt er den Schleier der Unwissenheit. Links hält er eine Lotusblüte mit einer Schriftrolle, in der das „Buch der Transzendenten Weisheit" (prajnaparamita) festgehalten ist. Dieses Buch erläutert die Leerheit der Phänomene, die Grundpfeiler des Mahayana ist, und das Bodhisattva-Ideal als höchste Lebensform.* (CHINESISCH, 15. JH.)

CUNDA *(links) ist ein weiblicher Bodhisattva, die auch „Mutter der Buddhas" heißt. Sie ist freundlich zu den Rechtschaffenen und unnachsichtig mit den Bösen. Daher wird sie mit 16 Armen dargestellt, die bedrohliche Waffen halten. Nur zwei der Hände vollführen (für die Eingeweihten) die rituellen Gesten der Freigebigkeit bzw. der Lehre. (Relief aus Zentralindien, 10. Jh.)*

VAJRAPANI *(links), der indigoblaue Bodhisattva, ist eine der bedeutendsten zornvollen Gottheiten. Vajrapani ist der Zerstörer des Bösen. Sein schreckliches Aussehen soll die Haltung illustrieren, die der Gläubige braucht, um seinen eigenen Zorn zu transzendieren. Er trägt einen Vajra, d.h. einen Donnerkeil, die Waffe der Hindugötter Indra und Karttikeya. Außerdem gilt Vajrapani als Sinnbild geschickten Handelns.* (TIBETISCHES ROLLBILD)

Die DAKINIS sind in der buddhistischen Glaubenstradition übernatürliche Wesen oder niedrige Göttinnen. Ihr Reich ist die Luft. Sie sollen menschliche Wesen verschlingen. Dakinis verfügen über magische Kräfte und können Anfänger in die Geheimnisse des Tantra, Geheimlehren zur Erlangung der Erleuchtung, einweihen. Da sie die Kräfte des Übenden enorm verstärken können, sind sie Schutzgöttinnen der Meditierenden und verhelfen diesen zu spirituellem Fortschritt.

Gewöhnlich werden Dakinis als tanzende, nackte Frauengestalten dargestellt. Mitunter auch als schreckliche Figuren mit Löwen-, Vogel-, Pferde- oder Hundeköpfen. In der hinduistischen Mythologie tauchen sie als Helferinnen der Göttin KALI auf.

Der tibetische Buddhismus kennt sie als khadromas, als „Himmelswandlerinnen". Ihre Nacktheit symbolisiert ihre Erkenntnis der letzten Wahrheit. Die khadromas sollen in Urgyen leben, dem mythischen Reich, in dem auch der Begründer des tibetischen Buddhismus PADMASAMBHAVA geboren wurde. In Tibet werden zur Gruppe der Dakinis auch die „Acht Mütter" gezählt, acht bezaubernde junge Göttinnen, die ihren Ursprung in der schamanistischen Bön-Religion haben.

DAKSHA ist in der hinduistischen Mythologie der Gott des Viehs, Sohn der Muttergottheit ADITI. Er gab eine seiner 60 wunderschönen Töchter, nämlich Sati, dem SHIVA zur Frau. Die Legende berichtet, dass Daksha eines Tages seinen Mitgöttern ein großes Opferfest bereiten wollte. Alle Götter, auch INDRA, waren dazu eingeladen – nur Shiva nicht. Sati war wütend, dass ihr Vater ihren Gemahl so gering schätzte, beschloss aber trotzdem, der Zeremonie beizuwohnen. Shiva, der sich über die Loyalität seiner Frau freute, warnte sie jedoch, dass ihr Vater versuchen würde, ihn, Shiva, zu beleidigen und bat sie, stark zu bleiben, da die Anwürfe ihrer beider nicht würdig seien.

Sobald Sati in ihres Vaters Haus angekommen war, begann Daksha, über Shiva verächtliche Reden zu schwingen. Er machte sich über sein Aussehen lustig, seine Art zu tanzen usw. Schließlich gebot Sati ihrem Vater vor allen Göttern zu schweigen. Sie warf sich vor Verzweiflung, weil sie ihr Versprechen ihrem Mann gegenüber gebrochen hatte, ins Opferfeuer, wo sie verbrannte.

Shiva war über den Hergang der Dinge höchst erzürnt und sandte eine seiner Verkörperungen, um alle, die an dem Opfermahl teilgenommen hatten, zu vernichten. Am Ende aber überredete ihn der Gott VISHNU, der Bewahrer des Kosmos, alle wieder ins Leben zu rufen. Daksha musste nun Shivas Macht anerkennen und bekam zum Zeichen seiner Dummheit den Kopf einer Ziege aufgesetzt. Dann begab sich Shiva in eine Phase tiefer Meditation, sodass seine Frau Sati als PARVATI wieder geboren wurde.

In einer anderen Version des Mythos schlägt Shiva dem Daksha den Kopf ab. Die wieder geborene Sati aber bittet Shiva um ihres Vaters Leben. Der große Gott gewährt ihr diesen Wunsch, doch weil niemand Dakshas Kopf finden kann, erhält er den eines Widders.

Die DANAVAS sind Wesen aus der hinduistischen Mythologie, die – halb Gott, halb Dämon – vom Kriegsgott INDRA in den Ozean verbannt wurden. Bali, das Ungeheuer, das Vishnu in seinem Avater als Zwerg besiegte, war ein Danava. Sie gehören zu den Asuras, und obwohl sie als „Dämonen" beschrieben werden, sind sie nicht unbedingt bösartig.

Vishnu selbst erkannte beispielsweise das ehrenhafte Verhalten Balis an, indem er ihn zum König der Unterwelt machte.

DASRA siehe ASHVINS.

DEVADATTA war ein Vetter Gautama Buddhas. Er trat der ersten buddhistischen Gemeinde bei, wurde aber bald eifersüchtig auf den Buddha und plante, ihn zu töten. Also sandte er zuerst ein paar gedungene Mörder, doch diese waren von der Figur des Erhabenen so beeindruckt, dass sie ihre bösen Absichten sogleich bereuten und zu seinen Schülern wurden. Danach rollte Devadatta einen großen Stein über den Sitzplatz des Buddha und gab ihm einen Stoß. Doch statt Gautama Buddha zu erschlagen, blieb der Fels über ihm in der Luft hängen. Schließlich ließ er einen wilden Elefanten auf den Buddha los, doch

DHANVANTARI spielt eine entscheidende Rolle im Mythos von der Quirlung des Milchozeans. Er stieg mit dem Unsterblichkeitsnektar Amrita auf dem Arm aus dem Meer auf. Daher kennt man Dhanvantari auch als Sudapani, „Der Nektar in den Händen hält". Als Meister universellen kosmischen Wissens war er der Arzt der Götter. Er gilt als Schutzgottheit der Krankenhäuser, die meist neben einem Vishnu-Heiligtum erbaut wurden.

auch dieser wurde augenblicklich zahm angesichts der Sanftheit des Erleuchteten. Zur Strafe für seine Bosheit musste Devadatta nach seinem Tod lange in der Hölle verweilen.

DEVAKI siehe VISHNU.

DEVI *(oben), die große Göttin der Hindus, widersteht einem Verführungsversuch ihres Gatten Shiva. Rechts preist er sie für ihre Widerstandskraft.* (SANDSTEINRELIEF, KAMBODSCHA, 13. JH.)

DEVI *(links) wird von den Hindugöttern Shiva, Vishnu, Brahma, Ganesha und Indra angebetet.* (ILLUSTRATION VON J. HIGGINBOTHAM, 1864)

Die DEVAS sind die göttlichen Wesen der Veden, der heiligen Schriften des alten Indien. Die Götter galten als unsterblich. Sie verfügten über enorme Kräfte und waren daher in der Lage, den Menschen beizustehen.

Später sanken sie in den Rang niederer Gottheiten herab, die unter den großen Göttern wie VISHNU oder SHIVA standen. Obwohl sie ein Reich bewohnen, das über dem der Menschen liegt, sind sie doch sterblich wie diese. Innerhalb der Devas gibt es Gruppen wie z.B. die ADITYAS, die Rudras und Vasus.

Im Buddhismus gelten Devas als himmlische Wesen, die aber nach wie vor dem Zyklus von Werden und Vergehen unterworfen sind. Viele buddhistische Devas haben ihren Ursprung im indischen Pantheon. Devas sind Schützer des Buddhismus' und erfreuen sich eines langen, angenehmen Lebens.

DEVATA BANDARA siehe DADIMUNDA.

DEVI ist ein Aspekt der Großen Göttin in der hinduistischen Mythologie. Manchmal wird die Gemahlin SHIVAs so bezeichnet, mitunter findet diese Bezeichnung aber auch Anwendung auf alle weiblichen Hindugottheiten. Devi ist als Shivas SHAKTI oder Gefährtin sowohl eine wohl wollende wie eine Furcht einflössende Göttin. Sie gilt als größte Göttin des Hinduismus.

Als komplexe Figur kann sie die verschiedensten Formen annehmen: DURGA, KALI, PARVATI und Sati. Manchmal ist sie als Göttin auch von Shiva völlig unabhängig. Ihre Hauptattribute sind das Muschelhorn, der Stachelstock, die Gebetsmühle und der Dreizack. (Siehe auch DIE MUTTERGÖTTIN)

DEVADATTA, *Buddhas Vetter und Rivale von Kindesbeinen an, wollte den Erhabenen durch gedungene Mörder töten lassen, doch diese wurden von Reue überwältigt, als der Buddha die Wand berührte, hinter der sie sich versteckten.*

Zu den DAKINIS *zählen acht tibetische Göttinnen, deren Abbildungen bei schamanistischen Exorzismen auf Ritualgegenständen wie dem obigen benutzt wurden.* (SCHNITZEREI AUS MENSCHENKNOCHEN, TIBET, 18. JH.)

Die DHARMAPALAS sind „Schützer des Dharma", d.h. der buddhistischen Lehre. Im Buddhismus, vor allem im tibetischen, gelten sie als wilde Gottheiten, welche die Gläubigen vor Dämonen und negativen Einflüssen bewahren, die ihre Meditation behindern. Daher haben die Dharmapalas viel Ähnlichkeit mit den VIER WÄCHTERN. In Tibet werden die Dharmapalas entweder einzeln oder in Achtergruppen verehrt. Dann nennt man sie Dragshed, „Die Acht Schrecklichen". Diese acht Gottheiten sind: KALADEVI (Lha-mo), BRAHMA (Tsangs-pa), BEG-TSE, YAMA, Kubera (Vaishravana), HAYAGRIVA, MAHAKALA („Großer Schwarzer") und YAMANTAKA. Vaishravana ist einer der vier Schützer der Himmelsrichtungen.

Auf tibetischen Darstellungen verziehen die Dharmapalas das Gesicht zur Grimasse, ihr Haar ist zerrauft, und sie tragen eine fünfteilige Schädelkrone. Häufig werden sie auch in Yab-Yum-Position mit ihrer SHAKTI abgebildet.

Einige der Dharmapalas gehörten als Lokapalas (Schützer) zur Bön-Religion. Diese vorbuddhistischen Gottheiten machte PADMASAMBHAVA, der Begründer des tibetischen Buddhismus, zu Beschützern des Dharma. Andere Lokapalas fanden Aufnahme in das hinduistische Pantheon.

Die DHYANIBUDDHAS oder Weisheitsbuddhas sind fünf Meditationsbuddhas, die angeblich aus dem Urbuddha, dem ADIBUDDHA, entstanden sind. Man bezeichnet sie auch als Tathagathas („Die den Weg gegangen sind"), als Transzendente Buddhas oder Jinas. „Jina" bedeutet „Sieger" und bezeichnet eine Person, die den Kreislauf des Leidens der Wiedergeburt durchbrochen hat. Die Dhyanibuddhas sind: VAIRO-

DHARMAPALAS *mit wilden Grimassen schmücken diese Ritualdolche. Sie tragen sich windende Schlangen als Kette und ein drittes Auge auf der Stirn.* (NEPALESISCHE RITUALMESSER, 18. - 19. JH.)

DURGA, *auf einem Löwen reitend, im Kampf mit dem Mahisha, dem schrecklichen Büffeldämon, der die Götter bedroht.* (BILDLICHE DARSTELLUNG AUS BIKANER, RAJPUT-SCHULE, 1750)

CHANA oder Mahavairochana, AKSHOBHYA, RATNASAMBHAVA, AMITABHA und AMOGHASIDDHI. Sie stehen für die verschiedenen Aspekte des erleuchteten Bewusstseins und werden auch als Verkörperungen der Lehre (des Dharma) betrachtet. Außerhalb der Mahayana-Tradition wird meist GAUTAMA BUDDHA verehrt, im Mahayana aber gelten die fünf Dhyanibuddhas als höchstes Objekt der Verehrung. Mitunter ersetzt Gautama Buddha den Amoghasiddhi als Weisheitsbuddha. Manchmal zählt man auch KSHITIGARBHA dazu. (Siehe auch DHYANIBUDDHAS)

DIPANKARA, der „Träger der Lampe", war ein Vorzeitbuddha. Er war der Lehrer GAUTAMA BUDDHAs in dessen Inkarnation als Weiser Sumedha. Nach der Begegnung mit Dipankara beschloss Sumedha, einst selbst ein Buddha zu werden. Dadurch wurde er zum BODHISATTVA und half den Wesen in zahllosen Inkarnationen, bevor er im TUSHITA-Himmel wieder geboren wurde. Von dort aus ging er bei seiner letzten Wiedergeburt in den Körper der Königin MAYA ein. Dipankara erkannte damals schon, dass Sumedha eines Tages Gautama Buddha werden würde und sagte seine glorreiche Zukunft exakt vorher.

DITI siehe ADITI.

Die dMU waren übernatürliche Wesen der vorbuddhistischen, tibetischen Bön-Religion. Sie bevölkerten angeblich den Himmel.

DRAG-SHED siehe DHARMAPALAS.

DURGA, die „Unnahbare", ist die große hinduistische Muttergottheit. Sie gilt als ein Aspekt der SHAKTI SHIVAs und gehört zu den zornvollen Schutzgottheiten. Gewöhnlich wird sie mit schönem Antlitz und acht oder zehn Armen dargestellt – verschiedene Waffen in Händen haltend, die sie von den Göttern erhalten hat.

Andere Göttinnen werden häufig mit ihr identifiziert, so z.B. Candi, die vor wilden Tieren schützt, und Shitala, welche die Menschen vor den Pocken bewahrt. Manchmal manifestiert sie sich auch als blutdürstige Göttin KALI.

Durga kam bereits voll ausgebildet zur Welt, bereit, alle Dämonen zu bekämpfen. Als der schreckliche Büffeldämon Mahisha die Götter herausforderte, wagten weder VISHNU noch Shiva, gegen ihn anzutreten. Durga aber stellte sich der Herausforderung. Der Dämon erschien zuerst als Büffel, dann nahm er die Gestalt eines Löwen an. Durga schlug dem Tier den Kopf ab. Daraufhin verwandelte Mahisha sich in einen Elefanten, doch die Göttin hieb auch diesen in Stücke. Obwohl der Dämon riesige Berge gegen sie schleuderte, besiegte Durga ihn und tötete ihn mit ihrem Speer.

DUSHYANTA siehe APSARAS.

Die GANDHARVAS sind eine besondere Form hinduistischer Halbgötter, die angeblich zusammen mit den APSARAS den Himmel des Kriegsgottes INDRA bewohnen. Sie sind teils Mensch, teils Pferd, und werden - als Naturgeister – mit der Fruchtbarkeit der Erde in Verbindung gebracht. Die Gandharvas bewachen das SOMA, den Trunk, der göttliche Kräfte verleiht. Einige tauchen als göttliche Sänger und Musiker an Indras Hof auf. Im Rigveda, einem uralten vedischen Text, der von aus Zentralasien nach Indien eingewanderten arischen Volksstämmen geschaffen wurde, vereinigen sich zu Beginn der Schöpfung ein Gandharva und eine Apsara und zeugen so das erste Menschenpaar, YAMA und Yami.

DURGA *vernichtet die Dämonen, die die Ordnung der Schöpfung bedrohen. Sie tötete Mahisha, der für Mensch und Tier unverwundbar war.* (ILLUSTRATION VON J. HIGGINBOTHAM, 1864)

GANESHA, im Hinduismus Gott der Weisheit und der Literatur, ist der Sohn von PARVATI, der Gemahlin SHIVAs. Er wird mit Elefantenkopf und kesselförmigem Bauch dargestellt, der einerseits seine Gier, andererseits seine Fähigkeit, Reichtum zu verleihen, symbolisiert. Er hat vier Arme, aber nur einen Stoßzahn. Als äußerst populärer Gott wird er zu Anfang jeder neuen Unternehmung angerufen. Er gilt als Patron der Geschäftsleute, die ihn besonders verehren. Das große hinduistische Epos Mahabharata wurde angeblich von ihm als Erstem niedergeschrieben. So groß war sein Eifer, dass er sich zu diesem Zweck sogar einen Stoßzahn ausriss, um ihn als Griffel zu benutzen.

Der Mythos erzählt, dass Parvati, als Shiva nicht zu Hause war, sich langweilte und Ganesha erschuf. Sie benutzte dazu Abrieb von ihrem eigenen Körper sowie Ton, Tau und Nebel. Später bat sie das Kind, vor ihren Räumen zu wachen. Als Shiva zurückkam und seine Frau sehen wollte, verwehrte Ganesha, der ihn nicht kannte, dem Gott den Eintritt. Wütend schlug Shiva ihm daraufhin den Kopf ab. Die Parvati bat ihren Mann, den Sohn wieder zum Leben zu erwecken, doch da der erste Kopf, den Shiva finden konnte, der eines Elefanten war, lebte der Junge von da an mit einem Elefantenkopf. Später wurde Ganesha zum Herr der Ganas, der Begleiter Shivas.

Eine andere Version berichtet, dass Parvati eines Tages Shani, den Planetengott Saturn, eingeladen hatte. Aber sie hatte vergessen, wie gefährlich der Gott sein konnte, und als Shani einen Blick auf Ganesha warf, ging dessen Kopf in Flammen auf. Brahma ordnete an, dass sie ihren Sohn wieder ganz machen solle. Doch sie fand nur den Kopf AIRAVATAS, des Elefanten.

GANESHA *(oben) hat eine Ratte als Reittier, die ursprünglich ein Dämon war, den der elefantenköpfige Gott zähmte.* (STEINRELIEF, 11. JH.)

GANESHA *(unten), Patron der Literatur, mit Sarasvati, Göttin des Lernens und der Künste, die auf einem Pfau reitet und eine Laute trägt.* (ILLUSTRATION VON J. HIGGINBOTHAM, 1864)

GANGA personifiziert in der Mythologie der Hindus den heiligen Fluss Ganges. Ganga ist die bedeutendste unter den drei Flussgöttinnen (Yamuna, Ganga und SARASVATI). Der Ort, an dem die drei Flüsse zusammenkommen, gilt als besonders heilig: die Stadt Allahabad. Deshalb begeben sich jährlich ein paar Millionen Menschen zum großen Pilgerfest dorthin.

Ganga soll aus VISHNUs Zehe entsprungen sein. Früher lebte sie im Himmel, doch als die Erde langsam unter der Asche der Toten zu versinken drohte, flehte der Weise BHAGIRATHA die Götter an, Ganga auf die Erde fließen zu lassen. Dieser Wunsch wurde ihm erfüllt, doch da der gewaltige Fluss unter Umständen die ganze Erde zerstören konnte, ließ SHIVA die Flussgöttin durch sein Haar fließen, während er meditierend auf dem Berg KAILASH saß. Nachdem er viele Jahre brauchte, um Shivas mächtigen Haarschopf zu durchqueren, teilte der Fluss sich in sieben Arme und floss zur Erde hinab.

GANGA *(rechts), die Verkörperung des heiligen Flusses Ganges, wird gewöhnlich mit einem Wassergefäß und einem Lotus in der Hand dargestellt.* (STEIN, BENGALEN, 12. JH.)

Die Legende berichtet, dass Ganga in ihren Wassern den Samen Shivas mit sich trug und dass daraus der Kriegsgott Skanda, besser bekannt als KARTTIKEYA, entstand. Shiva brachte dem Gott des Opferfeuers AGNI sechs Samen dar. Dieser übergab sie Ganga zur Aufbewahrung.

Als Swaha, die Tochter eines Weisen, sechs Nächte nacheinander im Fluss badete, wurde sie schwanger und brachte Karttikeya zur Welt, der sechs Köpfe sowie sechs oder gar zwölf Arme und Beine hatte.

Eine andere Geschichte erzählt, dass zu der Zeit, als INDRAS Macht den Einflussbereich Shivas einzuschränken begann, Shivas Wut sich vor seinen Augen manifestierte und sie ihn fragte, wie sie ihm dienen könne. Shiva bat die Form, mit dem Ganges zu verschmelzen und sich mit der Göttin des Ozeans zu vermählen. Aus dieser Verbindung ging ein Sohn hervor, Jalamdhara, ein ASURA, dem BRAHMA die Macht gab, die Götter zu besiegen. (Siehe auch HEILIGE FLÜSSE)

GARUDA ist in der hinduistischen Mythologie der große Herrscher der Vögel und Sohn des Weisen KASHYAPA. Der Sage zufolge hatte Kashyapa zwei schöne Frauen, Kadru und Vinata. Der Weise versprach, mit beiden Erben zu zeugen. Kadru entschied sich darauf für 1000 bildschöne Schlangen, wohingegen Vinata nur um zwei Söhne bat. Diese aber sollten an Kraft und Einfluss die Nachkommenschaft Kadrus übertreffen.

Schließlich legte Kadru 1000 Eier und Vinata zwei. Aus Kadrus Eiern schlüpften nach 500 Jahren 1000 Schlangen. Vinatas Nachkommen aber kamen und kamen nicht zum Vorschein. Voller Ungeduld zerbrach sie daher ein Ei und fand einen Embryo. Doch nur sein Oberkörper war voll entwickelt. Dieses Wesen wurde zu Aruna, der Morgenröte. Aruna verfluchte seine Mutter und floh in den Himmel, wo er bis heute wohnt. Erst als weitere 500 Jahre vergingen, schlüpfte aus dem verbliebenen Ei Garuda.

Die Legende berichtet, dass Vinata sich außerdem von einem weiteren Fluch reinigen und ein Sühneopfer leisten musste. Sie bat daher ihren Sohn Garuda, AMRITA, das Elixier der Unsterblichkeit, von den Göttern zu holen und es seinen Vettern, den 1000 Schlangen, zu geben. Garuda gewann nach hartem Kampf tatsächlich den Trank, doch bevor er ihn den Schlangen überreichte, befahl er diesen, sich zu reinigen. Und während die Schlangen noch ihre Waschungen vornahmen, erschien – wie mit Garuda abgesprochen – Indra und nahm das Elixier wieder an sich.

Garuda ist ein Anhänger VISHNUS, dessen Reittier er wird. Sobald der Gott an ihn denkt, manifestiert sich Garuda, um mit ihm Dämonen und Schlangen zu bekämpfen. Garuda wird mit Kopf, Flügeln und Klauen eines Adlers dargestellt. Im Buddhismus sind Garudas vogelähnliche, göttliche Wesen.

GARUDA, *halb Mensch, halb Vogel, diente Vishnu als Reittier, der hier mit seiner Gemahlin Lakshmi auf einer Lotusblüte dargestellt ist.* (GEMÄLDE, BUNDI, CA. 1770)

GAUTAMA BUDDHA *(links) mit der Urna, dem symbolischen Haarkreis zwischen den Augenbrauen, der auf die hinduistischen Darstellungen von Shivas drittem Auge zurückgeht. Beide Formen signalisieren spirituelle Einsicht.* (KUPFER, VERGOLDET, NEPAL)

GAUTAMA BUDDHA *(rechts) schneidet sich das Haar ab zum Zeichen, dass er der Welt entsagt.* (TIBET, 18. JH.)

GAURI siehe PARVATI.

GAUTAMA BUDDHA ist der Begründer des Buddhismus. Er gilt nicht als Gottheit, sondern als vollkommener Mensch. Seine Geburt wird in das 6. Jahrhundert. v. Chr. datiert. Der Überlieferung zufolge wurde er in Kapilavastu, im heutigen Nepal, in die kshatriya- oder Kriegerkaste geboren. Gautama ist Buddhas Nachname, sein Vorname ist Siddharta. Später nannte man ihn auch Shakyamuni, d.h. der Weise aus dem Shakya-Geschlecht. Gautama wird von allen buddhistischen Schulen verehrt. In der Lehre vom Reinen Land (Japan und China) allerdings nimmt Buddha AMITABHA bzw. Amida eine höhere Stellung ein.

Gautamas Leben ist mittlerweile Legende. Als er in einem der buddhistischen Himmel (TUSHITA) weilte, erkannte er, dass es nun an der Zeit war, zur Erde hinabzusteigen. Im Traum erschien er der Königin MAYA. Sie sah einen kleinen, schneeweißen Elefanten auf einer Regenwolke, einem Fruchtbarkeitssymbol. Er beschrieb drei Kreise um sie und trat dann in ihren Bauch ein. In diesem Augenblick ertönte auf der ganzen Welt Musik, alle Pflanzen standen in Blüte und alle Seen waren von Lotusblüten erfüllt. Astrologen prophezeiten Königin Maya und König Suddhodhana, dass ihr Sohn entweder ein Weltenherrscher oder ein erleuchteter Buddha werden würde. Unmittelbar nach der Geburt begann das Kind zu laufen und tat sieben Schritte in alle Himmelsrichtungen. So nahm es symbolisch Besitz von der Welt. Wo immer sein Fuß die Erde berührte, entsprangen ihr Lotusblüten. Gautamas Mutter starb kurz nach der Geburt, von Freude überwältigt.

An Gautamas 12. Geburtstag prophezeite ein Weiser seinem Vater, dass sein Sohn ein heiliges Leben wählen würde, falls er je mit Alter, Krankheit, Tod oder dem Weg der Entsagung in Berührung käme. Da er dies nicht wollte, umgab der König seinen Sohn mit Luxus und ließ rund um den Palast hohe Wände ziehen, die Gautama von der Welt abschließen sollten.

Im Alter von 16 wurde Gautama mit Prinzessin Yasodhara vermählt, die ihm zwölf Jahre später einen Sohn namens RAHULA gebar. Etwa um dieselbe Zeit erwachte Gautamas Interesse an der Außenwelt. Er wünschte, den Palast zu verlassen, daher befahl der König, jedes Anzeichen von Alter, Krankheit oder Tod aus seinem Weg zu räumen. Und doch sah Gautama bei seinem ersten Ausflug einen alten Mann, am zweiten Tag traf er einen unheilbar Kranken, am dritten einen Trauerzug und am vierten begegnete er einem Wandermönch. Nachdenklich geworden beschloss Gautama, sein Heim zu verlassen und selbst den Weg der Askese, dem Verzicht auf weltliche Genüsse, einzuschlagen. Sein Vater war verzweifelt und bot seinem Sohn sogar noch mehr Luxus an, doch dieser ließ sich von seinem Entschluss nicht abbringen.

Doch schon nach sechs Jahren asketischen Lebens wurde Gautama klar, dass ihn dieser Pfad der Erleuchtung keinen Schritt näher gebracht hatte. Er erkannte, dass er sich von allen Wünschen frei machen musste und ging nach Bodhgaya. Auf seinem Weg dorthin zog das Licht, das seinen Körper umgab, Tausende von Pfauen und Eisvögeln an. In Bodhgaya angekommen, setzte er sich unter einen heiligen Baum zur Meditation. Daraufhin erbebte die Erde sechs Mal.

MARA, der Versucher, tat alles, um Siddharta aus seiner Meditation zu reißen. Doch dieser blieb davon unbeeindruckt, sodass sich ihm schließlich die „Vier Edlen Wahrheiten" enthüllten, welche die Grundlage seiner Lehre bilden: dass Leben Leiden heißt, dass dieses Leiden auf bestimmte Geisteshaltungen wie z.B. heftiges Begehren zurückgeht, und dass diese beseitigt werden können, indem man den „Achtfachen Pfad" beschreitet: rechte Anschauung, rechtes Denken, rechtes Reden, rechtes Handeln, rechte Lebensführung, rechte Anstrengung, rechte Achtsamkeit und rechte Meditation.

Gautama war ein vollkommener Mensch geworden und hatte höchste spirituelle Einsicht erlangt. In diesem Augenblick erbebten Himmel und Erde, es regnete Blumen und alle Lebewesen waren glücklich. Sieben Wochen später lehrte der Buddha zum ersten Mal in Sarnath bei Benares.

GAUTAMA BUDDHA *(links) vollführt die Geste der Erdberührung und wird von den Mächten des Bösen, geführt vom Dämon Mara, angegriffen. Tier- und menschengestaltige Dämonen sollen ihm Furcht einjagen, Maras schöne Töchter ihn verführen.* (WANDGEMÄLDE IN DEN HÖHLEN VON AJANTA, INDIEN)

Gautama lehrte mehr als 40 Jahre. Er wirkte viele Wunder und alle, die ihm zuhörten, folgten ihm, u.a. sein Vater, sein Sohn, sein Cousin Ananda, seine Frau und seine Adoptivmutter MAHAPRAJAPATI GAUTAMI. Er stieg sogar in den Himmel auf, um seiner Mutter das Hören der Lehre zu ermöglichen. Auf einer Leiter kehrte er – zusammen mit den himmlischen Göttern – zur Erde zurück. Im Alter von 80 Jahren trat Gautama ins Nirwana ein, den Zustand vollkommener Befreiung. (Siehe auch: DIE AVATARE VISHNUS, DAS LEBEN DES BUDDHA)

GESAR ist der legendäre König aus dem bedeutendsten Epos des tibetischen Buddhismus. Die Erzählungen seiner Heldentaten entstanden im Tibet des 11. Jahrhunderts, als der Buddhismus begann, die alte Bön-Religion zu verdrängen. Das Epos, das sehr viel länger ist als die Bibel, beschreibt König Gesars Kampf gegen den alten Glauben.

Gesar, dessen Name „Lotustempel" bedeutet, wurde angeblich im Königreich Ling in Osttibet geboren. Er gilt als Verkörperung des BODHIVSATTVA AVALOKITESHVARA sowie von Guru PADMASAMBHAVA, einem der Gründer des tibetischen Buddhismus.

Seine Krieger hielt man für Verkörperungen der Mahasiddhas, einer Gruppe von Yogis.

In den Erzählungen von Gesars Heldentaten lassen sich – trotz ihrer buddhistischen Prägung – auch Spuren der alten Religion ausmachen, z.B. Berggötter oder Ortsgeister. Früher wurde das Epos mündlich von Volkssängern überliefert, später hielten tibetische Mönche es schriftlich fest.

Das Epos berichtet von einer alten Frau, die auf dem Totenbett wünschte, zusammen mit ihren Söhnen im nächsten Leben als Dämonen wieder geboren zu werden, um über das Land zu herrschen und den Buddhismus auszulöschen.

Als die Götter davon hörten, beschlossen sie, einen der ihren, Gesar, zu senden, der den Kampf mit ihr aufnehmen sollte. Doch Gesar wollte nicht als Mensch geboren werden, daher stellte er den Göttern scheinbar unerfüllbare Bedingungen: Sein irdischer Vater sollte ein Gott, seine Mutter eine Schlange sein. Er wollte ein unsterbliches Pferd, das fliegen kann und alle Sprachen spricht. Und er bat um einen magischen Bogen mit ebensolchen Pfeilen sowie starke Gefährten. Außerdem verlangte er noch eine wunderschöne Frau, für die jeder bereit sein würde zu kämpfen, einen klugen Onkel, der ihm bei den Schlachtplänen beraten sollte, und die Hilfe der Götter zu jeder Zeit. Als die Götter all diese Bedingungen erfüllten, musste Gesar zur Erde hinabsteigen.

Gesars Mutter, eine Schlangengöttin (NAGA), die sich in ein wunderschönes Mädchen verwandelt hatte, empfing ihn, als der Gott des Regenbogens ihr ein Glas heiliges Wasser reichte. Sie wurde schwanger und als ihre Zeit gekommen war, löste sich eine goldene Lichtkugel aus ihrem Körper, in deren Mitte ein Baby saß. Man erzählt, dass das Kind drei Augen hatte, doch seine entsetzte Mutter riss ihm eines aus.

Da man dem regierenden Herrscher prophezeit hatte, dass Gesar sein Nachfolger sein würde, versuchte dieser sofort, das Kind zu töten, was ihm jedoch nicht gelang. Gesar und seine Mutter mussten das Land verlassen, doch als er im Alter von 15 Jahren an einem Pferderennen teilnahm und dieses gewann, erhielt der Junge die Königswürde von Ling und die Tochter des früheren Königs zur Frau.

Von diesem Moment an bekämpfte er die Dämonen und gewann mehrere Provinzen Tibets für den Buddhismus. Schließlich kehrte er in den Götterhimmel zurück im Wissen, dass er eines Tages wieder zur Erde würde hinabsteigen müssen.

Gesar wird heute als Gott des Krieges und des Reichtums verehrt. Seine Gefährtin war eine DAKINI.

TIRTHAMKARAS

Der Jainismus ist eine der stark philosophisch geprägten Religionen Indiens, die ihren Anhängern einen asketischen Pfad zur Erleuchtung bieten. Die jainistische Mythologie ist stark von der hinduistischen geprägt. Sowohl Götterfiguren als auch die Vorstellungen über die Struktur des Universums ähneln sich sehr. Ein wesentlicher Unterschied ist allerdings, dass die Jainas nicht an die Schöpfung glauben, da sie sich die Zeit zyklisch denken. Jainistische Asketen richten ihr Leben an 5 Gelübden aus: Gewaltlosigkeit gegenüber allen Wesen (da alles beseelt ist), absolute Wahrheitsliebe, nur zu nehmen, was einem gegeben wurde, Keuschheit und dem Vermeiden von Anhaftung an Orte, Menschen und Dinge. Ihre Vorbilder sind die 24 Tirthamkaras, spirituelle Lehrer aus dem gegenwärtigen Weltzeitalter. „tirtha“ bedeutet „Furt“, Tirthamkaras sind also Wesen, welche anderen zum Überqueren des Flusses verhelfen. Mit diesem Überqueren befreien sie sich vom endlosen Zyklus der Wiedergeburten. Die Jainas sehen die Tirthamkaras also als „Furtbereiter“.

RISHABA *(links), auch Adinatha genannt, war der erste Tirthamkara des gegenwärtigen Zeitalters. Während seiner langen Lebenszeit soll er das Kastensystem, die Monarchie und das Recht eingeführt haben. Er lehrte die Menschen, wie sie das Land zu bestellen haben, und unterrichtete sie in den Künsten und den 72 Wissenschaften, u.a. dem Rechnen und Schreiben. Der hinduistischen Mythologie gilt er als „kleiner“ Avatar Vishnus. Sein Emblem ist der Stier. Wird er körperlich abgebildet, dann meist stehend in Yogahaltung.* (TIRTHAMKARA, TEMPEL VON SRI ADINATH, KHAJURAHO, INDIEN)

MAHAVIRA *(oben), der 24. Tirthamkara, war ein Zeitgenosse Gautama Buddhas. Im Alter von 30 Jahren verließ er seine Familie und lebte fortan als Wandermönch. In zwölf Jahren des Fastens, der Stille und der Meditation erlangte er Erleuchtung. In den nächsten 30 Jahren zog er durch Nordindien, um seine Lehre zu predigen. Er und seine Anhänger gingen nackt, um zu zeigen, dass sie die Leidenschaften überwunden hatten. Wie andere Tirthamkaras wird er mit niedergeschlagenen Augen, d.h. sich von der Welt abwendend, dargestellt.* (KOPF EINES TIRTHAMKARA, STEIN, 10. JH.)

Die TIRTHAMKARAS *(oben) stammen durchweg aus der kshatriya- oder Kriegerkaste, da sie keine Götter sind, sondern menschliche Lehrer, welche die Erleuchtung erlangt haben. Ihre Verehrung konzentriert sich daher mehr auf ihre Lehren und ihre Leistung als auf sie selbst. Sie werden alle gleich dargestellt und unterscheiden sich nur durch ihr Symboltier: Der Eber z.B. gehört zu Vimala (oben), der Bock zu Kunthu (unten).*

PARSHVA *(links) war der 23. Tirthamkara. Er kam im 9. Jh. v. Chr. als Sohn der Königin von Benares, Vama, zur Welt. Bevor er Erleuchtung erlangte, wanderte er 70 Jahre lang als Bettelmönch durch die Welt. Im Alter von 100 Jahren starb er auf dem Berg Sammeda. Sein Emblem ist die Schlange, daher wird er oft unter einem Kobra-Baldachin abgebildet. Er ordnete die Jaina-Religion und teilte ihre Anhänger in Mönche, Nonnen sowie weibliche und männliche Laienanhänger ein. Seinen wichtigsten Schülern übertrug er die Verantwortung für die Gemeinschaft.* (TIRTHAMKARA PARSHVANATHA, ORISSA, 11. JH.)

GNOD-SBYIN siehe YAKSHAS.

gNYAN sind tibetische Baum- und Felsgeister, die der Menschheit Seuchen, Krankheiten und Tod bringen.

GROSSE WEISHEITSBUDDHAS siehe DHYANIBUDDHAS.

GRI-GUM ist ein tibetischer König. Er durchschnitt als erster König das magische Seil, welches ihn mit dem Himmel verband. Die Legende erzählt, dass der erste menschliche Herrscher vom Himmel herab auf eine Bergspitze stieg. Am Ende seiner Herrschaft kehrte er jedes Mal mit dem magischen Seil in den Himmel zurück, wie auch seine sechs Nachfolger. Gri-grum jedoch gelang dies nicht, da er während eines Duells in eine dichte Rußwolke geriet. Er hieb wild um sich und durchschnitt dabei das Seil, sodass sein Gegner ihn töten konnte.

gSHEN-LHA-OD-DKAR war in der tibetischen Bön-Religion der „Gott des Weißen Lichts", von dem alle anderen Götter abstammten. Als noch nichts existierte, entstand zuerst weißes und schwarzes Licht. Dann bildete sich ein Regenbogen, der Härte, Fließen, Hitze, Bewegung und Raum hervorbrachte.

Diese Erscheinungen verschmolzen miteinander zu einem gigantischen Ei. Das schwarze Licht schuf aus dem Ei Krankheiten, Seuchen, Schmerzen und zahllose Dämonen, das weiße Licht Freude, Wohlstand und Götter ohne Zahl. Götter und Dämonen zusammen ließen alle Wesen entstehen, welche die Erde, Himmel und Meere bevölkern.

gSHEN-RAB (auch Shenrab Miwo) gilt als Gründer der jüngeren Bön-Religion in Tibet, die nach der Ausbreitung des Buddhismus entstand. Er kommt angeblich aus einem mystischen Land namens Zhang Zhung. Einige sehen ihn verkörpert in Gautama Buddha, andere in Laotse, dem Begründer des Taoismus. Er wird auf einem Lotussitz dargestellt.

Die VIER SCHÜTZER DER WELTRICHTUNGEN wachen im buddhistischen Glauben über die vier Himmelsrichtungen und die buddhistische Lehre. Sie sollen auf dem mythischen Berg MERU wohnen, nahe dem Paradies von INDRA, dem Beschützer des Buddhismus. Die Vier Wächter sind Erscheinungsformen des BODHISATTVA AVALOKITESHVARA.

Ursprünglich galten sie als friedlich, entwickelten sich jedoch allmählich zu Kriegergottheiten. Daher tragen sie Rüstung und Helm bzw. Krone. Sie gelten als Geburtshelfer Gautama Buddhas und hielten die Hufe seines Pferdes umfasst, als er den Palast seines Vaters heimlich verließ. Die bildende Kunst Indiens stellt sie häufig auf Elefanten reitend dar, im Tantrismus tanzen sie meist auf besiegten Dämonen.

Das Oberhaupt der Vier Wächter ist Vaishravana, „Der Wissende", der Wächter des Nordens und des Winters. Er herrscht über die YAKSHAS, göttliche Wesen, die als Diener ihren Herrn beschützen.

Der Wächter des Südens Virudhaka, „Der Mächtige", schützt das Gute im Menschen und bekämpft die Unwissenheit. Er ist der Herr des Sommers. In Tibet wird er oft mit einem Elefantenkopf als Helm dargestellt. Dem Herrn des Ostens Dhritarashtra, „Der das Königreich des Gesetzes schützt", ist der Frühling zugeordnet. Er gilt als Schützer des Staates. Virupashka, „Der Allsehende", wacht über den Westen und den Herbst. Er wird meist mit Rüstung und auf einem Felsen oder Dämon stehend abgebildet.

Der Hinduismus kennt diese Wächtergottheiten als Lokapalas. Vaishravana wird auch als Kubera verehrt, als Gott des Reichtums, der über seine verborgenen Schätze wacht. Kubera war König von Lanka und fuhr einen herrlichen Wagen, den der Dämonenkönig RAVANA im Ramayana, einem berühmten hinduistischen Epos, im Kampf gegen Rama benutzte.

DIE VIER WÄCHTER *(unten) bewachen die vier Himmelsrichtungen. Als Emanationen des Bodhisattva Avalokiteshvara behüteten sie Gautama Buddha bei dessen Geburt.*

HANUMAN *(oben) ringt mit den Dämonen Ravanas, während er Sita, Ramas Gemahlin sucht.* (TERRAKOTTA, 5. JH.)

HANUMAN *(links) der hinduistische Affengott, war für seine außergewöhnliche Beweglichkeit bekannt, die ihm erlaubte, dem Dämonenkönig Ravana zu entfliehen.* (JAIPUR, 17.JH.)

HANUMAN ist der Affengott der hinduistischen Mythologie. Er ist der Sohn des Windgottes VAYU und gilt als Patron des Lernens. Die Legende berichtet, dass Hanuman eines Tages die Sonne vom Himmel holen wollte, da er sie für eine Frucht hielt. Darauf schleuderte der Kriegsgott INDRA seinen Donnerkeil gegen ihn und zerbrach ihm den Kiefer.

Im großen Hindu-Epos Ramayana ist Hanuman Minister des Affenkönigs Sugriva und treuer Gefährte RAMAs, dem berühmten AVATAR (Verkörperung) von VISHNU, dem Bewahrer des Universums. Hanuman half Rama in der Schlacht gegen den Dämonenfürsten RAVANA, der Ramas Frau SITA entführt hatte. Es war Hanuman, der Sita nach der Entführung auf der Insel LANKA, dem Reich Ravanas, entdeckte.

Er war so beweglich, dass er über das Wasser zur Insel hinüberschoss wie ein Pfeil. Doch eine von Ravanas dämonischen Schwestern erwischte mitten im Flug Hanumans Schatten und konnte ihn so unter Wasser ziehen, wo ein anderer Dämon ihn verschlang. Daraufhin machte sich Hanuman so groß wie möglich, sodass die Dämonin ihre Kiefer öffnen musste, und entkam dann aus ihrem Maul.

Schließlich fand der Affengott Sita in einem Wäldchen, wo Ravana ihr täglich mit Folter und Tod gedroht hatte, wenn sie ihn nicht heiraten würde. Doch Sita, die ihrem Mann Rama treu blieb, weigerte sich sogar, mit Hanuman zu fliehen, da sie sich von keinem anderen Mann berühren lassen wollte. Hanuman musste also Rama zu Hilfe holen. Doch bevor er noch die Insel verlassen konnte, steckten Ravana und seine Horden seinen Schwanz in Brand. Statt jedoch in Flammen aufzugehen peitschte Hanuman mit seinem Schwanz wild hin und her und steckte so die halbe Insel in Brand.

Zurück in Indien bot Hanuman eine ganze Armee von Affen auf, die eine Brücke zur Insel Lanka bauen sollten, damit Ramas Truppen den Dämonenfürsten besiegen konnten. Rama schenkte ihm dafür ewiges Leben.

Hanuman soll so groß wie ein Berg gewesen sein, mit gelber Haut, einem roten Gesicht, einem endlos langen Schwanz und einer Stimme wie Donner. Wenn er durch die Wolken segelte, rauschten die Lüfte.

HAYAGRIVA ist einer der DHARMAPALAS des tibetischen Buddhismus, d.h. ein Schützer der Lehre. Er ist der Herr des Zorns, Führer der mächtigen Gottheiten, die wir als DRAG-SHED kennen. Sein Name bedeutet „der Pferdenackige". Er wird mit kesselförmigem Bauch und einem Pferdekopf dargestellt. Hayagriva gilt als Erscheinungsform des Buddha AMITABHA oder AKSHOBHYA und als zornvoller Aspekt des BODHISATTVA AVALOKITESHVARA.

Die hinduistische Mythologie ordnet Hayagriva den DAITYAS zu, den riesenhaften ASURAS, die sich gegen die Götter auflehnten. Er stahl die Veden, die heiligen Bücher der Hindus, als sie aus BRAHMAS Mund kamen. VISHNU, der sich als AVATAR MATSYA (Fisch) inkarniert hatte, gelang es, den Halbgott zu töten und die heiligen Texte zurückzubringen.

Eine andere Legende betrachtet Hayagriva als Avatar Vishnus, der diesen Körper annahm, um die von zwei Daityas gestohlenen Veden wieder zu finden.

HERUKA ist eine Emanation von Buddha AKSHOBHYA. In Tibet gilt er als Schützer, als ISHTADEVATA. Gewöhnlich wird Heruka mit drei Augen, wirrem Haar und gefletschten Zähnen abgebildet. Sein Körper ist mit Asche beschmiert und er hält eine Schädelschale in der Hand. Die Gottheit sitzt oder tanzt auf einer Leiche, häufig begleitet von seiner weiblichen Partnerin Prajna (Weisheit), mit der zusammen er das Nirwana (völlige Glückseligkeit) erschafft.

Heruka-Gottheiten als Gruppe stellen zornvolle Energien dar, ausgedrückt durch den sie umgebenden Flammenkranz. Sie tanzen mit ihren riesigen, Furcht einflößenden Gefährtinnen. Die Heruka-Energie entspringt dem Denken, daher erlangen Meditierende, welche die Ebene der Herukas erreichen, die Erkenntnis der absoluten Wirklichkeit.

HAYAGRIVA, *Herr der zornvollen Gottheiten, die man auch als Drag-shed kennt, geschmückt mit den Köpfen seiner Feinde.* (BRONZE, TIBET)

I

HEVAJRA ist ein YIDAM, d.h. eine Schutzgottheit, die vor allem in der Mongolei, in Kambodscha, Thailand und Tibet verehrt wird. Gewöhnlich wird er mit vier Beinen und acht Köpfen dargestellt. Hin und wieder wird er allein, meist aber in Yab-Yum-Haltung (Pose der Vereinigung) mit seiner SHAKTI, seiner weiblichen Energie, abgebildet.

HIMAVAT siehe PARVATI.

HIRANYAKASHIPU siehe AVATAR und RAVANA.

INDRA, eine der wichtigsten Gottheiten der indischen Mythologie, ist Gott des Sturms und des Krieges. Im Rigveda, einer uralten Hymnensammlung, die Teil der Veden, der heiligen Schriften Indiens, ist, gilt er als König der Götter. Er soll riesengroß, wild und kriegerisch sein. In seiner rechten Hand hält er den Donnerkeil, mit dem er entweder seine Feinde niederstreckt oder seine gefallenen Krieger wieder erweckt. Er durchquert den Himmel mit dem Sonnenwagen. In späterer Zeit ist sein Reittier der Elefant AIRAVATA.

Indra wurde aus Himmel und Erde geboren, die er für immer trennte. Er stürzte die alte Ordnung und wurde König der Götter, da er den Menschen näher stand als VARUNA, die alte vedische Gottheit. Indra ist bekannt als Streiter gegen die Dämonen. Daher führte er auch die Götter in der Schlacht gegen die ASURAS an. Er trat der Schlange VRITRA entgegen und vernichtete sie mit einer Schaumsäule. Danach gab er dem Chaos wieder Form, setzte die Wasser frei, erschuf Leben und ließ die Sonne von neuem scheinen.

Bei anderer Gelegenheit befreite Indra die Kühe, welche den Göttern gestohlen worden waren. Diese Kühe stehen symbolisch für das Licht, das Indra den Menschen bringt. Darüber hinaus wurde er auch als Regenbringer verehrt. Da er der Menschheit Licht und Wasser brachte, übernahm er viele Funktionen VARUNAs und wurde zum Fruchtbarkeits- und Schöpfergott. Indra war als großer Trinker bekannt, der in seinem dicken Bauch ungeheure Mengen SOMA, ein berauschendes Ritualgetränk, unterbrachte.

Diesem Getränk verdankte er seine ungeheuren Kräfte. Wenn er vom Soma getrunken hatte, wurde er so riesig, dass er Himmel und Erde vollständig ausfüllte.

Indras Bedeutung nahm im Laufe der Zeit ständig ab. Obwohl er noch als Donnergott betrachtet wird, hält man ihn heute nur für einen vergöttlichten König, der über das Himmelsreich Swarga auf dem Berg MERU herrscht.

Die Legende berichtet, dass Indra, nicht VISHNU, den Dämon Bali bekämpfte. Bali fiel in Indras Kampf gegen eine Horde Dämonen, angeführt von Jalamdhara. Dabei ergoss sich ein Strom von Edelsteinen aus seinem Mund. Der erstaunte Indra schlitzte Balis Körper auf und sah zu, wie aus diesem sämtliche

HEVAJRA *ist das buddhistische Gegenstück zum Hindugott Shiva Nataraja. Hier ist er in Yab-Yum mit seiner Shakti, Nairamata, zu sehen, die auf zwei Leichen steht.* (TANTRISCHE BRONZE)

INDRA *(oben) ist Wetter- und Fruchtbarkeitsgott. Er gehört zu den wichtigsten Hindugottheiten. Hier hält er den Vajra, den Donnerkeil, und sitzt auf seinem Reittier, dem Elefanten AIRAVATA* (11. JH.)

Juwelen entstanden: Die Knochen wurden zu Diamanten, die Augen zu Saphiren, das Blut zu Rubinen, sein Mark zu Smaragden, sein Fleisch zu Bergkristall, seine Zunge zu Korallen und seine Zähne zu Perlen.

Im hinduistischen Epos Ramayana wird erzählt, wie Indra Ahalya verführte, die Frau des Weisen Gautama. Eines Tages, als er erfuhr, dass Gautama in einer anderen Stadt war, besuchte der verkleidete Gott Gautamas Frau. Ahalya erkannte Indra zwar sofort, willigte aber trotzdem ein, sich ihm hinzugeben, da sie neugierig war. Doch als Indra sie verließ, kehrte Gautama gerade zurück und erriet sofort, was geschehen war. Der Wunder wirkende Weise ließ zuerst Indras Hoden abfallen. Dann verfluchte er seine Frau, dass sie in der Asche liegen und sich von Luft ernähren musste, bis RAMA sie erlösen würde. Die Götter ersetzten später Indras Hoden durch die eines Widders. (Siehe auch HEILIGE BERGE).

ISHTADEVATAS sind buddhistische Schützergottheiten, die vor allem in Tibet verehrt werden. Ishtadevata bedeutet „Wunschgottheit".

Jeder Mensch, der sich dem Bhakti-Yoga, d.h. der Hingabe an eine Gottheit, widmet, wählt sich einen Ishtadevata aus. Manchmal trifft auch der spirituelle Lehrer diese Wahl, da er besser als der Schüler erkennt, was diesen vorwärts bringt.

JALAMDHARA siehe ASURAS und GANGA.

JINAS siehe DHYANIBUDDHAS.

KADAVUL siehe KATAVUL.

KADRU siehe GARUDA.

KALADEVI, in Tibet als Lha-mo bekannt, ist der einzige weibliche DHARMAPALA. Sie wurde von den anderen Gottheiten des Pantheons geschaffen und mit mächtigen Waffen versehen, um den tantrischen Buddhismus zu schützen, eine Tradition, die das Erlangen der Erleuchtung mittels ritueller Praktiken favorisiert. Kaladevi reitet ein Maultier. Sie nimmt Schlangen als Zügel und als Decke dient ihr die Haut eines YAKSHA. Manche Legenden erzählen auch, dass dies die Haut ihres Sohnes sei, den sie verschlungen habe. Kaladevi hat drei Augen, zehn Arme und trägt als Dharmapala eine Krone und eine Kette aus Schädeln. Sie gilt manchmal auch als Weib eines Yakshakönigs aus Sri Lanka. Hin und wieder wird sie mit zwei anderen weiblichen Wesen auf einem Blutsee gehend abgebildet. Blutdürstig und schrecklich gilt sie auch als Gemahlin von YAMA, dem Totengott. Doch allen ernsthaft Bittenden gewährt sie gerne Schutz.

KALADEVI, *blutdürstige Göttin, ist der einzige weibliche Dharmapala oder Schützer der buddhistischen Lehre.* (BRONZE UND EMAILLE, TIBET, 18. JH.)

KALI, *die im Blutrausch auf Shiva tanzt. Schließlich kommt sie wieder zu Bewusstsein und die Welt ist vor ihr sicher.* (INDISCHES GEMÄLDE, 18. JH.)

KALI, „die Schwarze", ist der Schrecken erregende Aspekt der Großen Mutter und die SHAKTI SHIVAs. Sie symbolisiert Tod, Vernichtung und Verderben und wurde aus der Stirn DURGAs, eines anderen Aspektes der Göttin, geboren, als diese zornig war. Kali wird gewöhnlich mit blutroten Augen und vier Armen dargestellt. Ihre Zunge hat sie blutdürstig herausgestreckt. Bis auf eine Kette von abgetrennten Händen, Köpfen oder Schädeln und eine Tigerhaut ist sie nackt.

Wie Shiva so hat auch Kali ein drittes Auge auf der Stirn. In einer Hand hält sie eine Waffe, in einer anderen den abgetrennten Kopf eines Riesen, während ihre beiden freien Hände zum Segen erhoben sind. Ihre Anhänger sehen sie als barmherzige Muttergöttin, die Tod und Dämonen vertreibt.

Der Mythos berichtet, dass ein Ungeheuer namens Raktabija drohte, die Welt zu zerstören, da niemand es aufhalten konnte. Jedes Mal wenn es verwundet wurde und ein Tropfen Blut zur Erde fiel, entsprangen diesem 1000 neue Dämonen. Die ratlosen Götter holten Kali zu Hilfe. Als diese begann, gegen die unzähligen Dämonen zu kämpfen, trank sie zuerst deren Blut, um zu verhindern, dass es die Erde berührte und damit weitere Dämonen hervorbrachte. Als am Ende nur noch Raktabija selbst übrig war, verschlang sie ihn mit einem Satz.

Da sie ihren Sieg feiern wollte, fing Kali an zu tanzen. Doch ihre Bewegungen wurden immer heftiger, ihr Tanz immer wilder, sodass schließlich die ganze Schöpfung bebte. Alles Leben war von Zerstörung bedroht. Die Götter wandten sich an Shiva, der sie zum Aufhören bewegen sollte, doch auch er konnte sie nicht aus der Trance wecken. Schließlich warf er sich zu Boden, sodass sie auf seinem Körper tanzen musste. Nach ein paar Schritten bemerkte Kali, was geschehen war und hielt inne.

Die indische Stadt Kalkutta wurde nach dem Tanz der Göttin benannt, denn „Kali Gat" bedeutet „Schritte der Kali". Heute noch werden ihr täglich Hunderte von Tieren geopfert – statt der früheren Menschenopfer. (Siehe auch DIE MUTTERGÖTTIN)

KALKIN siehe AVATARE.

KAMA ist in den heiligen Schriften Indiens das abstrakte sexuelle Feuer oder die Neigung zu Gott. Manchmal aber wird Kama auch als Gottheit betrachtet. Als erstes geborenes Wesen ist er sowohl Göttern als auch Menschen überlegen. Er ist Symbol des ursprünglichen Begehrens und ist daher letztlich für die ganze Schöpfung verantwortlich.

Als Kamadeva ist er der Gott der Liebe. Sein Vater ist Dharma, der Gott des Rechts, seine Mutter Shradda, die Göttin des Glaubens. Manchmal wird er aber auch als Sohn LAKSHMIs oder als Geburt aus dem Herzen BRAHMAs beschrieben. Seine Gefährtin ist Rati, die Lust, Göttin der sexuellen Leidenschaft. Kama ist der Herr der APSARAS, der himmlischen Nymphen und Töchter der Freude.

Die Legende erzählt, dass PARVATI, SHIVAs Gattin, wieder einmal allein zu Hause war, während der große Gott auf dem Berg Kailash meditierte. Sie langweilte sich und bat Kama um Hilfe. Der Liebesgott sträubte sich zuerst, doch Parvati

KAMA *ist als Kamadeva der Gott der Liebe. Meist wird er als junger Mann auf einem Papagei reitend dargestellt. Er trägt Pfeil und Bogen aus Zuckerrohr, verziert mit Blüten.* (ILLUSTRATION VON J. HIGGINBOTHAM)

KARTTIKEYA, *der hinduistische Kriegsgott, hat seinen Namen von den Plejaden, den Kirrtikah.* (SANDSTEIN, PANJAB, 6. JH.)

bestand darauf, dass er einen seiner Pfeile auf Shiva abschießen solle, um ihn an seine ehelichen Pflichten zu erinnern. Als der göttliche Maheshvara sah, was Kama vorhatte, streckte er ihn mit seinem Donnerkeil nieder, da die Weltzeitalter durcheinander geraten würden, sollte Shiva seine Meditation nicht beenden. Später aber erweckte er ihn zu neuem Leben. In einer anderen Version verbrennt Shiva selbst Kama mit einem Blitz aus seinem dritten Auge zu Asche. Daher nennt man Kama manchmal auch Ananaga, den „Körperlosen".

KAMSA siehe KRISHNA.

KARTTIKEYA oder Skanda ist ein Kriegsgott, der gegen die Dämonen zu Feld zieht. Er gilt manchmal als Sohn der Plejaden, der Kirttikah, und als Fruchtbarkeitsgott.

Die großen hinduistischen Epen Mahabharata und Ramayana bezeichnen ihn als Sohn SHIVAS. Shiva bot seinen Samen dem Opferfeuer AGNI dar, der diesen wiederum der Flussgöttin GANGA zum Aufbewahren übergab. Schließlich wurde Skanda mit sechs Köpfen und sechs oder zwölf Armen geboren.

Eine andere Legende berichtet, dass Shiva mit seinem feurigen dritten Auge einen See betrachtet habe. Sofort entstanden daraus sechs Kinder, die von den Gemahlinnen der RISHIS oder Seher aufgezogen wurden. PARVATI liebte diese Kinder so sehr, dass sie sie einmal so heftig an sich drückte, dass sie in eines verschmolzen – allerdings mit sechs Köpfen.

KASHYAPA war ein Weiser des alten Indien, dessen Name „Schildkröte" bedeutet. Im Atharvaveda entstand „Kashyapa, der Selbstgeborene, aus der Zeit." Eine seiner Frauen, Kadru, brachte 1000 Schlangen zur Welt, während die zweite, Vinata, GARUDA, das Reittier des großen VISHNU, gebar. KASHYAPA soll auch die ADITIYAS (mit ADITI) und die DAITYAS (mit deren Schwester Diti) gezeugt haben. Im Mahabharata und im Ramayana gilt er als Sohn BRAHMAs und Vater von Vivasvat, der Sonne, die wiederum Manu, den ersten Menschen und Stammvater aller menschlichen Wesen, erschuf.

Im Buddhismus betrachtet man ihn als Vorzeitbuddha, der GAUTAMA BUDDHA lehrte. Meist wird er auf einem Löwen sitzend und mit gelber oder goldener Körperfarbe abgebildet, da er das Licht von Sonne und Mond repräsentiert.

KATARAGAMA DEVIYO ist einer der großen Götter Sri Lankas. Er ist das Äquivalent des indischen Gottes KARTTIKEYA und des tamilischen Gottes MURUKAN. Ursprünglich nannte man ihn Ceyon oder „Gott mit rotem Körper".

KATAVUL oder Kadavul gilt in den tamilischen Gemeinden im südlichen Indien und auf Sri Lanka als höheres Wesen und Quelle allen Seins.

Sein Name bedeutet „der Seiende". Er richtet über die Menschheit und belohnt oder bestraft sie nach ihren Verdiensten.

KATUKILAL siehe KORRAWI.

KHADROMAS siehe DAKINIS.

KHYUNG-GAI mGO-CAN ist ein alter tibetischer Gott, der vielleicht mit der Sonne zu tun hatte. Er soll einen Vogelkopf gehabt haben.

KORRAWI ist die tamilische Göttin des Krieges und des Sieges. Sie nimmt manchmal die Form von Katukilal, einer Waldgöttin, an. Sie gilt als Mutter des MURUKAN und ihre Tempel werden von Geistern und Dämonen bewacht.

KARTTIKEYA *reitet mitunter einen Pfau. Er hält Pfeil und Bogen in Händen.*

DIE AVATARE VISHNUS

Der große Gott Vishnu gilt als Beschützer der Welt. Er war es, der sie mit drei Schritten ausmaß und zur Wohnstatt für Götter und Menschen machte. Der freundlich gesonnene Gott ist mit Shri oder Lakshmi, der Göttin des Glücks, verheiratet. Zum Zeichen seiner Verbundenheit mit den Menschen steigt er auf die Erde herab, wenn die Menschheit in Gefahr ist. Seine Inkarnationen oder Avatare folgen einem evolutionären Muster: Fisch und Reptil stehen am Anfang, später folgen höhere Tiere, Zwerge und Menschen. Der letzte Avatar ist Kalki, der künftige Schöpfergott. Es sollen insgesamt zehn Avatare sein, doch die einzelnen Texte geben hier verschiedene Angaben. Gautama Buddha wurde erst lange nach den anderen Avataren zu den Inkarnationen Vishnus gezählt. Bei dem 7. und 8. Avatar hingegen, bei Rama und Krishna, handelt es sich um Helden der hinduistischen Mythologie.

MATSYA *(oben), der Fisch, war Vishnus erste Inkarnation. Manu rettete ihn vor dem Gefressenwerden durch einen größeren Fisch und nahm ihn mit. Doch weil der Fisch so schnell wuchs, setzte Manu ihn in den Ozean. Zum Dank warnte er den Manu vor der Sintflut. Er befahl ihm, Samen und Tiere auf sein Boot zu nehmen, das er beschützte, bis die Sintflut vorüber war. So wurde die Erde von neuem bevölkert.* (ILLUSTRATION EINES SAKRALTEXTES, 17. JH.)

KURMA *(links), die Schildkröte, trug während der Quirlung des Milchozeans den Berg Mandara auf dem Rücken. Die Götter hatten den Berg ausgerissen und als Quirl benutzt, doch ohne Gegenkraft bohrte er sich nur tief in die Erde. Also tauchte Vishnu als Schildkröte unter den Berg und hielt ihn. So wurde der Milchozean zu Butter und das Unsterblichkeitselixier Amrita kam daraus hervor.* (ILLUSTRATION VON J. HIGGINBOTHAM)

VARAHA *(rechts) rettete die Erde. Der Dämon Hiranyaksha schleuderte die Erde in den kosmischen Ozean, doch Vishnu als Eber besiegte den Dämon und fand sie wieder. Als schöne Frau trägt er sie auf seinen Hauern zurück an die Oberfläche.*

NARASIMHA *(oben) war der vierte Avatar. Hiranyakashipu. Der Bruder von Hiranyaksha hatte den Gott Indra entthront und sich selbst zum Herrscher über das Universum erhoben. Sein Sohn aber war Anhänger Vishnus und so wollte der Vater ihn töten. Als dies misslang, wurde der Dämon wütend, schlug gegen eine Säule und forderte den allmächtigen Gott heraus. Darauf brach die Säule entzwei und es entstieg ihr Vishnu als Löwenmensch Narasimha, der dem Dämon die Eingeweide herausriss.* (ILLUSTRATION VON J. HIGGINBOTHAM, 1864)

VAMANA *(oben), der Zwerg, rettete das Universum vor dem Dämon Bali, der es in seine Gewalt gebracht hatte. Um die Welt zu befreien, nahm Vishnu die Form eines Zwerges an. Er bat Bali, ihm so viel Land zu geben, wie er mit drei Schritten ausmessen könne. Der Dämon gewährte diese scheinbar harmlose Bitte, doch Vishnu verwandelte sich in den Riesen Trivikrama, sodass seine drei Schritte die Unterwelt, die Erde und den Himmel umfassten.* (ILLUSTRATION VON J. HIGGINBOTHAM, 1864)

PARASHURAMA *(oben), wurde als Brahmane geboren, führte aber das Leben eines Kriegers. Seine Waffe war eine heilige Axt, die Shiva ihm anvertraut hatte. Um eine Beleidigung an seinem Vater zu rächen, vernichtete Parashurama die gesamte Kriegerkaste und ordnete an, dass die Witwen Brahmanen heiraten sollten, um eine neue, reinere Kaste hervorzubringen. Er war Vishnus sechster Avatar* (PARASHURAMA TÖTET ARJUNA KARTAVIRYA, CHAMBA ODER BILASPUR, CA. 1750 – 1760)

Krishna *(oben), achter Avatar und Gott, wurde bei seiner Geburt verborgen, da eine Prophezeiung dem bösen König Kamsa vorhersagte, dass er von einem Kind Devakis getötet werden würde. Der Junge wuchs unter Hirten auf, bis er mächtig genug war, Kamsa und viele andere Dämonen wie den kalbsköpfigen Vatsasura zu töten. In der großen Schlacht von Kurukshetra stand er Arjuna als Wagenlenker verkleidet bei.* (ILLUSTRATION DES BHAGAVATA PURANA VON MANKOT, 1730-1740)

RAMA *(links) war Vishnus siebter Avatar. Vishnu nahm diese Inkarnation an, weil die Götter ihn baten, den Dämonenkönig Ravana, den Herrscher der Insel Lanka (heute: Sri Lanka), zu töten. Rama, Sohn des Königs Ayodhya, gewann seine Gemahlin Sita, indem er Shivas unzerstörbaren Bogen zerbrach. Seine Stiefmutter verbannte ihn 14 Jahre in den Wald, wo Sita von Ravana geraubt wurde. Nach vielen Abenteuern tötete Rama den Dämon, gewann Sita zurück und regierte sein Königreich 1000 Jahre lang.* (ILLUSTRATION ZUM RAMAYANA VON MIR KALAN, CA. 1750 -- 1760)

GAUTAMA BUDDHA *(links) wurde erst im 3. oder 4. Jh. v. Chr. zu einem Avatar Vishnus gemacht. Anfangs hieß es noch, Vishnu sei als Buddha zur Welt gekommen, um die Dämonen zu Buddhisten zu machen und ihre Macht im Kampf gegen die Götter zu schwächen. Man behauptete auch, er habe als Buddha Menschen zum Abfall vom Hinduismus bewogen, um diese zu strafen. Erst später wurde ein positiver Grund für seine Inkarnation gefunden: Er habe die Menschenopfer abschaffen wollen.*

KALKIN *(oben) ist Vishnus zehnter und letzter Avatar, der sich noch inkarnieren wird – am Ende des gegenwärtigen Weltzeitalters, des Kali Yuga, das 3102 v. Chr. begann und 432 000 Jahre dauern wird. In seinen letzten Jahrhunderten wird die Menschheit Zivilisation, Moral und Glauben verlieren. Die göttliche Inkarnation Kalkin wird die herabgesunkene Welt auslöschen und ein neues Zeitalter einleiten.* (STEINSKULPTUR AM PRASANNA-CHENNAKESHAVA-TEMPEL, SOMNATHPUR)

KRISHNA ist in der hinduistischen Mythologie ein AVATAR des universellen Bewahrers VISHNU. Traditionell gilt er als die einzig vollständige Inkarnation des großen Gottes. Als göttlicher Held kam Krishna in Mathura zur Welt, einer Stadt in Nordindien, weil die Götter den gefährlichen Dämonenkönig Kamsa stürzen wollten. Daher beschloss Vishnu, sich als achter Sohn von des Königs Schwester Devaki zu inkarnieren. Die Legende berichtet, dass Vishnu sich zwei Haare ausriss, ein weißes und ein schwarzes. Das schwarze Haar wurde zu Krishna, das weiße zu BALARAMA, Krishnas älterem Bruder. Krishnas Name bedeutet nämlich „der Schwarze".

König Kamsa war prophezeit worden, dass er von einem seiner Neffen vernichtet werden würde. Also setzte er seine Schwester Devaki und ihren Gemahl Vasudev gefangen und tötete deren Söhne gleich nach der Geburt. Eines Tages aber befahl ihnen Vishnu, ihren neugeborenen Sohn Krishna gegen die Tochter eines Kuhhirten auszutauschen, der am anderen Ufer des Flusses Yamuna lebte. Darauf öffneten sich wie durch ein Wunder die Tore des Gefängnisses und Vasudev konnte sein Kind zum Fluss tragen. Als die Zehe des Kindes das Wasser berührte, teilte sich dieses sofort, sodass Krishna und sein Vater trockenen Fußes hinüber gelangten. Vasudev ließ seinen Sohn in der Obhut des Hirtenpaares Yashoda und Nanda. Darauf schickte König Kamsa, dem alles hinterbracht worden war, einen als Amme verkleideten Dämon, um den Jungen zu töten.

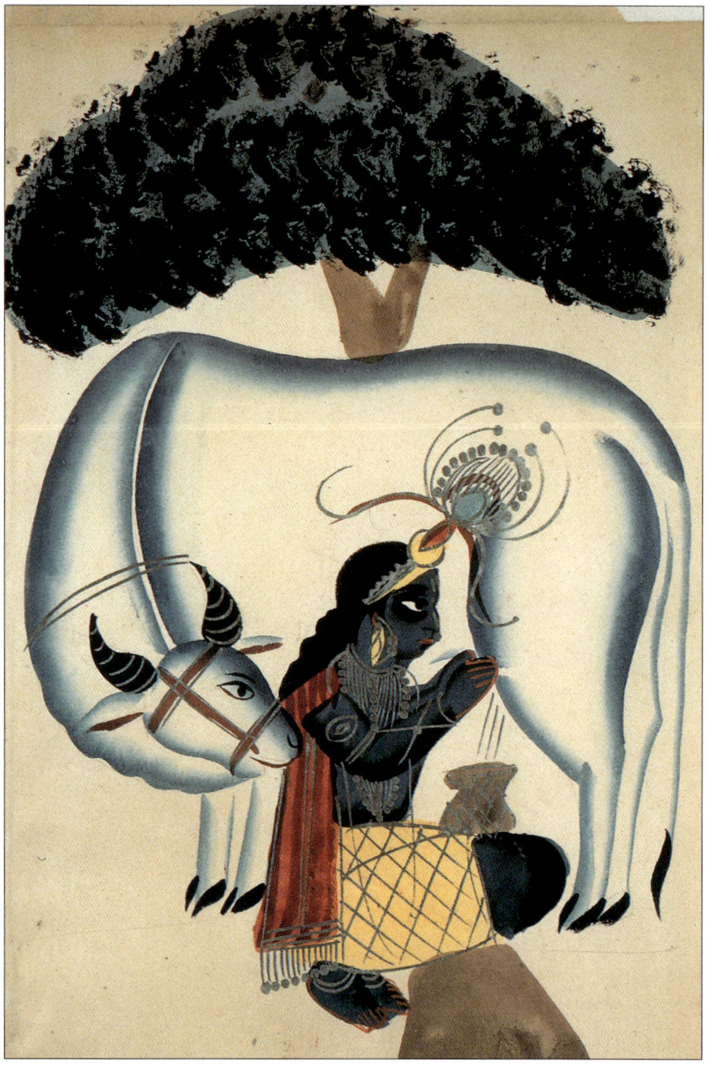

KRISHNA *(links) soll dem Sonnengott Surya Bhakti-Yoga gelehrt haben. Dieser gab sein Wissen an Manu, den Stammvater der Menschheit weiter.*

KRISHNA *(oben), ein Avatar Vishnus, verbrachte seine Kindheit als Adoptivsohn von Kuhhirten.* (GEMÄLDE AUS KALIGHAT, CA. 1860)

Doch Krishna sog so lange an der Brust des Ungeheuers, bis alles Leben aus diesem wich.

Krishna war ein sehr lebhaftes Kind. Er ärgerte die Kühe, spielte seinen Eltern Streiche und stahl Butter und Süßigkeiten, wo er nur konnte. Mitunter wurde seine göttliche Herkunft spürbar, wenn er z.B. zwei Bäume zugleich entwurzelte. Auch erblickte seine Adoptivmutter Yashoda eines Tages erschrocken das ganze Universum in der Kehle ihres Ziehsohnes. Als die Kuhhirten eines Tages dem Gott INDRA huldigen wollten, meinte Krishna, genauso gut könnten sie den Berg Govardhana und ihre Herden anbeten, da der Berg ihre Herden und diese sie versorgten. Dann erklärte er, dass er selbst der Berg sei und ihm Anbetung gebühre. Der wütende Indra sandte daraufhin einen Sturm, doch Krishna riss einfach den Berg aus und hielt ihn sieben Tage und sieben Nächte über die Hirten und ihre Herde. Das erstaunte Indra so sehr, dass er vom Himmel herabstieg und Krishna bat, sich mit seinem Sohn, dem Helden ARJUNA, anzufreunden.

Eine der beliebtesten Legenden berichtet von Krishnas Liebschaften mit den Hirtinnen, im Besonderen mit RADHA, einem jungen Mädchen, in das der Held sich unsterblich verliebte. Eines Tages, als die Hirtinnen im Fluss badeten, stahl Krishna ihre Kleider und versteckte sich in einem Baum. Er wollte die Kleider nur herausgeben, wenn die Hirtinnen mit über dem Kopf gefalteten Händen aus dem Wasser kämen. Da alle Hirtinnen beim Tanz Krishnas Hand halten wollten, ließ er sich unzählige Hände wachsen. Krishnas Flöte, welche die Hirtenmädchen zum Tanz hinaus ins Mondlicht lockt, symbolisiert die Stimme des Höchsten, der alle, die ihn hören, zu himmlischen Freuden ruft.

Als Krishna älter wurde, begann er, die Nachbarschaft Stück für Stück von Dämonen zu säubern. König Kamsa hörte von seinen Heldentaten und beschloss, ihn zu töten. Doch Krishna vernichtete nicht nur Kamsa, sondern alle Dämonen, die sich in der Umgebung eingenistet hatten.

KRISHNA *besucht Radha, eine junge Gopi oder Hirtin, in die er sich verliebt hat. Seine Name bedeutet „der Schwarze", daher wird er häufig mit dunkler Hautfarbe dargestellt.* (ILLUSTRATION ZUM RASAMJARI VON BHANUDETTA BASOHLI, CA. 1865)

Aber sein wichtigster Auftritt war der bei der Schlacht von Kurukshetra, wo er am Vorabend der Schlacht – als Wagenlenker verkleidet – dem Helden Arjuna jene Belehrungen gab, welche die Bhagavadgita, den „Gesang des Erhabenen" im großen hinduistischen Epos Mahabharata, festhält.

Die Schlacht endete mit der völligen Vernichtung beider Heere. Kurz danach starb auch Krishna. Als er im Wald barfuß meditierte, hielt ein Jäger ihn versehentlich für eine Gazelle und verwundete ihn an seiner einzigen verwundbaren Stelle, der linken Ferse.

Krishna befahl dem Jäger, nicht zu trauern, und stieg in einer Lichtsäule zum Himmel auf.

Krishna gilt als Verkörperung von göttlicher Schönheit, Freude und Liebe. Sein Charme und sein bezauberndes Wesen lockten die Menschen in die Umarmung mit dem höchsten Gott. (Siehe auch DIE AVATARE VISHNUS)

KSHITIGARBHA ist ein BODHISATTVA oder künftiger Buddha, der über die sechs Wege wacht, welche die Wesen nach ihrem Tod einschlagen. Diese Pfade führen zur Wiedergeburt als Mensch, ASURA, Dämon, Gott, Tier oder Höllengeist. Geduldig tröstet er die Höllenwesen und versucht, ihre durch schlechte Taten in früheren Leben angesammelte Bürde zu mindern.

Kshitigarbha gilt auch als Patron der Reisenden. Seine Gemeinde in Indien ist klein, in China und Japan hingegen hat er viele Anhänger. Ein chinesischer Mythos erzählt, dass er als junger Brahmane in Indien so unglücklich über das Leiden seiner verstorbenen Mutter in der Hölle war, dass er beschloss, alle Höllengeister zu retten. Kshitigarbhas Name bedeutet „Der der Erde entstammt". In China heißt er Dizang Wang, in Japan Jizo-Bosatsu.

KUNTI siehe ARJUNA.

KUN-TU-bZAN-PO schuf in der Mythologie der tibetischen Bön-Religion die Welt aus einem Haufen Schlamm und die Menschen aus einem Ei.

KURMA, die Schildkröte, ist der zweite AVATAR des universellen Bewahrers VISHNU. Während der Milchozean gequirlt wurde, trug Kurma den Berg Mandara auf dem Rücken, damit dieser sich nicht in die Erde bohrte.

Auf diese Weise erlangten die Götter AMRITA, den Unsterblichkeitstrank, und damit ihre Kraft zurück. (Siehe auch DIE AVATARE VISHNUS)

L

KURUKULLA ist eine buddhistische Göttin und gilt als Emanation von Buddha AMITABHA. Sie soll Männer und Frauen so bezaubern können, dass sie ihr freiwillig dienen. In Tibet wird sie als Göttin des Reichtums betrachtet. Meist trägt sie einen roten Lotus sowie Pfeil und Bogen. Sie wird oft mit vier Armen und in einer Höhle sitzend dargestellt. Dabei nehmen ihre beiden oberen Arme eine bedrohliche Pose ein, wohingegen die beiden unteren zur Umarmung ausgestreckt sind.

KUVERA oder Kubera siehe Die VIER WÄCHTER.

LAKSHMANA ist in der hinduistischen Mythologie der Sohn König Dasarathas und seiner Gemahlin Sumitra. Er ist somit Halbbruder von RAMA, einem AVATAR des großen Gottes VISHNU. Als Rama aus dem Reich seines verstorbenen Vaters verbannt wurde, begleitete Lakshmana ihn in den Wald. Dort aber verliebte sich Surpanaka, die Schwester des Dämonenkönigs RAVANA, in Rama. Doch dieser schickte sie an seinen Bruder weiter, der sie wieder zu Rama zurücksandte. Aus Rache attackierte Surpanaka SITA, Ramas Gemahlin, doch ohne Erfolg. Nun bat Rama seinen Bruder, die Dämonin zu zu bestrafen. Da schnitt ihr Lakshmana Nase und Ohren ab. Daraufhin kehrte sie zu ihrem Bruder zurück und flehte ihn an, für sie Rache an Rama zu üben. So fand der Dämonenkönig den Weg in Ramas Wald und konnte Sita entführen.

LAKSHMI oder Shri taucht in den Veden, den heiligen Hymnen der Hindus, in vielerlei Form auf, auch als Gefährtin VARUNAs oder SURVAs. Am bekanntesten aber ist sie als SHAKTI oder weibliche Energie des mächtigen Hindugottes VISHNU. Die Göttin des Reichtums und der Gesundheit wird gewöhnlich als schöne, goldfarbene Frau auf einer Lotusblüte abgebildet, dem Symbol des Mutterleibes, der Erleuchtung und der spirituellen Reinheit. Während des Divali- oder Lichterfestes werden ihr zu Ehren Tausende von Laternen angezündet und Feuerwerkskörper abgebrannt. Man feiert und spielt, während die Göttin von Haus zu Haus wandert, um sich einen Rastplatz zu suchen. Dabei segnet sie alle Wohnstätten, die hell erleuchtet sind.

Lakshmi kennt mehrere Inkarnationen. Als Vishnu sich z.B. als RAMA inkarnierte, war Lakshmi seine SITA.

LAKSHMANA *und Rama suchen Ramas entführte Frau Sita.* (ILLUSTRATION ZUM RAMAYANA, KANGRA, 1780)

Jeder Mensch möchte Lakshmi besitzen und festhalten, doch die Göttin bleibt niemals lange. Stellt jemand sie zum Gebet gar auf seinen Kopf, verlässt sie den Übeltäter sofort. Genau das aber tun die Dämone, wenn sie ihrer habhaft werden. In frühen Mythen war Lakshmi die Gemahlin des Kriegsgottes INDRA. Doch sogar dieser musste sie in vier Teile schneiden, um sie festhalten zu können. Lakshmis Gegenwart brachte Fruchtbarkeit, denn wenn sie neben INDRA saß, ließ dieser es regnen. Eine andere Legende berichtet sogar, dass Lakshmi spontan aus einem vom Pflug aufgerissenen Acker entstand.

Auch im Mythos vom Milchozean taucht sie auf. Mit der Schlange Vasuki als Seil und dem Berg Mandara als Quirl schlugen die Götter den Milchozean in 100 Jahren zu Butter, bis am Ende das Unsterblichkeitselixier AMRITA und die „14 Kostbarkeiten", darunter auch die Göttin Lakshmi auf einer Lotusblüte, erschienen. Daraufhin begannen die himmlischen Musikanten zu spielen und die großen Rishis Indiens priesen Lakshmi. Alle heiligen Flüsse

LAKSHMI *(links außen) ist eine blumengeschmückte, goldfarbene Schönheit. Sie galt als Göttin der Fruchtbarkeit, daher ehelichten indische Herrscher Lakshmi rituell, um Reichtum für das Land sicherzustellen.*

LAKSHMI *(links) sitzt auf Vishnus Schoß und weigert sich, die Asuras anzusehen, die sie als Göttin des Wohlstands für sich reklamierten, als sie aus dem Milchozean hervorkommt.*

M

In LANKA *fand die Schlacht zwischen Rama und dem Dämonenkönig Ravana statt. Der Affenarmee Ramas gelang es schließlich, Ravanas Horden zu besiegen.* (ILLUSTRATION ZUM RAMAYANA, RAJASTHAN, FRÜHES 19. JH.)

baten sie, in ihnen zu baden und der Milchozean bot ihr eine Krone aus Blüten dar, die niemals verwelken. Die heiligen Elefanten, welche die Welt tragen, gossen das geweihte Wasser des Ganges über ihr Haupt.

LANKA ist der alte Name Ceylons, heute Sri Lanka. Auch die Hauptstadt hieß so. Die Mauern von Lanka bestanden einst aus purem Gold, da Vishvakarma, der Baumeister der Götter und selbst ein Schöpfergott, sie als Heimstatt für Kubera, den Gott des Reichtums, geschaffen hatte. Später aber brachte der Dämonenkönig RAVANA Stadt und Insel in seine Gewalt.

Eine andere Geschichte berichtet, dass VAYU, der Windgott, die Insel geschaffen habe. Der RISHI Narada forderte Vayu eines Tages auf, die Spitze des Berges MERU abzubrechen, der gewöhnlich vom mythischen Vogel GARUDA bewacht wurde. Und tatsächlich gelang Vayu dies. Er warf die Spitze ins Meer, wo sie zur Insel Lanka wurde.

Die LHA-DRE sind Götter der tibetischen Bön-Religion. Als der Buddhismus sich in Tibet ausbreitete, wurden diese Gottheiten als Schutzgötter ins buddhistische Pantheon integriert. Dort gelten sie als „weltliche Gottheiten", die sich von den symbolträchtigen buddhistischen Figuren unterscheiden.

LHA-MO siehe KALADEVI.

LOKAPALAS siehe DHARMAPALAS und Die VIER WÄCHTER.

Die LU sind Götter aus der tibetischen Bön-Religion, die als Schützer des Glaubens in das buddhistische Pantheon Aufnahme fanden. Sie leben in Flüssen und Seen und müssen regelmäßig durch Opfer besänftigt werden.

MAHAKALA oder Mahalka, ist in Tibet als Mgon-po bekannt. Er gilt sowohl als destruktive Form SHIVAs wie als tibetisch-buddhistischer DHARMAPALA und YIDAM (persönliche Schutzgottheit). Sein Name bedeutet „Großer Schwarzer". Er hat drei Augen, trägt eine Tiger- bzw. Elefantenhaut und eine Schlinge aus Schlangen.

LANKA *(links) brennt, als Hanumann, der hinduistische Affengott, die Insel verlässt.*

Wie alle Dharmapalas hat er die Aufgabe, die Feinde der buddhistischen Lehre zu vernichten. Seine wichtigsten Aufgaben sind die Vernichtung der Dämonen, die Erhaltung des Friedens und damit auch des Reichtums. Im 17. Jahrhundert war er der mächtige Schutzgott der Mongolei, später von ganz Tibet.

MAHALKA siehe MAHAKALA.

MAHAMAYA siehe MAYA.

MAHAPRAJAPATI GAUTAMI war Tante und Stiefmutter GAUTAMA BUDDHAS. Sie zog ihn auf, da seine Mutter, Königin MAYA, wenige Tage nach seiner wunderbaren Geburt vor Freude verschied. Mahaprajapatis Hingabe an Buddha wurde legendär. Nach dem Tod ihres Gatten überredete sie den Erhabenen, sie einen Nonnenorden gründen zu lassen.

MAHAKALA *ist ein Schützer der Lehre. Der „Große Schwarze" wird meist in drohender Pose und mit Schwert dargestellt.* (TIBETISCH, 19. JH.)

MAITREYA ist der Buddha der Zukunft und gleichzeitig der letzte Buddha auf Erden. Er gilt als Verkörperung der Liebe, und sein Name bedeutet „Der Freundliche" oder „Der Wohlwollende". Maitreya lebte als BODHISATTVA im TUSHITA-Himmel (Himmel der Glückseligkeit). Am Ende des gegenwärtigen Weltzeitalters, in etwa 30 000 Jahren, wird er der Nachfolge GAUTAMA BUDDHAs werden.

Maitreya wird oft zusammen mit Gautama und dem Bodhisattva AVALOKITESHVARA dargestellt. Außerhalb der buddhistischen Mahayana-Tradition (des sogen. „Großen Fahrzeugs") bezieht sich der Begriff Bodhisattva gewöhnlich auf Maitreya oder Gautama Buddha vor dessen Wiedereintritt in die irdische Existenz als Buddha.

Im tibetischen Buddhismus ist die Verehrung Maitreyas sehr weit verbreitet. Einer Legende zufolge erhielt Asanga, ein großer und gelehrter Weiser, der die Yogachara-Schule des Mahayana-Buddhismus begründete, seine Belehrungen direkt vom Buddha der Zukunft. Die Yogachara-Schule lehrt, dass alles „Nur-Geist" ist. Dies soll mit verschiedensten yogischen Übungen erkannt werden.

Asanga brachte Jahre damit zu, über Maitreya zu meditieren. Eines Tages war er nahe daran, aufzugeben, denn all seine Bemühungen erschienen ihm fruchtlos.

Da entdeckte er, dass die sanften Flügel der Vögel, die regelmäßig gegen seine Felsenhöhle flogen, im harten Stein eine Furche hinterlassen hatten und dass ein regelmäßig fallender Wassertropfen eine tiefe Rinne in den Fels gewaschen hatte. Schon fühlte er neue Entschlossenheit in sich aufsteigen und rief Maitreya von Neuem an. Doch auch dies blieb vergeblich.

Etwas später machte er sich in den Bergen auf die Suche nach etwas Essbarem und traf auf einen alten Mann, der eine Eisenstange mit einem Baumwolltuch abrieb. Asanga fragte ihn, was er denn da treibe. Da antwortete ihm der Alte, dass er aus dem Stab eine Nadel machen wolle. Und wieder erneuerte Asanga seinen Schwur, die letztendliche Erleuchtung zu erlangen.

Viele Jahre vergingen, doch Asanga hatte sein Ziel immer noch nicht erreicht. Deshalb wollte er seiner Höhle ein für alle Mal den Rücken kehren und seine Bemühungen aufgeben. Doch auf seinem Weg zurück in die Welt stolperte er beinahe über einen Hund. Dieser hatte viele offene Wunden voller Würmer und litt schreckliche Schmerzen. Dies brachte Asanga in Zwiespalt mit sich selbst: Entfernte er die Würmer aus der Wunde, so würden sie vor Hunger sterben. Also beschloss er, sie mit seinem eigenen Körper zu nähren. Da er aber fürchtete, er könne sie zerdrücken, leckte er sie mit der Zunge aus der Wunde des Hundes.

Sobald seine Zunge die Wunde berührt hatte, verwandelte der Hund sich plötzlich in Buddha Maitreya. Der verblüffte Asanga fragte ihn, warum er ihm während seiner langen Zeit in der Höhle nie erschienen war. Maitreya antwortete, dass er immer bei ihm gewesen sei, dass aber erst dieser Akt höchsten Mitgefühls seine Sicht so geklärt habe, dass Asanga ihn habe sehen können.

MAITREYA *(oben) wird erst in der Zukunft erscheinen, wenn Indien ein Paradies auf Erden sein wird.* (TIBETISCHE BRONZE, 11. JH.)

MAITREYA *(rechts), Buddha der Zukunft und letzter Erdenbuddha.*

MANJUSHRI *auf dem Lotusthron, von mehreren Gottheiten flankiert. Auf den Lotusblüten an den beiden Seiten liegen das Prajnaparamita-Sutra, ein heiliger Text über das Bodhisattva-Ideal und die Leerheit, sowie das Schwert der Weisheit.* (TIBETISCHE MALEREI)

Dann bat Maitreya den Weisen, ihn auf seinen Schultern in die Stadt zu tragen, damit jeder ihn sehen könne. Doch die Menschen waren so mit sich selbst beschäftigt, dass sie den Buddha nicht wahrnahmen. Da brachte Maitreya Asanga in den Tushita-Himmel. Dort lehrte er ihn all jene Einsichten, nach denen der Yogi jahrelang gesucht hatte.

MANJUSHRI ist der BODHISATTVA der Weisheit und ein wichtiger Teil des buddhistischen Pantheons. Sein Name bedeutet „Der mit der sanften Stimme“. Seine SHAKTI oder weibliche Energie ist SARASVATI. Manjushri wird gewöhnlich mit zwei Lotusblüten dargestellt, auf denen seine Attribute ruhen, das Schwert der Weisheit und ein heiliger Text. Er vertreibt die Unwissenheit, verleiht Beredsamkeit und steht für den Teil der Erleuchtung, der durch Gelehrsamkeit erreicht werden kann. Er gilt als Vater und Mutter der Bodhisattvas sowie als ihr spiritueller Freund.

Der tibetische Buddhismus betrachtet einige seiner größten Gelehrten als Inkarnationen Manjushris. Dort wird er häufig mit mehreren Köpfen und Armen dargestellt. In Nepal schreibt man ihm die Schaffung der Zivilisation zu. Sein Fest ist der erste Tag des Jahres. Der Legende zufolge kam Manjushri ursprünglich aus China. In Japan kennt man ihn als Monju-Bosatzu. (Siehe auch BODHISATTVAS)

MANU ist in der hinduistischen Mythologie der erste Mensch auf Erden und Stammvater der Menschheit. Der Mythos sieht Manu als Sohn von BRAHMA und einer jungen, bezaubernden Göttin, die dieser aus seinem Körper geschaffen hatte. Eine andere Tradition kennt ihn als Sohn SURYAs. Er steht in enger Verbindung mit VISHNU, der ihn in seinem Avater als Fisch Matsya vor einer Flutkatastrophe bewahrte.

Eines Tages fand Manu beim Waschen im Fluss einen winzigen Fisch, der ihn um Schutz bat. Manu nahm den Fisch mit nach Hause, wo er aber ständig wuchs. Schließlich bat er Manu, ihn ins Meer zu bringen. Doch bevor er ihn verließ, warnte der Fisch Manu noch vor der kommenden Flut. Er riet ihm, ein großes Boot zu bauen und darauf ein Exemplar von allen Tierarten sowie Samen sämtlicher Pflanzen mitzunehmen.

Noch bevor Manu fertig war, begann der Regen zu fallen. Bald war die ganze Welt überflutet. Die Fluten drohten, das Boot mitzureißen und zu zerstören, doch wieder kam Matsya und brachte es in Sicherheit. Dann befahl er Manu, das Boot am Gipfel eines Berges festzumachen und zu warten. Bevor er endgültig verschwand, enthüllte Matsya seinem Schützling seine wahre Identität.

Voller Dankbarkeit reichte Manu ein Opfer aus Milch und geschmolzener Butter dar. Nach einem Jahr verwandelte sich die Opfergabe in Manus wunderschöne Tochter Ida. Das Paar brachte nun gemeinsam die menschliche Rasse hervor.

MANJUSHRI *auf einem Lotus-Mond-Thron hebt das Schwert der Weisheit, um damit die Wurzel der Unwissenheit zu durchtrennen.*

MARA ist der Dämonenfürst, der GAUTAMA BUDDHA aus der Meditation zu reißen versuchte, als er unter dem heiligen Baum in Bodhgaya saß. Sein Name bedeutet „Tod". Da Mara erkannt hatte, dass er seine Macht verlieren würde, wenn Gautama die Erleuchtung erlangte, sandte er zuerst seine drei bildhübschen Töchter, um den Weisen zu verführen. Doch Gautama ließ sich trotz der Ränke der Schönen nicht stören.

Dann schickte der Herr des Todes eine Armee Furcht erregender Dämonen. Einige davon hatten mehr als 1000 Augen, andere waren schrecklich missgebildet. Sie tranken Blut und fraßen Schlangen. Doch sobald sie den heiligen Baum erreichten, konnten sie ihre Waffen nicht mehr bewegen. Schließlich griff Mara selbst an. Er besaß eine schreckliche Waffe, eine Scheibe, die sogar Berge zerschmettern konnte. Doch als sie auf Gautama zuflog, verwandelte sie sich in eine Blumenkette, die vor dem Erhabenen zu Boden fiel. Da musste der Dämonenkönig einsehen, dass er besiegt war.

MAYA *(oben) hielt sich mit einer Hand an einem Baum fest, während sie Gautama zur Welt brachte. Mit sieben symbolischen Schritten nahm er sodann die Welt in Besitz.* (TIBETISCHES ROLLBILD, 18. JH.)

MARA *(unten) versucht mit allen Mitteln, Gautama unter dem Bodhi-Baum aus der Meditation zu reißen.* (TIBETISCHES ROLLBILD, 18. JH.)

Die MARUTS sind die Sturmgötter des alten Indien, entweder 27 oder 60 an der Zahl. Sie waren die Kinder der Göttin Prishni und des alten vedischen Gottes RUDRA, der später mit SHIVA gleichgesetzt wurde. Die Maruts dienten als Begleiter INDRAs und trugen Blitzpfeile und Donnerkeile. Dem Rigveda, der heiligen Hymnensammlung der Hindus, zufolge besaßen sie goldene Helme und ebensolche Brustpanzer. Sie spalteten mit ihren Äxten die Wolken, um so für Regen zu sorgen. Daher identifizierte man die Maruts meist mit den Wolken selbst. Sie waren in der Lage, Berge zu erschüttern und ganze Wälder zu zerstören.

Die spätere Überlieferung machte sie zu Söhnen der Diti. Da Diti 100 Jahre lang schwanger bleiben und ihre Nachkommen damit sehr mächtig machen wollte, zerschmetterte Indra ihren gewaltigen Bauch mit einem Donnerkeil, sodass ihre Söhne früher geboren wurden.

MATSYA siehe MANU.

MAYA oder Königin Mahamaya war die Mutter GAUTAMA BUDDHAs. Der buddhistischen Tradition zufolge wies sie alle Qualitäten auf, die zu einer solchen Rolle nötig waren. Sie hatte die Leidenschaften besiegt, trank niemals Alkohol und befolgte die buddhistischen Regeln für Laien. Am Tag, als sie Gautama empfing, träumte sie von einem kleinen, weißen Elefanten mit einer weißen Lotusblüte, der in ihre rechte Seite eintrat.

Folgerichtig gebar Maya Gautama aus ihrer Seite, während sie an einem Baum lehnte. Sie litt dabei keine Schmerzen. Sieben Tage später starb sie vor Freude und kam in den Götterhimmel.

Maya, die „wunderbare Kraft", beschrieb im Hinduismus die Macht der vedischen Götter. Später wurde dieser Begriff auf die Illusion der Realität angewandt, die uns umfängt und die wir überwinden, wenn wir die Einheit von Ich und Brahman, dem Absoluten, erken-

MAYA *(oben) träumt von einem kleinen, weißen Elefanten und empfängt Gautama Buddha, der auf ihm reitet, um sich in der Welt zu inkarnieren.*

nen. (Siehe auch DAS LEBEN DES BUDDHA)

MERU ist ein mythischer Berg, auch als Sumeru bekannt. Sowohl im Buddhismus als auch im Hinduismus gilt dieser Berg als Zentrum der Welt, als Ort, an dem die Götter wohnen. Die hinduistische Tradition sieht den Ganges von diesem Berg fließen und siedelt BRAHMAs goldene Stadt dort an. Unterhalb des Berges liegen sieben niedrigere Welten. In der untersten lebt die Schlange Vasuki, die Meru und alle Welten auf ihrem zusammengerollten Körper trägt und am Ende dieses Weltzeitalters, des Kali YUGA, alles zerstören wird.

Der Buddhismus sieht rund um den Berg Meru alle Meere und Länder gruppiert, darunter die Höllenwelten. Der Götterhimmel und die „Reinen Länder" liegen darüber. In der tibetischen Schöpfungsgeschichte gab es zu Anfang nichts als Leere. Schließlich erhob sich, ausgelöst durch das Karma der Bewohner früherer Welten, ein Wind. Nach vielen Jahrhunderten blies dieser Wind stärker und Regen begann zu fallen. Viel Zeit verging, bevor daraus der Urozean entstand. Diesen Ozean wühlten die Winde auf, bis sie den Berg Meru oder Rirap Lhunpo hervorgebracht hatten. Bald darauf wurde Meru zum Sitz der Götter und Halbgötter.

Der Berg besteht aus Juwelen, seine Abhänge sind voller Frucht tragender Bäume. Rund um den Berg liegt ein weiter See, umringt von goldenen Bergketten. Insgesamt sind es sieben Seen und sieben Ringe goldener Berge. Der letzte See heißt Chi Gyatso. In ihm liegen die vier Welten. Jede Welt ist eine Insel und hat spezielle Einwohner. Unsere Welt heißt Czambu Ling. Sie wurde zuerst von den Göttern bewohnt. Zu dieser Zeit war alles noch wie im Märchen und es gab weder Schmerzen noch Krankheiten.

Doch eines Tages entdeckte einer der Götter eine cremige Substanz auf der Erde. Er kostete sie und sie schmeckte ganz wundervoll. Bald aßen alle Götter von dieser Substanz mit dem Ergebnis, dass sie immer schwächer wurden, bis schließlich gar das Licht erlosch, das sie ausstrahlten. Die Welt wurde kalt und dunkel, aus den Göttern wurden Menschen. Als die cremige Substanz zur Neige ging, begannen sie, die vorhandenen Früchte zu essen. Jeder Mensch hatte seine eigene Pflanze und diese brachte jeden Tag genau eine Frucht hervor, was gerade ausreichte, um den Hunger dieser einen Person zu stillen.

Eines Tages bemerkte ein Mann, dass seine Pflanze zwei Früchte trug, und aß alle beide auf. Am nächsten Tag aber trug sie gar keine Frucht, und da er Hunger litt, bestahl er seinen Nachbarn. Auf diese Weise kamen Gier und Diebstahl in die Welt. (Siehe auch HEILIGE BERGE)

MGON-PO siehe MAHAKALA.

MITRA ist der Lichtgott der vedischen Mythologie. Er gehört zu den ADITIYAS und ist eng verbunden mit VARUNA, dem höchsten vedischen Gott. Beide werden manchmal als Zwillinge betrachtet.

Gemeinsam halten sie die universelle Ordnung aufrecht. Sie stehen für die Gerechtigkeit, die zentrale Kraft der Krieger-Kaste. Als wohl wollender Gott hat Mitra vor allem mit Freundschaften und Verträgen zu tun.

Er bringt die Menschen zum Licht und befähigt sie, miteinander glücklich zu sein. Im Iran heißt diese Gottheit MITHRA.

MURUKAN, der „Jugendliche", ist eine dravidische Gottheit aus dem Süden Indiens. Man kennt ihn auch als Ceyon, den „Roten". In der heutigen tamilischen Religion spielt er eine große Rolle. Murukan reitet einen Pfau oder einen Elefanten und trägt Speer und Blumengirlande. Manchmal wird er auch mit KARTTIKEYA gleichgesetzt, dem hinduistischen Kriegsgott. Sein Äqivalent in Sri Lanka heißt KATARAGAMA DEVIYO.

MERU *(rechts), der goldene Berg, gilt im Hinduismus und im Buddhismus gleichermaßen als Zentrum der Welt.*
(WANDMALEREI, WAT KO KEO SUTTHARAM, THAILAND)

HEILIGE FLÜSSE

Der mächtige Ganges, der im Himalaya entspringt und dann durch Nordost-Indien fließt, gilt den Hindus als heilig. Sie glauben, dass ein Bad im Fluss sie in Indras Reich Svarga oder auf den Berg Meru bringt. Auch die heilige Stadt Prayaga (Allahabad), wo der Ganges mit der Yamuna und der unterirdischen Sarasvati zusammenfließt, findet Verehrung. Ein bisschen Erde von dieser Pilgerstätte soll alle Sünden hinwegnehmen. Jeder dieser großen Flüsse wurde als Göttin personifiziert. Die höchste unter ihnen war Ganga, Tochter des Berggottes Himavat, und als solche ein Aspekt der großen Göttin Devi. Sie soll aus der Zehe Vishnus entsprungen und auf die Erde gesandt worden sein, um diese von der Asche der Toten rein zu waschen. Auch heute noch wird dem Fluss die Asche der Gläubigen anvertraut.

SARASVATI *(oben), die Göttin, galt ursprünglich als Personifikation des heiligen Flusses, der bei Prayaga in den Ganges fließt. Als Naturgöttin hatte sie die Macht, Berge zu sprengen und sprach mit der Stimme des Wasserfalls. Später wurde sie zur Schöpfung und Gefährtin Brahmas gemacht. Sie wurde zur Göttin der Musik und Weisheit, der man die Erfindung des Sanskrit-Alphabets zuschrieb, und zur „Mutter der Veden".* (MARMORSTATUE, 12. JH.)

VARANASI *(links), die Stadt am Westufer des Ganges, ist den Hindus heilig. Sie glauben, dass das Sterben in dieser Stadt und das Streuen der Asche in den Fluss sie aus dem Kreislauf von Tod und Wiedergeburt befreit. Die Toten werden auf den „brennenden Stufen", den Ghats, die zum Fluss führen, verbrannt. Der Ganges soll ihre Asche dann ins Meer tragen.*

YAMUNA *(links), die Flussgöttin, war Tochter des Sonnengottes Surya und seiner Frau Sanjna. Manchmal gilt sie auch als Schwester von Yama, dem vedischen Totengott. Als Flussgöttin war sie natürlich verantwortlich für Fruchtbarkeit und gute Ernten. Daher ordnete man ihr auch den Reichtum zu. Der Fluss Yamuna teilte sich zu Füßen Vasudevs, der seinen Sohn Krishna in Sicherheit bringen wollte.* (STEINRELIEF, 9. JH.)

GANGAs *(oben) Sturz vom Himmel zur Erde wurde von Shivas Haar gebremst. Der Gott saß auf dem Berg Kailash und sorgte dafür, dass der Fluss sich zuerst in sieben Ströme aufteilte, damit er die Erde nicht überflutete. Ganga soll auch durch die Unterwelt fließen und so alle drei Welten verbinden. Die Göttin Ganga galt als Symbol der Reinheit und wurde als schöne Frau dargestellt, als Gefährtin Vishnus, Shivas und eines menschlichen Königs namens Shantanu.*

Die YAMUNA *ist einer der sieben größten Flüsse Indiens. Die anderen heißen: Ganges, Sarasvati, Godavari, Narmada, Sindhu und Kaveri. Sie werden besonders verehrt, obwohl den Hindus das Wasser generell heilig ist. Am Ufer der Yamuna liegt die alte Stadt Mathura, angeblich Geburtsort von Krishna, und Wallfahrtsort auch für Buddhisten und Jainas.*

P

NAGAS sind in der Mythologie der Hindus mächtige Halbgötter, welche die Schätze der Erde bewachen. Meist gelten die Schlangen als den Menschen wohl gesonnene Fruchtbarkeitsbringer, manchmal aber können sie auch gefährlich sein. Einige Nagas haben mehrere Häupter, andere werden als Menschen dargestellt. Im Mythos von der Quirlung des Milchozeans wurde der Naga Vasuki als Seil benutzt. Später trug SHIVA ihn als Gürtel, der Dämonen vertreiben konnte.

Das Ruhebett des großen VISHNU ist ebenfalls ein Naga. Er wird Sesha oder Ananta genannt. Das Halsschild der kobraähnlichen Schlange bietet dem Gott Schutz vor der Sonne, doch wenn der Naga gähnt, bebt die ganze Erde.

Der Buddhismus sieht Nagas als Wasserbewohner, die buddhistische Texte hüten. Der Legende zufolge wurde das für den Mahayana-Buddhismus, die Tradition des „Großen Fahrzeugs", grundlegende Prajnaparamita-Sutra entdeckt, als Nagas den weisen Nagarjuna in ihr Reich geleiteten. Angeblich hatte GAUTAMA BUDDHA selbst den Nagas diesen Text anvertraut, damit sie ihn bewahren sollten, bis die Menschheit dafür reif sei. Eine andere Sage berichtet, wie der Schlangenkönig Elapatra sich als Mensch verkleidete, um Buddhas Belehrungen hören zu können.

Daher tauchen in Darstellungen von Gautamas Geburt immer Naga-Könige auf. Einer von ihnen, Mucilinda, beschützte den Buddha während eines Sturmes, indem er seinen Körper um ihn wand wie eine Mauer und aus seinem Halsschild eine Art Dach formte. Die Naga-Könige sind Herr über den Regen sowie über Flüsse, Seen und Meere, außerdem schützen sie gegen Blitze. Im Frühling begeben sie sich in den Himmel, während sie den Winter tief in der Erde verbringen.

NAGAS *sind mächtige Schlangen-Halbgötter, welche die Schätze der Erde bewachen.* (ALAMPUR, 7. - 8. JH.)

NANDI *steht als Statue am Eingang jedes Shivatempels. Die Gläubigen berühren beim Eintreten seine Hoden. Nandi ist Shivas Reittier und Diener.*

NANDA siehe KRISHNA.

NANDI oder Nandin, ein milchweißer Stier, ist SHIVAs liebstes Reittier und sein Emblem. Er gehört Shivas Gefolge an und repräsentiert die Männlichkeit und Fruchtbarkeit des großen Gottes.

Nimmt Shiva die Form des Nataraja an, macht Nandi die Musik für den göttlichen Tänzer. In den Puranas, hinduistischen Schriften aus dem 5. Jahrhundert n. Chr., gilt Nandi als Gott. Er ist der Sohn Surabhis, der göttlichen Kuh aus dem Mythos vom Quirlen des Milchozeans, und des Weisen KASHYAPA.

Nandi beschützt alle vierbeinigen Tiere und bewacht die vier Ecken der Welt. In Shivas Tempeln findet sich gewöhnlich eine Statue des Stiers am Eingang.

NANDIN siehe NANDI.

NANG-LHA ist ein übernatürliches Wesen der tibetischen Bön-Religion, das als Schützer der Lehre in das buddhistische Pantheon Aufnahme fand. Nang-Lha ist der Gott des Hauses. Er besitzt einen menschlichen Körper und den Kopf eines Schweins.

NARASIMHA ist der vierte AVATAR (Inkarnation) des großen Hindugottes VISHNU, des Bewahrers des Universums. Halb Mensch, halb Löwe besiegte er den Dämon Hiranyakashipu, eine Inkarnation des Dämonenfürsten RAVANA. (Siehe auch DIE AVATARE VISHNUS)

NARAYANA siehe BRAHMA.

NASATYA siehe ASHVINS.

NATARAJA siehe SHIVA.

NATHA gehört zu den vier Hauptgottheiten auf Sri Lanka. Sein Name bedeutet „Meister". Er wird mit dem BODHISATTVA AVALOKITESHVARA identifiziert.

Manchmal gilt er aber auch als Emanation MAITREYAs, des Buddhas der Zukunft. Die buddhistische Göttin des Mitgefühls TARA ist seine Gefährtin.

NILARANTHA siehe SHIVA.

NARASIMHA *war der vierte Avatar des großen Hindugottes Vishnu. Halb Mensch, halb Löwe vernichtete er den Dämonenkönig Hiranyakashipu.* (SCHNITZEREI AUS HALEBIDU, KARNATKA, INDIEN)

PADMASABHAVA ist einer der Begründer des tibetischen Buddhismus'. Seine Anhänger verehren ihn als „zweiten Buddha". Er war ein Zeitgenosse des tibetischen Königs Trisong Detsen (755 - 797 n. Chr.), wurde aber angeblich in Urgyen, einem mythischen Land im Nordwesten Kaschmirs, geboren. Buddha AMITABHA schuf ihn und so erschien er als Achtjähriger in einer Lotusblüte. Daher auch sein Name: „Der Lotusgeborene".

Da er in der Jugend einen Beamten des Königs tötete, wurde er dazu verurteilt, auf Friedhöfen zu leben, wo er lernte, mit den DAKINIS, den „Himmelswandlerinnen", Kontakt aufzunehmen. Diese lehrten ihn sämtliche spirituellen Disziplinen seiner Zeit, in denen er bald zum Meister wurde. Zu jener Zeit war Tibet noch weitgehend von der Bön-Religion geprägt. König Trisong Detsen aber wollte den Buddhismus einführen. Daher sandte er nach Indien und bat die größten Gelehrten, nach Tibet zu kommen und sein Volk zu unterrichten. Man gab ihm den Rat, sich an den großen Guru Padmasambhava zu wenden.

Dieser stimmte zu und ging nach Tibet, wo er 25 Schüler, darunter auch den König, im Buddhismus unterwies. Die Quellen geben die Dauer seines Bleibens in Tibet unterschiedlich an: von acht Monaten bis zu 50 Jahren. In dieser Zeit machte er viele Bön-Götter zu DHARMAPALAS oder „Schützern der Lehre". Er gründete das Kloster Samye, das „Unvorstellbare", und verfasste einige „Verborgene Schätze" genannte Texte. Diese gter-ma wurden von ihm versteckt, um den Menschen in der Zukunft spirituelle Unterstützung zu garantieren.

Die Sage berichtet, dass der König sich zu sorgen begann, ob sein Volk Padmasambhava nicht mehr verehrte als ihn selbst. Um seine Macht zu demonstrieren, rief er diesen an den Hof, damit er sich in der Öffentlichkeit vor ihm verneige. Doch als Guru Rinpoche, wie die Tibeter ihn nennen, die Arme erhob, um sich vor Trisong Detsen niederzuwerfen, schossen Flammen aus seinen Fingerspitzen und setzten des Königs Schal in Brand. Da warf dieser sich vor ihm nieder und überreichte ihm später den noch glimmenden Schal als Zeichen seiner Ehrerbietung. Daher überreichen die Tibeter heute noch bei Besuchen weiße Schals.

Bevor er Tibet verließ, versprach Padmasambhava, er würde am zehnten Tag des zunehmenden Mondes zurückkehren, um all jene, die seinen Namen ehrten, zu segnen.

Der Legende zufolge reiste er nach Bhutan weiter, wo er mit seinen religiösen Unterweisungen fortfuhr. Er soll mehr als 1000 Jahre gelebt haben.

PADMASAMBHAVA *in seinen acht Emanationen. Er besiegte die Dämonen, die das erste buddhistische Kloster Samye immer sofort nach seiner Errichtung niederrissen. Er wurde so zum Klostergründer.*

PADMASAMBHAVA *wird als „zweiter Buddha" verehrt, da er den Buddhismus in Tibet einführte.* (TIBETISCHES ROLLBILD, TANKA LAMA SCHULE, 19. JH.)

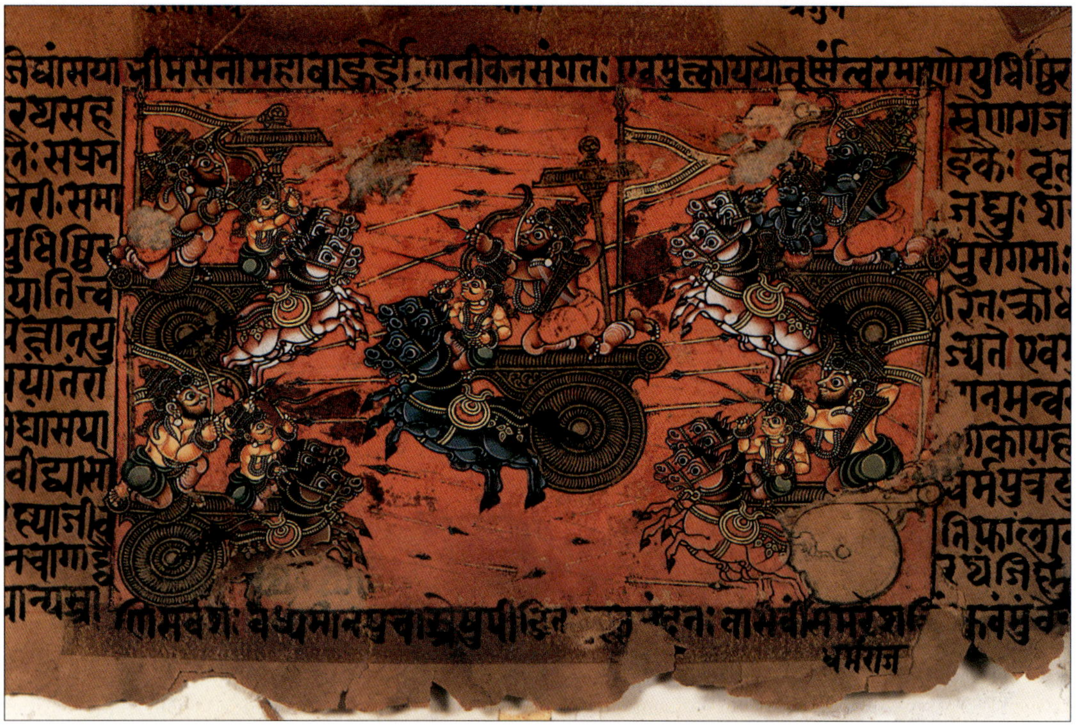

Die PANDAVAS *stammen von König Pandu ab. Zwei von ihnen, Bhima und Arjuna, kämpften gegen Drona, den Führer der Kauravas.* (ILLUSTRATION ZUM MAHABHARATA, INDIEN, CA. 1542)

Die PANDAVAS sind die Nachkommen König Pandus. Die fünf Pandavaprinzen kämpften in der berühmten Schlacht von Kurukshetra gegen ihre Verwandten, die Kauravas. Diese Schlacht wird im großen hinduistischen Epos Mahabharata beschrieben.

Am Vorabend der Schlacht erhält ARJUNA, einer der fünf Prinzen, vom als Wagenlenker verkleideten KRISHNA, dem achten AVATAR VISHNUS, spirituelle Belehrungen. Diese Lehren sind der Inhalt der Bhagavadgita oder „Gesang des Erhabenen".

PARASHURAMA siehe AVATARE.

PARVATI ist eine Erscheinungsform der großen Muttergottheit der Hindus und Gefährtin SHIVAs. Sie ist der gnadenreiche Aspekt von Shivas SHAKTI, ihr Name bedeutet „Tochter der Berge", da ihr Vater Himvat der Gott der Berge war. Sie brachte GANESHA, den elefantenköpfigen Gott, zur Welt, indem sie ihn aus dem Abrieb ihres Körpers schuf. Die Sage berichtet, dass Shiva ohne Parvatis Mithilfe sechs Kinder in die Welt setzte. Die Göttin liebte diese Kinder sehr, sodass sie sie eines Tages allzu heftig umarmte und sie damit zu einem verschmolz. Nur die sechs Köpfe blieben unversehrt. Dieser Junge wurde zum Kriegsgott KARTTIKEYA oder Skanda. In einer anderen Version empfand Parvati so viel Liebe, als sie Karttikeya sah, dass ihr die Milch zu fließen begann.

Eines Tages beschwerte Shiva sich über die dunkle Haut seiner Frau. Daraufhin zog die Göttin sich beschämt in die Einsamkeit zurück und widmete sich der Askese. Dies beeindruckte den Schöpfergott BRAHMA so sehr, dass er sie in die goldhäutige Gauri verwandelte. Eine andere Geschichte macht aus der dunklen Haut Parvatis die schreckliche Göttin KALI.

Als sie ihm einmal ungehorsam war, verwandelte Shiva seine Gemahlin zur Strafe in eine Fischersfrau. Die Legende weiß auch zu erzählen, dass Paravati ihrem Gatten eines Tages zum Scherz die Augen zuhielt und damit der Welt das Licht des Gottes raubte. Doch zum Ausgleich erschien auf Shivas Stirn sofort ein drittes Auge. (Siehe auch HEILIGE BERGE und DIE MUTTERGÖTTIN)

PARVATI *(rechts) Mutter des elefanten köpfigen Gottes Ganesha, mit Shiva, der die Göttin Ganga im Haar trägt.* (ILLUSTRATION VON J. HIGGINBOTHAM, 1864)

PATTINI ist die wichtigste Göttin der singhalesischen Mythologie. Sie ist Patronin der Ehe und schützt vor Seuchen. Sie wurde aus einer Mango geboren, welche ein göttlicher Pfeil traf. Ihr größtes Verdienst ist die Einführung der Reiskultur auf Sri Lanka.

Die PEY sind in der tamilischen Mythologie Südindiens und Sri Lankas Dämonen, die das Blut der Toten und Gefallenen trinken. Den Lebenden bringen die wilden Kreaturen mit dem zerrauftem Haar und dem Grimassen schneidenden Gesicht nur Kummer und Unglück.

PRADYUMNA ist in der Mythologie der Hindus der Sohn KRISHNAS, des achten AVATARs des großen Bewahrers VISHNU. Seine Mutter ist Rukmuni. Mitunter gilt er als Inkarnation von KAMA, des Gottes der Lust. Als er sechs Tage alt war, wurde er vom Dämon Shambhara entführt, der ihn ins Meer warf, wo ihn ein Fisch verschlang. Der Fisch

PARVATI *mit ihrem Gemahl Shiva und ihren Kindern Karttikeya und Ganesha in ihrem Heim auf dem Berg Kailash, begleitet von dem Stier Nandi.*
(MINIATUR, 18. JH.)

Nacht und Tag, die Jahreszeiten, den Tod und am Ende – aus Einsamkeit – die Menschen.

Prajapatis Name taucht in so manchem Mythos auf, z.B. in Geschichten von INDRA, SOMA, SHIVA, GARUDA, KRISHNA und MANU. Auch die zehn Weisen, von denen die Menschheit abstammen soll, werden so genannt und ebenso die sieben Seher oder RISHIS. BRAHMA wird häufig mit Mythen in Verbindung gebracht, die später auf Prajapati übertragen wurden.

PRAJNA siehe HERUKA.

PRAJNAPARAMITA gilt als Verkörperung des Prajnaparamitasutra, einem heiligen Text, der auf GAUTAMA BUDDHA zurückgehen soll. Der Buddha soll den Text den NAGAS anvertraut haben, damit sie ihn aufbewahren, bis die Menschheit dafür reif ist. Der Text wurde vom buddhistischen Gelehrten Nagarjuna „gefunden".

Prajnaparamita ist also das Fleisch gewordene heilige Wort. Ihr Name bedeutet „Vollkommene Einsicht" oder „Weisheit, die das andere Ufer erreicht". In Tibet wird die Göttin weiß- oder gelbhäutig dargestellt, mit einer Lotusblüte in der einen und einem heiligen Text in der anderen Hand.

wurde gefangen und kam in Shambaras Haus. Darauf sprang Pradyumna aus dem Bauch des Fisches und Mayadevi, die Göttin des Hauses, nahm sich seiner an. Später erzählte ihr der Weise Narada, der Herr der GANDHARVAs, wer Pradyumna tatsächlich war. Als er zum jungen Mann heranwuchs, verliebte sich Mayadevi in ihn und enthüllte ihm seine Herkunft. Daraufhin tötete Pradyumna den Dämon und floh mit Mayadevi in Krishnas Palast.

PRAHLADA siehe AVATARE.

PRAJAPATI ist in der hinduistischen Mythologie der Herr der Geschöpfe. In dem großen Epos Mahabharata gilt er als Schützer des Sexualorgans. Er schuf aus eigener Kraft unzählige Kinder, darunter auch USHAS, die „Morgenröte".

Einmal versuchte Prajapati, mit Ushas Blutschande zu begehen, doch sie verwandelte sich in ein Reh und floh. Da wurde er zum Hirschen, dessen Samen zur Erde fiel und die ersten Menschen hervorbrachte. Eine andere Version erzählt, dass Prajapati sich mit Ushas in den verschiedensten Gestalten vereinigte und so mit ihr alle Wesen schuf. Ein weiterer Schöpfungsmythos berichtet, dass Prajapati weinend aus dem Urozean auftauchte. Die Tränen, die ins Wasser fielen, wurden zur Erde, diejenigen, die der Gott abwischte, aber zu Himmel und Äther. Dann schuf Prajapati

PRTIHIVI ist eine vedische Erdgöttin. Manchmal wird sie als Mutter USHAS', der Morgenröte, des Feuergottes AGNI und des Kriegsgottes INDRA bezeichnet. Sie gilt als Gefährtin Dyaus', dem Himmelsvater des vedischen Glaubens. Als sie Indra zur Welt brachte, kündeten zahlreiche Zeichen, dass ihr Sohn die alte Ordnung umstürzen würde. Daher verbarg sie ihn vor seinem Vater. Prithivi wird meist als Kuh dargestellt.

R

PURURAVAS siehe APSARVAS.

PURUSHA ist der Urmensch oder kosmische Riese der indischen Mythologie. Den uralten heiligen Hymnen des Rigveda zufolge war Purusha zu drei Vierteln unsterblich und zu einem Viertel sterblich. Aus diesem Viertel brachte er seine Frau Viraj hervor, die ihn wiederum als unsterblichen Geist gebar. Purusha nahm die Form eines Riesen mit 1000 Schenkeln, 1000 Füßen, 1000 Armen, 1000 Augen, 1000 Gesichtern und 1000 Köpfen an.

Zur Schaffung der Welt opferte er sich selbst. Aus seinem Kopf wurde der Himmel, aus seinem Nabel die Atmosphäre und aus seinen Füßen die Erde. Die Jahreszeiten entstanden aus seinen Achselhöhlen, die Sonne aus seinen Augen, der Mond aus seinem Geist und aus seinem Mund alle Götter und die Menschen der Brahmanenkaste. Sein Atem wurde zum Wind, seine Arme zur Kaste der kshatriyas oder Krieger, seine Schenkel zur Kaste der vaishyas oder Händler und seine Sohlen zur Kaste der Diener oder shudras.

In den Brahmana und den Upanishaden, religiösen Texten, die nach dem Rigveda entstanden, wird Purusha mit PRAJAPATI, dem Herrn der Geschöpfe, gleichgesetzt. Sein Name bezeichnet auch den spirituellen Kern des Menschen. Im Buddhismus wird er manchmal mit Gautama Buddha identifiziert.

RADHA *(oben) und Krishna, die im Mondlicht an der Yamuna entlangspazieren und Kleider getauscht haben.* (ILLUSTRATION ZU BHAGAVATA PURANA, KANGRA, CA. 1820)

PURUSHA *(links) ist der Urmensch der indischen Mythologie. Er opfert sich, damit aus seinem Körper die Welt entstehen kann.*

RADHA ist in der hinduistischen Mythologie die liebste Hirtin (Gopi) Krishnas, des achten Avatars von VISHNU, dem großen Bewahrer des Universums. Sie lebte in Vrindavan, dem Dorf, in dem Krishna aufwuchs. Je nach Quelle ist sie seine Geliebte oder seine Frau. Die Legende erzählt, dass sie mit Ayanagosha, einem Kuhhirten, verheiratet war. Als dieser von dem Ehebruch erfuhr, machte er sich wütend auf die Suche nach dem Paar. Doch Krishna nahm die Form einer Göttin an und so konnten die beiden dem Zorn des Hirten entkommen. Traditionell

RADHA *(links) lässt sich von ihrem Liebsten Krishna die Zehennägel bemalen.* (KANGRA, CA. 1820)

wird Radha als Inkarnation LAKSHMIs betrachtet, der Göttin des Reichtums und Gefährtin Vishnus. Die Göttin verwandelte sich in die Hirtin Radha, um von ihrem Gemahl in seiner Inkarnation als Krishna nicht getrennt zu sein.

Radhas Liebe zu Krishna steht für das Zusammenspiel zwischen Seele und Gott. Wenn Radha von Krishna getrennt ist, sehnt sie sich nach ihm und er sich nach ihr. Krishnas Anhänger betrachten die menschliche Liebe und Hingabe nämlich als Weg zur Weisheit und Vereinigung mit der Gottheit.

RAHU siehe AMRITA.

RAHULA, die „Fessel", war der Sohn von GAUTAMA BUDDHA und Prinzessin Yasodhara. Er kam auf die Welt, bevor sein Vater die Familie verließ, um den Pfad des Wandermönches einzuschlagen und nach Erleuchtung zu suchen. Die Legende will es, dass Gautama in das Schlafzimmer seiner Frau trat, um sich von ihr zu verabschieden. Da er sie aber schlafend fand mit Rahula im Arm, wollte er sie nicht wecken und verließ sie ohne Abschied.

Rahula wurde schon mit sieben Jahren Mitglied einer buddhistischen Gemeinde. Er gilt als Patron der Novizen und zählt zu den zehn bedeutendsten Schülern des Buddha. Angeblich war er „der Erste in allen esoterischen Übungen und in seinem Wunsch nach Belehrung". Er starb lange vor seinem Vater. Auf Abbildungen trägt er einen Wedel zum Verscheuchen der Fliegen und eine Schriftrolle. Begleitet wird er von Rehen oder Schülern.

RADHA *(rechts) hört zu, wie ihr Geliebter KRISHNA (links) auf der Flöte spielt, während sie Toilette macht.* (MINIATUR, 18. JH.)

RAKSHASAS sind dem hinduistischen Glauben zufolge bösartige Halbgötter, die jede beliebige Form annehmen können. Ihre Artgenossen behandeln sie gut, Außenseiter hingegen lernen meist ihre gierige, gefräßige und gewalttätige Seite kennen. Sie leben in einer Stadt der Wunder, die von Vishvakarma, dem Baumeister der Götter, errichtet wurde. Zu den Rakshasas gehören auch harmlose Wesen wie die YAKSHAS. Aber auch die Dämonen, die als traditionelle Feinde der Götter auf Friedhöfen leben und Menschen quälen, zählen dazu.

Einige Quellen machen sie zu Wesen, die BRAHMAs Fuß entsprungen sein sollen, andere wiederum sehen sie als Abkömmlinge des großen RISHI KASHYAPA. In verschiedenen Texten werden die Rakshasas mit den von den Ariern vertriebenen Ureinwohnern Indiens gleichgesetzt.

DIE MUTTERGOTTHEIT

Devi oder Mahadevi (Große Göttin) ist eine vielgestaltige Figur, welche die einzelnen Aspekte weiblicher Göttlichkeit in ihren verschiedenen Inkarnationen vereint. In den indischen Frühkulturen hieß die Muttergöttin Shakti. Sie war die Quelle aller Energie im Universum, die schöpferische Kraft, welche der Erde Fruchtbarkeit brachte. Einige ihrer Erscheinungsformen sind mit Naturphänomenen verbunden wie z.B. Ushas, die Morgenröte, oder Ganga, der Fluss Ganges. In das patriarchalisch strukturierte Hindu-Pantheon fand sie als Gefährtin Shivas Eingang. Auch in dieser Rolle tritt sie in den unterschiedlichsten Inkarnationen auf. Einige davon sind wohlwollend wie die Figuren von Sati und Parvati, leuchtende Beispiele für Kindes- und Gattenliebe, andere jedoch sind zornvoller Natur wie die zerstörerischen Göttinnen Durga und Kali. Obwohl sie in dieser neuen Rolle ihre Unabhängigkeit verlor, galt die große Göttin immer noch als Personifikation der Schöpferkraft. Denn Shiva besaß Macht nur in Potenz und hatte Shakti nötig, um diese freizusetzen.

KALI *(oben), die „Schwarze", ist die furchterregendste Erscheinungsform der Göttin Devi. Sie wurde als dunkelhäutige Hexe mit hängenden Brüsten und einer Schädelkette dargestellt. Wie Shiva hatte sie ein all-sehendes drittes Auge auf der Stirn. Ihre männlichen Opfer, die ohne die aktivierende Energie der Göttin alle Kraft verloren, hatten ihr nichts entgegenzusetzen.* (DIE GÖTTIN KÖPFT EINEN MANN, BUNDI, CA. 1650)

UMA *(rechts), eine frühe Form der Göttin Parvati, der weiblichen Energie Shivas. Uma war die Gefährtin von Chandrashekhara, einem Aspekt Shivas, der auch Umapati, also „Gemahl der Uma", genannt wurde. Sie war die Tochter König Himavats, der über den Himalaya herrschte. Als zornvolle Uma Maheshvara bekämpfte sie Dämonen.* (KHMER-STATUE, 11. JH.)

PARVATI *(oben rechts), die Gemahlin Shivas (oben links), ist eine Inkarnation seiner ersten Frau Sati, die sich selbst ins Opferfeuer geworfen hatte vor Scham darüber, dass ihr Vater Daksha ihren Gemahl nicht zum Opferfest geladen hatte. Wegen ihrer dunklen Haut zeigte Shiva an Parvati zunächst gar kein Interesse. Erst durch asketische Übungen gewann sie seine Liebe und wurde zur Personifikation der Gatten- und Mutterliebe. Sie machte Shiva zu einem häuslichen Mann, der das Familienleben mit ihren beiden Kindern Karttikeya (oben Mitte) und Ganesha genoss.* (BRONZEGRUPPE, INDIEN 16. JH.)

DURGA *(links), die unbesiegbare Kriegsgöttin, kämpft gegen die Dämonen, welche die Welt vernichten wollen. Sie war die Verkörperung des Zornes der Götter, ob es sich nun um Shiva, Vishnu oder Parvati handelte. Als Durga selbst in Zorn geriet, wurde Kali aus ihrer Stirn geboren. In einer legendären Schlacht kämpfte Durga gegen den Asura Mahisha, der nacheinander den Körper eines Stiers, eines Löwen, eines Kriegers und eines Elefanten annahm. Doch am Ende schnitt Durga ihm den Kopf ab.* (DURGA TÖTET MAHISHASURA, MANDI, CA. 1750 - 1760)

KALI *(rechts) kämpfte gegen einen vielgestaltigen Dämon, doch sie wurde dabei so blutdürstig, dass sie die ganze Welt bedrohte. Sie besiegte den Dämon Raktabija, obwohl dieser aus jedem Tropfen seines Blutes, der auf die Erde fiel, neu erstand. Kali aber fing die Tropfen mit dem Mund auf und saugte ihn dann aus. Von ihrem Sieg berauscht fing sie an zu tanzen und tanzte so wild, dass der Kosmos zu wanken begann. Sie tanzte sogar auf Shivas Körper.* (ILLUSTRATION VON J. HIGGINBOTHAM, 1864)

RAMA *(oben) und seine Brüder werden verheiratet. Rama nimmt Sita zur Frau, die den Anhängern Vishnus als ideale Gattin gilt.* (KULU-MANDI, PAHARI-SCHULE, 1760 - 1765)

RAMA *(links) und sein Halbbruder Lakshmani lassen Sita allein, um einen goldenen Hirsch zu jagen, die Ravana ihnen geschickt hat. In dieser Zeit entführt der Dämon Sita.* (MUGHAL-GEMÄLDE, FRÜHES 17. JH.)

RAMA ist ein AVATAR, eine Inkarnation, des gewaltigen Hindu-Gottes VISHNU, Bewahrer des Universums. Vishnu stieg zur Erde hinab, um die Mächte des Bösen, die sich in RAVANA, dem König von LANKA, verkörpert hatten, zu bekämpfen. Sein Leben und Werk wird in dem unsterblichen hinduistischen Epos Ramayana beschrieben.

Vermutlich war Rama ein Held des Volkes, den man nach und nach zu einem Avatar Vishnus umdeutete. Er wird als mutig und friedliebend, pflichtbewusst und tugendhaft beschrieben. Anhänger Vishnus betrachten ihn als den idealen Mann, seine Frau SITA als ebenso ideale Gattin: keusch, treu und hingebungsvoll.

Rama war der Sohn des Königs Dasaratha von Ayodhya. Nach seines Vaters Tod betrog seine Stiefmutter Sumitra ihn um sein Erbe und verbannte ihn für 14 Jahre in den Wald. Obwohl er seine Frau SITA bat, im Palast zu bleiben, da das Leben in den Wäldern für sie zu beschwerlich sei, tat sie ihre Pflicht als treue Gattin und folgte ihm: „Mit dir lebe ich im Himmel, ohne dich in der Hölle." Im Wald wurde Rama zum Beschützer aller Einsiedler, die sich dorthin in die Versenkung zurückgezogen hatten. Als er aber den Verführungsversuchen eines Dämonenweibchens namens Surpanaka nicht nachgab, überredete diese ihren Bruder RAVANA, zur Rache Sita auf die Insel Lanka zu entführen. Verrückt vor Schmerz suchte Rama nach seiner Gemahlin und besiegte auf dem Weg mit Hilfe des Affengottes Hanuman viele Dämonen.

Schließlich fanden sie Sita, doch um sie zurückzuholen, musste Ramas Heer zur Insel gelangen. Er bat den Ozean um Hilfe, doch nichts geschah. Da schoss Rama vor Wut einen seiner Pfeile ins Wasser, um das Meer auszutrocknen - ohne Resultat. Dann schoss er einen Zauberpfeil ab, den ihm BRAHMA gegeben hatte. Sofort verdüsterte sich der Himmel und alle Geschöpfe zitterten vor Furcht. Da erhob sich des Ozeans Stimme und verkündete, dass er die Bewegungen der Wellen leider nicht aufhalten könne, dass er aber eine Brücke dulden würde, auf der Ramas Krieger übersetzen konnten. Im Nu hatten Hanumans Affenkrieger eine Brücke gebaut und das Heer gelangte endlich nach Lanka, wo es sofort von Ravanas Dämonen in eine schreckliche Schlacht verwickelt wurde. Schließlich griff Ravana Rama selbst an. Rama schlug dem Dämon seine zehn Köpfe ab, doch diesem wuchsen augenblicklich neue. So schoss Rama am Ende den Pfeil ab, den er von AGASTYA erhalten hatte. Dieser tötete den Dämonenkönig und kehrte dann zu Rama zurück. Die Schlacht war gewonnen.

Obwohl Sita unschuldig war, wies sie Rama zunächst zurück, da ihr Ruf gelitten hatte, weil sie sehr lange Zeit bei dem Dämon verbracht hatte. Verzweifelt stürzte sie sich ins Opferfeuer, aus dem AGNI, der Feuergott in Person, sie rettete. Eine andere Version erzählt, dass Sita von den Flammen nicht verletzt wurde, sodass ihre Unschuld auch öffentlich bewiesen war.

Rama erhielt sein Königreich zurück und regierte 1000 Jahre lang

RAMA *(links außen) wies die Avancen der Schwester des Dämonenkönigs zurück. Diese überzeugte daraufhin ihren Bruder, Sita zu entführen.* (ILLUSTRATION VON WARWICK GOBLE)

RAMA *(links) gibt seinen Ring dem Affengott Hanuman als Zeichen für Sita. Hanuman ist Ramas loyaler und mutiger Freund.* (ILLUSTRATION VON WARWICK GOBLE)

weise, gerecht und milde. Schließlich kehrte er in den Himmel zurück und vereinte sich mit Vishnu.

RATI siehe KAMA.

RATNASAMBHAVA ist einer der DHYANIBUDDHAS, der fünf Weisheits- oder Meditationsbuddhas. Er ist „Quelle der Geheimen Lehren" und heißt auch „Der Edelsteingeborene". In Tibet wird er häufig mit seiner SHAKTI Mamaki dargestellt. Sein Element ist das Feuer, sein Reich der Süden, seine Farbe Gelb. Sein Wagen wird von einem Paar Löwen oder einem Pferd gezogen.

RATNASAMBHAVAs *Element ist das Feuer. Er repräsentiert den Teil des Bewusstseins, in dem Sinneseindrücke entstehen.* (TIBETISCHE BRONZE MIT SILBER UND KUPFER, 15. JH.)

RAVANA ist der dämonische König von LANKA, dessentwegen RAMA, ein AVATAR von Vishnu, zur Erde herabstieg. Er hatte zehn Köpfe und galt als unbesiegbar. Im hinduistischen Epos Ramayana gilt er als Verkörperung des Bösen. Von seiner Entstehung erzählt die Legende folgendes: Ein hoher Würdenträger in Vishnus Reich beging eine Sünde, woraufhin der Gott ihm die Wahl ließ: Er könne seine Strafe abbüßen, indem er sich entweder sechs Menschenleben lang als Freund des Gottes inkarnieren würde oder drei Leben lang als sein Feind. Ravana wählte letzteres, weil er auf diese Weise schneller wieder im Himmel sein würde.

Ravanas erste Inkarnation war der Dämonenkönig Hiranayakashipu. Seine Macht war so groß, dass er den mächtigen INDRA entthronte und alle Götter aus dem Himmel verbannte. Er warf sich zum König des Universums auf und befahl sogleich, dass alle ihn anbeten sollen. Nur sein Sohn Prahlada wagte es, sich ihm zu widersetzen und verehrte weiterhin Vishnu. Sein böser Vater vermochte nicht, ihn davon abzubringen. Daraufhin schwor er, seinen Sohn zu töten, doch dieser stand unter Vishnus Schutz. Schließlich vernichtete Vishnu den Dämon und machte Prahlada zum König.

Ravanas zweite Verkörperung war der Feind RAMAS, eines anderen Avatars von Vishnu. Ravana entführte Ramas Gemahlin SITA auf die Insel LANKA. Doch mit Hilfe des Affengottes HANUMAN fand Rama sie und tötete den Dämon. Am Vorabend der großen Schlacht gestand Ravana, dass er Sita nur entführt habe, um getötet zu werden, sodass er sich endlich ein drittes Mal inkarnieren und dann in den Himmel zurückkehren könne.

Seine dritte Inkarnation war der Dämon Shishupala. Der Sohn eines Königs hatte drei Augen und vier Arme. Obwohl seine Eltern zunächst sehr erschrocken waren, beruhigte sie doch eine Stimme, die verkündete, dass ihr Sohn bis zu seinem Tod reich und berühmt sein würde. Die Stimme kündigte auch an, dass Shishupalas Mutter leicht den erkennen könne, der ihrem Sohn den Tod bringen würde: Auf seinem Schoß würden das dritte Auge und die überzähligen Arme ihres Sohnes verschwinden.

So reisten die Eltern Shishupalas von Reich zu Reich und setzten das Kind auf den Schoß jedes Herrschers der Region, aber nichts geschah. Als sie nach Hause zurückkamen, besuchte sie KRISHNA, der achte Avatar Vishnus. Sobald Shishupala auf seinen Schoß kletterte, verschwand das dritte Auge und seine beiden überzähligen Arme fielen ab. Die Königin bat daher Krishna, er möge ihrem Sohn vergeben, sollte er ihn jemals kränken. Krishna willigte ein.

Jahre später nahm Shishupala zusammen mit anderen Königen an einer Opferzeremonie teil. Auch Krishna gehörte zu den Geladenen. König Yudhishthira, der die Zeremonie leitete, bestimmte, dass das erste Opfer Krishna zustehe. Da sprang Shishupala wütend auf und schimpfte, dass unter den Gästen viele mächtiger waren als Krishna. Er rief BRAHMA um Rat an, der entschied, dass Krishna bestimmen solle, was zu geschehen habe. Daraufhin beleidigte Shishupala Brahma. Dieser nun berichtete den Gästen die Geschichte Shishupalas, was den Jungen noch wütender machte. Er schimpfte weiter auf Brahma ein und wagte sogar, sein Schwert zu ziehen. Da erhob sich Krishnas Wurfscheibe in die Luft und schnitt Shishupala in zwei Teile. Aus seiner Seele wurden Flammen, die auf Krishna zuliefen und mit seinen Sohlen verschmolzen.

RAVANA *(oben links) als Dämonenkönig von LANKA wird von Rama besiegt, der im Triumph mit Sita davonfährt.* **RAVANA** *(oben rechts) mit Hanuman, dem Affengott. Nachdem Ravana Sita entführt hat, springt Hanuman über das Wasser zur Insel Lanka, wo Ravana das Mädchen versteckt.* (ILLUSTRATIONEN VON J. HIGGINBOTHAM, 1864)

S

RIRAP LHUNPO siehe MERU.

RISHIS nennt man die großen Weisen des Hinduismus, aber auch seine Dichter und Heilige. Die Veden, die heiligen Schriften der Hindus, sollen ursprünglich sieben bedeutenden Rishis mündlich anvertraut worden sein, welche sie bewahrten und weitergaben. Die Quellen nennen hier verschiedene Namen. Im Shatapatha Brahmana, einem Kommentar zu den Veden, heißen sie: GAUTAMA, Bharadvaja, Vishvamitra, Janmadagni, Vasishtha, KASHYAPA und Atri. Manchmal gelten die sieben Rishis auch als heilige Wesen, die in den sieben Sternen des Großen Bären verewigt sind.

RUDRA ist ein bedeutender Gott des Rigveda, einer Sammlung uralter indischer Hymnen. Seine Name bedeutet „der Heulende" oder „der Rote". Als Gott der Stürme und der Toten wird er manchmal als zerstörerischer Aspekt AGNIs, des Feuergottes, betrachtet. Der Mythos erzählt, dass er aus der Stirn BRAHMAs geboren wurde, als dieser wütend war. Rudra feuert seine Seuchenpfeile auf Götter, Menschen und Tiere gleichermaßen, aber er verleiht auch Gesundheit und vollbringt viele gute Taten.

Als PRAJAPATI mit USHAS, seiner Tochter, Blutschande beging, war es Rudra, der ihn dafür zur Rechenschaft zog und erst von ihm abließ, als der Gott ihm versprach, ihn zum Herrn der Tiere zu machen. In dieser Rolle wird er als Stier dargestellt. Mit der Zeit nahm er immer dunklere Züge an, sodass er sich zum zerstörerischen Aspekt SHIVAs entwickelte. Er gilt als Vater der MARUTS, der Sturmgötter, die INDRA begleiten.

Die SA-DAG sind in der religiösen Bön-Tradition Tibets übernatürliche „Herren der Erde". Das buddhistische Pantheon assimilierte sie als Schützer der Lehre. Vor jeder größeren Unternehmung ruft man sie als Schutzpatrone an.

SAMANTABADHRA ist eine Emanation des DHYANIBUDDHA VAIROCHANA und verkörpert sowohl Mitgefühl als auch die buddhistische Lehre. Er ist einer der wichtigsten BODHISATTVAS in der buddhistischen Mahayana-Tradition, dem sogen. „Großen Fahrzeug", und gilt als Protektor derer, die den Buddhismus lehren. Samantabhadra wird häufig zusammen mit GAUTAMA BUDDHA und MANJUSHRI, dem Bodhisattva der Weisheit, abgebildet. Sein Reittier ist ein weißer Elefant mit sechs Stoßzähnen. Diese symbolisieren die der Weisheit innewohnende Kraft, alle Hindernisse auf dem Weg zur Erleuchtung zu überwinden einschließlich der sechs Sinne.

SAMANTABHADRA, *auf einem Lotus thronend, reitet auf seinem weißen Elefanten mit sechs Stoßzähnen, der ebenfalls auf Lotusblüten steht.*

SAMVARA oder Chakrasamvara ist eine tantrische Initiationsgottheit. Die Tantra-Tradition nutzt rituelle Praktiken zur Erlangung der Erleuchtung. Samvara gilt als einer der YIDAMS (Schutzgottheiten) von Tibet und wird mit zwölf Armen und vier oder fünf Köpfen dargestellt. Er gehört zum Umfeld des Buddha AKSHOBHYA.

Eine seiner Inkarnationen ist der oberste tibetisch-buddhistische Priester in Peking. Seine SHAKTI (weibliche Energie) heißt VAJRAVARAHI.

SHANI siehe AIRAVATA.

SANJNA siehe SURYA.

SAMVARA *(oben) in Yab-Yum-Pose mit seiner Shakti. Er trägt eine Schädelkrone und eine Kette aus menschlichen Köpfen.* (MESSING UND KUPFER, KASCHMIR, 9. JH.)

SARASVATI gehört zu den drei heiligen Flüssen des Rigveda, einer Sammlung altindischer Hymnen. Sie soll unterirdisch verlaufen und sich mit den anderen beiden heiligen Flüssen, dem Ganges und der Yamuna, bei Allahabad vereinen, wo alljährlich riesige Pilgerfeiern stattfinden.

Ihr Name bedeutet die „Fließende"; sie steht für Fruchtbarkeit und Weisheit. Erst spätere Zeiten vereinnahmen sie als Schöpfung und Gefährtin BRAHMAs, des Weltenschöpfers.

Manchmal wird sie auch mit Vak, der Göttin der Beredsamkeit, identifiziert. Sie selbst ist die Göttin der Sprache. Daher nennt man sie auch „Mutter der Veden", der heiligen Texte des Hinduismus. Sie soll das Sanskrit-Alphabet geschaffen haben und die Schulkinder opfern ihr vor dem Beginn des Unterrichts.

SARASVATI *(rechts) mit Brahma. Der Schöpfer des Universums schuf die Göttin und ehelichte sie dann.* (ILLUSTRATION AUS CHAPRA, BIHAR, 1802)

Hübsch und temperamentvoll wird sie mitunter vierarmig auf einem Lotus sitzend dargestellt. Sie reitet einen Schwan oder einen Pfau. In manchen Schulen des Buddhismus' gilt sie als Göttin der Unterweisung und Gefährtin des BODHISATTVA MANJUSHRI. (Siehe auch HEILIGE FLÜSSE)

SATI siehe DAKSHA.

SESHA siehe NAGAS.

SHAKTI bedeutet „Kraft“, „Energie“ und „Macht“. Im Buddhismus verkörpern die (weiblichen) Shaktis die aktive Energie der männlichen Gottheiten, mit denen sie häufig in erotischer Umarmung (Yab-Yum) dargestellt werden.

Die fünf wichtigsten Shaktis gehören zu den fünf DHYANIBUDDHAS oder Weisheitsbuddhas. Vajradharisvari gehört zu VAIROCHANA, Locana zu AKSHOBHYA, Mamaki zu RATNASAMBHAVA, Pandara zu AMITABHA und TARA zu AMOGASIDDHI. In Yab-Yum-Pose halten die Shaktis häufig eine Schädelschale in der Hand.

SARASVATI, *eine der drei heiligen Flussgottheiten aus dem Rigveda, war eine schöne und temperamentvolle Göttin. Sie sitzt auf einem Lotus und hat vier Arme.*

Der Hinduismus betrachtet Shakti als die schöpferische Kraft SHIVAs. Sie wird unter vielen Namen verehrt: PARVATI, Uma, DURGA und KALI. Die Shakti-Verehrung gehört zu den tantrischen Praktiken. Ihre Anhänger, die Shaktas, beten Shakti als universelle Lebenskraft an. Die Shaktas setzen sexuelle Übungen zur Erlangung der höchsten Erkenntnis ein. Eines ihrer Manuale ist das Kamasutra, das Buch der Liebeskunst. Einige Schulen meditieren allerdings nur über diese Darstellungen, statt sie selbst auszuführen.

SHAKUNTALA siehe APSARAS.

SHAMBHALA ist in der tibetisch-buddhistischen Sagenwelt ein mythisches Reich im Nordosten Indiens, in China oder am Nordpol. Wenn Krieg und Zerstörung die Zivilisation bedrohen, wird von dort der Weltenretter kommen. Auch die Kalachakra-Lehren, ein äußerst komplexes Meditationssystem, sollen in Shambhala entstanden sein. Der 80-jährige Buddha soll sie König Suchandra, dem damaligen Herrscher des Landes, offenbart haben, der sie niederschrieb. Diese Schriften werden nun von sechs Königen und 25 „Verkündern“ weitergegeben. Ist der 25. Verkünder geboren, beginnt ein goldenes Zeitalter, in dem Shambhala sich über die ganze Welt ausbreitet.

SHENRAB MIWO siehe gSHEN-RAB.

SHITALA siehe DURGA.

SHIVA, auf einem Lotusthron sitzend und von Flammen umringt, hält die Welt durch seine Meditation in Gang. (GEMÄLDE, CA. 1890)

SHIVA gehört zu den Hauptgottheiten der hinduistischen Mythologie. Zusammen mit BRAHMA und VISHNU bildet er das Trimurti, die legendäre Dreigestalt der großen Götter. Er soll sich aus RUDRA, einer der geringeren Gottheiten des Rigveda (Hymnensammlung aus der Zeit zwischen 1500 und 900 v. Chr.) entwickelt haben. Shiva gewann allmählich an Bedeutung, da er die Merkmale eines alten Fruchtbarkeitsgottes in sich aufnahm, den man als „Proto-Shiva" bezeichnet. Darstellungen dieser Gottheit im Lotussitz, umgeben von Pflanzen und Tieren, finden sich bereits in der Harappa-Kultur vor 1500 v. Chr.

Shiva kann freundlich und wohl wollend auftreten, hat aber auch zornvolle Aspekte. Daher ist er auf Schlachtfeldern und Friedhöfen gleichermaßen zu Hause.

Häufig wird er mit einer langen Schädelkette abgebildet. Er ist sowohl Schöpfergott als auch Herr der Zeit und damit der Zerstörung. Er ist Fruchtbarkeitsgott, aber ebenso der höchste aller Asketen, der sich regelmäßig auf den Berg Kailash zur Meditation zurückzieht. Shivas Versenkung hält die Welt in Gang.

Shiva bringt den Tod, wird aber auch gegen Krankheit und das Lebensende zu Hilfe gerufen. Mitunter wird er halb als Frau und halb als Mann dargestellt. All diese widersprüchlichen Merkmale weisen auf eine Gottheit hin, in deren Charakter alle Gegensätze verschmelzen. Sogar Shivas Name, der „Huldreiche", ist zum Ausgleich für die dunklen Seiten der Gottheit gedacht, doch kennt man ihn auch als „Zerstörer".

Als Nataraja ist er der „Herr des Tanzes". Diese Darstellungsform gehört zu den beliebtesten. Mit seinem Tanz schafft er die Welt, doch wenn er müde wird, versinkt sie ins Chaos. Daher folgt auf die Zeit der Schöpfung unvermeidlich eine Phase der Zerstörung.

Die Legende erzählt von Nataraja und den 10 000 Rishis oder Weisen, denen Shiva die Wahrheit aufzeigen wollte. Die Rishis widersetzten sich seinen Lehren und sandten einen schrecklichen Tiger, der ihn verschlingen sollte. Doch der Gott enthäutete das Tier mit dem Nagel seines kleinen Fingers und schlang sich darauf sein Fell als Schal um den Hals. Dann sandten die Rishis eine Schlange, doch auch diese wurde zum Halsschmuck für den Gott. Schließlich schickten die Rishis einen Zwerg mit einer Keule aus. Shiva warf ihn zu Boden und begann, auf ihm zu tanzen. Sein Tanz schlug Rishis und Götter in Bann, sodass sogar der Himmel sich öffnete. Da gaben die Rishis ihren Widerstand auf und warfen sich vor Shiva anbetend in den Staub.

Shivas Emblem ist der Lingam, ein Phallus aus Stein. Die Sage berichtet, dass Shiva eines Tages unerkannt in einen Wald ging, wo mehrere Asketen meditierten. Die Yogis fürchteten, er würde sich ihren Frauen nähern und ließen daher des Gottes Phallus abfallen. Sofort wurde die Welt dunkel, und auch die Weisen verloren ihr Glied. Da erkannten sie ihren Fehler, opferten dem Gott und stellten die Weltordnung wieder her.

Shiva wird meist mit vier Armen und einem dritten Auge auf der Stirn dargestellt, dem Auge der Einsicht. Um seinen Nacken und seine Taille winden sich mehrere Schlangen, andere schmücken seine Arme. Als Asket wird er häufig auch mit Asche beschmiert abgebildet. Seine Kehle ist oft blau. In dieser Form nennt man ihn Nilakantha oder „Blaue Kehle" zur Erinnerung an seine Rolle beim Quirlen des Milchozeans.

SHIVA *als Nataraja, „Herr des Tanzes". In seinem Tanz auf dem Körper eines Zwerges, der die Unwissenheit darstellt, verkörpert sich der Fluss des Lebens.* (BRONZE, CA. 846)

Dieser populäre Mythos schildert, wie der Naga Vasuki um den Berg Mandara geschlungen wurde, sodass mit ihm der Milchozean gequirlt werden konnte, in den das Unsterblichkeitselixier AMRITA gefallen war. Doch am Ende war Vasuki so erschöpft, dass er nur noch Gift spie, eine solche Menge, dass die Existenz allen Lebens bedroht war. Da sog Shiva alles Gift in sich auf, doch das brennende Gift färbte seine Kehle blau.

Shiva ist der Vater des Elefantengottes GANESHA und des Kriegsgottes KARTTIKEYA. Sein Reittier ist der Stier NANDI, seine SHAKTI (weibliche Energie) in ihrem wohlwollenden Aspekt ist PARVATI.

Andere Aspekte sind Uma, die Bezaubernde, Bhairavi, die Schreckliche, Ambika, die Schöpferin, Sati, die gute Ehefrau, Gauri, die Strahlende, KALI, die Schwarze und DURGA, die Unnahbare.

Shivas drittes Auge soll durch einen Streich Parvatis entstanden sein. Als Shiva auf dem Kailash meditierte, schlich sie sich eines Tages hinter ihn und hielt ihm beide Augen zu. Sofort verfiel die Welt in Dunkelheit, sodass jedes Wesen vor Furcht zitterte. Da brach sich Shivas Blick auf seiner Stirne in einem dritten Auge Bahn, setzte dabei aber den gesamten Himalaya in Brand. Parvati war am Boden zerstört und Shiva, der sie liebte, stellte die Berge in ihrem alten Glanz wieder her.

Eine andere Legende erzählt, dass Parvati sich eines Tages langweilte, weil Shiva schon wieder meditierte. Sie rief also KAMA, den Gott der Liebe, zu Hilfe, der sich zunächst weigerte, doch auf Parvatis weiteres Lamento hin sich anschickte, einen Liebespfeil auf Shiva abzufeuern. Aber der göttliche Maheshvara, der wusste, dass Shiva seine Meditation beenden musste, um den Schöpfungszyklus nicht zu stören, streckte Kama mit dem Donnerkeil nieder. Später erweckte er ihn allerdings zu neuem Leben.

In anderen Versionen ist es Shiva selbst, der Kama mit einem Blitz aus seinem dritten Auge erschlägt. Parvati zog sich daraufhin in die Einsamkeit zurück, da sie die Vernachlässigung durch ihren Mann satt hatte. Eines Tages erhielt sie Besuch von einem jungen Mann, der sie ob der Kraft ihrer Askese pries. Gleichzeitig aber versuchte er, sie davon abzubringen. Daraufhin wurde Parvati so wütend, dass der junge Mann sich eiligst als ihr Gemahl Shiva zu erkennen gab.

Shiva versprach nun seiner Frau, ihr seine Liebe auch zu beweisen, und so bat sie ihn, Kama wieder lebendig zu machen. Als Shiva ihrem Wunsch entsprochen hatte, zog sich das Paar ins Gebirge zurück und die Intensität ihrer Vereinigung ließ die Welt erbeben.

SHIVA als Nataraja tanzt mit einer Trommel, Sinnbild für den Rhythmus der Schöpfung, und einer Flamme, Emblem der Zerstörung.

SHIVA *mit den Frauen der Rishis. Die Episode aus den Puranas erzählt, wie die Weisen fürchteten, er würde ihre Frauen verführen.* (PAHARI-SCHULE, 1720 – 1725)

DHYANIBUDDHAS

Das „Mandala der fünf Jinas“ umfasst fünf Transzendente Buddhas oder Dhyanibuddhas. Sie sollen aus dem Urbuddha, dem „Adibuddha“, entstanden sein. „Jinas“, d.h. Sieger, nennt man all jene, die den Zyklus von Tod und Wiedergeburt durchbrochen haben. Sie stellen verschiedene Aspekte des erleuchteten Bewusstseins dar und werden daher auch Meditationsbuddhas genannt. Mandala hingegen ist das Sanskrit-Wort für „Kreis“. Ein Mandala ist eine symbolische Darstellung des Universums, die dem Meditierenden helfen soll, Einsicht zu entwickeln. Für Zeremonien wird das Mandala mit farbigem Sand auf dem Boden dargestellt und am Ende hinweggefegt. Doch auch dreidimensionale Objekte wie Statuen oder Gebäude können ein Mandala darstellen. Der Meditierende kann sich das Mandala während der Übung vorstellen: Mandalas existieren also nicht nur auf der materiellen Ebene.

AMITABHA *herrscht über das Reich (Reine Land) des Westens, Sukhavati. In einem früheren Leben als König hatte er auf seinen Thron verzichtet und versprochen, ein Land zu schaffen, das alle Vollkommenheiten jeden Reiches in sich vereinigen würde. Als Herrscher dieses Reiches widmete er sich guten Taten und wurde zum Buddha. Er sitzt auf einer Lotusblüte, seine Aureole umfasst mehr als eine Milliarde Welten und er weist die 84 000 Merkmale der Vollendung auf. Eine Geburt in seinem Reinen Land vereinfacht den Weg zur Erleuchtung enorm.*
(TIBETISCHES GEMÄLDE)

AMOGASIDDHI *(rechts) herrscht über das Reine Land des Nordens. Seinen Thron flankieren zwei Garudas, mythische Vögel mit Menschenköpfen, auf denen er reitet. Seine Körperfarbe ist grün. Er hebt die Hand in der rituellen Geste der Furchtlosigkeit. Sein Emblem ist der Vajra, der Donnerkeil, eine unzerstörbare Waffe, die so hart ist wie Diamant.* (TIBETISCHES BILD, 15. JH.)

AKSHOBHYA *(oben), der „Unerschütterliche", war einst ein Mönch, der schwor, niemals wieder Wut oder Ablehnung in sich aufkommen zu lassen. Da er diesen Schwur strikt befolgte, erlangte er die Erleuchtung. Er herrscht über das Reine Land im Osten, Abhirati, wo die Tugendhaften wieder geboren werden. In diesem Land gibt es weder Zorn noch Bosheit, sodass seine Bewohner schnell die Erleuchtung erreichen. Zum Zeugen seiner Erleuchtung ruft er mit einer Berührung die Erde an.* (LOTUSMANDALA MIT AKSHOBHYA, 12. JH.)

VAIROCHANA *(links) ist der älteste der Dhyanibuddhas. Seine Name bedeutet der „Sonnengleiche". Früher wurde er mit dem Adibuddha identifiziert. Er hält seine Hände häufig in der rituellen Geste höchster Weisheit. Der Borobudur-Tempel in Java ist als Mandala konzipiert. Er ist in konzentrischen Kreisen und Quadraten aufgebaut mit einem Eingang an jeder Seite. Eine Serie von Bildern, die das Leben des Buddha darstellen, dienen als Meditationshilfe.* (RELIEF DES BUDDHA MAHAVAIROCHANA IN BOROBUDUR, JAVA, 9. JH.)

Ein **MANDALA** *(links) hat eine symbolische Form. Sein äußerer Flammenring schützt das Innere und lischt die Unreinheit derer aus, die es betrachten. Ein Ring von Donnerkeilen steht für die Unzerstörbarkeit der Erleuchtung. Die Lotusblätter signalisieren die Natur des Reinen Landes. Innerhalb der Kreise findet sich ein Palast mit vier Mauern und vier offenen Toren. Dieser symbolisiert die ganze Welt. Im Zentrum wird die herrschende Gottheit dargestellt.* (SAMVARA MANDALA, TIBET)

SITA *(links) und Lakshmana, Ramas Halbbruder, beobachten, wie der Affengott Hanuman sich vor Rama niederwirft.*

SITA *(rechts) findet Rama zwischen Lotusblüten.* (GEMÄLDE VON WARWICK GOBLE)

SHRI siehe LAKSHMI.

SHISHUPALA siehe RAVANA.

SITA ist in den Veden, den heiligen Schriften der Hindus, Göttin des Ackerbaus und der Vegetation. Sie gilt als Gemahlin des großen Gottes INDRA. Im hinduistischen Epos Ramayana aber ist sie die Frau RAMAs, des siebten AVATARs von VISHNU, und Tochter König Janakas.

Um Sita zu gewinnen, musste Rama einen gewaltigen Bogen spannen, den ihr Vater von SHIVA erhalten hatte. Später wurde Sita von RAVANA, dem Dämonenkönig von Lanka, entführt.

Der Mythos erzählt, dass Rama, als er Sita dem Dämon entrissen hatte, sie des Ehebruchs verdächtigte. Sita gelang es zwar, ihre Unschuld zu beweisen, doch gleich darauf wurde sie von ihrer Mutter, der Erde, verschlungen. Nur wenig später ertrank Rama. Eine andere Version berichtet, dass Sita ihre Unschuld bewies, indem sie sich in ein Opferfeuer warf, aus dem sie unversehrt hervorging. Der Göttin werden daher alle Tugenden einer guten Ehefrau zugeschrieben: Keuschheit und unbedingte Hingabe.

SKANDA siehe KARTTIKEYA.

SOMA ist in der Mythologie der Hindus die allen Wesen eigene Lebenskraft. In vedischen Opferritualen gilt Soma gleichzeitig als Pflanze sowie als der durch sie hervorgerufene Rauschzustand.

Soma wurde allgemein als Gott betrachtet. Eines der zehn Bücher, die zusammen die große Hymnensammlung des Rigveda ausmachen, ist ausschließlich seinen Großtaten gewidmet. Nachdem INDRA von ihm getrunken hatte, wuchs er so schnell, dass er Himmel und Erde ganz ausfüllte. Und Soma war es, der Indra half, die riesige Schlange VRITRA zu besiegen und die Sonne neu erstrahlen zu lassen. Später entwickelte Soma sich zum Mondgott und wurde als solcher eng mit Wasser in Verbindung gebracht. Daher wurde er auch als Fruchtbarkeits- und Schöpfergott verehrt.

Manchmal bezeichnet man ihn als Vater der Götter. Soma war mit den Töchtern von DAKSHA, einer anderen Schöpfergottheit, verheiratet. Der Legende zufolge verurteilte Daksha den Mondgott zum Verlöschen, weil er eine seiner Töchter mehr liebte als die anderen. Doch Somas Gattinnen brachten den Vater dazu, die Strafe in ein periodisches Verlöschen abzumildern. Ein anderer Mythos führt das Zu- und Abnehmen des Mondes darauf zurück, wie viel von dem im Mond gespeicherten Soma verbraucht wird. Soma ist das Äquivalent des iranischen Gottes Haoma. Er wird auch als Stier oder Vogel dargestellt.

SITA *vor Rama, ihrem Gemahl und Avatar des Gottes Vishnu. Lakshmana hält den Fächer.* (ILLUSTRATION VON J. HIGGINBOTHAM, 1864)

SUDAPANI siehe DHANVANTARI.

SUMERU siehe MERU.

SURABHI siehe AMRITA.

SURYA, der Sonnengott, ist eine der wichtigsten Gottheiten der Veden, der heiligen Schriften der Hindus. Sein Vater war entweder der Himmelsgott Dyaus oder der Kriegsgott INDRA.

Manchmal wird er aber auch mit Indra und AGNI als brüderliche Dreiergruppe dargestellt. Seine Mutter ist die Muttergottheit ADITI, die im Rigveda, einer hinduistischen Hymnensammlung der Frühzeit, acht Söhne hat, die ADITYAS. Einen davon, die Sonne nämlich, wies sie von sich, weil sie seine sengende Hitze nicht ertragen konnte. Eine andere Sage lässt Surya aus dem Auge PURUSHAs, des Urriesen, entstehen.

Surya hat goldenes Haar und goldene Arme. Manchmal wird er aber auch mit dunkelroter Körperfarbe abgebildet. Seinen Wagen ziehen mehrere Pferde. Er hält eine Lotusblüte in der Hand und die Svastika ist

sein Emblem, die in der alten Welt als Symbol der Sonne betrachtet wurde.

Suryas Hitze war so unerträglich, dass sogar seine Frau Sanjna ihn verließ. Vorher aber überredete sie ihre Magd, ihren Platz einzunehmen. Doch der Sonnengott suchte sie und fand sie im Wald - in Form einer Stute. Da verwandelte er sich in einen Hengst und zeugte mit ihr den Krieger Revanta und die beiden ASHVINS, goldene Zwillinge und Vorboten der Morgenröte.

Schließlich aber hobelte Sanjnas Vater einen Teil von Surya ab, sodass Sanjna ungefährdet bei ihm bleiben konnte. Was übrig blieb fiel auf die Erde und wurde zu Waffen für die Götter gemacht.

In den Brahmapuranas, heiligen Schriften aus dem 4. Jahrhundert n. Chr., werden Surya zwölf „Herrlichkeiten“, d.h. die Namen von zwölf Göttern zugewiesen, darunter INDRA; VISHNU, VARUNA und MITRA. Surya selbst wird zum „höchsten Geist, der mit seinem Strahlen das Universum und die geheime Seele des Menschen durchzieht.“

SURYA *(links) der Sonnengott der Hindus.* (VOTIVBILD AUS SPECKSTEIN VOM SONNENTEMPEL IN KONARAK, ORISSA, 11. JH.)

SURYA *(unten), der hinduistische Sonnengott, lenkt seinen Wagen über den Himmel* (ILLUSTRATION VON J. HIGGINBOTHAM, 1864)

T

TAKSHAKA, der hinduistische König der Nagas, ist ein Schlangenhalbgott. Er herrscht über ein großes Reich in der Unterwelt. Die Legende schildert, wie König Parikchit eines Tages beim Jagen auf einen Einsiedler traf, der ein Schweigegelübde abgelegt hatte. Der König beleidigte den Einsiedler, der ihn verfluchte: Innerhalb einer Woche würde er vom Schlangenkönig Takshaka getötet werden. Um dem Fluch zu entgehen, baute Parikchit sich einen Palast, der auf einer Säule inmitten eines Sees stand. Takshaka aber verwandelte sein Schlangenheer in eine Gruppe von Mönchen, die dem König Geschenke darbrachten, darunter ein seltenes Insekt. Der König war so zufrieden, dass Takshaka ihm scheinbar verziehen hatte, dass er sich vor seinen Höflingen brüstete, er habe keine Angst vor dem Tod. Zum Beweis setzte er sich das Insekt auf den Hals, wo es sich sofort in Takshaka verwandelte. Der Schlangenherrscher wand seinen massigen Körper um den König und stieß ein tiefes Brüllen aus, sodass des Königs Höflinge flohen. Dann flog er hoch in die Lüfte und ließ den König tot zur Erde fallen. Sein Palast ging in Flammen auf.

Eine andere Sage schildert, wie Takshaka ein Auge auf einige Juwelen geworfen hatte, die der Königin gehörten. Da sie diese Edelsteine der Frau eines Weisheitslehrers schenken wollte, vertraute sie sie Utanka an, einem seiner Schüler. Utanka machte sich sofort auf den Weg, doch bald schon legte er eine Pause für seine Waschungen ein und tat die Juwelen zur Seite. Flugs kam ein Bettler und rannte mit den Steinen davon. Utanka verfolgte den Mann, doch als er ihn endlich packen konnte, verwandelte er sich in Takshaka, der durch ein Erdloch verschwand und sich in seinem Palast in der Unterwelt verbarg.

INDRA sah Utankas Kummer und schleuderte einen Donnerkeil, der die Erde spaltete, sodass Utanka den Dieb verfolgen konnte. Unter der Erde entdeckte er ein prächtiges Königreich. Da begann er, die Nagas zu preisen, doch ohne Erfolg. Also betete er erneut zu Indra, und der geschmeichelte Gott half ihm. Er gab Utanka sein Feuer speiendes Pferd, sodass das Reich der Nagas in Flammen aufzugehen drohte. Da gab der besorgte Takshaka die Juwelen zurück. Auf Indras Pferd gelangte der Schüler sodann ans Ziel und übergab die Juwelen.

TARA *(oben) als Grüne Tara ist sie die Patronin Tibets und hält den blauen Lotus des Mitgefühls in jeder Hand.* (MONGOLEI, 19. JH.)

TARA ist eine der populärsten buddhistischen Gottheiten. Ihr Name bedeutet „Retterin" und „Stern". Sie gilt als Emanation des BODHISATTVA AVALOKITESHVARA. Aus einer seiner Tränen geboren, die auf eine Lotusblüte fiel, hilft sie ihm bei seiner Aufgabe, alle Wesen zu retten. Eine andere Geschichte lässt Tara aus einem Strahl blauen Lichtes aus Avalokiteshvaras Augen entstehen. Sie ist der weibliche Aspekt

TARA *(links) in ihrer weißen Form ist das Symbol transzendenter Weisheit.*

TARA *(rechts), die Patronin Tibets, mit ihren 21 Formen, wozu auch die Grüne Tara, der weibliche Aspekt des Mitgefühls gehört.*

von Mitgefühl und Erleuchtung. Daher tragen auch andere weibliche Gottheiten ihren Namen.

Die frühesten Darstellungen stammen aus dem 6. Jahrhundert v. Chr., wo Tara noch als SHAKTI oder als Gemahlin Avalokiteshvaras galt. In Tibet, wo der Tara-Kult sich seit dem 11. Jahrhundert ständig ausbreitet, sagt man, dass sie sich in jeder tugendhaften Frau inkarniert. Auch als persönliche Schutzgottheit findet sie Verehrung. Es gibt 21 Aspekte von Tara. Jeder hat eine eigene Farbe, eigene Attribute und eine eigene Pose. Es existieren auch zornvolle Erscheinungsformen.

Die bekanntesten sind die Grüne und die Weiße Tara, wobei die Weiße Tara in Tibet als Form der Grünen Tara gilt. Sie soll sich aus SARASVATI, BRAHMAs Gemahlin, entwickelt haben. Die ursprüngliche Grüne Tara hält einen blauen Lotus in jeder Hand, der ihr Mitgefühl versinnbildlicht. Zwei Gemahlinnen von König Songtsen Gampo sollen Verkörperungen der Weißen bzw. der Grünen Tara gewesen sein. Rote, gelbe und blaue Formen gehören zum zornvollen Spektrum, grüne und weiße zum mitfühlenden. Die Tibeter glauben, dass Avalokiteshvara als Affe und Tara (sGrol-ma) als Felsenriesin ihre Vorfahren sind.

TATHAGATAS siehe DHYANI-BUDDHAS.

Die TIRTHAMKARAS sind die „Furtbereiter" des Jainismus, die Lehrer des jainistischen Glaubens. Durch ihre asketischen Übungen fanden sie einen Weg, über den Kreislauf von Tod und Wiedergeburt hinauszugelangen und anderen diesen Pfad aufzuzeigen.

Die Jainas glauben, dass es zehn Weltgegenden gibt, in denen in jedem Zeitalter - Vergangenheit, Gegenwart und Zukunft - je 24 Tirthamkaras erscheinen. Da sie nicht an eine Schöpfergottheit glauben, verehren die Jainas die Tirthamkaras. Diese werden gewöhnlich nackt dargestellt. Sie unterscheiden sich nur in Farbe und Pose.

In unserem Zeitalter gilt Rishabha als erster Tirtamkara und als Begründer des Jainismus. Bei seiner Geburt erschien der Gott INDRA, um das Kind willkommen zu heißen. Rishabha lehrte die Menschen, das Feld zu bestellen, Geräte zu handhaben und die Künste auszuüben. Er organisierte sie in drei Kasten. Dann ließ er das weltliche Leben hinter sich und wurde Mönch. Nach sechs Monaten der Meditation erlangte er Erleuchtung und trat ins Nirvana ein. 21 Tirthamkaras folgten Rishabha, deren letzter Neminatha war, ein Vetter KRISHNAs.

Der 23. Tirthamkara, Parshva, kam 84 000 Jahre nach Neminathas Tod zur Welt. Vor seiner Geburt lebte er in Indras Himmel. Als er sich inkarnieren wollte, ging er in Königin Vamas Leib ein. Schon als Kind mied Parshva das weltliche Leben und zog sich schließlich als Einsiedler in den Wald zurück. Dort erlangte er die Befreiung und widmete sich künftig der Lehre. Als er hundertjährig starb, ging er sofort ins Nirvana ein. 246 Jahre später kam Mahavira, der 24. Tirthamkara, zur Welt.

Mahavira, der „Große Held", ist auch als Vardhamana bekannt. Eines Nachts trat er in den Leib Devanandas, der Ehefrau eines Brahmanen, ein. In derselben Nacht träumte Devananda von 14 wunderbaren Zeichen: einem Elefanten, einem Stier, einem Löwen, der Göttin Shri oder LAKSHMI, einer Blumengirlande, dem Mond, der Sonne, einer Standarte, einer Vase, einem See voller Lotusblüten, dem Ozean, einem himmlischen Palast, einem Berg Juwelen und einer Flamme.

Devanandas Gatte war begeistert, da er glaubte, Vater eines gelehrten Sohnes zu werden. Doch der König der Götter entschied, dass Trisala, Gattin Siddhartas, welcher der Kriegerkaste angehörte, Mutter des Kindes werden sollte, daher wurde der Embryo „verpflanzt". Auch Trisala träumte vor der Geburt von den 14 Zeichen.

Als Mahavira zur Welt kamen, freuten sich die Götter und die Dämonen brachten Geschenke dar. In seiner Jugend ehelichte er Yasodha, doch im Alter von 30 Jahren gab er seinen Reichtum weg und zog sich von der Welt zurück. Nach zwölf Jahren strenger Askese erlangte er Erleuchtung, sodass seine Seele sofort ins Nirvana einging, als er starb. Daher praktizieren Jainas mindestens zwölf Jahre strenger Askese. (Siehe auch DIE TIRTHAMKARAS)

Der TIRTHAMKARA *Malli, der 19., ist in der Jaina-Tradition eine Frau. Um ihr Desinteresse an der Welt zu zeigen, werden alle Tirthamkaras mit niedergeschlagenen Augen dargestellt.* (CHAUHAN-SKULPTUR, 11. JH.)

V

TRANSZENDENTE BUDDHAS siehe DHYANIBUDDHAS.

TUSHITA ist der buddhistische Himmel, der von glücklichen und zufriedenen Göttern bewohnt wird. In Tushita leben alle Buddhas, die nur noch einmal geboren werden müssen, bevor sie die Erleuchtung erlangen, daher ist dort auch die Heimat des zukünftigen Buddha MAITREYA. Auch GAUTAMA BUDDHA lebte vor seiner letzten Inkarnation dort in seiner Form als BODHISATTVA. Von hier aus trat er in die rechte Seite von Königin Maya ein. Im Tushita-Himmel dauert ein Tag 400 Jahre eines Menschenlebens.

UPULVAN ist der höchste der vier großen Götter des singhalesischen Pantheons. Sein Name bedeutet „Der Seerosenfarbene". Er soll in der Zeit, als MARA versuchte, durch seinen Ansturm die Versenkung GAUTAMA BUDDHAs zu erschüttern, der Einzige gewesen sein, der dem Buddha treu blieb.

URVASI siehe APSARAS.

USHA siehe ADIBUDDHA.

USHAS, die Morgendämmerung, ist die Tochter von PRITHIVI, der großen Erdgöttin der hinduistischen Götterwelt. Ihr Vater soll der Himmelsgott Dyaus, ihr Liebhaber SURYA, die Sonne, sein. Manchmal aber ordnet man ihr aber auch AGNI, den Feuergott, als Liebhaber zu und macht sie zur Mutter der Sonne. Eine andere Tradition wiederum sieht sie als Tochter PRAJAPATIs, des Herrn der Geschöpfe. Um ihrem gierigen Vater zu entfliehen, der mit ihr Blutschande begehen wollte, verwandelte sie sich in ein Reh.

Ushas bringt der Welt das Leben mit all seinen Reichtümern. Sie verscheucht die Dunkelheit, ist aber gleichzeitig Ursache für das Altern. Sie selbst wird jeden Morgen neu geboren und gilt doch als unsterblich. Das Licht Ushas soll den Menschen den Weg zur Wahrheit weisen. Wie eine gute Hausfrau weckt sie jeden Morgen alle lebenden Wesen und schickt sie zur Arbeit, obwohl die Götter sie anflehen, nur die Guten zu wecken. Im Rigveda, der uralten hinduistischen Hymnensammlung, wird die Göttin als Braut in rosenfarbigem Gewand und mit goldenem Schleier beschrieben. Manchmal wird sie auch als Tänzerin mit reichhaltigem Juwelenschmuck oder als schöne, aus dem Bad kommende Frau dargestellt. Ihr Wagen wird von rosenfarbigen Kühen oder Pferden gezogen – Symbole der morgendlichen Wolken.

VAIROCHANA gehört im Hinduismus zu den ASURAS. Er war der Sohn Prahladas, der zum König der DAITYAS wurde. Sein Sohn Bali wurde von VISHNU in seinem AVATAR als Zwerg besiegt.

Eine Sage berichtet von der Suche nach dem Selbst oder „Atman". Die Götter sandten Indra und Vairochana zu PRAJAPATI, der ihnen bei der Suche helfen sollte. Prajapati aber sagte ihnen nur: „Das Selbst ist das, was sich im Auge widerspiegelt." Also fragten die beiden Götter, ob auch das, was sich im Wasser spiegelt, das Selbst sei. Prajapati bestätigte dies und forderte sie auf, sich im Wasserspiegel zu betrachten. Wenn ihnen etwas unklar sei, sollten sie ihn fragen. Vairochana entschied bald, dass er nun sein Selbst gut genug kenne und kehrte zu den Asuras zurück.

VAIROCHANA *ist der ursprünglichste der fünf Dhyani- oder Weisheitsbuddhas.* (TIBET, 15.JH.)

Indra aber betrachtete sich im Wasser und hatte so viele Fragen, die er alle Prajapati stellte, dass er am Ende vollkommene Gewissheit über das Selbst und damit Erleuchtung fand.

Im Buddhismus gehört VAIROCHANA zu den fünf DHYANIBUDDHAS oder Weisheitsbuddhas. Er gilt als Personifikation des Absoluten und wird manchmal mit dem ADIBUDDHA, dem Urbuddha selbst, identifiziert.

Die Tibeter haben ihm den Schneelöwen als Reittier zugeordnet. Seine Körperfarbe ist weiß, und er hält eine Scheibe in Händen. Man glaubt, dass er den Menschen den Mahayana-Buddhismus oder das „Große Fahrzeug" gebracht hat, eine Tradition, in der alles als „Nur-Geist" betrachtet wird und das mystische Ziel des Schülers in der Verschmelzung mit dem Göttlichen besteht. (Siehe auch DHYANIBUDDHAS)

VAISHVARANA siehe VIER WÄCHTER.

Der **VAJRA** oder Vajrakila ist ein personifizierter Dolch, auch als „Donnerkeil" bekannt. Er vertreibt Dämonen und böse Mächte und gilt daher selbst als Gottheit. Hauptsächlich findet er im tantrischen Buddhismus in Tibet Verwendung. In seiner ursprünglichen Heimat Indien gilt er als Waffe INDRAs.

VAJRAVARAHI ist in Tibet und Nepal eine bedeutende Göttin des buddhistischen Pantheons. Ihr Name bedeutet „Diamantsau".

Sie wird mit einem Schweinekopf dargestellt. Ihre Attribute sind der Donnerkeil, der Schädel und die Keule.

VAMANA siehe AVATARE.

VARAHA siehe AVATARE.

Der VAJRA *oder der „Donnerkeil" in der Hand Indras, des hinduistischen Wettergottes, der hier Airavata reitet.*

VARUNA ist der Himmelsgott des Rigveda, einer Sammlung uralter hinduistischer Hymnen. Er lebt in seinem Palast hoch über INDRAs Reich. Er war also in gewissem Sinne bedeutender als dieser, doch da er weiter weg lebte, hatte er weniger Einfluss auf die Menschen. Er sah alles, was auf der Welt vor sich ging und kannte alle Geheimnisse ihrer Bewohner. Seine Boten sandte er aus, um sie zu überwachen.

Varuna war omnipräsent. Er kannte sowohl Vergangenheit als auch Zukunft. Ihm oblag die moralische Ordnung. Er war der Gott der Eide und sorgte für die Aufrechterhaltung von rta, der Ordnung, die Natur und Gesellschaft gleichermaßen prägte. Diejenigen, die ihr nicht gehorchten, wurden in Varunas Schlinge gefangen.

Doch Varuna verzieh Sünden schnell. Manchmal gilt er auch als Schöpfer der Sonne, die mitunter auch als sein Auge dargestellt wird. Später hingegen wird er zum Gott der Nacht und des Wassers, Herrscher über Flüsse und Meere. Der Wind ist sein Atem, die Sterne seine Augen. Er war eng mit dem Mond verbunden und wachte über das heilige Getränk SOMA. Mit YAMA, der ersten Person, die starb, teilte er sich den Titel „Herr der Toten". Doch nennt man ihn auch „König der Schlangen". Mitunter gilt er auch als ADITYA und als Zwillingsbruder MITRAs.

VARUNA *(links) wird auf Seeungeheuern reitend dargestellt. Er hält eine Schlinge, mit der er die Unbotmäßigen bindet.*
(STEIN, 8. JH.)

VASUDEV siehe KRISHNA.

VASUKI siehe NAGAS.

VAYU ist in den Veden, den heiligen Schriften der Hindus, der Gott der Winde. Manchmal teilt er seinen Wagen mit INDRA. Er soll aus dem Atem des Urriesen PURUSHA entstanden sein.

Die Legende sieht ihn als Schöpfer der Insel LANKA, dem heutigen Sri Lanka. Der weise RISHI Narada forderte den wegen seines Temperaments bekannten Gott eines Tages heraus, den Gipfel des Berges MERU abzureißen, der vom mythischen Vogel GARUDA bewacht wurde. Vayu nutzte eine kurze Abwesenheit Garudas, riss die Bergspitze ab und schleuderte sie ins Meer, wo sie zur Insel Lanka wurde.

DAS LEBEN DES BUDDHA

Bevor der Buddha Erleuchtung erlangte, hatte er in unzähligen Existenzen als Bodhisattva Freigebigkeit geübt und nach moralischen Grundsätzen gelebt. Er hatte nach Einsicht gestrebt und die Anhaftung an materielle Güter überwunden. Schließlich wurde er im Tushita-Himmel wieder geboren, dem Reich jener, die nur noch einmal zur Erde zurückkehren müssen, und wartete dort auf seine Geburt als Siddharta Gautama. Seinem Vater, König Suddhodana, war prophezeit worden, dass sein Sohn nur dann ein großer Herrscher werden würde, wenn er niemals mit den Unbilden des Lebens in Kontakt käme. So führte der junge Siddharta ein Leben in Luxus umgeben von Mauern, die ihm den Ausblick auf die Welt verwehrten. Er heiratete Yasodhara und zeugte mit ihr einen Sohn, Rahula. Doch im Alter von 30 Jahren verließ er den Palast und kam in Kontakt mit Alter, Krankheit, Tod und dem Weg der Askese. Von diesem Moment an beschloss Siddharta, diesen Pfad einzuschlagen, und verließ den Palast seines Vaters.

Königin MAYA *(oben), Buddhas Mutter, träumte in der Nacht seiner Empfängnis, dass ein weißer Elefant eine Lotusblüte in ihren Bauch legte und die Natur vor Freude bebte. Bei seiner Geburt trat Siddharta aus der Seite seiner Mutter aus, während sie sich an einen Baum lehnte. Er konnte sofort laufen, und wo sein Fuß den Boden berührte wuchsen Lotusblüten. Mit sieben symbolischen Schritten in die einzelnen Himmelsrichtungen nahm er die Welt in Besitz und erklärte, dass dies seine letzte Geburt sein würde.* (SZENEN AUS DEM LEBEN BUDDHAS VON MULGANDHA VIGARA)

GAUTAMA BUDDHA *(links) ließ sein königliches Leben hinter sich und widmete sich der Askese. Doch nach sechs harten Jahren war er zwar zum Skelett abgemagert, hatte aber die Befreiung vom Leiden immer noch nicht erreicht. Er entschied sich also für einen Mittelweg. Am Ufer des Flusses Nairanjana hielt ihn eine Frau fälschlicherweise für einen Gott und gab ihm Reismilch als Opfergabe. Da er wusste, dass die Erleuchtung nahe war, teilte er die Milch in 49 Schlucke auf, einen für jeden Tag bis zum Moment seiner Befreiung.* (GEMÄLDE VON ABANINDRO NATH TAGORE)

GAUTAMA BUDDHA *(links) lehrte nach seiner Erleuchtung 45 Jahre lang. Er wanderte durch das Land und sprach zu jedem, Königen und Bettlern gleichermaßen. Dabei lebte er von Almosen. Jeder, der ihn traf, wurde sein Schüler. Da er viele Wunder tat, wuchs die Anzahl seiner Schüler stetig an. So entstand der Sangha, die Gemeinschaft buddhistischer Gläubiger.* (DER BUDDHA ERHÄLT KRÄUTER ALS OPFERGABE, TIBET, 18. JH.)

ANANDA *(unten), Buddhas Vetter und treuer Diener, erlangte in seiner Gegenwart Erleuchtung. Auf dem ersten buddhistischen Konzil zitierte Ananda alle Lehrreden des Erhabenen. Er konnte alle 60 000 Verse erläutern und galt daher als „Hüter der Lehren". Auf Grund seiner Intervention wurde die erste buddhistische Nonnengemeinschaft gegründet.* (ALTAR IN BURMA)

GAUTAMA BUDDHA *(oben) saß in Bodhgaya 49 Tage unter dem Bodhibaum und erlangte Erleuchtung. Seine Einsicht drückte er in den „Vier Edlen Wahrheiten" aus: dass das Leben voller Leiden ist, dass der Grund dafür unsere ständige Gier ist, dass das Leiden daher beendet werden kann und der Weg dahin der Achtfache Pfad ist: rechte Anschauung, rechtes Denken, rechtes Reden, rechtes Handeln, rechte Lebensführung, rechte Anstrengung, rechte Achtsamkeit und rechte Meditation. Danach konnte erst Brahma ihn überreden, seine Einsicht zu lehren.*

VISHNU *sitzt auf seinem Thron, der kosmischen Schlange Ananta oder Sesha, auf der er in den Zeiten zwischen Brahmas Weltschöpfungen ruht. Er hält die Muschel, die Keule, das Rad und den Lotus.* (ELFENBEINSTATUE)

Die VIDYARAJAS sind im Buddhismus Halbgötter und werden als Könige mystischen Wissens betrachtet. Sie stehen für die Macht, welche die fünf DYYANIBUDDHAS oder Weisheitsbuddhas über die Leidenschaften und die Kräfte des Bösen ausüben. Sie gelten als zornvoller Aspekt der Meditationsbuddhas, als die Energie, mit der der Übende Hindernissen begegnen sollte.

In der hinduistischen Mythologie Indiens sind die Vidyarajas durch die Bhairavas, die „Schrecklichen", und die Krodharajas oder „Könige des Zorns" repräsentiert. Letztere verschlingen sogar Menschenfleisch. Die fünf großen Vidyarajas korrespondieren den fünf Weisheitsbuddhas, andere Vidyarajas werden als BODHISATTVAS betrachtet. Acalanatha entspricht VAIROCHANA, Traialokyavijaya gehört zu AKSHOBHYA, Kundali zu RATNASAMBHAVA, YAMANTAKA zu AMITABHA und Vajrayaksha oder Vajrapani zu AMOGASIDDHI.

VINATA siehe GARUDA.

VISHNU gehört zu den wichtigsten und meist verehrten Gottheiten im Hinduismus. Mit SHIVA und BRAHMA zusammen bildet er die Trimurti genannte göttliche Dreiergruppe des klassisch-indischen Denkens.

Als Bewahrer des Universums tritt Vishnu majestätisch und mitunter auch Furcht einflößend auf. Insgesamt aber ist er den Menschen wohlgesonnen und weit weniger Schrecken erregend als Shiva, der Zerstörer. Vishnus Anhänger, die Vaishnavas, betrachten ihn als höchsten Gott und verliehen ihm den Beinamen der „Höchste". Manchmal wird gar Brahman, das „Absolute" oder die höchste Realität, als Erscheinungsform Vishnus dargestellt.

Die Sage berichtet, dass aus Vishnus Nabel eine Lotusblüte wuchs. VAYU, der Gott der Lebenskraft und der Winde, hielt sie aufrecht. In ihrer Mitte saß Brahma, der den Schöpfungsakt dann fortsetzte.

Vishnus Hauptaufgabe ist es, den Triumph des Guten über das Böse zu sichern. In der uralten Hymnensammlung des Rigveda allerdings hat Vishnu nur untergeordnete Bedeutung. Ursprünglich war er scheinbar ein Sonnengott. Als solcher konnte er das Universum in drei Schritten durchqueren und es so für die Lebewesen bewohnbar machen. Später ordnete man Vishnu noch andere Erscheinungsformen zu, z.B. einen Fisch und einen Zwerg. Diese Assoziation entwickelte sich dann zum System der AVATARE, Vishnus „Herabkünften" oder Inkarnationen. In diesen verschiedenen Erscheinungsformen bekämpft Vishnu Dämonen und stellt so die bedrohte himmlische und irdische Ordnung wieder her. Die wichtigsten Avatare sind der Held RAMA und der Gott KRISHNA. Im Hinduismus wird sogar GAUTAMA BUDDHA als Inkarnation Vishnus betrachtet.

Als Fisch Matsya rettete Vishnu MANU, den ersten Menschen, vor der großen Flut. Die Sage erzählt, dass Manu einen kleinen Fisch fand, der ihn bat, ihn vor den gefräßigen großen Fischen zu retten. Manu nahm den Fisch mit nach Hause, musste ihn aber täglich in ein größeres Gefäß umsetzen, weil er so schnell wuchs. Schließlich brachte er ihn in den Ozean.

Als er ihn freiließ, kam Matsya zurück und warnte ihn vor der Flut, welche in Bälde die gesamte Welt überschwemmen sollte. Er riet Manu, ein Boot zu bauen. Und tatsächlich kam die Flut und Manu konnte sich in sein Boot retten. Doch Wind und Wellen bedrohten das Boot, sodass Matsya es an sein Horn binden und ziehen musste. Mehrere Jahre schwamm er mit dem Boot durch den Ozean, bis er an den Berg Himavat kam, dessen Gipfel aus dem Wasser ragte. Manu vertäute das Boot und wartete dort das Ende der Flut ab. Als Matsya davonschwamm, gab er seine wahre Identität und den Grund für Manus Rettung preis: Er habe ihn gerettet, damit die Erde sich von neuem mit Menschen und Tieren bevölkern könne.

In seiner Inkarnation als Zwerg Vamana rettete Vishnu die Welt vor dem Dämon Bali. Er überredete ihn, ihm so viel Land zu überlassen, wie er mit drei Schritten umfassen könne. Da Bali zustimmte, verwandelte Vishnu sich in einen Riesen, der mit zwei Schritten das ganze Universum durchmaß und es so für die Götter zurückeroberte. Dann kehrte er zu dem Dämon zurück und forderte den dritten Schritt ein. Bali hielt sein Versprechen und bot Vishnu sein Haupt zum Darauftreten an. Für dieses ehrenvolle Verhalten machte der Gott ihn später zum Herrn der Unterwelt.

In den Zeiträumen zwischen Brahmas Weltenschöpfungen soll

Vishnu auf dem Körper der Weltschlange Ananta oder Sesha auf dem kosmischen Ozean liegen und schlafen. Während er schläft, verwandelt er sich allmählich in den nächsten Avatar für den künftigen Schöpfungszyklus.

Vishnu wird normalerweise als schöner, junger Mann mit blauer Körperfarbe und vier Armen dargestellt. Zu seinen Attributen gehören: die Keule als Symbol für die Kraft des Wissens, die Muschel als Sinnbild der Herkunft aller Existenz, das Rad, welches für die Zyklen von Werden und Vergehen steht, und der Lotus, der mit der Sonne und dem aus Vishnus Nabel entspringenden Lebensbaum in Verbindung steht. Sein Reittier ist der gewaltige mythische Vogel GARUDA.

Der Gott gilt auch als Zentrum des Universums, als kosmische Säule, die den Himmel trägt. Seine Gefährtin ist LAKSHMI, die wunderschöne Göttin der Gesundheit und des Reichtums. (Siehe auch DIE AVATARE VISHNUS)

VISHVAKARMA siehe LANKA.

VIVASVAT siehe YAMA.

VRINDA siehe ASURAS.

VRITRA ist der hinduistische Schlangendämon, der mit INDRA kämpfte und von ihm vernichtet wurde. Er steht für die dunklen, unproduktiven Kräfte der Natur und raubte der Menschheit das Licht der Wahrheit.

Eines Tages beschloss ein mächtiger Brahmane, Indra vom Thron zu stoßen. Er zeugte einen Sohn, Trisiras, dem er seine Gaben vererbte. Trisiras besaß drei Köpfe: Mit dem Ersten las er die Veden, mit dem Zweiten nährte er sich, mit dem Dritten wachte er über die Welt. Da er außerordentlich fromm war, begann Indra seine ungeheure Macht zu fürchten. Er sandte ihm schöne, junge Frauen, die ihn verführen sollten, aber nichts konnte ihn von seiner Askese abbringen. Da erschlug Indra ihn mit dem Donnerkeil, doch sogar dann strahlte der Junge noch ein so starkes Licht aus, dass Indras Furcht keineswegs geringer wurde.

Der Brahmane beschloss, seinen Tod zu rächen und schuf einen Dämon namens Vritra. Dieser forderte Indra zum Kampf heraus. Es kam zu einer schrecklichen Schlacht, im Laufe derer Vritra den Gott verschluckte. Sofort trat die Versammlung der Götter zusammen und sorgte dafür, dass der Dämon das Maul wieder öffnen musste. Indra sprang unversehrt heraus und der Kampf ging weiter.

Da berieten die Götter sich mit einem RISHI und baten VISHNU um Hilfe. Ein Waffenstillstand wurde ausgehandelt. Vritra bot Frieden an, wenn Indra versprechen würde, dass er ihn weder bei Tag noch bei Nacht, weder mit Holz, Stein oder Eisen, weder mit Trockenem noch mit Nassem attackieren würde. Indra stimmte zu, dürstete aber weiter nach Rache.

Eines Tages sah er bei Sonnenuntergang eine Schaumsäule aus dem Meer auftauchen: weder nass noch trocken, weder Holz, noch Stein, noch Eisen.

Er nahm die Säule und schleuderte sie nach Vritra, der sofort tot war. Dann befreite Indra die Wasser der Wahrheit, die Sonne, den Himmel und die Morgenröte aus des Dämons Gewalt.

VISHNU, *das höchste kosmische Prinzip, in einer göttlichen Dreiergruppe mit Brahma und Shiva.* (STEIN, 10. JH.)

VISHNU, *dem seine Gefährtin Lakshmi aufwartet, schläft auf der Weltschlange Sesha, während der Schöpfergott Brahma auf einem Lotus in Vishnus Nabel erscheint.* (MINIATUR, RAJASTHAN, 18. JH.)

Y

YAKSHAS *(links) sind hinduistische Naturgottheiten. Die weiblichen Formen, die Yakshis, sehen zwar gut aus, sind aber mitunter recht bösartig und fressen sogar Kinder.* (SANDSTEINKONSOLE, 2. JH. N. CHR.)

Die YAKSHAS der hinduistischen Mythologie sind das Gefolge von Kubera, dem Gott des Reichtums. Sie leben im Himalaya und wachen dort über verborgene Schätze. Normalerweise werden sie mit kurzen Gliedmaßen und einem kesselförmigen Bauch dargestellt. Sie sind den Menschen wohl gesonnene Götter und werden als Schutz- und Fruchtbarkeitsgeister verehrt. Weibliche Yakshas nennt man Yakshis. Im Buddhismus hingegen gelten sie als wilde Kreaturen, die an einsamen Plätzen leben und dort die Übenden in ihrer Meditation stören.

In Tibet heißen sie gnod-sbyin. Dort sind sie halbgöttliche Naturgeister, die den Buddha und seine Lehre schützen. Die Legende berichtet, dass Tibet nacheinander von verschiedenen Wesen regiert wurde. Die Ersten waren die schwarzen, kriegerischen gnod-sbyin.

YAMA ist eine Figur aus der uralten Hymnensammlung des Rigveda. Er ist der „Herr der Hölle" und der „König der Toten". Der stolze Sohn des Sonnengottes Vivasvat ist der Bruder von MANU, dem einzigen Überlebenden der Flutkatastrophe. Yamas Schwester und Gefährtin heißt Yamuna oder Yami.

Manchmal gelten Bruder und Schwester auch als erstes Menschenpaar. Yama war das erste Wesen, das sterben musste. Die Sage berichtet, dass Yama sich eines Tages aufmachte und einen Pfad zum Himmel entdeckte, woraufhin die Götter die Menschen sterblich machten. Der Wächter der Toten war ursprünglich eine freundliche Figur. Doch schon in den Brahmanas, den Kommentaren zu den Veden (heiligen hinduistischen Schriften), trat Yama als zerstörerische Figur auf. Er wurde zum strafenden Gott, künftig mit Keule und Schlinge abgebildet, mit grüner Körperfarbe und zwei vieräugigen Hunden als Begleiter. Diese Hunde durchstreifen die Welt auf der Suche nach den Seelen der Toten.

Wenn die Seele den Körper verlässt, überquert sie den Fluss Vaitarani und betritt das Land der Toten. Dort begibt sie sich in einen Raum, wo ihre Taten verlesen werden und Yama sein Urteil fällt. Die Seele kommt dann entweder ins Paradies, in eine der Höllenwelten oder zurück zur Wiedergeburt auf die Erde.

YAMA *(rechts) mit Naciketas, einem Menschen, dem er das Geheimnis der Unsterblichkeit enthüllt hat. Yama ist der Herr der Hölle und „König der Toten".*

Eine Legende erzählt, dass die fromme Savitri, die ihren verstorbenen Mann vermisste, bis ins Reich der Toten gelangte, wo sie Yama bat, ihr diesen zurückzugeben. Von ihrer Liebe beeindruckt gewährte Yama ihr einen Wunsch, wenn sie auf ihr Vorhaben verzichten würde. Da bat die kluge Savitri um mehr Söhne von ihrem Mann, sodass Yama ihr ihren Gemahl doch zurückgeben musste.

In der buddhistischen Mythologie ist Yama der Herrscher der Hölle. Ursprünglich König von Vaishali, einer Stadt im Nordosten Indiens, wünschte er sich während einer blutrünstigen Schlacht, König der Hölle zu sein und wurde tatsächlich dort wieder geboren. Seine acht Generäle und 80 000 Soldaten begleiteten ihn. Drei Mal täglich wird ihm geschmolzenes Kupfer ins Maul gegossen, bis seine Missetaten abgegolten sind. In der Zwischenzeit schlägt er die Menschheit mit Krankheit und Alter, um sie vor unmoralischem Lebenswandel zu bewahren.

Yamas Schwester Yami herrscht über die weiblichen Seelen in der Hölle. Im tibetischen Buddhismus wird Yama oft von Yami begleitet. Beide sind sie dann DHARMAPALAS oder Schützer der Lehre.

YAMANTAKA, der „Yama ein Ende macht", ist ein buddhistischer Vidyaraja, ein König mystischen

Z

YAMA *mit seiner Shakti namens Yami, Göttin der Toten. Sie stehen in Yab-Yum-Pose auf Yamas Reittier, einem schwarzen Büffel. Yama ist Herrscher des Südens, der in Indien mit dem Tod assoziiert wird.*

Wissens. Er besiegte YAMA, den Herrn des Todes, und tanzte gar auf ihm. Als zornvolle Emanation AKSHOBHYAS gehört er zu den BODHISATTVAS, welche die Gläubigen in Akshobhyas Reich willkommen heißen. Er gilt auch als DHARMAPALA, d.h. als Schützer der buddhistischen Lehre, und bewahrt seine Anhänger vor Schmerz.

Yamantaka wird meist mit sechs Armen und Beinen sowie sechs schrecklich verzerrten, dreiäugigen Gesichtern dargestellt. Gewöhnlich reitet er eine weiße Kuh, manchmal sitzt er auch einfach auf einem Fels. Seine Körperfarbe ist schwarz, dunkelblau oder grün. Er ist von einem Flammenkreis umgeben. In Tibet wird er mit Axt und Schädelschale abgebildet. Mitunter trägt er auch eine Schädelkrone, einen Schädelgürtel und eine menschliche Leiche.

YAMI, YAMUNA siehe YAMA.

YASHODA siehe KRISHNA.

Die YIDAMS sind tibetische Schutzgottheiten. Da jede Gottheit des tibetischen Pantheons einen solchen Aspekt hat, gibt es zahllose Yidams. Ihr Name bedeutet „Unerschütterlicher Geist". Sie werden von den Gläubigen in Krisen angerufen, helfen aber auch bei der Überwindung spiritueller Hindernisse. Meist werden sie mit ihrer SHAKTI (weibliche Energie) dargestellt. Sie sind von blauer Körperfarbe. Die männlichen Yidams sind entweder Bhagavatas, Dakas oder Herukas, die weiblichen Bhagavatis oder DAKINIS.

Die YUGAS sind hinduistische Weltzeitalter, die Tausende, sogar Millionen Jahre dauern und in einer bestimmten Reihenfolge ablaufen.

Im Laufe eines Zyklus werden sie immer kürzer, was den zunehmenden Mangel an Rechtschaffenheit reflektiert, der im Lauf der Zeit auftritt. Das Krita Yuga dauert 1728000 menschliche Jahre und gilt als Goldenes Zeitalter ohne Götter, Dämonen, Krankheiten, in dem alle Menschen heilig sind. Das Treta Yuga dauert 1296000 Jahre, während derer die menschliche Tugend allmählich geringer wird und sogar Opfer eingeführt werden. Das Dwapara Yuga dauert 864000 Jahre und führt zu immer mehr Dekadenz, Gier, Katastrophen und Krankheiten. Das Kali Yuga dauert 432000 Jahre, während derer die Tugend endgültig versiegt und Menschen nur ihrem Eigennutz dienen. Die Hindus glauben, dass wir aktuelle im Kali Yuga leben.

Alle vier Zeitalter zusammen bilden ein Maha Yuga, mehr als 4 Millionen Jahre, die in Brahmas Leben nicht mehr als einen Tag und eine Nacht darstellen. Zwischen den Maha Yugas kommt es zu Zeiten der Morgen- und Abenddämmerung Brahmas, die etwa 400 000 Jahre dauern. In dieser Zeit schläft Brahma.

ZHANG ZHUNG siehe gSHENRAB.

YAMANTAKA, *eine zornvolle Gottheit des tibetisch-buddhistischen Pantheons. In Yab-Yum-Stellung, der spirituellen Umarmung, mit seiner Shakti Vidyadhara.*

MYTHEN
AUS OSTASIEN

EINFÜHRUNG

Die großen Weltreligionen, die in West- und Zentralasien begründet worden waren, breiteten sich allmählich immer mehr nach Osten aus, bis sie mit der Mythologie des Fernen Ostens verschmolzen. Die ursprünglichen Glaubensvorstellungen der Länder in Ost- und Südostasien wurden mehr oder weniger vom Hinduismus, Buddhismus und Islam beeinflusst. Allerdings haben die Gastländer die eindringenden Gottheiten ihrer Mythologie in einem langen Prozess der Assimilation und Adaption angepasst.

China, die „Mutter der ostasiatischen Kulturen" betrachtete die fremden Götter und Göttinnen keineswegs als Bedrohung. Die chinesische Gesellschaftsordnung war so stabil, dass sie diese äußeren Einflüsse mit Leichtigkeit aufnehmen konnte, ohne dabei an kultureller Identität zu verlieren.

Das Land China entstand im 2. Jahrtausend v. Chr., als die Shang-Könige ein Reich gründeten, das für alle folgenden Staatsgebilde zum Ausgangspunkt wurde. In der Shang-Dynastie war der Ahnenkult weit verbreitet, aber es gab auch eine Vielzahl von Göttern, u.a. den großen Shang Di, der als Stammvater der Dynastie verehrt wurde und in der Ausbildung des religiösen Gedankenguts eine fundamentale Rolle spielte. Die Zhou-Dynastie, welche die Shang-Herrscher etwa 1050 v. Chr. ablöste, verehrte eine Gottheit namens Tian oder „Himmel".

Im 6. Jahrhundert v. Chr. kam dann der Konfuzianismus auf, doch erst während der Han-Dynastie (206 v. Chr. – 220 n. Chr.) wurde er zur alles bestimmenden Staatsreligion. Der Konfuzianismus entstand in einer stark hierarchischen Gesellschaft und betonte daher den Wert der Familienbande. Sein Begründer, Meister Kong (551 – 479 v. Chr.), äußerte sich allerdings nicht über die Existenz übernatürlicher Wesen.

BUDDHA *wurde in China, vor allem während der Tang-Dynastie zwischen dem 7. und 9. Jh., hoch verehrt. Der Buddhismus bot eine tröstliche Botschaft an, die besagte, dass alles Leiden vergänglich und eine Rettung daraus möglich sei.* (DER PREDIGENDE BUDDHA, STANDARTE AUS DEN HÖHLEN VON DUNUANG, CHINA, 8. JH.)

Während der Konfuzianismus Anhänger aus allen sozialen Klassen gewann, wandte sich der etwa zur selben Zeit entstehende Daoismus hauptsächlich an die weniger Privilegierten dieser Gesellschaft. Der Daoist

OSTASIEN

SIBIRIEN
Olchon-Insel
Baikalsee
MONGOLEI
Berg Kunlun
Gelber-Fluss
CHINA
Yangtse-Fluss
KOREA
Japanisches Meer
JAPAN
Gelbes Meer
Ost-chinesisches Meer
Pazifik
BURMA
INDIEN
LAOS
Süd-chinesisches Meer
VIETNAM
THAILAND
Luzon
PHILIPPINEN
KAMBODSCHA
Mindanao
MALAYSIA
Celebes-Meer
Indischer Ozean
Borneo
Sumatra
INDONESIEN
Bali
Java

sucht nach dem Dao, dem „Weg", einem der ganzen Natur innewohnenden Prinzip. Seine Anhänger streben nach Einklang mit diesem Prinzip, indem sie den Geist zur Ruhe bringen und „leeren". Im 1. Jahrtausend n. Chr. brachte der Daoismus ein vielgestaltiges Pantheon hervor. Seine wichtigste Gottheit war der „Jadekaiser", dessen himmlische Hierarchie – Spiegelbild der weltlichen am Hofe - auch Minister und Beamte kannte.

Etwa zu Beginn der christlichen Zeitrechnung kam der Buddhismus nach China. Er wurde von Mönchen eingeführt, die über die „Seidenstraße", die alte Handelsstraße von Indien nach China, einreisten. Die „Invasion" verlief außerst friedlich, da der Buddhismus die Götter und Geister der Volksreligion zu integrieren versuchte. Die Tatsache, dass der Buddhismus viele Ähnlichkeiten mit dem Daoismus aufwies, erleichterte die Verschmelzung noch: Bei beiden geht es um die Kontrolle mentaler Prozesse. Nachdem der Buddhismus in China Fuß gefasst hatte, kam es daher zu einem fruchtbaren Austausch zwischen den beiden Religionen.

China wiederum übte einen bestimmenden Einfluss auf alle Nachbarstaaten, auch auf Japan, aus. So inspirierte sich der Shinto-

YU HUANG *(unten), der „Jadekaiser" ist die höchste Gottheit des Daoistischen Pantheons. Seine Position im Himmel spiegelt die des irdischen Kaisers, mit dem er in direktem Kontakt stehen soll.* (CHIN. WANDMALEREI, CA. 1325)

KONFUZIUS *ist die latinisierte Version des ursprünglichen Namens K'ong-fu-tzu. Seine Lehre beruhte vor allem auf gegenseitiger Güte und wurde während der Han-Dynastie Staatsreligion.* (CHINESISCHE ZEICHNUNG)

Glaube, die frühe Religion der Japaner, stark an der chinesischen Kosmologie, die das Universum als Ei sah. Wo die Chinesen allerdings ihren „Jadekaiser" als Reflexion irdischer Modelle ansahen, betrachteten die Japaner umgekehrt ihre Kaiserfamilie als Abkömmlinge ihrer wichtigsten Gottheit, der Sonnengöttin Amaterasu, und legitimierten so deren Herrschaft. Im 6. Jahrhundert kam der Buddhismus über China und Korea nach Japan. Die Japaner sahen den Buddhismus als Ergänzung des Shintoismus. Diese Vermischung mit dem Shintoismus prägte den japanischen Buddhismus.

Die chinesische Zivilisation übte starken Einfluss auf Südostasien, vor allem auf Vietnam, aus. Burma, Thailand, Kambodscha, Laos, die Halbinsel Malaysia und der indonesische Archipel mit Sumatra, Java und Bali als Hauptinseln hingegen erhielten mehr Impulse von Indien, vor allem vom Hindu- und Shiva-Kult. Auf Bali werden Buddha und Shiva mitunter als ein Gott verehrt.

Ab dem 17. Jahrhundert gewann auf den südostasiatischen Inseln der von moslemischen Händlern eingeführte Islam immer mehr Anhänger. Aber auch ursprüngliche Glaubensvorstellungen mischten sich mit den drei großen Religionen. Auf Bali z.B. ist die offizielle Religion der Hinduismus. Und auf Borneo ist die animistische Naturreligion der Ureinwohner so lebendig, dass diese von Gespenstern und Geistern bevölkerte Mythologie ständig neue Bereicherung erfährt.

In anderen Gegenden Ostasiens hingegen mussten die ursprünglichen Glaubensvorstellungen dem Ansturm der neuen Religionen weichen. In der Mongolei beispielsweise gingen viele Schamanenmythen einfach verloren, nachdem der Buddhismus im 13. Jahrhundert eingeführt worden war. In Sibirien löschte der Islam nach seiner missionarischen Einführung im 10. Jahrhundert den Schamanismus nahezu aus. Einige Sufi-Orden in Zentralasien allerdings wurden umgekehrt wieder vom Schamanismus stark beeinflusst. Fast vollständig verschwand der schamanistische Naturglaube, als die russisch-orthodoxe Kirche im 19. Jahrhundert Sibirien missionierte. Und nach 1917 waren es die Kommunisten, welche Jagd auf die Schamanen machten. Heute hingegen versucht man, dem Schamanismus wenigstens ansatzweise seine alte Bedeutung wiederzugeben.

Die ostasiatischen Länder haben die mythologischen Vorstellungen der von ihnen übernommenen Religionen nach ihren Begriffen abgewandelt. Die chinesische Göttin der Gnade Kuan Yin entwickelte sich beispielsweise aus dem indischen Bodhisattva Avalokiteshvara, der sich so zu einer mächtigen Muttergottheit wandelte. Amitabha, der Buddha des Grenzenlosen Lichts, wird in China als Omito Fu, in Japan als Amida verehrt. Vor allem auf das japanische Denken hat die buddhistische Tradition des Reinen Landes (der Amida-Buddhismus) großen Einfluss ausgeübt.

SCHAMANEN *in der Mongolei führen rituelle Tänze aus und begleiten sie mit der Trommel, um sich so in Trance zu versetzen. Diese charismatischen Figuren haben Kontakt zur Geistwelt. In vielen Gemeinden sind sie gleichzeitig Priester und Arzt.* (ILLUSTRATION AUS LE TOUR DU MONDE, CA. 1850)

Zunächst wurde Amida mit der großen Shinto-Göttin Amaterasu identifiziert. Später entstand um ihn herum eine buddhistische Tradition, die lehrte, dass alle, die den Namen des Buddha vertrauensvoll aussprechen, sofort in sein Reines Land gelangen. Diese Aussicht auf eine wunderbare Zukunft wiederum prägte Chinesen und Japaner dergestalt, dass sie heute noch das gegenwärtige Leben nur als vorübergehende Phase sehen. So zeigt sich an der Figur des Omito Fu oder Amida, wie eine neue Gottheit transformiert wird und ihrerseits wieder das Denken in der „Gast-Gesellschaft" verändert.

A

Die **ABAASY** sind den sibirischen Jakuten zufolge Schaden bringende, übernatürliche Wesen. Sie leben in den niederen Welten und werden vom bösen Geist ULU TOYO 'N regiert. Der Sohn des höchsten Abaasy hat nur ein Auge und seine Zähne sind aus Eisen.

Die **ACHT UNSTERBLICHEN** siehe BA XIAN.

AIZEN-MYOO gilt im japanischen Volksglauben als Gott der Liebe. Er steht sowohl für den körperlichen als auch für den intellektuellen Aspekt des Begehrens und symbolisiert die durch den Wunsch nach Erleuchtung auf eine höhere Stufe transformierte Liebe. Seine Körperfarbe ist Rot, er hat drei Augen und sechs Arme. In den Händen trägt er Waffen, im Haar einen Löwenkopf. Trotz seines Furcht erregenden Aussehens gilt er als den Menschen wohlgesonnen.

AJYSYT siehe ITCHITA.

AMATERASU ist die Sonnengöttin der japanischen Mythologie und eine der Hauptgottheiten des Shinto-Pantheons. Ihr voller Name ist „Amaterasu-O-Mi-Kami". Das bedeutet „Erhabene, die den Himmel erleuchtet". Amaterasu erblickte das Licht der Welt, als IZANAGI, die männliche Hälfte des ersten Paares, sich nach der Rückkehr aus dem Land der Toten, YOMI, das Gesicht wusch. Die Sonnengöttin wurde aus Izanagis linkem Auge geboren, während der Mondgott TSUKIYOMI aus dem rechten austrat. Dann bestimmte Izanagi Amaterasu dazu, über die Hochebenen des Himmels zu herrschen und gab ihr ihre heilige Perlenkette.

Der Sturmgott SUSANO-WO aber verärgerte seinen Vater Izanagi, weil er dessen Gebot, über das Wasser zu herrschen, nicht gehorchte und stattdessen seine Mutter im Land der Toten besuchen wollte. Wütend verbannte Izanagi Susano-Wo aus dem Himmel. Doch dieser wollte noch einmal seine Schwester Amaterasu sehen, bevor er ging. Amaterasu ahnte, dass ihr Bruder ihr das Reich wegnehmen wollte und bewaffnete sich mit Pfeil und Bogen. Doch als sie ihren Bogen herausfordernd schüttelte und zornig auf die Erde stampfte, bekam es dieser mit der Angst zu tun und schlug vor, man solle doch einen Wettkampf veranstalten: Wer männliche Götter schaffen könne, sei des Sieges würdig. Da brach Amaterasu das Schwert ihres Bruders in drei Stücke, kaute es und spuckte es wieder aus. Aus dem feinen Dunst, der aus ihrem Mund drang, entstanden drei Göttinnen. Susano-Wo hingegen nahm einige der Fruchtbarkeitsperlen aus Amaterasus Haarschmuck und zerbiss sie ebenfalls. Daraus entstanden fünf männliche Götter. Also verkündete Susano-Wo, dass er sich als Sieger betrachte. Amaterasu aber hielt ihm entgegen, sie sei die Gewinnerin, da die Götter schließlich aus ihren Perlen entstanden seien. Susano-Wo feierte seinen vermeintlichen Sieg,

AIZEN-MYOO *sitzt auf einer Lotusblüte, einem Symbol der Erleuchtung. Im Volk gilt er als Gott der romantischen und erotischen Liebe.* (JAPANISCHE SKULPTUR, CA. 12. JH.)

AMATERASU *(oben) hört den Aufruhr vor ihrer Höhle und sieht hinaus, wodurch das Licht in die Welt zurückkehrt.* (HOLZSCHNITT VON TAISO YOSHITOSHI, 1882)

indem er die Erde verwüstete. Er zerstörte die Reisfelder, füllte die Entwässerungsgräben mit Erde auf und häutete am Ende noch ein Pony, das er durch das Dach des heiligen Webhauses schleuderte, in dem Amaterasu mit ihren Dienerinnen saß und webte. Dadurch starb eines der Mädchen vor Schreck. Amaterasu war sowohl wütend als auch verängstigt und floh.

Sie zog sich in eine Höhle zurück, wodurch die Welt in völlige Dunkelheit stürzte. Das gefiel zwar den bösen Götter, denen die Dunkelheit zum Schutz gereichte, die guten Götter aber flehten Amaterasu an, zurückzukehren. Da die Sonnengöttin sich weigerte, heckten sie einen Plan aus. Sie holten den Hahn, dessen Krähen den Sonnenaufgang ankündigt, und fertigten einen mit Juwelen geschmückten Spiegel an. Beides stellten sie vor Amaterasus Höhle auf. Dann baten sie die Göttin AME-NO-UZUME, auf einem umgekippten Bottich zu tanzen. Als der Hahn krähte, begann die Göttin zu tanzen. Die betäubenden Trommeltöne versetzten sie bald in Ekstase, sodass sie sämtliche Kleider von sich warf.

Alle anwesenden Götter brachen in Gelächter aus, sodass Amaterasu neugierig aus der Höhle schaute. Als ihr Blick aber auf den Spiegel fiel, in dem ihre Schönheit in vollem Glanz aufleuchtete, kehrte das Licht in die Welt zurück.

Amaterasu und ihre Dienerinnen webten die Kleidung der Götter und die der Priesterinnen des Sonnenkults. Ein anderer Mythos berichtet, dass die Frauen das unvollkommene Universum zu Ende weben.

Bis 1945 wurde Amaterasu als göttliche Ahnin der Kaiserfamilie verehrt. Ihr Spiegel gehört zu den kaiserlichen Throninsignien. Zu Amaterasus Schrein in Ise pilgern jährlich viele Millionen Menschen. (Siehe auch SCHÖPFUNGSMYTHEN)

AME-NO-UZUME oder Uzume ist die shintoistische Göttin der Morgenröte und des Lachens. Sie half, die Sonnengöttin AMATERASU aus der Höhle zu locken, in die sie sich, erbost über die Schandtaten des Sturmgottes SUSANO-WO, zurückgezogen hatte. Ame-No-Uzume tanzte vor dem Eingang der Höhle und riss sich – berauscht vom eigenen Rhythmus – die Kleider vom Leib. Daraufhin brachen die versammelten Götter in Gelächter aus. Amaterasu lugte neugierig aus ihrer Höhle und brachte so das Licht in die Welt zurück.

Eine andere Legende erzählt, wie Ame-No-Uzume den „Affenfürsten", eine lokale Sonnengottheit, mit ihren Reizen ablenkte, als dieser versuchte, NINIGI oder Honinigi (Amaterasus Enkel und künftiger Herrscher der Erde) daran zu hindern, zur Erde hinabzusteigen. Bald darauf ehelichte Ame-No-Uzume den Affenfürsten.

AME-NO-UZUME *(unten) half, Amaterasu mit ihrem Tanz aus der Höhle zu locken.* (ILLUSTRATION AUS MYTHS AND LEGENDS OF JAPAN)

AMIDA *sitzt auf einem Lotus und strahlt goldenes Licht aus. In seiner Aureole haben mehr als eine Milliarde Welten Platz.* (HOLZSKULPTUR, 18. JH.)

B

AMIDA ist ein japanischer Buddha, der sich aus Buddha Amitabha (Grenzenloses Licht) entwickelt hat. Dieser stellte die eigene Erleuchtung zurück, um allen Wesen zur Erleuchtung zu verhelfen. In China ist Amida als Omito Fu bekannt. Er ist die zentrale Figur der Tradition des Reinen Landes. Deren Anhänger glauben, dass sie in Amidas Reinem Land des Westens, einer Art Paradies, wieder geboren werden, wenn sie den Namen des Buddha in der Stunde ihres Todes aussprechen. Dort sind sie frei von Begehren und Schmerz und können ungehindert die Erleuchtung anstreben.

Ursprünglich wurde Amitabha mit AMATERASU, der shintoistischen Sonnengöttin in Japan, identifiziert. Er wird abgebildet, wie er die Gläubigen in seinem Reich begrüßt, umgeben von zahllosen Bodhisattvas und himmlischen Wesen.

ANTABOGA ist die Weltschlange der balinesischen Mythologie. Zu Anbeginn der Zeit existierte nur Antaboga. Durch Meditation schuf er die Urschildkröte BEDAWANG, auf deren Rücken zwei weitere Schlangen und der Schwarze Stein liegen – der den Deckel der Unterwelt bildet.

Die Unterwelt wird von der Göttin SETESUYARA und dem Gott BATARA KALA beherrscht, die das Licht und die Erde schufen. In dieser Kosmogonie befindet sich oberhalb der Erde eine Schicht Wasser und darüber mehrere Himmel. SEMARA, der Gott der Liebe, lebt im Fluthimmel, über dem der dunkelblaue Ätherhimmel liegt, Heimat von Sonne und Mond. Über diesem liegt der Dufthimmel, eine Region voller wunderschöner Blüten, die den menschenköpfigen Vogel Tjak, die Schlange Takshaka und die Awan, eine weitere Schlangengruppe, beherbergt. Die Awan werden von den Menschen als Sternschnuppen wahrgenommen.

Die Ahnen wiederum leben in einem Flammenhimmel oberhalb des Dufthimmels und darüber liegt die Heimat der Götter.

ARA ist ein Urgeist aus den Schöpfungsmythen der Iban, die zu den Dayak aus Borneo gehören. Die Sage berichtet, dass am Anfang aller Zeit Ara zusammen mit einem anderen Vogelgeist namens IRIK über dem grenzenlosen Urozean schwebte. Schließlich holten die beiden Vögel zwei riesige Eier aus dem Wasser. Aus dem einen schuf Ara den Himmel, aus dem anderen formte Irik die Erde. Doch diese war zu groß für den Himmel, sodass die beiden Götter sie so lange zusammenpressen mussten, bis sie passte. Auf diese Weise entstanden Berge und Täler, Flüsse und Meere, Hügel und Seen. Die Pflanzen kamen hervor, und am Ende beschlossen die beiden Götter, den Menschen zu schaffen. Zuerst versuchten sie es mit Baummark, doch als dies nicht ging, benutzten sie Erde. Schließlich hauchten sie den so geschaffenen Figuren mit ihrem Gesang Leben ein.

AS-IGA gilt bei den sibirischen Ostjaken als wohl wollender Geist. Sein Name bedeutet „Alter Mann des Ob“, eines großen Flusses, der Sibirien durchquert.

BA-XIAN oder Pa Hsien, die „Acht Unsterblichen“ sind in der daoistischen Mythologie Chinas Symbolfiguren für Glück und Reichtum. Sie sind keine Götter, werden aber häufig als solche betrachtet, da sie im Daoismus einen wichtigen Platz einnehmen. Die Ba Xian erlangten Unsterblichkeit, weil sie dem Dao, dem „Weg“, folgten. Obwohl die sich um sie rankende Mythologie erst im 15. Jahrhundert entstand, tauchen einzelne Figuren schon früher auf.

Der erste Unsterbliche ist Li T'ieh-kuai (Li mit der eisernen Krücke). Der Asket empfing seine Unterweisungen von Lao Tse, dem Begründer des Daoismus, persönlich. Kurz nachdem er Unsterblichkeit erlangt hatte, erstieg er einen heiligen Berg und ließ seinen Körper in der Obhut eines Schülers zurück. Diesen bat er, seine sterbliche Hülle zu verbrennen, wenn er nach sieben Tagen noch nicht zurück sein sollte.

Am siebten Tag aber wurde die Mutter des Schülers krank. Da er sie unbedingt besuchen wollte, verbrannte der Schüler Lis Körper, bevor der Tag abgelaufen war. Als seine Seele zurückkehrte, fand sie nichts als Asche vor. Daher fuhr sie in die sterbliche Hülle eines humpelnden Bettlers, der gerade vor Hunger gestorben war. Li mochte diesen Körper nicht, doch Lao Tse überredete ihn, diesen anzunehmen und gab ihm sogar eine Krücke, damit er besser laufen könne. Eine andere Legende erzählt, dass Li die Krücke von XI WANG MU erhielt, der „Königinmutter des Okzidents“. Diese heilte Lis Wunde und lehrte ihn, wie man die Unsterblichkeit erlangt. Daher wird Li gewöhnlich als Bettler mit Krücke dargestellt.

Li T'ie-kuai wiederum unterrichtete Zhong-li Küan in der daoistischen Lehre. Der Mythos berichtet, dass Zhong-li Küan die Anweisungen zur Erlangung der Unsterblichkeit in den Trümmern seines Hauses fand, als dieses einstürzte. Er befolgte die Regeln und entschwebte später auf einer Wolke in den Himmel. Eine andere Sage erzählt, dass Zhong-li Küan während einer Hungersnot Silbermünzen schuf, mit denen er die Armen vor dem Hun-

Zu den BA-XIAN *gehört auch Zhang Kuo-lao, der hier rückwärts auf seinem Maultier sitzend dargestellt ist. Solche Papierfiguren stehen an Festtagen in Taiwan vor den Tempeln.*

gertod rettete. Zhong-li Küan war fett, kahl und trug einen langen Bart. Er wird mit einem Fächer aus Federn oder Palmblättern abgebildet. Nachdem er unsterblich geworden war, wurde er zum Himmelsboten.

Lü Tung-pin kam im 10. Jahrhundert zur Welt. Als er noch Student war, begegnete ihm ein Feuerdrachen, der ihm ein magisches Schwert schenkte. Mit diesem versteckte er sich im Himmel. Später besuchte er eine Schänke und traf dort einen Mann namens Hang Zhong-li. Während dieser Reiswein wärmte, fiel Lü in tiefen Schlaf, wobei sein künftiges Leben im Traum an ihm vorbeizog. Er träumte, dass er sich 50 Jahre lang beträchtlichen Wohlstands erfreuen würde, dann aber würde ihn sein Glück verlassen: Seine Familie würde ruiniert und er selbst von Banditen getötet werden.

Als er erwachte, war ihm klar, dass irdisches Streben vergeblich war. So folgte er Han Zhong-li in die Berge, um das Dao zu suchen und Unsterblichkeit zu erlangen. Lü soll sich immer wieder unter die gewöhnlichen Sterblichen mischen, um rechtschaffen handelnde Menschen zu belohnen und Bosheit entsprechend zu bestrafen. Mit seinem Schwert bekämpft er Unwissenheit, Zorn und Gier. Er ist Patriarch vieler chinesischer Sekten und der populärste Unsterbliche in China.

Han Xiang war angeblich Neffe eines großen Philosophen der Tang-Zeit. Er wurde zum Schüler Lü Tung-pins, der ihn mit in den Himmel nahm und ihm den Baum zeigte, an dem die Pfirsiche des ewigen Lebens hingen. Han erkletterte den Baum, rutschte jedoch ab und fiel auf die Erde zurück. Kurz bevor der Aufprall ihn zum Tode verurteilt hätte, erlangte er Unsterblichkeit. Man schreibt Han ein heftiges Temperament und übernatürliche Kräfte zu. So habe er einmal mitten im Winter die Pfingstrosen zum Erblühen gebracht und auf jedem ihrer Blütenblätter sei eine Prophezeiung geschrieben gewesen, die sich später als wahr herausstellte.

Tsao Kuo-chiu war der Bruder der Kaiserin Tsao aus der Song-Dynastie. Er lebte im 11. Jahrhundert und wandte sich vom Leben ab, als sein Bruder als Mörder entlarvt wurde. Nach einer anderen Version bekam er das eitle Leben der Höflinge satt und machte sich auf in die Berge auf der Suche nach dem Dao.

Als er an einen Fluss kam, bat er den Fährmann, ihn überzusetzen und zeigte ihm die goldene Plakette der Höflinge. Der Fährmann war davon gänzlich unbeeindruckt, worauf Tsao sie beschämt in den Fluss schleuderte. Da gab der Fährmann sich als Lü Tung-pin zu erkennen und nahm Tsao als Schüler an.

Eine andere Version berichtet, dass der Kaiser seinem Bruder eine Medaille verlieh, die ihrem Eigner alle Hilfestellung garantieren solle. Als Tsao sie einem Priester zeigte, fragte dieser ihn, was er damit wolle. Da warf Tsao seine Medaille beschämt weg. Der Priester war niemand anderer als Lü Tung-Pin, der seinem Schüler daraufhin zur Unsterblichkeit verhalf.

Zhang Kuo-lao war ein alter Mann, der zu Zeiten der Kaiserin Wu in der Tang-Dynastie des 8. Jahrhunderts lebte. Er wird häufig abgebildet, wie er rückwärts auf einem weißen Maultier reitet, das mehr als Tausend Meilen pro Tag zurücklegt. Wenn er es nicht reitet, legt er es zusammengefaltet in eine Tasche. Um das Maultier wieder zum Leben zu erwecken, musste Zhang es nur mit Wasser bespritzen.

Zhang erregte den Verdacht des Kaisers, sodass dieser einen Dao-Meister zu ihm schickte, um seine wahre Identität zu erfragen. Als dieser zum Kaiser zurückkehrte, sagte er, dass er Angst habe, die Identität Zhangs zu enthüllen, da dieser ihm prophezeit habe, dass er unmittelbar darauf sterben werde. Er werde nur sprechen, wenn der Kaiser danach barfuß und barhäuptig zu Zhang gehen und ihn um Vergebung für den Tod des Meisters bitten werde. Der Kaiser stimmte zu, und der Meister sagte ihm, dass Zhang die Personifikation des Ur-Chaos sei, woraufhin der Kaiser ihn voller Wut erschlug. Also musste er sich zu Zhang begeben, um Abbitte zu leisten und dieser erweckte den Meister zu neuem Leben.

Zhang schenkte jung verheirateten oder bisher kinderlosen Ehepaaren Kindersegen. Er wird meist mit den Pfirsichen des ewigen Lebens oder der Tasche, in der er sein Maultier trägt, dargestellt.

Lan Tsai-ho war entweder ein Mädchen oder ein Mann, der wie eine Frau aussah. Im Sommer trug sie einen dicken Überwurf, im Winter nur leichte Kleidung und nur einen Stiefel. Ihr Gürtel war aus schwarzem Holz. Ihre Familie handelte mit Heilkräutern. Eines Tages traf sie beim Kräutersammeln einen zerlumpten Bettler voller Geschwüre. Das Mädchen versorgte den Bettler, der in Wirklichkeit niemand anders war als der verkleidete Li T'iekuai. Für ihre Güte belohnte er sie mit der Unsterblichkeit. Da begann Lan Tsai-ho, durch das Land zu reisen, um die Menschen im Dao zu unterrichten. Eines Tages legte sie ihren Mantel, ihren Stiefel und ihren Gürtel ab und schwebte auf einem Kranich in den Himmel.

He Xian-ku wurde unsterblich, nachdem sie ein Stück Perlmutt vermahlen und gegessen hatte. Sie wurde leicht wie eine Feder und konnte über die Berge fliegen, wo sie Beeren und Früchte sammelte. Schließlich ließ der Kaiser sie an seinen Hof holen, doch da sie unsterblich geworden war, verschwand sie einfach. Gewöhnlich hält sie auf Darstellungen entweder einen Pfirsich oder eine Lotusblüte in der Hand. (Siehe auch DIE ACHT UNSTERBLICHEN)

BENKEI *ist der Gefährte Yoshitsunes. Hier werden die beiden von einem Geist des Taira-Clans angegriffen.* (ILLUSTRATION AUS MYTHS AND LEGENDS OF JAPAN)

Der **BAJANG** ist ein böser Geist, der sich im Volksglauben der malaiisch-sprachigen Völker Südostasiens immer dann zeigt, wenn Tod oder Krankheit das Haus bedrohen. Er erscheint als riesiger Iltis (Frettchen) und schadet vor allem Kindern. Der Hausherr kann den Bajang fangen und in einem Käfig halten. Wenn er ihm Milch und Eier gibt, wendet der Bajang alles Unglück vom Haus ab. Lässt er ihn aber hungern, so greift er ihn erbarmungslos an.

BARONG ist in der balinesischen Mythologie Herr aller positiven Kräfte und Feind der Dämonenkönigin RANGDA. Er gilt als König der Geister und wird traditionell als Löwe betrachtet. Die Schlacht zwischen den beiden Wesen, die gewöhnlich mit Rangdas Untergang endet, ist auf Bali häufig Gegenstand von Bühnenaufführungen.

BASUKI ist die große Schlange der Mythologie Balis. Er lebt in einer Höhle in der Unterwelt, welche von der Göttin SETESURYA und dem Gott BATARA KALA regiert wird.

BATARA GURU ist der Name, den Shiva in Südostasien trug, bevor der Islam sich ausbreitete. Er wurde als allmächtiger Gott des Himmels und der Erde gesehen. In Java, Bali und auf dem malaiischen Archipel fand der Shiva-Kult schon vor dem 5. Jahrhundert weite Verbreitung.

Die Malaien fügten den indischen Mythen teilweise eigene hinzu. In Sumatra hieß es z.B., Batara Guru habe die Welt erschaffen, indem er eine Hand voll Erde an seine Tochter BORU DEAK PARUDJAR sandte, die vom Himmel in den Urozean gesprungen war, um den unerwünschten Annäherungsversuchen des Gottes Mangalabulan zu entgehen. An der riesigen Flutwelle, die dem Sprung folgte, erkannte Bata Guru, was geschehen war, und sandte einen Vogel mit Erde hinunter. Als das Mädchen diese Erde ins Wasser streute, entstand daraus die erste Insel. Doch die Seeschlange NAGA PADOHA fühlte sich von dem Eiland gestört und bewegte sich hin und her, bis die Insel weggetrieben wurde. Also schickte Batara Guru mehr Erde und inkarnierte sich selbst als menschlicher Heros. Er legte der Schlange ein Eisengewicht auf den Rücken, sodass sie in die tiefsten Tiefen sank. Und wie sehr Naga Padoha auch versuchte, das Gewicht loszuwerden, es gelang ihm nicht. Seine heftigen Bewegungen allerdings schoben die Inseln zusammen, sodass Berge und Täler entstanden.

Nachdem er so die Inseln des malaiischen Archipels geschaffen hatte, streute Batara Guru Samen aus, sodass Pflanzen und Tiere entstanden. Danach zeugten Boru Deak Parudjar und die Inkarnation Batara Gurus miteinander die ersten Menschen.

BATARA KALA ist in der Schöpfungsgeschichte Balis der Herr der Unterwelt. Dort herrscht er gemeinsam mit der Göttin SETESURYA. Er schuf das Licht und die Erde.

BEDAWANG ist die Weltschildkröte der balinesischen Mythologie, welche die Urschlange ANTABOGA durch Meditation erschuf. Die Schildkröte trägt zwei Schlangen auf ihrem Panzer und den Schwarzen Stein, der die Unterwelt verschließt. Die Unterwelt wiederum wird von BATARA KALA und SETESURYA beherrscht.

BENKEI ist in der japanischen Mythologie der Gefährte des Helden YOSHITSUNE. Seine Mutter soll ein TENGU oder Dämon sein. Schnell wuchs er zu beträchtlicher Größe und Stärke heran, doch Yoshitsune besiegte ihn trotzdem und machte ihn zu seinem Diener.

BENTEN oder Benzai gehört zu den SHICHI FUKUJIN, sieben Glück und Reichtum verheißenden Gottheiten. Diese Gruppe von sieben Unsterblichen wurde im 17. Jahrhundert von einem Mönch geschaffen, der damit seiner Zeit ein Muster an Tugend vermitteln wollte. Benten war ursprünglich die Schwester des Königs der buddhistischen Höllenwelten. Durch ein Missverständnis schrieb man ihr später die Fähigkeit zu, ihren Anhängern Glück zu bringen, und so wurde sie in die Gruppe der sieben Glücksgötter aufgenommen.

Benten verhilft den Menschen zu materiellem Gewinn. Sie ehelichte einen Drachen, um ihn unschädlich zu machen und wird daher manchmal auf einem Drachen oder einer Seeschlange reitend dargestellt. Die Göttin wird als Vorbild weiblicher Tugend betrachtet. Deshalb spielt sie oft ein Instrument. Sie wird sowohl von Spielern und eifersüchtigen Frauen als auch von Händlern und Spekulanten verehrt. Sie gilt als Herrin des Eheglücks und beschützt besonders die Geishas. (Siehe auch DIE SHICHI FUKUJIN)

BENZAI siehe BENTEN.

BENTEN *hält ein Hackbrett und reitet einen Drachen. Ein Edelmann besucht sie in ihrer Höhle in Enoshima, um sie um Wohlstand für sein Haus zu bitten. Die Göttin verleiht nämlich materiellen Reichtum.* (GOLDLACKARBEIT, 19. JH.)

BISHAMON *ist der japanische Kriegsgott. Seine Attribute sind Speer und Pagode (für religiöse Hingabe). Hier mit einem dienstbaren Dämon dargestellt.* (HOLZSCHNITT VON ISAI, 19. JH.)

BISHAMON ist ein japanischer Gott, der seinen Ursprung in der Figur des buddhistischen Vaishravana, einem der Vier Wächterkönige, hat. Wie dieser war Bishamon ursprünglich der himmlische Wächter des Nordens, bevor er zu einem Schützer der Lehre wurde, der die Gläubigen vor Krankheit und Dämonen bewahrt. Auch als Kriegsgott kennt man ihn. Er soll unendliche Reichtümer besitzen und zehn verschiedene Schätze verleihen können. Daher fand er auch Aufnahme in die Gruppe der SHICHI FUKUJIN, der sieben Glücksgötter, die im 17. Jahrhundert von einem Mönch zusammengestellt worden waren, um seiner Zeit ein Vorbild an Tugend zu geben.

Gewöhnlich wird Bishamon als Krieger in voller Rüstung dargestellt. Zu seinen Attributen gehört der Speer. Die Pagode wiederum, mit der er meist dargestellt wird, gilt als Symbol religiöser Hingabe. Man nennt ihn auch Bishamon-tenno oder Bishamonten. Auf Darstellungen zertritt er mitunter zwei Dämonen. Im 6. Jahrhundert wurde er von Prinz Shotoku in seinem Kreuzzug gegen antibuddhistische Strömungen angerufen. (Siehe auch DIE SHICHI FUKUJIN)

BORU DEAK PARUDJAR gilt in der Mythologie Sumatras als Tochter des göttlichen BATARA GURU. Mit diesem Namen wurde Shiva in Südostasien vor der Ankunft des Islam bezeichnet. Batara Guru soll die Welt erschaffen haben, indem er ihr eine Hand voll Erde sandte. Boru Deak Parudjar war nämlich in den Urozean gesprungen, weil sie dem Gott Mangalabulan entkommen wollte, der sie mit seinen Annäherungsversuchen verfolgte. Als sie die Erde ins Wasser streute, bildete sich eine Insel. Doch diese störte die Seeschlange NAGA PADOHA, die sich wild hin- und herbewegte und so die Insel wegspülte. Daraufhin sandte Batara Guru mehr Erde und inkarnierte sich selbst als menschlicher Heros. Er legte der Schlange ein Gewicht auf den Rücken, sodass sie in die Tiefe sank. Weil sie sich aber befreien wollte und hohe Wellen schlug, entstanden auf den Inseln Berge und Täler.

Dann bestreute der Heros die Inseln des Archipels mit Samen und schuf so alle Tier- und Pflanzenarten. Am Ende vereinigte er sich mit Boru Deak Parudjar, um die ersten Menschen zu zeugen.

BOTA ILI ist in der Mythologie der Kedang-Völker Ostindonesiens ein wildes Weib, das auf einem Berggipfel lebt. Ihr Körper war ganz mit Haar bedeckt und sie hatte lange, spitze Finger- und Zehennägel. Sie ernährte sich von gekochten Reptilien und schlug Feuer, indem sie mit ihrem Gesäß gegen einen Stein schlug.

Eines Tages bemerkte ein Mann namens WATA RIAN den Rauch von Bota Ilis Feuer und machte sich auf die Suche nach dessen Ursprung. Er nahm einen Fisch und etwas Wein zur Begrüßung mit. Als er den Berggipfel erreicht hatte, kletterte er auf einen Baum und wartete dort, bis das Weib mit ihrer Beute von der Jagd zurückkam. Und wieder schwang Bota Ili ihr Gesäß gegen einen Felsen, doch dieses Mal geschah nichts. Da sah sie auf und entdeckte den Mann auf dem Baum. Sie kreischte, er solle herunterkommen, damit sie ihn zu Tode beißen könne, doch Wata Rian antwortete furchtlos, sie solle sich lieber erst einmal beruhigen, da er sonst den Hund auf sie hetzen würde. Schließlich kam er

Der STADTGOTT *steht strahlend auf dem Altar in seinem Tempel in Xi Gang in Taiwan.*

C

herunter, die beiden machten gemeinsam ein Feuer und schließlich aß das erste Paar seine erste gekochte Mahlzeit zusammen.

Bota Ili aber trank so viel Wein, dass sie einschlief. Da befreite Wata Rian sie von all den Haaren und entdeckte zu seiner großen Freude, dass sie wirklich eine Frau war. Schließlich heirateten die beiden.

BUJAEGN YED ist der Kulturheros der Chewong, einem Malaienvolk. Eines Tages verzehrte der Jäger seine Beute, als YINLUGEN BUD, ein Geist, ihm erschien, der ihm sagte, dass er eine schreckliche Sünde begehe, wenn er seine Beute nicht mit seiner Familie teile. Also nahm Bujaegn Yed ein wenig davon mit nach Hause und gab seiner schwangeren Frau davon zu essen.

Als seine Frau gebären sollte, wollte der Jäger ihr auf die damals übliche Weise den Bauch aufschneiden, um das Kind herauszuholen. Doch da erschien von neuem der Geist und half ihm, das Baby richtig zu holen. Außerdem lehrte er ihn die Rituale, die man während und nach einer Geburt ausführen muss. Nachdem er der Mutter noch gezeigt hatte, wie sie das Baby nähren musste, verschwand der Geist. Von diesem Tag an starben Frauen nicht mehr bei der Geburt.

CHANG E siehe ZHANG E.

CHI YU oder Ch'ih Yu wird meist beschrieben als Sohn, Abkömmling oder Minister des alten Gottes SHEN NONG oder als Kulturbringer, der die Menschen mit medizinischen und landwirtschaftlichen Errungenschaften bekannt machte. Chi Yu rebellierte gegen den Gelben Kaiser, HUANG DI, und wollte das Reich an sich reißen. Dabei trieb er die Armee Huangs auf eine weite Ebene, wo eine fürchterliche Schlacht entbrannte.

Huang Dis Streiter waren Bären, Tiger und andere wilde Tiere. Die Armee Chi Yus bestand aus grausigen Dämonen. Außerdem unterstützen ihn noch Chi Song Zi, der „Meister des Regens", und Fei Lian, der Windgott. Die Dämonen hüllten Huang Dis Soldaten in dichten, schwarzen Nebel, worauf er den Kompass erfand, der ihm immer sagen konnte, wo er sich gerade befand. Dann rief Chi Wind und Regen zu Hilfe, Huang Di aber wandte sich an Ba, die Göttin der Dürre, um die Himmel wieder leerzufegen. Schließlich wurde Chi Yu besiegt und geköpft, doch sein kopfloser Leib rannte immer weiter über das Schlachtfeld, bevor er tot zu Boden fiel.

Chi Yu soll Kriegskunst und Waffen ersonnen haben, war aber auch ein berühmter Tänzer, obwohl sein menschlicher Körper die Füße eines Ochsen hatte. Er hatte vier Augen, sechs Arme, spitze Hörner und einen eisernen Schädel. Sein Haar war scharf wie Speerspitzen, weil er nur von Sand und Steinen lebte.

CH'IH YU siehe CHI YU.

CHORMUSTA siehe QORMUSTA.

CHU JONG siehe ZHU RONG.

Der **STADTGOTT** war die Schutzgottheit jeder mit einer Mauer bewehrten Stadt oder Gemeinde. Er unterstand YU HUANG, dem himmlischen „Jadekaiser". In der Stadt galt sein Tempel als himmlischer Hof. So wie der Mandarin kaiserlicher Statthalter in einem Ort und nur dem Kaiser in Peking verantwortlich war, so war der Stadtgott nur dem „Jadekaiser" verpflichtet.

Der Stadtgott übte die Funktionen des Stadtherrn in der „anderen Welt" aus, indem er mit einem Gefolge zahmer Dämonen die bösen Geister in der Stadt überwachte.

Man betete zu ihm für die Toten, damit sie vor den Zehn Richtern der Unterwelt, buddhistischen Symbolträgern der Wiedergeburt, Gnade fänden.

D

DAIKOKU, *einer der Götter des Wohlstands, bei seinem Neujahrstanz mit einem Sack voller Reis. Der Reishammer in seinem Gürtel kann Wünsche erfüllen. Wenn er geschüttelt wird, streut er Münzen aus.* (FUNDAME INRO, CA. 1850)

DAIKOKU gehört zu den SHICHI FUKUJIN, den sieben Glücksgöttern, die ein japanischer Mönch des 17. Jahrhunderts als moralisches Vorbild für seine Zeit zusammenstellte.

Daikoku ist der Gott des Reichtums und Patron der Bauern. Meist wird er auf Reisballen sitzend dargestellt. Mitunter nagt auch eine Ratte am Reis, was den Gott ob seines ungeheuren Reichtums aber nicht weiter stört. Sein Attribut ist ein Hammer, mit dem er Wünsche erfüllen kann. Meist hängt sein Bild in der Küche. Auch für die Speisung der Priester soll er zuständig gewesen sein. (Siehe DIE SHICHI FUKUJIN)

DANICHI-NYORAI ist die japanische Form von Buddha Mahavairochana, dem „Großen Leuchtenden". Mit anderen buddhistischen Gottheiten kam er Anfang des 9. Jahrhunderts nach Japan, wo er für einige esoterische Sekten, die ihn mit dem Urbuddha identifizierten, zum höchsten aller Buddhas wurde. Als einer seiner Aspekte gilt der göttliche Heiler YAKUSHI-NYORAI.

DAISHO-KANGITEN siehe SHOTEN.

DEMONG herrschte über die Iban auf Borneo, nachdem er sie aus einem Land nahe Mekka in ihre neue Heimat geführt hatte. Er ehelichte die Tochter eines regionalen Herrschers, um gute Beziehungen zu den Ureinwohnern Borneos sicherzustellen. Seine Frau Rinda schenkte ihm mehrere Kinder. Als Demong im Sterben lag, ordnete er an, dass man einen Grenzstein setzen solle, um das Land der Iban deutlich zu markieren. Dieser Stein steht heute noch und wer ihn versetzen möchte, so der Volksglaube, der riskiert den Zorn des Demong.

DIDIS MAHENDERA zählt in der Mythologie des Dayakvolkes auf Borneo zu den ersten Lebewesen. Das Fabelwesen entstand zusammen mit ROWANG RIWO in der Ersten Zeit der Schöpfung durch das Zusammenstoßen der kosmischen Berge. Seine Augen waren aus funkelndem Diamant.

DIMU siehe DIYA.

DI YA und Dien-Lung sind die Diener WEN CHANGs, des chinesischen Literaturgottes. Di Ya bedeutet „irdisch stumm", Dien-Lung „himmlisch taub". Da ihre Gebrechen sie daran hinderten, etwas auszuplaudern, halfen sie dem Gott bei der Ausarbeitung der Fragen für die jährlichen Beamtenexamen. Ein chinesischer Schöpfungsmythos sieht sie auch als erstes Paar, aus dem alle anderen Wesen hervorgingen. Di Ya wird daher manchmal auch als Di Mu, „Erdmutter", bezeichnet.

DIZANG WANG oder TI TSANG WANG ist einer der vier großen Bodhisattvas (künftigen Buddhas) des chinesischen Buddhismus. Vor vielen Jahren gelobte Dizang, nicht eher ins Nirvana einzugehen, bis er nicht allen Wesen zur Befreiung aus dem Kreislauf von Tod und Wiedergeburt verholfen hätte.

In einem früheren Leben war er ein Mädchen, dessen Mutter viele Tiere tötete, um sie zu essen. Durch Meditation gelang es dem Mädchen, ihre Mutter vor der Hölle zu retten. Der Bodhisattva steht allen Wesen in Höllenwelten bei. Meist wird er als Mönch – umringt von den Zehn Richtern – mit einem Metallstab dargestellt, der die Tore zur Hölle öffnet. Er entspricht dem indischen Bodhisattva Kshitigarbha und dem japanischen JIZO-BOSATSU.

DONGYE DADI oder Tung-yüe Ta-ti ist in China der „Große Kaiser des Östlichen Gipfels". Für den „Jadekaiser" YU HUANG überwacht er alle Bereiche des irdischen Lebens.

Seine Aufgaben werden von 75 Kanzleien wahrgenommen. Eine davon legt beispielsweise die Geburts- und Sterbezeit aller Geschöpfe fest, eine andere den sozialen Status der Menschen, ihren Wohlstand, die Anzahl ihrer Kinder etc. Die Seelen der Toten arbeiten dort als beamtete Diener. Dongye Dadis Tochter Sheng Mu kümmert sich um Frauen und Kinder. Dongye Dadi wird gewöhn-

DAIKOKU *steht auf zwei prallvollen Reissäcken, die seinen Reichtum symbolisieren, und hält den magischen Hammer. Als Patron der Bauern beschützt er die Erde und besonders die Kinder.* (JAPANISCHE SKULPTUR)

lich im Sitzen und in kaiserlichen Gewändern dargestellt.

Der ERDGOTT, der allgegenwärtige Lokalgott, steht den Menschen im Dorf am nächsten, daher findet er sich häufig auch auf dem privaten Hausaltar des einfachen Volkes. Der Erdgott ist weder besonders mächtig noch Furcht einflößend.

Der Himmelsgott steht auf der untersten Stufe der bürokratischen Hierarchie des himmlischen Pantheons. Er beschützt einzelne Viertel in größeren Landgemeinden ebenso wie die Vorstädte. Das Wohlergehen von Stadt- und Landbewohnern ist seine Aufgabe. Gesundheit und Wohlstand der Menschen liegen ihm am Herzen.

Der Erdgott gilt als universeller Geist, daher beten die Menschen aus den verschiedensten Gründen zu ihm. In Zeiten der Gefahr werden Darstellungen des Erdgottes vom Altar genommen, um ihnen das Problem zu zeigen: Dürre, Überschwemmungen, Frost, Raupen, Heuschrecken oder Mehltau. So versteht der Gott am besten, worunter seine Anhänger leiden.

EBISU gehört zu den SHICHI FUKUJIN, der Gruppe von sieben Glücksgöttern, die ein japanischer Mönch im 17. Jahrhundert zusammenstellte. Sie sollten seiner Zeit als Vorbild dienen und die Tugenden eines idealen Mannes widerspiegeln. Ebisu steht dabei für Unparteilichkeit, Gesundheit und Wohlstand. Er ist der Patron der Arbeiter und fördert harte Arbeit. Ebisu hat seine Wurzeln im legendären Helden des Shintoismus' OKUNINUSHI, als dessen Sohn er gilt. Mitunter wird er auch als dritter Sohn von IZANAGI und IZANAMI, dem ersten Paar Japans, betrachtet. Als solcher gehört er zu den Stammvätern der ersten Menschen in Japan.

In manchen Gegenden wird der Gott der Bauern Ebisu genannt. Auch die Fischer rufen ihn vor der Ausfahrt an. Sein Emblem ist ein großer Stein, den ein Junge aus dem Wasser holen muss. Darstellungen zeigen ihn meist lächelnd und wie ein Bauer gekleidet.

Er hält eine Angelrute in der einen und eine Brasse (Symbol für Glück und Wohlstand) in der anderen Hand. (Siehe auch DIE SHICHI FUKUJIN)

DAINICHI-NYORAI *(unten), der „Große Leuchtende", war die wichtigste Gottheit der Shingon-Sekte. Ihre Anhänger glaubten, dass die esoterischen Lehren Buddhas nicht niedergeschrieben, sondern nur mit dem Pinsel dargestellt werden konnten.* (SEIDENMALEREI, 13. JH.)

Der ERDGOTT *auf dem Altar eines lokalen Tempels. Er trägt seinen Stab und ein Maßgewicht aus Gold als Symbole des Reichtums.*

EC ist der höchste Gott der sibirischen Jenissejvölker. Er steigt regelmäßig zur Erde herab, um das Wohlergehen der Schöpfung zu sichern. Da seine Frau KHOSADAM ihn mit dem Mond betrogen hatte, jagte er sie aus dem Himmelsreich.

YIN UND YANG

Die daoistische Philosophie beruht auf der Einheit des Kosmos, auf einer natürlichen Ordnung der Harmonie und Ausgeglichenheit, welche die gesamte Existenz bestimmt. Zwei sich gegenseitig beeinflussende Kräfte halten das chinesische Universum in Balance: Yin, das weibliche Element, wird mit Kälte, Dunkelheit, Weichheit und der Erde assoziiert. Als Beispiel dafür gilt die schattige Seite eines Berges. Dessen sonnige Seite steht für das Yang-Prinzip, das mit Licht, Wärme, Härte und dem Himmel in Verbindung gebracht wird. Diese beiden Kräften sind gegensätzlicher Natur, jedoch voneinander abhängig. Harmonie entsteht nur dann, wenn beide ausgeglichen sind. Sie finden sich in allen Aspekten der Welt: in Kontrastpaaren wie Leben und Tod oder Gut und Böse, aber auch im alltäglichen Leben sowie in Dingen, Tieren und Menschen. Ein alter chinesischer Schöpfungsmythos erzählt, dass die beiden gegensätzlichen Kräfte zusammen im kosmischen Ei ruhten, bis der Kampf der beiden die Schale zerbrach.

Das **YIN-YANG-SYMBOL** *(oben) drückt die Interaktion der gegensätzlichen Kräfte aus, welche das Universum und alles darin in Gang hält. Der dunkle Teil (Yin) und der helle Teil (Yang) stehen einander gegenüber, gehen aber auch ineinander über. Zusammen bilden sie den perfekten Kreis. Die beiden kleineren Kreise innerhalb einer Sektion zeigen, dass in jeder Kraft der Keim der anderen enthalten ist.* (CHINESISCHER RÄUCHERSTÄBCHENHALTER AUS HOLZ)

Das **BA GUA** *wurde von dem legendären Kaiser Fu Xi entdeckt. Er entdeckte die Acht Trigramme auf dem Rücken einer Schildkröte, als er etwa 3000 v. Chr. am Gelben Fluss spazieren ging. Die sich ständig abwechselnden Kräfte von Yin und Yang bringen die unzähligen Strukturen des Lebens hervor, die sich in den Drei-Zeilen-Zeichen der Acht Trigramme ausdrücken. Die erste Linie steht dabei für den Himmel, die Letzte für die Erde und die mittlere für die Menschheit.* (ILLUSTRATION AUS SUPERSTITIONS EN CHINE, 1915)

Die PEI-TOU-*Unsterblichen sind Sternengeister. Die wichtigsten waren die „Drei Glückssterne": Shou Lao, der Gott des langen Lebens, Fu Shen, der Glücksgott, und Zai Shen, der Gott des Reichtums. Hier meditieren sie über das Yin-Yang-Symbol auf einer Schriftrolle, umgeben von Symbolen für Unsterblichkeit und langes Leben: die Kiefer mit Shou Laos weißem Kranich, der Rothirsch und ein von einem Kind dargebrachter Pfirsich.*

(CHINESISCHE SEIDENSTICKEREI, 17. JH.)

Das YIN-YANG-SYMBOL *(unten) mit den Trigrammen des Ba Gua wurde als Amulett an die Haustür gehängt, um Dämonen abzuhalten. Häufig wird darunter der unsterbliche Liu Hai mit seiner dreibeinigen Schale abgebildet, der allen Geschäftsleuten Glück bringt. Er trägt eine Schnur mit Goldmünzen zur Erinnerung an die Begegnung mit einem Besucher, der ihm die Vergänglichkeit seines hohen Amtes im Himmel vor Augen führte, indem er Eier aufeinander stapelte.*

(ILLUSTRATION AUS SUPERSTITIONS EN CHINE, 1915)

Der DRACHE *(rechts) und der Phönix werden häufig gemeinsam dekorativ genutzt. Der Drache steht im chinesischen Glauben für das männliche Yang-Element. Er wird als positive Naturkraft betrachtet, auch wenn er als ziemlich temperamentvoll gilt. Der mythische Phönix steht für das Yin-Element. Der Drache war das Emblem des Kaisers, der Phönix das der Kaiserin. Beide zusammen standen für die Harmonie in der Ehe.*

(RITUALSCHEIBE AUS JADE MIT DRACHEN UND PHÖNIX, CA. 481 - 221 V. CHR.)

F

EMMA-O *(links), der König der Hölle, war kein Gegner für den starken Asahina-Saburo. Gedemütigt kriecht er durch seine Beine hindurch.* (KINJI INRO, 19. JH.)

EMMA-O *(rechts) trägt den Hut eines hohen Beamten, Symbol für sein Amt als Richter der Toten.* (NASHIJI INRO, 18. JH.)

EMMA-O ist im japanischen Buddhismus Richter über die Toten und gleichzeitig Herr der Hölle. Er wird mit dem chinesischen Gott YANLUO WANG gleichgesetzt und stammt von der hinduistischen Gottheit YAMA ab.

Emma-O regiert die Unterwelthölle Jigoku, unterstützt von 18 Generälen, Tausenden Soldaten, schrecklichen Dämonen und Wächtern mit Pferdeköpfen. Es gibt dort acht Feuer- und acht Eishöllen. Einigen Legenden zufolge beginnt der Tod mit einer einsamen Reise über eine weite Ebene. In anderen Sagen werden die Toten auf ihrer Fahrt von Höllenwesen begleitet. Am Eingang zur Hölle liegt ein steiler Berg, den die Wesen erst erklimmen müssen, bevor sie auf der anderen Seite an einen Fluss mit drei Übergängen kommen. Eine davon ist eine seichte Furt – der Übergang für Menschen mit geringfügigen Verfehlungen. Die andere ist eine Brücke – gedacht für all diejenigen, die ein Leben ganz ohne Sünde geführt haben. Die letzte aber ist nur ein reißender Strom voller Ungeheuer – der Übergang für schwere Sünder. Am anderen Ufer dieses Stromes wartet eine schreckliche alte Frau auf die Toten. Von ihr werden sie entkleidet. Dann bringen die Wächter sie nackt vor Emma-O, der allerdings nur über die Männer zu Gericht sitzt. Frauen werden vor seine Schwester geführt. Der Gott sitzt zwischen zwei abgetrennten Häuptern, und ein Spiegel reflektiert alle Sünden des Menschen. Emma-O beurteilt diese und schickt den Sünder dann in eine der Höllen, wo er seine Strafe abbüßt. Mit der Hilfe eines Bosatsu, eines japanischen Bodhisattva, kann diese allerdings wesentlich erleichtert werden.

ERLIK ist im Glauben der Altaien im Süden Sibiriens der Gott des Todes und somit Widersacher des höchsten Gottes ULGAN. Erlik erregte Ulgans unversöhnlichen Zorn, indem er den ersten Menschen zur Sünde verführte. Der große Himmelsgott sandte MAIDERE zur Erde, der den Menschen beibringen sollte, ihn zu ehren und zu fürchten, doch der grausame Erlik tötete Maidere. Da schossen Flammen aus dem Blut des Kulturheros hervor, die bis zum Himmel schlugen und Erlik und seine Anhänger vernichteten. Daraufhin wurde Erlik in die Unterwelt verbannt. Erlik gilt sowohl als erster Mensch wie auch als älterer Bruder des Schöpfergottes. Der Gott wird als Furcht erregendes Wesen dargestellt, das viel mit Yama, dem buddhistischen Gott der Unterwelt, gemein hat. Manchmal erscheint er als Bär.

ES ist der Himmelsgott der sibirischen Ket-Stämme. Obwohl er eigentlich unsichtbar ist, wird er meist als alter Mann mit langem Bart dargestellt.

ES schuf die Welt und die ersten Menschen aus Ton. Warf er den Ton von der linken in die rechte Hand, entstand eine Frau. Wanderte der Lehmbrocken von der rechten in die linke, wurde ein Mann daraus.

ESEGE MALAN TENGRI oder „Kahlköpfiger Vater Tengri“ ist der Himmelsgott der sibirischen Buriaten.

FANG CHANG siehe PENG LAI.

FU HSI siehe FU XI.

FU XI oder Fu Hsi ist in der chinesischen Mythologie der Mann und Bruder der großen Göttin NU GUA. Während Nu Gua über die Erde herrscht, regiert Fu Xi den Himmel. Beide Gottheiten werden mit Drachenschwänzen dargestellt.

Eine populäre Sage berichtet, dass ein Mann auf den Feldern arbeitete, als der Donner grollte. Er schickte seine Kinder ins Haus, hing einen eisernen Käfig unter die Dachbalken und lauerte mit einer eisernen Mistgabel in der Hand der Dinge, die da kommen sollten. Plötzlich ertönte lauter Donner, gefolgt von schrecklichen Blitzen. Der Donnergott LEI GONG erschien, seine Axt über dem Haupt schwingend. Der Mann griff den Gott sofort

FU XI *(oben) gilt als Kulturheros. Er erfand den Kalender, das Fischernetz und das Ba Gua, d.h. die Acht Trigramme.*

mit seiner Mistgabel an und es gelang ihm, ihn in den Eisenkäfig zu treiben. Augenblicklich hörten Wind und Regen auf.

Am nächsten Morgen ging der Mann auf den Markt, wo er Gewürze zum Einlegen des Donnergottes kaufen wollte. Bevor er aber das Haus verließ, warnte er seine beiden Kinder, dass sie Lei Gong keinesfalls etwas zu essen oder trinken geben dürften. Doch sobald er das Haus verlassen hatte, fing der Gott an, herzzerreißend um Wasser zu betteln. Anfangs widerstanden die Kinder, doch am Ende gaben sie nach. Kaum aber hatte der erste Tropfen Wasser Lei Gongs Lippen berührt, fand er seine Kräfte wieder und brach aus dem Käfig aus. Bevor er die Kinder verließ, dankte er ihnen und gab jedem je einen seiner Zähne. Weisungsgemäß pflanzten sie diese in die Erde, woraufhin schon nach wenigen Stunden ein wundervoller Baum mit Flaschenkürbissen hervorspross.

Nun begann unaufhörlich der Regen zu fallen, und als der Mann vom Markt zurückkam, bedeckte das Wasser bereits die ganze Erde. Der Mann befahl seinen Kindern, in einen der Flaschenkürbisse zu steigen. Dann baute er ein Boot und ließ dieses von den anschwellenden Wassermassen zum Himmel hinauf tragen. Er klopfte an das Himmelstor und bat den Herrn des Himmels um das Ende der Flut. Dieser war einverstanden und befahl dem Wassergott, das Wasser sofort sinken zu lassen – mit dem Ergebnis, dass das Boot des Mannes auf der Erde zerschellte. Seine Kinder in dem Kürbis aber waren am Leben geblieben.

Sie waren die einzigen Überlebenden der Flut und nannten sich beide Fu Xi. Als sie älter wurden, schlug der Mann vor, dass sie Kinder haben sollten. Die junge Frau war dagegen, weil sie doch Schwester und Bruder seien. Wenn ihr Bruder sie aber bei einem Wettlauf fangen könnte, so sei sie einverstanden. Fu Xi fing seine Schwester, und von da an gab es die Institution der Ehe. Sobald sie verheiratet waren, nannte die Frau sich Nu Gua.

Eine andere Version erzählt, dass die beiden die Erlaubnis der Götter einholen wollten, bevor sie als Geschwister heirateten. Das Paar erstieg also einen heiligen Berg und jeder errichtete ein Freudenfeuer auf dem Gipfel. Die Rauchsäulen der beiden Feuer schlangen sich umeinander, was das Paar als Erlaubnis auffasste. Nach einiger Zeit brachte Nu Gua einen Fleischball zur Welt, den Fu Xi mit der Axt in Stücke schlug. Diese trug er auf einer Leiter in den Himmel, doch ein Windstoß verstreute sie über die ganze Erde, wo sie zu menschlichen Wesen wurden. Auf diese Weise wurde die Erde bevölkert. (Siehe auch SCHÖPFUNGSMYTHEN und YIN UND YANG)

FU XI *(unten Mitte) ist der erste der mythischen Kaiser Chinas, seine Nachfolger sind Shen Nong und Huang Di.*

FUDO-MYOO *(links) ist eine zornvolle Gottheit, die den Buddhismus und seine Anhänger schützt. Er hält ein Schwert in der einen, eine Schnur in der anderen Hand.* (SKULPTUR, 12. - 14. JH.)

FUDO-MYOO ist der bedeutendste unter den fünf Myoos, dem japanischen Äquivalent der Vidyarajas, den zornvollen Emanationen der Weisheitsbuddhas. Fudo-Myoo gehört zu Buddha DANICHI-NYORAI. Gewöhnlich wird er mit einem Schrecken erregenden Gesicht, das halb vom Haar verborgen ist, und einem Flammenkreis dargestellt. Die Flammen stehen symbolisch für den Sieg über das Feuer der Leidenschaft. In der einen Hand hält er ein Schwert, mit dem er Unwissenheit, Zorn und Gier bekämpft, in der anderen ein Seil, mit dem er die Gegner Buddhas bindet.

FUGEN-BOSATSU ist die japanische Form des Bodhisattva (d.h. künftigen Buddhas) Samantabhadra. Er steht für inneres Wissen und soll das Leben der Menschen verlängern. Eine Sage erzählt, dass er eines Tages als Kurtisane verkleidet einem Mönch erschien, um zu belegen, dass die Buddhaschaft sogar im Körper der sündigsten Frauen wohnt. Meist reitet er einen weißen Elefanten mit sechs Stoßzähnen, manchmal auch vier Elefanten zugleich. Mitunter wird er mit 20 Armen abgebildet.

FUKUROKUJU ist einer der SHICHI FUKUJIN, der sieben Götter von Reichtum und Glück, die ein japanischer Mönch im 17. Jahrhundert als Vorbild der Tugend für die Menschen seiner Zeit zusammenstellte.

Fukurokuju steht für die Tugend der Popularität sowie für Weisheit, Männlichkeit, Fruchtbarkeit und langes Leben. Er hat einen langen, hohen Kopf als Zeichen seiner Intelligenz und einen kleinen, überaus fetten Körper. Seine Begleittiere sind der Kranich, die Schildkröte und der Rothirsch – durchweg Symbole für langes Leben. Die Figur ist chinesischen Ursprungs und war früher

FUDO-MYOO *(oben), von einem Flammenkreis, Symbol seiner Tugend, umgeben.* (GEMÄLDE, CA. 13. JH.)

FUGEN-BOSATSU *(unten) sitzt auf seinem Lotusthron auf einem weißen Elefanten* (JAPANISCHE SEIDENMALEREI, 14. JH.)

vielleicht ein daoistischer Weiser. Er ist der Pate von JUROJIN, dem Gott der Langlebigkeit und des glücklichen Alters. (Siehe auch DIE SHICHI FUKUJIN)

FU XING siehe SAN XING.

GAO YAO oder Ting-jian ist der alte chinesische Gott der Gerechtigkeit. Sein Begleittier ist eine mythische Ziege mit einem Horn, die ihm half, Ungerechtigkeiten aufzuspüren.

GIMOKODAN ist der Name, den die Bagopo auf den Philippinen der Unterwelt geben. Die Bagopo sind ein Bergstamm, der auf Mindanao lebt. Gimokodan, ihr Land der Toten, liegt unter der Erde und hat zwei Abteilungen, von denen eine ganz für die tapferen Krieger reserviert ist, die während einer Schlacht fallen. Im zweiten Teil, bei den gewöhnlichen Toten, lebt eine Riesin, welche verstorbenen Kindern Milch aus ihren tausend Brüsten gibt. Viele der Geister dort werden tagsüber zu Tau und erwachen erst des Nachts wieder. Vor dem Eingang fließt ein Fluss. Wer ihn durchquert, vergisst sein früheres Leben vollkommen.

GONG-GONG ist in der chinesischen Mythologie ein Ungeheuer, das eine Flutkatastrophe auslöst. Es erscheint als schwarzer Drache und wird von einer neunköpfigen Schlange begleitet. Der Erzfeind des guten Kaisers YAO versuchte eines Tages, den Berg Buzhou mit seinem Horn aufzuspießen, wodurch die Erde das Gleichgewicht verlor und alle Flüsse über die Ufer traten. Dann riss er ein Loch in den Himmel und störte so den Lauf der Sonne. Alle Unregelmäßigkeiten von Wetter und Licht gehen auf Gong-Gong zurück.

Eine andere Legende berichtet, dass Gong-Gong mit ZHU RONG, dem Herrn des Feuers, um die Macht kämpfte. Die Schlacht dauerte mehrere Tage. Schließlich fielen beide vom Himmel herab und Gong-Gong wurde besiegt. Dieser war so beschämt über seine Niederlage, dass er Hand an sich legen wollte. Also lief er mit dem Kopf voran auf den Berg Buzhou zu, der den Himmel trägt. Als Gong-Gong gegen den Berg rannte, brach ein riesiges Stück ab und riss ein so großes Loch in den Himmel, dass die Erde zu zersplittern drohte. Feuer brach aus, die Flüsse traten über die Ufer, und schließlich bedeckte eine ungeheure Flut fast die ganze Erde. Und was nicht von Wasser bedeckt war, ging in Feuer unter.

Daraufhin nahm die große Göttin NU GUA ein paar bunte Steine aus einem Flussbett, verschmolz sie und reparierte damit den lecken Himmel. Dann stützte sie die Erde, indem sie die vier Kardinalpunkte auf die Beine einer Schildkröte stellte. Ein Problem blieb allerdings: Als Gong-Gong gegen den Berg gerannt war, war der Himmel leicht nach Nordwesten gekippt. Daher fließen in China alle großen Flüsse nach Osten.

GAO YAOs *(oben) Helfer bei der Suche nach Gerechtigkeit war ein mythisches Tier mit nur einem Horn, das manche als Qilin oder Einhorn beschreiben. Damit spießte es die Schuldigen auf und sparte die Gerechten aus.* (SINOTIBETISCHES EMAILLE-QILIN)

FUKUROKUJU *(links), Gott der Weisheit und des langen Lebens, wird als freundlicher alter Mann mit riesigem Kopf dargestellt.* (JAPANISCHE LACKVASE, 19. JH.)

GUAN DI *wird in Tausenden von Tempeln als Beschützer der staatlichen Ordnungskräfte angebetet. In seinem Tempel wird das Schwert des Scharfrichters aufbewahrt.* (CHINESISCHES PORZELLAN, 16. - 17. JH.)

GUAN DI oder Kuan-Ti ist die daoistische Schutzgottheit der Soldaten und Polizisten. Er schützt das Reich und behütet militärische Staatsdiener. In der Qing-Dynastie (1644-1912) wurde er als Kriegsgott angebetet. Zu anderen Zeiten galt er als Gott der Rechtschaffenheit, der die Männer vom Müßiggang abhielt. Der Volksglauben hält ihn auch für einen mächtigen Dämonenbekämpfer. Man ruft ihn an, um Kontakt mit den Toten aufzunehmen und die Zukunft vorherzusagen.

Guan Di war früher ein General namens Guan Gong oder Guan Yo. Er lebte im 3. Jahrhundert in einer ziemlich bewegten Zeit gegen Ende der Han-Dynastie. Berühmt war er sowohl wegen seines strategischen Geschicks, als auch wegen seiner Loyalität. In Kriegsgefangenschaft geraten, starb er lieber, als die Fronten zu wechseln. Seiner großen Tugenden halber wurde er gegen Ende des 16. Jahrhunderts zum Gott erhoben. Guan Di wird als grün gekleideter Riese mit langem Bart und rotem Gesicht dargestellt. Meist steht er in voller Rüstung neben seinem Pferd.

GUAN YIN oder Kuan Yin ist im chinesischen Buddhismus die Göttin der Liebe und des Mitgefühls. Sie entwickelte sich aus dem männlichen Bodhisattva Avalokiteshvara, der in Japan als KWANNON bekannt ist. Wie er verhilft sie allen Wesen auf der Erde zur Erleuchtung. Auch sie galt ursprünglich als männlich, entwickelte aber mit der Zeit immer mehr weibliche Züge. Da sie als Schutzgöttin der Mütter gilt, hält sie mitunter ein Kind im Arm. Manchmal wird sie aber auch als Bodhisattva mit tausend Armen und tausend Augen abgebildet. Eine ihrer Begleiterinnen trägt einen Fischkorb. Sie selbst steht gewöhnlich auf einem Drachen oder einer Wolke.

Guan Yin lebt auf einem Berg oder einer Insel im Östlichen Meer. Sie soll die Menschheit den Reisanbau gelehrt haben. Jedes einzelne Körnchen Reis ist nahrhaft, weil sie es mit ihrer Milch füllt. Die Göttin hilft allen, die sich an sie wenden, vor allem aber gegen Wasser, Dämonen, Feuer oder das Schwert steht sie ihren Gläubigen hilfreich bei. Manchmal sieht man sie auf Darstellungen auf einem Felsen inmitten eines Flammenmeeres stehend, wohin sie Schiffbrüchige rettet. Das Flammenmeer gilt als Symbol für die Welt von Samsara, dem endlosen Kreislauf der Wiedergeburten.

Eine Novelle aus dem 14. Jahrhundert, „Die Reise nach Westen", erzählt, wie der Affenkönig sich in den Himmel begab und dort aus dem Garten der „Königinmutter des Okzidents" XI WANG MU die Pfirsiche der Unsterblichkeit entwendete. Als Gautama Buddha ihn schließlich fing, war der Zorn der Götter groß. Aber auf Fürbitte Guan Yins wurde er wieder freigelassen und durfte sogar einen buddhistischen Pilger nach Indien begleiten.

Eine andere Legende macht Guan Yin zur dritten Tochter des Königs Miao Zhong. Gegen den Willen ihres Vaters, der mit allen Mitteln versuchte, sie davon abzuhalten, trat sie in einen religiösen Orden ein. Als alle seine Ränke fehlschlugen, beschloss ihr Vater, sie zu töten. Da erschien YANLUO WANG, der Herr des Todes, und geleitete Guan Yin in sein Unterweltreich. Dort widmete sie sich ganz der Linderung der Leiden aller Höllenwesen und machte die Hölle so zum Paradies. Daher ließ Yanluo sie wieder frei. Sie wurde

GUAN DI *wird manchmal auch als Mandarin ohne Waffen dargestellt, der seinen Bart streicht.*

(SPECKSTEINFIGUR, 17. - 18. JH.)

GUAN YIN *(oben), die chinesische Göttin der Liebe und des Mitgefühls, hält häufig einen Weidenzweig und eine Vase mit dem Tau des Mitgefühls in Händen.*

GUAN YIN *(rechts) hilft allen Wesen auf dem Weg zur Erleuchtung. Ursprünglich eine männliche Gottheit nahm sie allmählich immer mehr weibliche Züge an.* (CHINESISCHES PORZELLAN, 13. - 14. JH.)

auf einer Insel wieder geboren, wo sie die Seefahrer vor Stürmen schützte. Als ihr Vater krank wurde, kochte sie gar ein Stück von ihrem eigenen Fleisch und gab es ihm zu essen. Dankbar befahl der König, eine Statue von ihr anzufertigen. Weil der Bildhauer den König aber missverstanden hatte, gab er ihr tausend Arme und tausend Augen.

Guan Yin befreit Gefangene von ihren Ketten, wirkt Schlangengift entgegen und beraubt den Blitz seiner Macht. Fast jede Krankheit vermag sie zu heilen. Da sie sehr beliebt ist, findet sich ihr Bild häufig auf Hausaltären. Die Tage ihrer Geburt und ihrer Erleuchtung sind für alle Buddhisten hohe Festtage.

GUEI oder Kuei sind in der chinesischen Mythologie Gespenster, die sich aus dem YIN oder der negativen Essenz der menschlichen Seele bilden. Diese Emanationen sind sehr gefürchtet, weil sie sich an jenen, die sie während des Lebens schlecht behandelt haben, rächen. Man erkennt sie daran, dass sie ungesäumte Kleidung tragen und ihr Körper keinen Schatten wirft.

H

HACHIMAN ist der Kriegsgott Japans. Gleichzeitig gilt er aber auch als Gott des Friedens. Daher gehört zu ihm auch die Landwirtschaft. Mitunter wird er als Patron der Kinder betrachtet. Er hat seine Wurzeln im historischen Kaiser Ojin, der Ende des 4. Jahrhunderts starb und für seine Tapferkeit und seine Heldentaten gerühmt wurde. Obwohl sein Name in den heiligen Texten des Shintoismus nicht auftaucht, ist er ein sehr populärer Gott. Allmählich wurde er zum Schützer des Buddhismus und sogar zum Bosatsu umgedeutet, der japanischen Form des Bodhisattva oder „künftigen Buddhas". Sein geheiligtes Tier ist die Taube.

HAN XIANG siehe BA XIANG.

HE XIANGU siehe BA XIANG.

HIKOHOHODEMI ist der Enkel der japanischen Sonnengöttin AMATERASU. Sein Vater ist NINIGI oder Honinigi, seine Mutter heißt Kono-Hana-Sakuyu-Hime.

Hikohohodemis Name bedeutet „Feuerschatten". Sein Bruder hingegen heißt HONOSUSERI oder „Feuerlicht". Hikohohodemi jagte Landgetier, während sein Bruder Fischer war. Eines Tages beschlossen die beiden Brüder, ihren Beruf zu tauschen, mussten aber feststellen, dass sie des anderen Fähigkeiten nicht besaßen. Also gab Honosuseri seinem Bruder den Bogen zurück, doch dieser hatte Honosuseris Angelhaken verloren. Er bot ihm stattdessen einen anderen an, aber Honosuseri weigerte sich, diesen zu akzeptieren, und wollte seinen eigenen wieder haben.

Wütend wandte sich Hikohohodemi darum an den Herrn der Meere, Watatsumi-No-Kami, der auf dem Grund des Ozeans lebte. Dieser rief alle Fische zusammen, fand den Haken und gab ihn dem Jungen zurück. Doch mittlerweile hatte sich Watatsumis Tochter in den jungen Gott verliebt. Sie heirateten und lebten viele Jahre zusammen im Meer.

HACHIMAN *ist der japanische Kriegsgott, der vergöttlichte Kaiser Ojin. Jahrhunderte nach seinem Tod erschien ein Kind an seinem Geburtsort und gab sich mit einem Trigramm als Hachiman zu erkennen.* (STATUE VON KAIKEL, 13. JH.)

Schließlich aber empfand Hikohohodemi Heimweh und wollte nach Hause zurückkehren. Sein Schwiegervater gab ihm zwei Edelsteine, mit denen er die Flut nach Belieben steigen bzw. fallen lassen konnte. Dann schickte er ihn auf einem zahmen Krokodil nach Hause.

An Land gab Hikohohodemi seinem Bruder den verlorenen Haken zurück, doch dieser wollte nicht klein beigeben und griff Hikohohodemi an. Da ließ dieser vor Wut die Fluten ansteigen. Erst als das Wasser Honosuseri bis zum Hals stand, bat er um Vergebung. Er versprach, seinem Bruder auf immer zu dienen, woraufhin ihn dieser vor den Wassermassen rettete.

Schließlich besuchte seine Frau Hikohohodemi an Land, um ihm zu sagen, dass sie kurz vor der Geburt ihrer Kinder stehe. Sie nahm ihm das Versprechen ab, ihr dabei auf keinen Fall zuzusehen, aber der Gott konnte nicht widerstehen und lugte

HIKOHOHODEMI *gilt als Großvater von Jimmu-Tenno, dem ersten Kaiser Japans.*

durch einen Spalt in die Hütte, die sie ausgewählt hatte. Dort sah er, dass seine Frau in Wirklichkeit eine Seeschlange war. Zur Strafe kehrte seine Frau ins Meer zurück und schickte ihre Schwester als Amme für das Kind. Als der Junge erwachsen war, heiratete er seine Tante Tamayori-Hime. Sie zeugten einen Sohn mit zwei Namen: Toyo-Mike-Nu und Kamu-Yamato-Iware-Hiko. Nach seinem Tod nannte man ihn JIMMU-TENNO. Er war der erste Kaiser Japans.

HINKON ist für die sibirischen Tungu der Herr der Tiere und Gott der Jagd.

HKUN AI ist ein Held aus der Mythologie Burmas. Er heiratete einen Drachen, der den Körper einer wunderschönen Frau angenommen hatte. Bei jedem Wasserfest aber verwandelte seine Frau sich zurück, was Hkun Ai so störte, dass er sie verlassen wollte. Bevor er aber ging, gab sie ihm ein Ei, das kurze Zeit später aufsprang und einen Sohn enthüllte. Hkun Ai nannte ihn Tung Hkam.

Als der Junge erwachsen war, verliebte er sich in eine Prinzessin, die auf einer Insel lebte. Tung Hkam litt sehr, weil er nicht zu ihr gelangen konnte, da tauchte eines Tages seine Mutter aus dem Meer auf und formte ein Brücke aus ihrem Körper. So wurde Tung Hkam zum großen König.

HOMOSUBI siehe KAGUTSUCHI.

HONINIGI siehe NINIGI.

HONOSUSERI ist in der japanischen Shinto-Mythologie der ältere Bruder von HIKOHOHODEMI. Honosuseri war ein großer Fischer, sein Bruder hingegen jagte auf dem Land. Honosuseris Name bedeutet „Feuerlicht", der seines Bruders „Feuerschatten". Die Brüder sind die Enkel der Sonnengöttin AMATERASU und Söhne von NINIGI (bzw. Honinigi) und seiner Frau Kono-Hana-Sakuyu-Hime.

HOTEI ist einer der SHICHI FUKUJIN, den sieben Gottheiten des Glücks und der Freude. Er wird als buddhistischer Mönch mit dickem Bauch und kahlem Kopf dargestellt. Beides steht symbolisch dafür, dass er reich und freundlich ist und der Buddhismus ihm zu innerer Ausgeglichenheit verholfen hat. Hotei lehnt sich häufig an einen prall gefüllten Sack, der zahllose Geschenke für seine Anhänger enthält. Er gilt als Freund der Kinder und Schwachen. Seinen Ursprung hat er vermutlich in einem chinesischen Eremiten, der im 10. Jahrhundert lebte. (Siehe auch DIE SHICHI FUKUJIN)

HSI HO siehe XI HE.

HSI WANG MU s. XI WANG MU.

HSIEN siehe XIANG.

HSÜAN TANG siehe XUANG ZONG.

HOTEI *wird als lächelnder Mönch mit dickem Bauch dargestellt, Zeichen für seine innere Ausgeglichenheit.* (NETSUKE AUS ELFENBEIN, SPÄTES 19. JH.)

SCHÖPFUNGSMYTHEN

Die Schöpfungsmythen der Welt beginnen meist mit Leere, Dunkelheit, der formlosen Flut oder der unergründlichen Tiefe des Urozeans. Aus diesen halbdunklen Wirbeln entstehen dann meist Objekte festerer Form, die sich in festes Land und lebende Wesen verwandeln lassen. Das Ei gehört zu diesen machtvollen Symbolen, die auf der ganzen Welt, auch in China und Südostasien, Teil der Urschöpfung sind. Bei den Iban beginnt das Leben mit zwei Vogelgeistern, die über dem Wasser schweben und aus zwei Eiern Himmel und Erde schaffen. In Sumatra legte das blaue Urhuhn Manuk Manuk drei Eier, aus denen jene Götter sprangen, die in der Folge die Welt schufen. Ein chinesischer Schöpfungsmythos, der seine Ursprünge in Thailand haben mag, setzt mit der Dualität zweier Kräfte – Yin und Yang – ein, die das Universum beherrschen. Sie streiten innerhalb des kosmischen Eis miteinander, sodass es zerspringt und der Gott Pandu heraustritt.

IZANAGI und IZANAMI *waren das Schöpfungspaar der japanischen Mythologie. Die Götter entstanden in einem von der flutenden Erde weit entfernten Himmel. Ganze Generationen von Göttern wurden geboren, bevor die beiden den Auftrag erhielten, der Welt eine feste Grundlage zu geben und sie zu bevölkern. Izanami gebar also alle Inseln Japans und viele Götter und Göttinnen, darunter auch Kagutsuchi, den Gott des Feuers, der sie so schrecklich verbrannte, dass sie starb. Dieses Felsheiligtum bei Ise an der japanischen Küste heißt Myoto-Iwa oder „Verheiratete Felsen". Die beiden Felsen stellen Izanagi und Izanami dar und sind mit einem Reisstrohtau verbunden.*

PANGU *(oben) wuchs jeden Tag drei Meter und drückte so Erde und Himmel auseinander. Er lebte 18 000 Jahre lang, und als er starb, entstand aus seinem Körper die Welt. Sein Fleisch wurde zur Erde, sein Haar zur Vegetation, sein Schweiß zu Tau und so fort. Aus den Fliegen und Parasiten, die sich in ihm eingenistet hatten, wurden die ersten Menschen. Pangu war ein Wettergott: Wenn er lachte, schien die Sonne, war er aber traurig oder zornig, dann stürmte es.* (LITHOGRAPHIE, 19. JH.)

AMATERASU *(oben), die Sonnengöttin, wurde aus dem linken Auge Izanagis geboren, als dieser sein Gesicht wusch. Das ungebührliche Benehmen ihres Bruders, des Sturmgottes Susano-Wo, erschreckte und ärgerte sie so sehr, dass sie sich in eine Höhle zurückzog und die Welt der Dunkelheit überließ. Doch die anderen Götter versammelten sich vor der Höhle und lockten sie wieder heraus, indem sie ihr ihr strahlendes Bild in einem Spiegel zeigten. Als sie aus der Höhle trat, kam die Sonne in die Welt zurück.* (UTAGAWA KUNISADA, DIE GÖTTIN AMATERASU KEHRT AUS DER HÖHLE ZURÜCK, HOLZSCHNITT, 1860)

FU XI *(Mitte oben) galt in den ältesten Schöpfungsmythen als Schöpfergottheit, doch als die legendären Dynastien Chinas sich eine Geschichte schufen, wurde er zum Ersten Kaiser. Er soll von 2852–2737 v. Chr. regiert haben und lehrte seine Untertanen, Fischernetze zu benutzen und Haustiere zu halten. Auf dem Rücken einer Schildkröte entdeckte er das Ba Gua oder die Acht Trigramme, symbolische Kombinationen von Yin und Yang, die zur Basis für die chinesische Kalligrafie wurden.*

SUSANO-WO *(oben rechts) war der Bruder Amaterasus und Sturmgott. Manchmal wird er auch als der „Ungestüme Männliche" bezeichnet. Mit seinem unberechenbaren Verhalten stürzte er regelmäßig die Welt ins Chaos, sodass die Götter ihn aus dem Himmel verbannten. Sobald er auf der Erde lebte, besserte er sich. Er erlegte z.B. eine schreckliche achtköpfige Schlange, um die Hand seiner Frau Kushi-Inada-Hime zu gewinnen. Während er den Schwanz der Schlange zerhackte, fand er das mythische Schwert Kusanagi, „welches das Gras zähmt". Dieses sandte er als Geschenk für seine Schwester gen Himmel.*

I

HUANG DI oder Huang Ti ist der legendäre „Gelbe Kaiser" der chinesischen Mythologie, der im 3. Jahrtausend v. Chr. gelebt haben soll. Huang Di entstand, als die Energien, welche die Welt entstehen ließen, miteinander verschmolzen und menschliche Wesen erschufen. Sie formten irdene Statuen und stellten sie an den Kardinalpunkten der Welt auf, wo sie nach 300 Jahren vom Atem der Schöpfung erfüllt wurden. Seine magischen Kräfte erlangte Huang Di im Alter von 100 Jahren.

Er wurde unsterblich und ritt auf einem Drachen in den Himmel, wo er einer der Fünf Erhabenen Kaiser wurde, die über die Himmelsrichtungen herrschten. Huang Di selbst regiert den fünften Kardinalpunkt, die Mitte. (Siehe auch CHINAS HEILIGE GIPFEL)

HUANG TI siehe HUANG DI.

IDA-TEN ist der japanische Schutzgott der Mönchsgemeinschaften. Er wird als junger Mann mit Rüstung und Schwert dargestellt. Ida-Ten ist das japanische Äquivalent des Kriegsgottes Skanda oder Karttikeya und wurde erst im 7. Jahrhundert zu einer buddhistischen Gottheit.

HUANG DI *wird als einer der Begründer der chinesischen Kultur verehrt. Er soll die Schrift, den Kompass und das Töpferrad ersonnen haben. Außerdem führte er die Seidenraupenzucht ein.*

ILA-ILAI LANGIT ist der mythische Fisch aus dem Schöpfungsmythos der Dayak von Borneo. Der Mythos berichtet, dass zu Anfang der Zeit die ganze Schöpfung im Maul einer Riesenschlange eingeschlossen war. Schließlich entstand aber ein goldener Berg, der zur Heimstatt für den Gott der Oberen Welt wurde, und ein Juwelenberg, der den höchsten Gott der Unteren Welt beherbergte. Die beiden Berge stießen immer wieder zusammen und schufen so jedes Mal einen Teil des Kosmos'. Diese Zeit wird als Erste Zeit der Schöpfung bezeichnet, in der die Wolken, der Himmel, die Berge, die Felsen, die Sonne und der Mond entstanden. Danach wurden der „Himmelsfalke" und der große Fisch Ila-Ilai Langit zusammen mit weiteren Fabelwesen geschaffen: DIDIS MAHENDERA mit den Diamantaugen und ROWAND RIWO mit dem goldenen Speichel.

Schließlich erschien der goldene Kopfschmuck des Gottes MAHATALA. In der Zweiten Zeit der Schöpfung schuf JATA, die göttliche Jungfrau, das Land. Kurz danach entstanden Hügel und Flüsse. In der Dritten Zeit der Schöpfung aber entstand der Baum des Lebens, der die Obere mit der Unteren Welt vereinte.

INARI ist in der japanischen Shinto-Mythologie der Reisgott. Da er reiche Reisernten und damit Wohlstand verspricht, ist sein Kult weit verbreitet.

Der Volksglaube sieht Inari als alten, bärtigen Mann, der auf einem Sack Reis sitzt, aber man kennt ihn auch in weiblicher Form mit offenem Haar. Er oder sie wird von zwei Füchsen begleitet. Der Gott lebt nämlich in den Bergen und die Füchse sind seine Boten. Mitunter aber verwandelt sich der Gott selbst in einen Fuchs. Daher finden sich vor all seinen Tempeln Darstellungen von Füchsen. Inaris Gemahlin ist die Göttin der Nahrung UKEMOCHI. Als der

HUANG DI *(links außen) ist einer der mythischen Kaiser, welche die Han-Dynastie der chinesischen Frühzeit zuschrieb. Fu Xi und Sheng Nong gehören ebenfalls zu dieser Gruppe.*

INARIs *Schrein in Kobe. Inari ist der Reisgott und wird manchmal auch als Gott der Nahrung verehrt. Da er Reichtum verleiht, beten auch die Händler zu ihm.*
(DER INARI-SCHREIN IN KOBE VON WALTER TYNDALE, KANVAS, CA. 1910)

Sturmgott SUSANO-WO oder – in anderen Versionen – der Mondgott TSUKIYOMI die Göttin tötete, weil sie Nahrung aus all ihren Körperöffnungen geholt hatte, übernahm Inari ihre Rolle als Göttin der Landwirtschaft.

IRIK ist ein Vogelgeist aus den Schöpfungsmythen der Iban, einem der Dayak-Völker von Borneo. Zusammen mit dem Vogelgeist ARA schwebte Irik über dem grenzenlosen Urozean. Schließlich zogen sie zwei Eier aus dem Wasser. Aus einem der Eier formte Irik die Erde, aus dem anderen schuf Ara den Himmel. Doch weil die Erde für den Himmel zu groß war, quetschten die beiden Geister sie zusammen, bis sie passte. Auf diese Weise entstanden Berge und Täler, Flüsse und Seen. Sofort bildeten sich auch Pflanzen heraus. Dann beschlossen die beiden, auch noch Menschen zu schaffen. Zuerst versuchten sie es mit Baummark, doch als dies nicht klappte, benutzen sie Erde. Nachdem die Vogelgeister so Menschen geformt hatten, belebten sie diese mit ihrem wunderbaren Gesang.

ISSUN-BOSHI ist ein winziger Held der japanischen Mythologie, was sich in seinem Namen zeigt, der so viel bedeutet wie „Drei-Zentimeter-Groß“. Seine Eltern bekamen keinen Nachwuchs, obwohl sie schon mehrere Jahre verheiratet waren und baten die Götter, ihnen wenigstens einen Sohn zu schenken, und sei er auch nur so groß wie eine Fingerspitze. Die Götter nahmen das Paar beim Wort und schenkten ihm ein winziges Kind.

Als Issun Boshi 15 Jahre alt war, machte er sich nach Kyoto auf. Er nahm eine Reisschale, ein Paar Essstäbchen und eine Nadel in einer Bambushülle mit. In der Reisschale paddelte er den Fluss hinunter, wobei er die Stäbchen als Ruder benutzte. Sobald er in Kyoto angekommen war, verschaffte er sich Arbeit im Haushalt einer Adelsfamilie. Dieser diente er lange Jahre hart, sodass alle mit ihm zufrieden waren.

Eines Tages begleitete der junge Held die Tochter des Hauses zum Tempel. Auf dem Weg wurden sie von zwei ONI, riesigen, gehörnten Teufeln, überfallen. Issun Boshi lenkte die Aufmerksamkeit auf sich, sodass das Mädchen entkommen konnte. Einer der Oni verschlang den Däumling, doch dieser nahm seine Nadel und stach den Dämon in den Magen, und als dieser ihn darauf wieder hervorwürgte, auch in die Zunge, s dass er ihn ausspuckte. Dann griff der andere Oni an, doch der Kleine kroch flugs an ihm hoch und stach ihm mit der Nadel in die Augen.

Daraufhin flohen die beiden Dämonen und ließen einen Glückshammer zurück, mit dem Issun-Boshi und die Tochter seines Herrn auf den Boden schlugen, um einen Wunsch frei zu haben. Sie wünschten sich, dass Issun-Boshi menschliche Größe erlangte und schon verwandelte sich der Däumling in einen Samurai. Das Paar kehrte nach Hause zurück, und sein Herr gab das Mädchen Issun-Boshi zur Frau.

ITCHITA ist in der Mythologie der Yakuten Sibiriens eine Erdgöttin, ein Aspekt der Großen Mutter. Mit Hilfe der Gras- und Baumgeister der Steppe bewahrt sie Menschen vor Krankheit. Sie selbst lebt in einer weißen Buche. Andere Aspekte der Großen Mutter sind Ynakshyt, „Die das Vieh beschützt“, und Ajysyt, die Patronin der Geburt und der Kinder.

Ajysyt schwingt ständig vor und zurück. Diese Bewegung sichert den Erhalt des Lebens auf der Erde.

J

IZANAMI und IZANAGI *auf der „Schwimmenden Brücke des Himmels", wo sie das Meer mit einer juwelengeschmückten Lanze aufwühlen, um so die Welt zu erschaffen.* (HOLZSCHNITT, 19. JH.)

IZANAGI und IZANAMI sind in der japanischen Shinto-Mythologie das achte Paar von Göttern, das entstand, nachdem Himmel und Erde geschaffen worden waren. Ihre vollständigen Namen sind Izanagi-No-Mikoto (das erhabene Männliche) und Izanami-No-Mikoto (das erhabene Weibliche).

Beide erhielten von den Göttern den Auftrag, die japanischen Inseln zu schaffen. Also stellten sie sich Seite an Seite auf die „Schwimmende Brücke des Himmels" und begannen, das Meer mit einer juwelengeschmückten Lanze aufzurühren. Als sie den Speer aus dem Wasser zogen, fiel ein Tropfen von seiner Spitze und wurde zur ersten Insel. Dann stiegen die Götter auf diese Insel hinab, schufen dort einen prächtigen Palast und eine Himmelssäule.

Eines Tages untersuchten die Götter ihre Körper und bemerkten, dass sie verschieden waren. Izanami sagte, dass ihr an einer Stelle etwas fehle, wohingegen Izanagi bemerkte, dass er an einer Stelle etwas zuviel habe. Daher schlug Izanagi vor, sie sollten diese Teile doch zusammenbringen. Sie liefen also um die Himmelssäule, bis sie aufeinandertrafen und ihre Körper vereinten. Izanami gebar darauf ein Kind, doch dieses hatte keine Form, sodass man es Hiruko, das „Blutegelkind", nannte und auf dem Meer aussetzte. Die beiden entdeckten, dass das Kind nicht vollkommen war, weil Izanami während des Hochzeitsrituals zuerst gesprochen hatte, was ihr nicht zustand. Also umkreiste das Paar den Pfeiler noch einmal, und dieses Mal sprach Izanagi als erster.

Daraufhin gebar Izanami die japanischen Inseln und mit ihnen die Götter und Göttinnen der Wasserfälle, Berge, Bäume, Pflanzen und Winde. Doch während Izanami KAGUTSUCHI, den Gott des Feuers, zur Welt brachte, wurde sie so stark verbrannt, dass sie starb. Während ihres Todes gebar ihr Körper immer weiter Gottheiten. Schließlich machte sie sich auf ins Land YOMI, dem Reich der Toten.

Izanagi war verzweifelt, doch auch aus seinen Tränen entstanden weitere Götter. Und sogar als er des Feuergottes Haupt abschlug, entsprangen dessen Blut neue Gottheiten. Izanagi folgte seiner Frau ins Reich der Toten, doch als er dort ankam, hatte sie schon Speise zu sich genommen. Daher lehnten die Götter der Unterwelt Izanagis Bitte, ihm seine Frau zurückzugeben, ab. Da stürmte Izanagi in die Halle der Toten, wo Izanami lag, riss einen Zahn aus seinem Kamm und benutzte ihn als Fackel. Im Licht sah er die grausig entstellte Göttin: Ihr Leichnam war voller Würmer und acht Donnergötter hatten sich in ihr eingenistet.

Vom Anblick seiner Frau zutiefst entsetzt floh Izanagi, doch Izanami, die über sein Verhalten erbost war, sandte ihm die Hexen der Unterwelt sowie zahlreiche Donner- und Kriegsgötter hinterher, sodass er nur mit seinen Zaubertricks entkommen konnte. Als er die Grenze zum Land der Lebenden erreichte, fand er drei Pfirsiche. Er hob sie auf und schleuderte sie nacheinander gegen die Hexen, die zurückwichen. Da tat er den Schwur, dass Pfirsiche den Sterblichen immer helfen würden, so, wie sie ihm geholfen hatten.

Doch Izanami, die mittlerweile selbst zum Dämon geworden war, war nicht abzuschütteln. Daher rollte Izanagi einen Felsen vor den Eingang zur Unterwelt, um sich zu retten. Durch diese Felswand getrennt beschimpfte sich das Paar. Izanami sagte, dass sie von nun an täglich 1000 Menschen töten würde. Und Izanagi antwortete, dass dann eben jeder Tag 1500 Geburten bringen werde.

Danach reinigte der Gott sich im Wasser eines Flusses. Als er seine Kleider ablegte, wurde mit jedem Stück eine neue Gottheit geschaffen. Schließlich wusch Izanagi sein Gesicht und es entstanden die Sonnengöttin AMATERASU, der Mondgott TSUKIYOMI und der Sturmgott SUSANO-WO. Unter diesen drei Kindern teilte Izanagi sein Reich auf. (Siehe auch SCHÖPFUNGSMYTHEN)

JAR-SUB personifiziert im Glauben der alten Turk- bzw. der modernen Altaien-Völker die Vereinigung von Erde und Wasser. Jar-Sub ist somit gleichzeitig universelle und lokale Gottheit.

JIZO-BOSATSU *(oben) wird manchmal als Mönch dargestellt. Er trägt einen Stab mit Schellen, deren Klingeln kleinere Wesen warnt, sodass der Bodhisattva nicht Gefahr läuft, sie zu zertreten.* (HOLZSTATUE, 11. JH.)

JATA ist in den Schöpfungsmythen der Dayak auf Borneo eine göttliche Jungfrau, die während der Zweiten Zeit der Schöpfung Land und Hügel schuf. In der Ersten Zeit der Schöpfung waren der Himmel, die Wolken, die Berge und Felsen sowie Sonne und Mond entstanden. Danach wurden der „Himmelsfalke“ und der große Fisch ILA-ILAI-LANGIT geboren sowie DIDIS MAHENDERA, das Fabelwesen mit den Diamantaugen, und ROWANG RIWO, der „mit dem goldenen Speichel“. Schließlich erschien noch der goldene Kopfputz des Gottes MAHATALA. Und in der Dritten Zeit der Schöpfung wuchs der Baum des Lebens, der die Untere mit der Oberen Welt verband.

JIMMU-TENNO war der legendäre Erste Kaiser Japans und der Begründer der kaiserlichen Linie. Er soll von der Sonnengöttin AMATERASU abstammen und der Enkel HIKOHOHODEMIs sein. Zu Lebzeiten trug er zwei Namen: Toyo-Mike-Nu und Kamu-Yamato-Iware-Hiko. Erst nach seinem Tod verlieh man ihm den ehrenvollen Namen Jimmu-Tenno. Er soll den Thron 660 v. Chr. bestiegen haben.

Die Sage berichtet, dass der Kaiser mit seinen Truppen nach Osten zog, um dort einen Regierungssitz zu gründen. Da erschien einer der Götter als Bär und warf einen Zauber über ihn und sein Heer, sodass alle einschliefen. Einer seiner Soldaten aber träumte, dass Amaterasu ein magisches Schwert vom Himmel sandte, damit Jimmu-Tenno das Land befrieden könne, das heute Yamato heißt. Als er erwachte, fand er das Schwert tatsächlich neben sich und brachte es sofort zu seinem Herrn. Das Heer setzte seinen Weg fort, geführt von einer Krähe. Als sie Yamato erreichten, erbaute Jimmu-Tenno dort einen prächtigen Palast und heiratete eine Prinzessin aus der Gegend.

JIZO-BOSATSU ist die japanische Form von Kshitigarbha, dem Bodhisattva und Schutzgott der Kinder. Auch Reisenden und schwangeren Frauen steht er hilfreich bei. In Japan ist Jizo-Bosatsu sehr bekannt, wird allerdings mehr als Mensch denn als Gott gesehen. Jedes Jahr kommen die Gläubigen zu ihm, um bei dem „Bekenntnis des Jizo“ vor seinem Bildnis ihre Fehler zu gestehen.

Die Legende erzählt, dass tote Kinder, deren Eltern zu viel Zeit mit Weinen verbringen statt für ihre Wiedergeburt zu beten, in der Hölle zu einem Sandstrand geleitet werden, wo sie jeden Tag Altäre bauen, die nachts von Dämonen zerstört werden. Doch schließlich erscheint Jizo, um die Kinder zu trösten. Er hüllt sie in die Falten seiner Robe und sagt ihnen, dass er nun ihr Vater und ihre Mutter sei.

JIMMU-TENNO *(unten) war der legendäre Erste Kaiser Japans, von dem die japanische Kaiserfamilie ihre Abstammung herleitet.* (ANONYME ZEICHNUNG, 20. JH.)

K

JUROJIN *(links) wird als kleiner, alter Mann mit langem Bart dargestellt. Als einer der Shichi Fukujin, der sieben Glücksgötter, verleiht er Glück im Alter.* (NETSUKE AUS ELFENBEIN)

JUROJIN ist einer der SHICHI FUKUJIN, der sieben Glücksgötter, die ein japanischer Mönch des 17. Jahrhunderts zusammenstellte, um seiner Zeit ein moralisches Vorbild zu geben.

Jurojin ist der Gott des langen Lebens und des glücklichen Alters. Er wird als kleiner, alter Mann mit langem, weißem Bart dargestellt, begleitet von den Symboltieren des langen Lebens: dem Kranich, dem Rothirsch und der Schildkröte. Er trägt einen Stab mit einem Buch oder einer Schriftrolle, in der angeblich die gesamte Weisheit der Welt versammelt ist. Reiswein liebt er über alles. (Siehe auch DIE SHICHI FUKUJIN)

KADAKLAN ist in der Mythologie der Tinguian auf der philippinischen Insel Luzon ein Donnergott. Er lebt im Himmel und schlägt dort die Trommel. Sein Hund Kimat ist der Blitz. Er beißt alles, worauf Kadaklan ihn hetzt.

KAGUTSUCHI oder Homosubi ist der Feuergott der japanischen Shinto-Mythologie. Er ist Sohn der IZANAMI, der weiblichen Hälfte des Urpaares. Bei der Geburt verbrannte er sie allerdings so heftig, dass die Göttin starb. Daraufhin hieb IZANAGI, der Vater des Feuergotts, diesem den Kopf ab. Doch entstanden daraus nur neue Gottheiten. Kagusutchi gehört in Japan zu den am meisten gefürchteten Gottheiten.

KAMI ist im alten Japan der Begriff für alles, was geheimnisvoll und heilig ist. Das konnten Kultobjekte ebenso sein wie Gottheiten. Schließlich wurden die Kami als übernatürliche Wesen mit menschlichen Qualitäten betrachtet. Einige sind Naturgeister von Bergen, Quellen oder Bäumen, andere wieder stehen für bestimmte abstrakte Werte. Auch außergewöhnliche Menschen oder Schutzgötter können Kami sein. So wurde der Buddha als Kami Chinas angesehen, während lokale Kamis zu Schützern des Buddhismus wurden und mit buddhistischen Gottheiten verschmolzen.

KAMI-MUSUBI siehe OKUNINUSHI.

KANNON siehe KWANNON.

Die KAPPA sind affenköpfige Dämonen der japanischen Mythologie. Sie leben in Teichen und Flüssen, in die sie Menschen und andere Wesen hineinlocken, um sie aufzufressen. Die Kappa lieben Blut, haben aber auch eine Vorliebe für Gurken.

Sie sind bösartige Kreaturen, die sich jedoch mitunter besänftigen lassen. Wirft man beispielsweise eine Gurke mit den Namen aller Familienmitglieder in einen von einem Kappa bewohnten Teich, dann wird dieser die Familie verschonen. Auch verwundbar sind sie: Sie geben eine tiefe Verbeugung immer zurück. Auf diese Weise aber tropft das Wasser in den Vertiefungen ihrer Schädel zu Boden, wodurch sie ihre Kraft verlieren.

Ihr Wissen macht sie manchmal zu unentbehrlichen Helfern für die Menschen. Eine Sage berichtet, dass ein Kappa einen Mann zum Tauziehen überredete. Doch sobald die beiden das Seil ergriffen hatten, gab der Mann seinem Pferd die Sporen, wodurch das Wasser vom Kopf des Kappa tropfte.

Der Kappa flehte den Mann an, ihn wieder freizulassen und versprach, er würde ihm zeigen, wie man Knochenbrüche heilt. Der Reiter stimmte zu, und bald war seine Familie landauf, landab berühmt, weil sie das Einrichten von Brüchen so gut beherrschte.

Die Kappas haben Affengesichter, Schwimmhäute an Händen und Füßen sowie gelbgrüne Haut. Wie Schildkröten tragen sie Panzer.

KARITEI-MO siehe KISHIMO-JIN.

Die KAPPA *(oben) sind Dämonen, die Tiere oder Menschen in den Fluss ziehen, um sie aufzufressen. Sie ähneln Affen, riechen dabei aber nach Fisch.* (ILLUSTRATION AUS MYTHS AND LEGENDS OF JAPAN)

KHADAU siehe MAMALDI.

KHORI TUMED ist ein Heros der mongolischen Schamanenwelt. Eines Tages beobachtete er, wie neun Schwäne sich auf der Oikhon-Insel im Baikalsee niederließen. Sie warfen ihr Federkleid ab und zeigten ihre wahre Gestalt als bildschöne Frauen. Da sie sich allein glaubten, badeten sie nackt im See. Khori stahl eines der Kleider, und als sie das Wasser verließen, konnte eine von ihnen nicht wegfliegen.

Khori Tumed heiratete die Schwanenfrau. Sie lebten glücklich zusammen und hatten 11 Kinder.

KUNLUN, *jenseits der Westgrenze des alten chinesischen Reiches gelegen, ist die Heimat von Xi Wang Mu, der „Königinmutter des Okzidents".*

Doch schließlich kam die Zeit, wo die Schwanenfrau ihn um ihr Federkleid bat. Khori Tumed lehnte ab, doch seine Frau hörte nicht auf zu bitten und versprach ihm sogar, dass sie nicht wegfliegen würde. Da gab er nach, doch sobald sie das Kleid angelegt hatte, schwang sie sich zum Fenster hinaus. Khori Tumed aber bat sie, vor ihrem endgültigen Abschied ihren Kindern Namen zu geben, was sie auch tat. Dann segnete sie die sibirischen Stämme (ihre Kinder) und verschwand.

KHOSADAM ist bei den sibirischen Jenissej die Frau von EC, dem höchsten Gott. Nachdem EC ihre Untreue mit dem Mond entdeckt hatte, vertrieb er sie aus dem Himmel. Khosadam ist eine zerstörerische Gottheit, welche die Seelen der Menschen verschlingt.

KUNLUN, *wo Gautama Buddha auf seinem Thron sitzt, gilt Buddhisten und Daoisten gleichermaßen als Paradies.* (BUDDHISTISCHES ROLLBILD)

KHUN K'AN siehe THENS.

KHUN K'ET siehe THENS.

KIMAT siehe KADAKLAN.

KISHIMO-JIN oder Karitei-Mo ist die japanische „Gottmutter der Dämonen". Sie verschlang Kinder und zerstörte eine Stadt in Indien, als Gautama Buddha dort lehrte. Als die Einwohner ihn um Hilfe baten, versteckte der Buddha Kishimos Sohn unter seiner Almosenschale. Die Dämonin suchte ihn verzweifelt und bat schließlich sogar den Buddha um Hilfe. Dieser aber erklärte ihr, dass der Schmerz, den sie in diesem Augenblick empfinde, der gleiche sei, den sie den Menschen regelmäßig zufüge. Da zeigte Kishimo-Jin Einsicht und wandte sich dem Buddhismus zu. Seit diesem Zeitpunkt ist sie die Beschützerin der Kinder. Daher wird sie oft auf einem Stuhl sitzend mit einem Kind im Arm dargestellt.

KUAN-TI siehe GUAN DI.

KUAN YIN siehe GUAN YIN.

KUEI siehe GUEI.

K'UN LUN siehe KUNLUN.

KUNLUN oder K'un Lun ist eine Bergkette in Westchina. Sie gilt als daoistisches Paradies und Heim von XI WANG MU, der „Königinmutter des Okzidents" sowie der Unsterblichen. Da sich dieses Paradies sowohl oberhalb als auch unterhalb der Erde erstreckt, verbindet es das Reich der Toten mit dem der Götter. Xi Wang Mu kultiviert dort die Pfirsiche der Unsterblichkeit in ihrem prachtvollen Palast.

DIE ACHT UNSTERBLICHEN

Der Daoismus als philosophisches System entstand etwa zur selben Zeit wie der Konfuzianismus, etwa um das 6. Jahrhundert v. Chr. Als Antwort auf die wachsende Popularität nahm der Daoismus dann all jene Züge an, die eine Religion ausmachen, also auch eine Mythologie. Die „Acht Unsterblichen" spielten im chinesischen Volksglauben sowie in den daoistischen Mythen eine bedeutende Rolle. Sie alle hatten die Unsterblichkeit erlangt, indem sie den Dao-Weg gesucht hatten, und waren dabei zu Vorbildern für all jene geworden, welche nach Erleuchtung strebten. Obwohl sie keine Götter waren, verlieh ihnen die Unsterblichkeit übernatürliche Kräfte: Sie beherrschten die Kunst der Magie und konnten sich mit hoher Geschwindigkeit durch die Luft bewegen. Bei ihrer Aufgabe, die Welt vom Bösen zu reinigen, erlebten sie viele Abenteuer. Außerdem hatten sie eine enorme Vorliebe für Wein, sodass man sie manchmal sogar die Jiu-zhong Ba Xian, die „Acht Trunkenen Unsterblichen" nennt.

LI T'IEH-KUAI *(ganz links, oben) war der erste der Unsterblichen. Sein Körper wurde zu früh verbrannt, während seine Seele auf einem heiligen Berg meditierte. Da er in diesem also nicht zurückkehren konnte, wählte er den eines eben verstorbenen lahmen Bettlers und bewegte sich künftig mit einer Krücke fort. Li erweckte später die verstorbene Mutter seines Schülers mit magischer Medizin in einer Phiole zum Leben, wodurch er zum Patron der Apotheker wurde.* (RELIEFKACHEL, QUING-DYNASTIE)

HE XIANG-KU *(zweiter von rechts), Patronin der unverheirateten Mädchen war selbst ein junges Mädchen, als sie während eines Aufenthalts in den Bergen einen Geist entdeckte, der ihr befahl, Perlmutt zu zermahlen und zu essen. Die Substanz machte sie so leicht, dass sie über die Berge hinweg fliegen konnte.* (RELIEFKACHEL, QING-DYNASTIE)

TSAO KUO-CHIU *(links außen) hält die goldene Plakette der Höflinge, da er der Bruder der Kaiserin ist. Er verließ den Hof, um den Weg des Dao zu suchen, doch als er feststellte, dass er kein Geld hatte, um den Fährmann zu bezahlen, wollte er diesen mit der goldenen Plakette beeindrucken. Der Fährmann aber war niemand anderer als der verkleidete Lü Tung-pin. Dieser wies ihn auf seinen Hochmut hin, woraufhin Tsao die Plakette in den Fluss warf. Als Unsterblicher war er der Patron des Adels.* (RELIEFKACHEL, QUING-DYNASTIE)

SHOU LAO *(links), den daoistische Gott des langen Lebens, suchten die Acht Unsterblichen auf einer ihrer gemeinsamen Reisen auf. Früher war der „Alte des Südpols“ eine Sternengottheit gewesen, dann aber entwickelte er sich zur Lebensgottheit, der das Wasser des Lebens in einer Kürbisflasche bei sich trägt. Er reitet einen Rothirsch, ein Glückssymbol.* (CHINESISCHES PORZELLAN, CA. 1680)

HAN XIANG *(links), Lü Tung-Pins Schüler, war der Großneffe eines daoistischen Philosophen. Er war ein Wandermusikant, der Flöte spielte. Als die Acht Unsterblichen die See überqueren wollten, versuchte Ao Ping, ein Sohn des „Drachenkönigs des Ostmeeres“, Hans Flöte zu stehlen und ihn zum Gefangenen zu machen. Eine große Schlacht fand statt, aus welcher die Unsterblichen natürlich als Sieger hervorgingen.* (ELFENBEINFIGUR, MING-ZEIT)

LÜ TUNG-PIN *(unten) segnete Eltern, sodass ihre Kinder klug wurden, daher wurde er besonders bei chinesischen Gelehrten hoch verehrt. Er war der Patron der Tintenmacher. Bei der Überfahrt der Acht Unsterblichen warf jeder ein magisches Objekt ins Meer, aus dem sich ein Seeungeheuer entwickelte, auf dem man reiten konnte. Lü Tung-pin benutzte dazu sein magisches Schwert.* (LÜ TUNG-PIN AUF EINEM SEEUNGEHEUER REITEND, AUS SUPERSTITIONS EN CHINE, 1915)

LAN TSAI-HO *(oben) war entweder ein Mädchen oder ein mädchenhaft aussehender Mann. Sie gilt als Patronin der Armen, da sie ihre Unsterblichkeit durch ihre unendliche Güte einem schmutzigen Bettler gegenüber erreichte, dessen Wunden sie wusch. Der Bettler stellte sich als Li T'ieh Kuai heraus, der erste der Acht Unsterblichen. Manchmal wird sie mit einem Korb voller Blüten dargestellt, da sie sogar in einem engen Blumentopf die schönsten Pflanzen ziehen konnte.* (FRESKO, QING-ZEIT)

ZHANG KUO-LAO *(oben) ritt rückwärts auf einem weißen Maultier. Er war ein großer Zauberer und auch sein Maultier war außergewöhnlich. Es konnte lange Strecken zurücklegen, aber wenn Zhang es nicht mehr brauchte, faltete er es zusammen und steckte es in eine Tasche. Daher wird er häufig mit einer Tasche, manchmal auch mit einer Bambustrommel dargestellt. Er verhalf zu glücklichen Ehen und Kindersegen.* (ELFENBEIN UND BRONZE, MING-DYNASTIE)

ZHONG-LI KÜAN *(links) lernte den Weg des Dao durch Li T'iehkuai kennen, dann verschwand er als Unsterblicher in den Wolken und wurde zum HImmelsboten. Er war kahl und langbärtig und gilt außerdem als Patron der Soldaten. Meist wird er mit einem Federfächer dargestellt, manchmal aber auch mit einem Pfirsich. Die Pfirsiche von Xi Wang Mu, der „Königinmutter des Okzidents“, reifen alle 3000 Jahre. Dann essen die Acht Unsterblichen sie, um weiter am Leben zu bleiben.* (ELFENBEINFIGUR, MING-ZEIT)

KWANNON oder Kannon ist im japanischen Buddhismus das personifizierte Mitgefühl. Sie ist die japanische Form von Guan Yin, die ihrerseits vom indischen Bodhisattva Avalokiteshvara abstammt. Kwannon wurde erst in jüngerer Zeit zur Frau umgedeutet. Als Bodhisattva bzw. Bosatsu hat sie beschlossen, so lange wieder geboren zu werden, bis alle Wesen Erleuchtung gefunden haben. Sie gilt als „Gute Frau, die den Kinderwunsch erfüllt" und als Patronin der Frauen und Kinder. Sie soll aus einem Lichtstrahl entstanden sein, den Buddha Amitabha aussandte.

Es gibt auch eine pferdeköpfige Form und eine mit unzähligen Armen. Die Tradition lässt Kwannon 33 Formen annehmen, die an 33 verschiedenen Pilgerorten verehrt werden.

KWANNON *(oben) lebte in einer Höhle im Iwai-Tal.* (HOLZSCHNITT VON ANDO HIROSHIGE ODER UTAGAWA, 1853)

KWANNON *(rechts), die japanische Verkörperung des Mitgefühls, wird in 33 verschiedenen Formen dargestellt. Eine davon ist diese mit 11 Köpfen.* (HOLZSKULPTUR, 12. JH.)

LAN TSAI-HO siehe BA XIAN.

LAO CHÜN siehe LAO JUN.

LAO JUN oder Lao Chün heißt die vergöttlichte Form Lao Tses, welcher der Überlieferung zufolge das Dao-De-Jing geschrieben hat, den Grundlagentext des Daoismus. Er soll im 6. Jahrhundert v. Chr. gelebt haben. In den Götterstand wurde er im 2. Jahrhundert n. Chr. erhoben. Lao Jun wurde zu einer der wichtigsten daoistischen Gottheiten, daher glaubt man mitunter auch, dass er dem Urchaos entsprungen sei. Einer anderen Legende zufolge trat er nach einer 80-jährigen Schwangerschaft aus der Seite seiner Mutter aus.

LEI GONG oder Lei Kung ist der chinesisch-daoistische Donnergott. Als „Herr des Donners" oder „Mein Herr Donner" wird er als hässlicher Mann mit Flügeln und Klauen dargestellt. Seine Körperfarbe ist Blau. Er trägt eine Trommel und hält Hammer und Meißel in der Hand. Lei Gong greift jeden Menschen an, der ein Verbrechen begangen hat, sich aber der irdischen Gerichtsbarkeit

bisher noch nicht stellen musste. So berichtet eine Sage, wie sich mitten in einem dichten Wald ein Sturm erhob. Ein Jäger sah zum Himmel hinauf und entdeckte in einem Baumgipfel ein Kind mit einer Fahne. Der Donnergott Lei Gong näherte sich dem Kind, doch sobald dieses die Fahne schwang, musste er sich zurückziehen. Der Jäger begriff augenblicklich, dass das Kind ein Dämon sein musste und die Fahne aus unreinem Material bestand, das die Götter verabscheuten. Der Jäger schoss die Fahne herunter und sofort schlug Lei Gong in den Baum ein, in dem das Kind saß. Da er aber dem Baum so nahe stand, wurde auch der Jäger zu Boden gestreckt.

LAO JUN *(oben) soll ein Zeitgenosse Konfuzius' und Lehrer Buddhas gewesen sein.* (ROLLBILD, 18. JH.)

LAO JUN *(oben rechts) soll bereits mit weißem Haar und der Gabe zu sprechen geboren worden sein. Er wurde ungewöhnlich alt.* (TUSCHEMALEREI VON QIAN GU, 16. JH.)

Als er wieder zu sich kam, fand er auf seinem Körper eine Botschaft, die besagte, dass für seine Hilfe bei diesem himmlischen Werk der Vergeltung sein Leben um zwölf Jahre verlängert worden sei. Neben ihm lag der Körper einer Riesenechse, der wahren Form des Kindes.

LEI GONG *(oben), der geflügelte Donnergott, jagt Schafe und Schweine in einem Sturm von Donner und Blitzen vor sich her.* (HOLZSCHNITT, 19. JH.)

M

LEI KUNG siehe LEI GONG.

LI NAZHA siehe NAZHA.

LI T'IEH-KUAI siehe BA XIAN.

Die **BLITZGÖTTIN** ist eine der Naturgottheiten des chinesischen Mythos. Sie ist die Frau des Donnergottes LEI GONG und trägt zwei Spiegel, mit denen sie Blitze und Feuer erzeugt. Blitz-, Donner-, Wind- und Regengötter wurden vor allem während der Dürre angerufen.

LING CHIH siehe LING ZHI.

LING ZHI ist im daoistischen Glauben die Pflanze der Unsterblichkeit. Der Name bedeutet „magisches Kraut". Die Pflanze soll entweder eine Pilz- oder eine Gräsersorte sein. Sie wächst auf den drei Inseln der Unsterblichen, und jeder, der sie isst, soll mindestens 500 Jahre leben.

LONG WANG oder Lung Wang gehört zu den chinesischen „Drachenkönigen". Diese werden als Diener von Yuan-shi Tian Zong (dem „Erhabenen Himmlischen des Urbeginns") oder von YU HUANG (dem „Jadekaiser" und früheren Helfer Yuan-shis) betrachtet. Im Daoismus existieren verschiedene Erscheinungsformen Long Wangs: die himmlischen Drachenkönige, die Drachenkönige der Himmelsrichtungen und die Drachenkönige der Meere. Jeder der Meereskönige ist für einen Teil des Ozeans verantwortlich und wird von einem Heer von Seeungeheuern unterstützt. Long Wang bringt den Regen.

LÜ TUNG-PIN siehe BA XIAN.

LUNG WANG siehe LONG WANG.

LU XING siehe SAN XING.

Die **BLITZGÖTTIN** *hält ihre beiden Spiegel in Händen, mit denen sie Blitze macht.*

MAHATALA ist der oberste Gott der Dayak auf Borneo. Er beherrscht die Obere Welt und lebt auf dem Juwelenberg.

MAIDERE ist bei den Altaienvölkern Sibiriens der Retter, den der Himmelsgott ULGAN zur Erde sandte, um die Menschen vor den bösen Taten ERLIKs, der gleichzeitig Gott und erster Mensch war, zu beschützen. Erlik tötete Maidere, doch aus dessen Blut entstand ein Flammenmeer, das so hoch aufloderte, dass Erliks Himmel davon zerstört wurde.

MAIN ist der mythische Held der sibirischen Evenk. Die Legende erzählt, dass eines Tages ein riesiger Elch einen der Berge in der Oberen Welt erstürmte und dort die Sonne auf sein Geweih aufspießte, sodass die Menschen in der Mittleren Welt in Dunkelheit leben mussten. Da flog Main, der Held, mit einem Paar Skiern auf den Berg und jagte den Elch hinunter.

Schließlich erschoss er das Tier mit einem Pfeil und die Sonne kehrte zu den Menschen zurück. Main allerdings blieb in der Oberen Welt, um die Sonne zu bewachen. In der

LONG WANG *(oben), ein Drachenkönig, hält auf einem modernen Wandgemälde in einem Bergtempel der Provinz Shanxi in Nordchina Hof. Die Drachenkönige leben in ihren Kristallpalästen unter Wasser.*

Mythologie der Evenk spießt der Elch jeden Abend die Sonne auf und läuft mit ihr davon. Main fängt ihn dann und bringt die Sonne jeden Morgen an ihren Platz zurück.

MAMALDI gilt bei den Amurvölkern Sibiriens als Schöpferin des asiatischen Kontinents. Sie und ihr Mann werden entweder als erstes Menschenpaar oder als Eltern des ersten Schamanen betrachtet. Khadau schuf die Seelen der Schamanen und Mamaldi hauchte ihnen Leben ein. Am Ende aber wurde sie von Khadau getötet.

LONG WANG *(links), ein himmlischer Drachenkönig. Weil sie die Regenbringer sind, kontollieren Drachenkönige das Leben und den Tod.*

MANUK MANUK ist in der Mythologie Sumatras ein mythisches blaues Huhn, das dem höchsten Gott gehört. Eines Tages legte das Huhn drei riesige Eier, aus denen drei Götter schlüpften. Die Götter schufen die drei Ebenen des Universums: die Obere Welt oder den Himmel, die Mittlere Welt oder die Erde und die Unterwelt.

MARISHI-TEN ist im japanischen Buddhismus die Göttin von Krieg und Sieg. Im Mittelalter glaubten japanische Krieger, dass sie sie unsichtbar mache. Sie wird entweder auf einem Eber oder einem Rudel von sieben Ebern stehend dargestellt. Manchmal hat sie acht Arme und trägt in jeder ihrer vielen Hände Waffen.

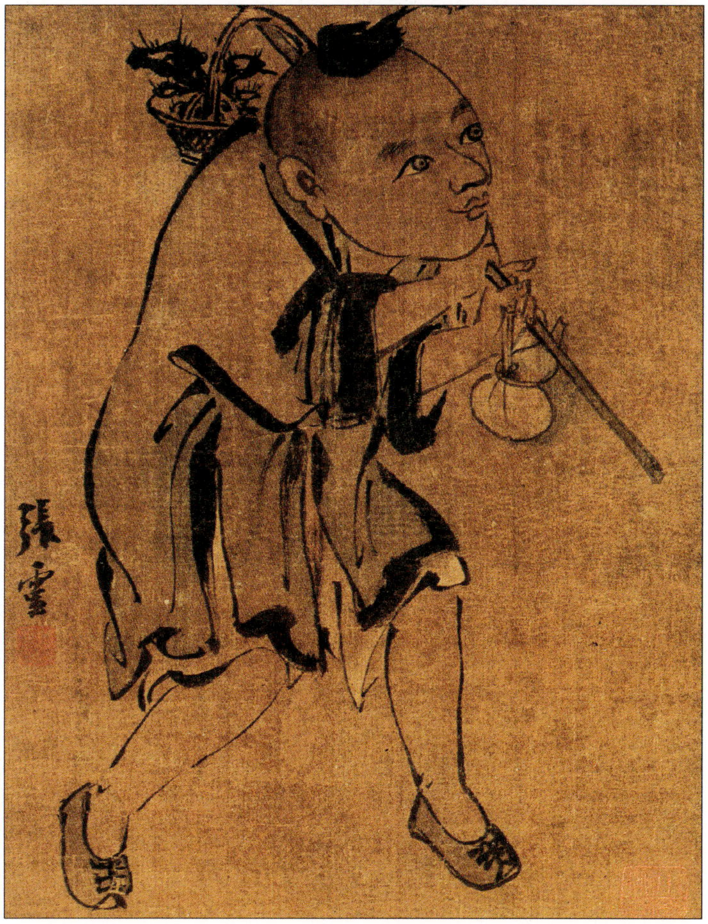

LHING ZHI *(rechts), die legendären Pilze der Unsterblichkeit, von einem Jungen gesammelt.* (TUSCHEMALEREI VON ZHANG LING, 16. JH.)

MEN SHEN sind zwei chinesische Götter, die über Eingänge und Tore wachen. Einer von ihnen wird gewöhnlich mit rotem oder schwarzem, der andere mit weißem Gesicht dargestellt. Sie tragen Waffen und magische Symbole, mit denen sie Häuser und Paläste schützen. Während der Neujahrsfeierlichkeiten klebt man Abbildungen der Gottheiten auf den Türrahmen, um die Menschen im Haus vor Dämonen zu schützen.

Obwohl ihr Ursprung in der mythischen Frühzeit zu liegen scheint, wo sie die Dämonen daran hinderten, aus der Hölle zu entweichen, werden auch zwei historische Generäle als Men Shen betrachtet. Ihr heldenhafter Einsatz verhinderte, dass der Palast eines Kaisers der Tang-Dynastie von Teufeln gestürmt wurde. Besagter Kaiser versprach, sich um einen Drachenkönig zu kümmern, der vom Jadekaiser YU HUANG wegen eines Fehlers beim Verteilen des Regens zum Tode verurteilt worden war. Der Kaiser konnte sein Versprechen aber nicht halten, und so machte der Drachenkönig ihn verantwortlich für seinen Tod.

Aus Rache verursachte er jede Nacht vor dem Palast so viel Lärm, dass der Kaiser keinen Schlaf mehr fand. Todkrank bat er seine beiden Generäle, die Palastwache zu übernehmen. Diesen gelang es, die Dämonen des Drachenkönigs zu vertreiben.

MIROKU-BOSATSU ist die japanische Form von Maitreya, dem Buddha der Zukunft. Bis zu seiner Wiedergeburt in der menschlichen Existenz, in der er die Buddhaschaft erlangen wird, lebt er im Tushita-Himmel.

MOMOTARO ist ein japanischer Held, der aus einem Pfirsich geboren wurde. Ein kinderloses Paar fand diesen Pfirsich in einem Fluss. Als sie die Frucht aufschnitten, entdeckten sie darin einen winzigen Jungen. Das Kind erhob sich und aß den ganzen Pfirsich auf, woraufhin das entzückte Paar ihn Momotaro oder „Pfirsichkind" nannte. Sie erzogen Momotaru zu einem tapferen Jungen edler Gesinnung.

Mit 15 Jahren beschloss er, seinen Eltern seinen Dank zu erweisen, indem er eine benachbarte Insel von bösartigen Dämonen namens ONI befreite. Momotaro steckte drei Knödel ein, die seine Mutter für ihn gekocht hatte, und machte sich auf zur Insel. Auf seinem Weg dorthin traf er einen Hund, einen Fasan und einen Affen. Mit je einem Knödel überredete er die Tiere, ihm zu helfen. Also setzten die vier Abenteurer zur Insel über, wo sie viele junge Mädchen aus Momotaros Dorf vorfanden, die von den Oni entführt und belästigt worden waren. Momotaro griff das Schloss der Oni an und schaffte es mit Hilfe seiner Freunde, alle Teufel zu töten. Dann belud er sein Boot mit all ihren Schätzen und brachte die Mädchen nach Hause in sein Dorf.

MEN SHEN *(oben links) treten immer paarweise als Götter des Eingangs auf. Hier der Wächter eines chinesischen Tempels in Yogjakarta, Java.*

MEN SHEN *(oben) bewachen einen Tempeleingang. Manchmal werden sie als die Generäle Heng und Ha dargestellt, deren Waffe u.a. ein giftiger Feueratem war.*

MOMOTARO *(links) gewann mit einem Knödel einen Fasan zum Helfer, bevor er sich zur Schlacht mit den Oni rüstete.* (ILLUSTRATION AUS MYTHS AND LEGENDS OF JAPAN)

MONJU-BOSATSU ist die japanische Form des Bodhisattva (künftiger Buddha) Manjushri. Sein Name bedeutet „Dessen Schönheit bezaubert". Er steht für Weisheit, Mitgefühl und Kontemplation. Monju Bosatsu wird oft sitzend mit einem Löwen abgebildet. Er hält das Schwert der Weisheit in Händen, mit dem er die Wurzel der Unwissenheit durchtrennt.

MOYANG KAPIR ist der Kulturbringer der Ma-Betisek in Malaysia. Er stahl die Tasche mit den Grundsätzen der menschlichen Zivilisation von dem wilden Geist MOYANG MELUR und brachte sie zu seinem Volk, damit dieses nicht länger mit Blutschande, Kannibalismus und Mord leben musste.

MOYANG MELUR ist bei den Ma-Betisek von Malaysia der Geist, welcher die Regeln der menschlichen Zivilisation bewachte. Er lebte auf dem Mond und war halb Mensch, halb Tiger. Lange Zeit behielt Moyang Melur die Regeln der Zivilisation für sich, sodass die Menschen in Schande lebten.

Eines Nachts aber erschrak Moyang Melur selbst über das Chaos auf Erden und lehnte sich weit vor, um mehr zu sehen. Da verlor er das Gleichgewicht und fiel vom Mond auf die Erde. Dort traf er einen Jäger namens MOYANG KAPIR, dem er sagte, er würde jedes menschliche Wesen töten, wenn er nicht sofort zum Mond zurückkäme. Also warf Moyang Kapir ein Tau zum Mond hinauf, und beide zogen sich daran hoch.

Oben angelangt wollte Moyang Melur den Jäger auffressen, doch dieser war klug, entwischte ihm und nahm die Tasche mit den Grundsätzen der Zivilisation mit sich. Diese brachte er dann seinem Volk.

MONJU-BOSATSU *(oben rechts), die japanische Form des Manjushri, zusammen mit Gautama Buddha (Mitte) und dem Bodhisattva Fugen-Bosatsu.* (14. JH.)

MIROKU *(links), der Buddha der Zukunft, sitzt in Meditationshaltung und wartet auf seine Wiedergeburt auf Erden.* (JAPANISCHE SKULPTUR)

DIE SCHAMANEN DER MONGOLEI

In vielen Stammesgemeinschaften ist der Schamane die zentrale Figur. Er vereint in sich Priester und Arzt. Er oder sie hat Macht über die Geister, die zerstörerisch sein können, obwohl sie an sich weder gut noch böse sind. Um die Gemeinschaft zu schützen, nimmt der Schamane die Geister in sich auf. Zu dieser Schützerrolle gehört auch die Fähigkeit, Reisen außerhalb seines Körpers zu machen und dabei die Geistwelt zu besuchen. Der schamanistische Mythos erzählt, dass die Menschen der Frühzeit ganz leicht zwischen Himmel und Erde hin- und herreisen konnten, doch nachdem die Brücke zwischen beiden zerbrach, verloren die meisten Menschen ihr ursprüngliches Wissen. Nur noch die Schamanen kannten später diesen Weg und auch sie konnten ihn nur in Trance zurücklegen, indem sie ihren Körper auf der Erde zurückließen. Die schamanistischen Mythen, die hauptsächlich durch mündliche Überlieferung bewahrt werden, erzählen von einem Goldenen Zeitalter, in dem große Geister den Menschen ihr Wissen vermittelten, und von dem kontinuierlichen Verfall dieses Wissens bis zu unseren Tagen, wo häufig nicht einmal mehr Schamanen sich von dieser Welt lösen können.

TROMMELN *(oben) ist ein Mittel, um den Trancezustand herzustellen, in dem die Seele des Schamanen seinen Körper verlassen kann. Der Trommelschlag überlagert andere Außenimpulse, der gleichförmige Rhythmus wirkt auf das Bewusstsein. Mongolischen Legenden zufolge konnten die alten Schamanen mit ihrer Trommel Seelen aus dem Reich der Toten zurückholen. Da befahl der Herr des Todes, dass Schamanen künftig nur noch einseitig bespannte Trommeln benutzen dürften, da er sonst sämtliche Untertanen verlieren würde.*

TIERE *(links) werden von den sibirischen Yakut-Schamanen als „Empfänger" ihrer Seelen benutzt. Jeder Schamane hält sein Tier weit weg von den Menschen, sodass seine körperliche und spirituelle Sicherheit bei Seelenreisen gewährleistet ist. Einmal im Jahr jedoch, wenn der Schnee schmilzt, kommen die Tiere von den Bergen ins Tal und in die Dörfer. Die mächtigsten Schamanen senden ihre Seele in Pferde, Elche, Bären, Adler oder Eber. Die schwächsten vertrauen sie Hunden an. Manchmal kämpfen die Tiere auch, und wenn eines verwundet wird, erkrankt oder stirbt auch der Schamane.*

Die SCHAMANEN *der YAKUTEN (oben) glauben, dass sie von einem Ur-Schamanen abstammen, der sich gegen die Götter auflehnte und daher zu ewigem Feuer verdammt wurde. Sein Körper, der ganz aus Reptilien bestand, wurde von den Flammen verschlungen, doch ein Frosch entkam. Aus diesem entstand eine ganze Reihe von Schamanen-Dämonen, von denen die Yakut-Schamanen abstammen.* (LITHOGRAPHIE, CA. 1853)

Ein SCHAMANE *(links) bei einer Heilzeremonie. Der Schamanismus führt Krankheit auf den Verlust der Seele zurück, die – statt in ihr Heim zurückzufinden – versehentlich ins Land der Toten geriet. Die Aufgabe des Schamanen ist es nun, die Seele zu finden und sie zur Rückkehr zu bewegen, da nur er das Land der Toten schadlos betreten kann. Dabei kann der Schamane den Kranken auch massieren, schlagen oder auf ihn blasen. Mitunter saugt er auch Schädliches aus der Haut.* (EIN YAKUT-SCHAMANE, CA. 1805)

N

MUCILINDA *(ganz links) rollte seinen Körper unter dem Buddha zusammen, als er unter dem Bodhibaum in Bodhgaya saß.* (STEINRELIEF, 3. JH.)

MUCILINDA *(links) entfaltete seine kobraähnlichen Halsschilde, um den Buddha zu schützen, der hier durch einen leeren Sitz dargestellt ist.* (STEINRELIEF)

NAGAS *(unten) sind Geister in Schlangenform. Sie können wohlwollende Schutzgeister sein, wie hier Mucilinda, der den Buddha vor Regen bewahrt.* (THAI-BRONZE, 1291)

MUCILINDA ist der König der Schlangengötter bzw. Wassergeister, die man als NAGAs kennt. Einer Legende zufolge schützte er den Buddha mit den Halsschilden seiner sieben Köpfe, als ein siebentägiger Regen niederging. Als die Sonne zurückkehrte, verwandelte die Schlange sich in einen jungen Prinzen, der dem Buddha weiterhin seine Ehrerbietung erwies. In Indien und Südostasien wird Mucilinda häufig mit Gautama Buddha dargestellt.

NAGA PADOHA ist die große Seeschlange der südostasiatischen Mythologie. Der Mythos berichtet, dass BATARA GURU, eine Form des Gottes Shiva, das erste Land schuf. Naga Padoha, der sich dadurch gestört fühlte, wollte es vernichten. Da inkarnierte der Gott sich als menschlicher Heros und beschwerte die Schlange mit einem Eisengewicht, das sie in die tieferen Regionen des Kosmos zog.

NAGAs sind in der Mythologie Südostasiens übernatürliche Wesen in Form von Schlangen. Die Weltenschlange Sesha, die den schlafenden Vishnu trägt, wird von Nagas bedient. Der Buddhismus kennt den Nagakönig MUCILINDA, der Gautama Buddha vor Regen bewahrte. Die Tibeter glauben, dass Nagas heilige buddhistische Schriften bewahren. (Siehe auch DÄMONEN)

NAZHA, der „Dritte Prinz", ist das enfant terrible der chinesischen Mythologie. Er ist eine im Volksglauben populäre Gottheit, weil er Geister vertreibt. Im Himmel war er sehr mächtig, wurde aber vom „Jadekaiser" YU HUANG auf die Erde geschickt, um die dort wütenden Dämonen zu bekämpfen. So wurde er als dritter Sohn Li Jings geboren, eines Generals, der im 12. Jahrhundert v. Chr. für die Zhou-Dynastie kämpfte. Nazha steckte bereits als Kind voller Streiche, und unter chinesischen Bauern sind die zahlreichen Sagen um seine Person wohl besser bekannt als die Geschichte des chinesischen Kaiserreichs.

NGA gilt bei den samojedischen Jurak Sibiriens als Herr der Hölle und des Todes. Er ist einer der zwei großen Demiurgen, d.h. Schöpfergötter. Einer Legende zufolge stand die Erde eines Tages kurz vor dem Untergang. Da bat ein Schamane NUM, den anderen Schöpfergott, um Rat. Dieser meinte, er solle unter die Erde hinabsteigen und dort Nga zu Hilfe rufen.

Der Schamane befolgte den Rat und nahm sogar Ngas Tochter zur Frau. Dann stützte er die Erde mit einer Hand und gilt seitdem als der „Alte Mann der Erde".

NINIGI oder Honinigi ist der Enkel AMATERASUs, der Sonnengöttin des japanischen Shinto-Glaubens. Amaterasu versuchte einst,

jemanden zu finden, der über die Erde herrschen solle. Zuerst schickte sie ihren Sohn, Ame-No-Oshido-Mimi. Doch als der Gott zur „Schwimmenden Brücke des Himmels" kam und die vielen Probleme dort unten erkannte, weigerte er sich, den Himmel zu verlassen.

Also sandten die Götter Ame-No-Hohi zur Erde. Drei Jahre vergingen, doch Ame-No-Hohi meldete sich nicht. Da schickten sie ihm seinen Sohn, Ame-No-Wakahiko nach. Bevor dieser sich aufmachte, überreichten sie ihm einen Bogen mit passenden Pfeilen.

Ame-No-Wakahiko stieg zur Erde hinab und heiratete dort Shitateru-Hime, die Tochter des Heil- und Magiegottes OKUNINUSHI. Dieses Mal vergingen acht Jahre, ohne dass die Götter eine Botschaft bekamen. Schließlich schickten sie einen Fasan, der herausfinden sollte, was Ame-No-Wakahiko machte. Der Fasan ließ sich auf einem Baum vor des Gottes Haus nieder. Darauf sagte

NAZHA *(oben), der „Dritte Prinz" und Sohn von Li Jing, ist das Enfant terrible der chinesischen Mythologie. Unzählige Sagen berichten von seinen Eskapaden.*

eine der Frauen im Haus zu Ame-No-Wakahiko, dass dies ein böses Omen sei. Daher griff der Gott zu seinem Bogen und schoss auf den Fasan. Der Pfeil drang durch den Vogel hindurch und flog direkt in den Himmel, wo er vor den Füßen von Amaterasu und Takami-Masubi niederfiel. Der Gott erkannte den Pfeil und schleuderte ihn wütend zur Erde zurück, wo er Ame-No-Wakahiko tötete und seine Frau in tiefste Verzweiflung stürzte.

Da begaben sich zwei der Götter zu Okuninushi und sagten ihm, dass sie von der Sonnengöttin kämen, die über das Land herrschen wolle. Okuninushi zog mit seine beiden Söhnen zu Rate. Der ältere erklärte sich bereit, Amaterasu anzubeten, der jüngere aber lehnte ab. Aber die beiden Götter überwältigten ihn und nahmen ihm das Versprechen ab, künftig der Sonnengöttin keinen Widerstand mehr zu leisten. Auch Okuninushi stimmte Amaterasus Ansinnen zu, jedoch unter der Bedingung, dass er im berühmten Schrein von Izumo zu den wichtigsten Göttern gehören sollte, eine Bitte, die Amaterasu ihm gewährte.

Nun schickte Amaterasu ihren Enkel Ninigi auf die Erde, dem sie verschiedene göttliche Objekte mitgab, u.a. den Spiegel, in dem die Göttin sich selbst bewundert hatte, als sie aus ihrem Höhlenversteck hervorkam, die himmlischen Juwelen von Amaterasus Söhnen und das Schwert Kusanagi, das SUSANO-WO im Schwanz der achtköpfigen Schlange Yamato-No-Orochi gefunden hatte. Diese drei Dinge blieben bis heute Tage die Throninsignien des japanischen Kaiserhauses.

Ninigi heiratete Kono-Hana-Sakuyu-Hime, die Tochter eines Berggottes. Da diese schon in der ersten Nacht mit Ninigi ein Kind

NAZHAs *(oben) Vater Li Jing war ein General, der während der legendären Kriege zwischen den Dynastien im 12. Jahrhundert kämpfte.*

empfing, verdächtigte er sie der Untreue. Da baute sie ein Haus ohne Fenster und begab sich zur Geburt hinein. Als sie gebären sollte, steckte sie das Haus an und schwur, dass ihr Kind sterben würde, wenn sie untreu gewesen sei. Doch beide überlebten das Feuer und Kono-Hana-Sakuyu-Hime gebar ihrem Mann noch zwei weitere Kinder. Ihr Sohn HIKOHOHODEMI ehelichte die Tochter des Meeresgottes. Deren Sohn wiederum wurde zum Vater von JIMMU-TENNO, dem Ersten Kaiser Japans.

Die NIO sind die Wächterkönige des japanischen Buddhismus. Man nennt sie auch Könige des Mitgefühls. Normalerweise werden sie als Riesen dargestellt, die vor dem Eingang von Tempeln und Klöstern

O

wachen. Sie tragen entweder Rüstungen oder Sarongs. Ihre Aufgabe ist es, Kinder zu beschützen und böse Geister und Diebe zu bannen.

NU GUA oder Nu Küa ist eine alte chinesische Schöpfergottheit, die nach der großen Flut Gefährtin von FU XI wurde. Ihr Name geht auf das Wort für Kürbis oder Melone zurück, beides Fruchtbarkeitssymbole. Daher nennt man sie auch das „Kürbismädchen". Nu Gua ist halb Mensch und halb Drache oder Schlange. Sie kann ihre Erscheinungsform beliebig wechseln. Manchmal wird sie mit Kompass, ihr Gefährte Fu Xi mit einem Winkeldreieck abgebildet. Beides steht symbolisch für die Rolle des jeweiligen Partners in der Schöpfungsgeschichte. Nu Gua soll außerdem noch die Flöte erfunden haben.

Die Legende berichtet, dass Nu Gua zur Erde hinabstieg, nachdem diese vom Himmel getrennt worden war. Berge, Flüsse, Tiere und Pflanzen gab es bereits. Sie zähmte die Tiere und zeigte – zusammen mit anderen mythologischen Figuren – den Menschen, wie sie das Land bewässern sollten. Doch ihr Meisterstück war die Schaffung des Menschen aus Erde bzw. Ton.

Eines Tages, als Nu Gua über die Erde wanderte, beschlich sie das Gefühl, dass dieser etwas fehle. Auch hätte sie gerne Gesellschaft gehabt. Sie ließ sich also am Fluss nieder, betrachtete ihr Spiegelbild und begann gedankenverloren, mit dem Flussschlamm zu spielen. Dabei schuf sie eine kleine Figur, allerdings ohne ihr einen Schwanz zu geben, wie sie selbst ihn hatte. Vielmehr gab sie der kleinen Statue Arme und Beine. Sobald Nu Gua die Figur auf die Erde stellte, fing diese an zu leben und tanzte und lachte vor Glück.

Dies gefiel Nu Gua so gut, dass sie beschloss, die Erde mit Menschen zu füllen. Sie arbeitete unermüdlich bis Sonnenuntergang und als der Morgen graute, setzte sie ihr Werk fort. So konnte sie immer Stimmen hören, auch wenn die Menschen fortzogen, und fühlte sich nicht mehr allein. Irgendwann aber bemerkte sie, dass sie allein nicht genügend Menschen schaffen konnte, um damit die ganze Erde zu bevölkern. Daher setzte sie ihre magischen Kräfte ein. Sie nahm eine Weinrebe, schleifte sie im Schlamm hinter sich her und schleuderte sie dann in die Luft. Aus den Schlammtropfen, die herniederfielen, wurden ebenfalls Menschen.

Man sagt, dass die Menschen, die Nu Gua mit der Hand geschaffen hatte, reich und glücklich werden, während die aus Schlammtropfen entstandenen ein bescheidenes Leben führen. Als sie merkte, dass ihre kleinen Figuren sterblich waren und daher auch ausgerottet werden konnten, teilte Nu Gua sie in Frauen und Männer, sodass sie sich selbst fortpflanzen konnten.

Nu Gua und Fu Xi sollen die Welt auch vor einer Flutkatastrophe gerettet haben. Einer Legende zufolge war die Welt schrecklich und chaotisch geworden: Die Menschen wurden von wilden Tieren gefressen. Feuersbrünste drohten die Erde zu verschlingen und die Flüsse und Meere traten über die Ufer. Nu Gua reparierte den Himmel mit geschmolzenen Steinen, nahm die Beine einer Schildkröte und stützte so die Kardinalpunkte. Dann holte sie Asche von Schilfpflanzen und türmte sie an den Ufern der Flüsse auf, um so das Wasser zu dämmen, bis sich alles beruhigt hatte.

NU GUAs *Statue auf einem chinesischen Altar in Singapur. Man kennt sie als „Dunkle Herrin des Neunten Himmels".*

Die NIO *(links) sind zwei Wächterkönige oder Meister des Mitgefühls. Gewöhnlich werden sie als Tempelwächter dargestellt. Ihre schrecklichen Grimassen sollen böse Geister davon abhalten, den heiligen Ort zu betreten.*

NÜ KUA siehe NU GUA.

NUM und NGA sind in der Mythologie der samojedischen Jurak Sibiriens zwei Demiurgen oder Weltenschöpfer. Zu Anbeginn der Zeiten sandte Num nacheinander mehrere Vögel über die endlosen Wasserflächen, bis schließlich einer mit einem bisschen Sand oder Erde zurückkam. Daraus schuf Num eine schwimmende Insel.

Eine andere Sage berichtet, dass die Erde kurz vor dem Untergang stand, als ein Schamane Num aufsuchte und ihn um Rat bat. Dieser wies den Schamanen an, zu Nga hinabzusteigen, der unterhalb der Erde lebte. Der Schamane tat wie geheißen und ehelichte die Tochter von Nga. Dann stützte er die Erde mit seiner Hand und wird daher heute noch der „Alte Mann der Erde" genannt. Num lebt an einem Lichtort, besucht aber regelmäßig die Erde, um ihre Sicherheit zu gewährleisten.

OGETSU-NO-HIME siehe UKEMOCHI.

OKUNINUSHI ist in der japanischen Mythologie des Shinto-Pantheons der Gott der Heilkunst und der Magie. Sein Name bedeutet „Herr der Großen Erde". Okuninushi

OKUNINUSHI ist *hier mit dem weißen Hasen von Inaoa dargestellt, der ihm vorhersagte, dass er die Hand der Prinzessin Yakami gewinnen würde.*

herrschte nach ihrer Erschaffung über solange die Erde, bis AMATERASU ihren Enkel NINIGI schickte, damit dieser Okuninushis Platz einnahm. Als Gott der Heilkunst schreibt man ihm die Erfindung diverser Therapien und Arzneien zu.

Okuninushi hatte 80 Brüder, die allesamt die Prinzessin YAKAMI oder Ya-Gami-Hime heiraten wollten. Als sie auf dem Weg zur Prinzessin waren, trafen die Brüder auf einen gehäuteten Hasen, der sie um Hilfe bat. Die bösen Brüder Okuninushis rieten ihm, sich im salzigen Meer zu baden und seine Haut dann im Wind trocknen zu lassen. Der grausame Ratschlag, den der Hase befolgte, ließ ihn schreckliche Schmerzen leiden. Der arme Hase traf danach Okuninushi, der ihm voller Mitleid riet, sich in Süßwasser zu baden und sich dann im Pollen des Riedgrases zu wälzen. Auch diesen Ratschlag befolgte der Hase und fühlte sich augenblicklich besser. Vor lauter Dankbarkeit sagte der Hase, der in Wahrheit ein Gott war, Okuninushi vorher, dass er und nicht einer seiner Brüder die Hand der Prinzessin erhalten würde.

Das machte Okuninushis Brüder wütend. Sie erhitzten einen riesigen Felsen, bis er weißglühend war, und rollten ihn dann einen Abhang hinab auf ihren Bruder zu. Okuninushi, der den Felsen für einen Eber gehalten hatte, den seine Brüder auf ihn zutreiben wollten, warf sich darauf und starb. Seine Mutter aber, Kami-Musubi, erweckte ihn wieder zum Leben. Daraufhin zerquetschten seine Brüder Okuninushi, sodass seine Mutter ihm schließlich riet, in der Unterwelt Zuflucht zu suchen.

Dort begegnete der Herr der Großen Erde dem Sturmgott Susano-Wo und seiner Tochter Suseri-Hime, die sich unsterblich in den jungen Gott verliebte. Zur Strafe schickte Susano-Wo Okuninushi in einen Schlafraum, in dem lauter Schlangen hausten. Doch der Schal, den Suseri-Hime ihm geschenkt hatte, schützte ihn. In der folgenden Nacht sandte Susano-Wo den Jungen in einen Raum voller Tausendfüßler und Wespen, aber auch diese konnten ihm nichts anhaben. Dann feuerte Susano-Wo einen Pfeil mitten in ein Feld und befahl Okuninushi, ihn zu holen. Sobald er mitten drin war, steckte Susano-Wo das Gras an. Aber auch hier fand Okuninushi Schutz in einem Loch, das ihm eine Maus gezeigt hatte. Schließlich konnte er Susano-Wo auftragsgemäß den Pfeil überreichen.

Durch all diese Prüfungen hatte Susano-Wo den jungen Gott schätzen gelernt. Er bat ihn, sein Haar zu säubern und legte sich dann in seiner Gegenwart schlafen. Doch Okuninushi band die Haare des Sturmgottes an den Balken seines Palastes fest und floh mit Suseri-Hime. Mit sich nahm er Susano-Wos Schwert, seinen Bogen und die Pfeile sowie seine Koto genannte Laute. Doch auf der Flucht blieb die Laute an einem Baum hängen. Der Ton weckte Susano-Wo, der beim Aufstehen auch gleich sein Haus niederriss.

Okuninushi eilte weiter. An der Grenze zur Unterwelt hatte Susano-Wo die beiden Fliehenden fast erreicht. Dort gab er die Verfolgung auf und gestattete Okuninushi, sich seiner Waffen im Kampf gegen seine Brüder zu bedienen, damit er zum Herrn der Erde werden könne. Okuninushis Tricks hatten den Sturmgott scheinbar überzeugt, dass er doch einen passablen Ehegatten für Suseri-Hime abgeben würde, denn am Ende bat er ihn, sie zu heiraten. So wurde Okuninushi zum Herrscher über die Provinz Izumo.

ONI *sind gehörnte Dämonen, die Unglück und Krankheit bringen. Die abgebildete Frau erschreckt ein Kind mit einer Oni-Puppe.* (JAPANISCHE LACKARBEIT, SCHILDPATT)

Die ONI sind riesige gehörnte Dämonen. Sie sollen mit dem Buddhismus von China nach Japan gekommen sein. Die Oni können alle Farben annehmen, aber gewöhnlich werden sie mit drei Fingern, drei Zehen und manchmal auch drei Augen dargestellt. Sie sind lüstern und grausam. Angeblich stürzen sie sich vom Himmel herab, um die Seelen derjenigen zu stehlen, die an der Schwelle des Todes stehen. Der Legende zufolge befreite der Däumlingsheld MOMOTARO viele junge Mädchen aus der Gewalt der Dämonen, welche von den Oni geraubt und missbraucht worden waren.

Die Oni der Hölle haben Ochsen- oder Pferdeköpfe. Sie jagen die Sünder und bringen sie in ihren schrecklichen Wagen zu EMMA-O, dem Herrn der Unterwelt. Einige der Oni bringen Krankheiten und Unglück, andere wiederum sollen früher Frauen gewesen sein, die sich durch übermäßige Eifersucht in Dämonen verwandelten.

OT ist bei den Mongolenvölkern die Herrin des Feuers. Sie soll zu Anbeginn der Zeit geboren worden sein, als Erde und Himmel sich trennten. Ihr Segen wird vor allem bei Hochzeiten erfleht. Ihre Strahlen sollen alle Welten durchdringen. Ursprünglich war sie wohl mit UMAI, der großen Muttergottheit der sibirischen Turkvölker, identisch.

OTSHIRVANI ist in der Mythologie Sibiriens der Gott des Lichtes. Er wurde vom höchsten Gott des Pantheons ausgesandt, um gegen das Schlangenungeheuer Losy zu kämpfen, welches alles Leben zu vernichten drohte. Otshirvani nahm die Form eines riesigen Vogels an, ergriff den Dämon mit seinen Klauen und schleuderte ihn gegen den Weltenberg, sodass er tot herniederfiel.

PA HSIEN siehe BA XIAN.

PAMALAK BAGOBO ist für die Bagobos, die Ureinwohner der Insel Mindanao auf den Philippinen, der Gott, der die Menschen schuf. Die Legende weiß nämlich zu berichten, dass vormals die Affen aussahen wie Menschen und sich auch so benahmen, bis Pamalak die Menschen als eigene Rasse neu schuf.

P'AN-KU siehe PANGU.

PANGU oder P'an-ku ist der kosmische Riese der chinesischen My-

PANGU *ist der Riese, der aus dem kosmischen Ei schlüpfte, als es in zwei Hälften zerbrach. Er brach diese Hälften auseinander und schuf so Himmel und Erde.*

PANGU *als mythischer Schöpfergott auf einem Altar in Tainan im südlichen Taiwan.*

thologie. Er soll das Kind von YING und YANG, der beiden kosmischen Kräfte des Universums, sein. Der Mythos von Pangus Geburt berichtet, dass zu Anbeginn der Zeit nur das Chaos existierte. Das Urchaos nahm die Form eines Eis an, in dessen Innerem Pangu heranwuchs. Das Wesen schlief und wuchs in seinem Ei 18 000 Jahre lang, bis es endlich erwachte und sich zu strecken begann. Der leichte Teil des Eis, der ganz vom Yang durchdrungen war, erhob sich und wurde zum Himmel. Der schwere Teil, der vom Yin geprägt war, sank hinab und wurde zur Erde. Pangu, der befürchtete, dass die beiden sich wieder vereinigen würden, stellte sich dazwischen. So hielt sein Kopf den Himmel oben und sein Fuß die Erde unten. 18 000 Jahre lang wuchs der Abstand zwischen Himmel und Erde täglich um je drei Meter, denn Pangu wuchs und wuchs, damit er die beiden auseinander halten konnte.

Als Pangu schließlich bemerkte, dass die Gefahr, dass beides wieder miteinander verschmelzen würde, gebannt war, schlief er ein und starb. Der gigantische Körper des Riesen wurde zur Quelle sämtlicher Elemente. Sein Atem wurde zu Wind und Wolken, seine Stimme Donner und Blitz. Sein linkes Auge wurde die Sonne, sein rechtes der Mond. Seine vier Glieder wurden zu den vier Kardinalpunkten und sein Körper die Erde mit ihren Gebirgen. Sein Blut wurde zu Flüssen, seine Adern zu Straßen. Sein Fleisch brachte Bäume hervor, sein Haupt- und Barthaar die Sterne am Himmel. Sein Körperhaar hingegen wurde zu Gras und zu Blumen. Aus seinen Knochen und Zähnen wurden die Metalle und die Felsen, aus seinem Schweiß der Tau. Schließlich entstanden aus den Parasiten auf seinem Körper die unterschiedlichen menschlichen Rassen.

Spätere Erzählungen arbeiten das Motiv vom Riesen Pangu noch aus. Eine davon berichtet, dass es Tag wird, wenn Pangu die Augen öffnet, und Nacht, wenn er sie schließt. Ein anderer Mythos läßt Pangu aus den fünf Elementen des chinesischen Denkens entstehen und die Erde mit Hammer und Meißel schaffen. Manche Bevölkerungsgruppen in Südchina beten heute noch zu Pangu. (Siehe auch SCHÖPFUNGSMYTHEN und CHINAS HEILIGE GIPFEL)

PENG LAI oder P'eng-lai ist in der daoistischen Mythologie eine Insel im ostchinesischen Meer, auf der die Unsterblichen leben. Viele haben versucht, die legendäre Insel zu finden, doch bisher schlugen alle Versuche fehl. Der Grund dafür sei, so sagt man, dass die Insel sich in den Wellen verberge. Auf diesem mythischen Eiland ist alles aus Gold und Juwelen. Die Bäume bestehen aus Perlen und Korallen, Tiere und Pflanzen glitzern weiß.

Doch es gibt noch zwei andere Inseln der Unsterblichen: Fang Chang und Ying Zhou. Ursprünglich waren es fünf an der Zahl, doch ein Riese riss zwei davon aus ihrer Verankerung. Fang Chang, das vor der Ostküste Chinas liegen soll, wird von Drachen in wundervollen Palästen aus Gold, Jade und Kristall bewohnt. Doch auch auf Ying Zhou soll es märchenhafte Bewohner und Paläste geben.

P'ENG-LAI siehe PENG LAI.

POLONG ist der Mythologie Malaysias und Polynesiens zufolge ein fliegender Dämon, der aus dem Blut eines ermordeten Mannes entstand. Wer den Polong fängt, kann ihn zum Kampf gegen seine Feinde benutzen. Seine Opfer zerreißen zuerst ihre Kleider, werden dann blind und verlieren den Verstand.

PU LANG SEUNG siehe THENS.

CHINESISCHE DRACHEN

Der chinesische Drache nimmt in der mythologischen Hierarchie der 360 Arten von Schuppentieren den höchsten Rang ein. Er ist eines der vier Tiere, welche die Kardinalpunkte symbolisieren. Der Drache wurde mit dem Osten assoziiert und stand daher für den Sonnenaufgang, den Frühling und die Fruchtbarkeit. Ihm gegenüber stellte man sich den weißen Tiger des Westens vor, der mit dem Tod in Verbindung steht. Daoistische Drachen sind freundliche Geister, die Glück und Wohlstand bringen und den Menschen wohlgesonnen sind. Als sich in China der Buddhismus langsam ausbreitete, verschmolz die Vorstellung vom chinesischen Drachen mit dem Bild der indischen Nagas, die durchaus gefährlich sein konnten. Im Volksglauben gibt es die Long Wang, die Drachenkönige, die Herr über Leben und Tod waren, weil sie den Regen spendeten, ohne den kein Leben existieren kann. Aus diesem Grund waren ihnen auch Beerdigungen unterstellt. Sie herrschten über Flüsse, Seen und Ozeane und standen für Weisheit, Stärke und Güte. Man opferte ihnen vor allem während der Dürrezeiten, aber auch wenn ein wütender Long Wang Stürme, Nebel oder Erdbeben schickte. Zu ihren Schützlingen gehörten vor allem Fährmänner und Wasserträger, doch alle, die Wasser verschwendeten, bestraften sie unnachsichtig.

Der CHINESISCHE DRACHE *(oben) ist ein mythisches Tier mit „Hörnern vom Wild, dem Kopf eines Kamels, dem Bauch einer Herzmuschel, den Schuppen eines Karpfens, den Klauen eines Adlers, den Beinen eines Tigers und den Ohren eines Ochsen". Da Drachen das Yang-Prinzip repräsentieren, bildet man sie häufig mit Wolken oder Wasser ab, die für das Yin-Prinzip stehen.* (FLASCHENFÖRMIGE VASE IN FAMILLE-ROSÉ-GLASUR AUS DER QIANLONG-ZEIT)

Die DRACHENPROZESSIONEN *(links) wurden jeden Frühling in ganz China abgehalten. Auf diese Weise hieß man die zurückkehrenden Fruchtbarkeitsbringer willkommen. Die Drachen verbrachten den Winter unter der Erde und kamen erst am zweiten Tag des zweiten Mondmonats wieder hervor. Ihre Ankunft wurde durch ein paar Donnerschläge angekündigt und fiel mit dem Beginn der Frühlingsregen zusammen, nach denen man mit dem jährlichen Anbau beginnen konnte. Die blaugrüne Farbe der Drachen signalisiert, dass sie Regen bringen.* (HSTE YANG, PROZESSION DES BLAUEN DRACHEN)

Der KAISERLICHE DRACHE *(rechts) repräsentierte den "Sohn des Himmels", den Kaiser Chinas. Der legendäre Herrscher Yu, der die Xia-Dynastie begründete, kam als geflügelter Drache aus dem Körper seines Vaters, als dieser aufgeschlitzt wurde. Danach wurde jeder Kaiser auf dem chinesischen Thron als Inkarnation Yus betrachtet. Des Kaisers persönliche Habe, meist in kaiserlichem Gelb gehalten, war reich mit Drachen verziert.* (CHINESISCHER DRACHENTELLER)

DRACHEN *(oben) wurden häufig mit einer flammenden Perle oder einem Ball spielend dargestellt, einem Symbol für den Donner. Dieser himmlische Sport wurde für den Regen verantwortlich gemacht. Nur Drachen, die den Kaiser schmückten, wurden mit fünf Klauen an jedem Fuß dargestellt. Drachen mit vier Klauen standen nur Prinzen zu, während drei Klauen den einfachen Höfling anzeigten.* (CHINESISCHER WANDTEPPICH)

HUI-NENG *(rechts), ein Patriarch des chinesischen Buddhismus, überredete einen wilden Drachen, sich so klein zu machen, dass er in eine Reisschale passte. Auf diese Weise konnte er ihn überlisten. Ihre magischen Kräfte erlaubten den Drachen, sich unsichtbar zu machen bzw. ihre Größe und Erscheinungsform beliebig zu verändern. Sie konnten sich so klein machen wie eine Seidenraupe oder so groß, dass sie den Raum zwischen Himmel und Erde ganz ausfüllten.*

R

PUDAI *(links) in der Höhle des Lachenden Buddha in der chinesischen Provinz Zheijang. Seine Kennzeichen sind das breite Lachen und der dicke Bauch.*

PUDAI *(rechts), der „Mönch mit dem Hanfsack", auf einem Tempelaltar in Tainan im südlichen Taiwan.*

PU-TAI siehe PUDAI.

PUDAI oder Pu-Tai war ein chinesischer Mönch, der im 10. Jahrhundert gelebt haben soll. Sein ursprünglicher Name war Qizi oder „Hanfsack". Diesen Namen erwarb er sich, weil er immer mit seinem Bettelsack auf dem Rücken durch die Dörfer und Städte Chinas zog. Er konnte das Wetter vorhersagen, und sein Leben war voller wunderbarer Ereignisse. Bei seinem Tod gab er sich als Inkarnation von Maitreya, dem Buddha der Zukunft, zu erkennen.

PULANG GANA ist in der Mythologie der Iban auf Borneo ein Erdgeist, der über das Wachstum der Reispflanzen wacht. Die Legende berichtet, dass vor langer Zeit die Iban begannen, den Regenwald zu roden, um eine Reisfarm zu errichten. Doch als sie sich am nächsten Morgen vom Lager erhoben, standen alle Bäume wieder an ihrem Platz. Genau das Gleiche geschah an allen folgenden Tagen. Also beschlossen die Iban, die Rodungsstelle nachts zu bewachen, um so das Rätsel zu lösen. In dieser Nacht sahen sie Pulang Gana, dessen Beschwörungen die Bäume wieder lebendig machten, sodass sie sich von neuem in der Erde verwurzelten. Er erklärte ihnen, dass die Erde und alles, was auf ihr wächst, ihm gehöre und dass nur er dafür Sorge trage, dass die Pflanzen gedeihen. Als die Iban ihn fragten, was sie denn tun könnten, damit der Reis gedeihe, befahl er ihnen, ihm regelmäßig Opfer zu bringen.

QORMUSTA oder Chormusta ist in der Mythologie der Mongolen der König von Tengri, der himmlischen Sphären. Er ist der höchste Gott. Er wird auch mit der Erschaffung des Feuers in Verbindung gebracht.

RADIN ist ein mythischer Heros des Iban-Volkes auf Borneo. Die Sage erzählt, wie Radin eine Schlacht gewann, hinterher aber von einem Hungergeist gequält wurde. Als dieser seinem Volk die Blattern brachte, beschloss Radin, ihn zu töten. Eines Nachts versteckte Radin sich in einer zusammengerollten Matte, und als der Geist sich näherte, hieb er ihn mit seinem Schwert in Stücke. Bevor er aber einschlief, hörte er noch etwas zu Boden fallen. Und als er am Morgen erwachte, fand er einen geschnitzten Nashornvogel, ein heiliges Tier. Da begriff Radin, dass der Geist zu mächtig war und nicht vertrieben werden konnte, und so begab er sich mit seinem Volk in eine andere Region.

RANGDA ist die Schrecken erregende Dämonenkönigin der Insel Bali. Sie führt ein Heer wilder Hexen gegen ihren Gegner BARONG, den Herrn der Kräfte des Guten, an. Gewöhnlich wird sie knapp bekleidet dargestellt. Sie trägt langes Haar und statt der Finger- und Zehennägel hat sie Klauen.

Der REGENGEIST *(links) mit seinem Wassergefäß, trägt manchmal auch einen Drachenschild, da der Drache allgemein für Regen steht.*

RANGDA *(rechts), die balinesische Dämonenkönigin, hier als schreckliche Maske dargestellt.*

Eine Theorie besagt, dass Rangda eine balinesische Königin des 11. Jahrhunderts war, die der König verbannte, weil sie seine zweite Frau mit Hexerei gequält hatte. Aus Rache machte Rangda sich daran, das Königreich zu zerstören. Bevor es den stärkeren Mächten eines heiligen Mannes gelang, sie zu überwältigen, starb fast die Hälfte der Bevölkerung an Seuchen. Der Name „Rangda" bedeutet „Witwe". (Siehe auch DÄMONEN)

Der REGENGEIST ist eine uralte Naturgottheit, die in chinesischen Mythen der Frühzeit auftaucht. In der großen Schlacht mit HUANG DI, dem „Gelben Kaiser", bat CHIYOU den Windgott und „Herr des Regens" um heftige Sturm- und Regenschauer, die ihm helfen sollten. Zusammen mit der BLITZGÖTTIN und dem Gott des Donners wird der Regengeist angerufen, wenn eine Dürrekatastrophe droht. Die Blitzgöttin lässt die beiden Spiegel, die sie bei sich

trägt, aufflammen, um einen Blitz zu erzeugen, während der Donner vom Donnergott mit Hammer und Trommeln gemacht wird. Erstere hat außerdem die Macht zu töten. Der Herr des Regens besitzt einen Vogel, der die Meere leer trinken kann.

ROWANG RIWO ist im Volksglauben der Dayak auf Borneo eine mythische Figur, die während der Ersten Zeit der Schöpfung zusammen mit DIDIS MAHENDERA erschien. Rowang Riwos Speichel war golden, während Didis Mahendera Augen aus Diamant besaß.

Die oberste Gottheit der **SAN CHING DAOZU** *ist Yuanshi Tian-zong oder „Reine Jade". Er ist ewig und unsichtbar.*

Die SAN GUAN DADI oder San Kuan Ta-ti sind bekannt als die Drei Mythischen Herrscher oder „Herren über Himmel, Erde und Wasser". Man nennt sie mitunter auch San Yuan Dadi. Ihre Herkunft liegt im Dunkeln, sie werden jedoch als Quelle allen Glücks verehrt. Sie vergeben alle Sünden und warnen vor Unheil und Krankheit.

Der legendäre YU HUANG, der „Jadekaiser", soll sie zur Erde gesandt haben, damit sie diese in seinem Sinne lenken und die guten und schlechten Taten der Menschen beobachten.

Die zweithöchste Gottheit der **SAN CHING DAOZU** *ist Ling-bao Tian-zong, der die Zeit und das Yin-Yang-Prinzip regelt.*

SAN-HSING siehe SAN XING.

SAN KUAN TA-TI siehe SAN GUANG DADI.

Die SAN CHING DAOZU oder die „Drei Reinen" sind die höchsten Gottheiten des orthodoxen daoistischen Pantheons. Sie leben im höchsten Himmel und lenken von dort aus die Geschicke des gesamten Kosmos. Die „Lehre der Drei Reinen" betrachtet sie als symbolische Verkörperungen dreier wichtiger Lebensprinzipien: Atem, Lebenskraft und Geist. Man betet zu

Die dritte Gottheit der **SAN CHING DAOZU** *ist Lao Jun. Er ist die göttliche Form des Begründers des Daoismus, Laotse.*

SAN GUAN DADI, *die drei großen mythischen Herrscher, sind transzendente Figuren, die Glück verleihen, Sünden vergeben und vor Übeln beschützen.*

ihnen um Unterstützung bei den Problemen des täglichen Lebens.

Der Erste heißt auch der „Vollkommene" oder „Jade-Reinheit". Yuanshi Tian-zong ist der Gott des Anfangs und steht für den Urbeginn. Er ist Herr über den „Himmel der Himmlischen". Er soll Himmel und Erde konzipiert haben und während der ersten Phase der Schöpfung bestimmend gewesen sein.

Ling-bao Tian-zong, der „Höchste Heilige" oder die „Hohe Reinheit" steht für Energie und Aktivität. Er ist Herr über den „Himmel der Vollkommenen" – Zhenren. Er soll die Regeln der Zeit und der Prinzipien Yin und Yang erdacht haben sowie die Rhythmen des Lebens auf der Erde. Außerdem ist er der Wächter magischer Schriften.

LAO JUN, der „Größte Heilige" oder die „Höchste Reinheit" repräsentiert die Menschheit. Er ist der vergöttlichte Philosoph Lao Tse und als solcher Herr über den niedrigsten der drei Himmel, dem der Unsterblichen. Er zeichnet für die dritte Phase der Schöpfung des Kosmos verantwortlich.

Die SAN XING *(links) repräsentieren die wichtigsten Sterne aus dem Sternbild des Kleinen Bären.* (CHINESISCHE PORZELLANSCHALE, 18. JH.)

Die SAN XING oder San-hsing, die „Drei Sterne", sind drei chinesische Glücksgötter. Sie sind aus historischen Figuren hervorgegangen, denen man in Anbetracht ihrer einzigartigen Verdienste Götterstatus verlieh. Fuxing, der „Glücksstern", wird meist mit einem Kind oder als Fledermaus abgebildet, weil diese in China ein Glückssymbol ist. Fuxing ist der Gott der Zufriedenheit. Luxing, der „Ehrenstern", ist hingegen für ein gutes Einkommen zuständig und wird meist als Rothirsch abgebildet. Shouxing, der „Stern des langen Lebens", sieht aus wie ein alter Mann. Seine Augenbrauen und sein Bart sind weiß, sein Kopf kahl und er hält einen knotigen Stock in der Hand, Symbol für die Unsterblichkeit.

Fuxing soll ein Regierungsbeamter namens Yang Cheng gewesen sein, der im 6. Jahrhundert v. Chr. lebte. Er kam aus einem Dorf, in dem alle Einwohner ungewöhnlich klein waren. Der damalige Kaiser umgab sich gern mit Zwergen, daher ließ er jedes Jahr einige der Dorfbewohner an den Hof holen, wo sie bleiben mussten.

Luxing hingegen wird häufig mit WENG CHANG, dem Gott der Literatur, identifiziert. Mitunter setzt man ihn auch mit Shi Fei, einem Diener des Begründers der Han-Dynastie, gleich, der im 3. Jahrhundert v. Chr. lebte. Shouxing ist auch als SHOU LAO, Gott des langen Lebens, oder als „Alter vom Südpol" bekannt. Er soll das Todesdatum jedes einzelnen Menschen festlegen, indem er es lange vorher niederschreibt.

Die Legende berichtet, dass ein Junge namens Zao Yan eines Tages erfuhr, dass er nur noch 19 Jahre zu leben hatte. Eines Tages schickte man den Jungen mit einem Korb voller Lebensmittel und Wein zu einem Feld. Dort fand er zwei Männer, die unter einem Maulbeerbaum Schach spielten. Zao Yan sollte diesen beiden Männern alles anbieten, was er im Korb hatte. Der Junge tat wie geheißen. Er gab den beiden zu essen und zu trinken und wartete ruhig, während die beiden stritten, wie sie ihm danken könnten. Schließlich entschieden sie, dass sie die Zahl der Lebensjahre Zao Yans verdrehen würden, wodurch dem Jungen noch 91 Jahre blieben. Später entdeckte er, dass einer der alten Männer Shou Lao war.

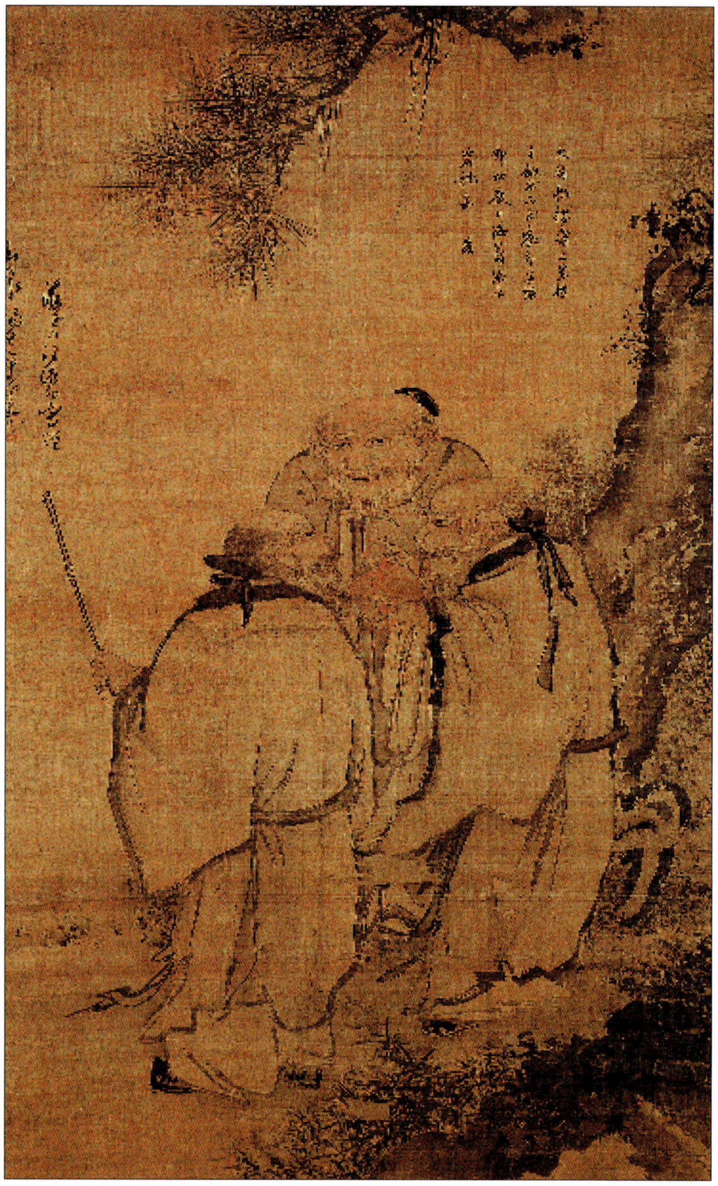

Die SAN XING *(oben) werden gewöhnlich als gut gelaunte, alte Männer dargestellt, umgeben von den Symbolen für Glück, Unsterblichkeit und langes Leben.* (ROLLBILD IN SEIDENMALEREI VON WANG CHAO, CA. 1500)

SEMARA ist der Liebesgott der balinesischen Mythologie, der im Fluthimmel lebt, einem von mehreren Himmeln, die sich über der Wasserschicht finden.

SENGALONG BURONG siehe SURONG GUNTING.

SETESUYARA ist in der Mythologie Balis die Göttin, welche zusammen mit dem Gott BATARA KALA über die Unterwelt herrscht.

Die SAN XING *Luxing und Fuxing sind wie Mandarine (hohe Beamte) gekleidet, während Shouxing, der Gott des langen Lebens, einen Zweig der Langlebenspflanze Ling Zhi in Händen hält.* (JADEITFIGUREN, SPÄTE QING-ZEIT)

SHAKA-NYORAI ist der japanische Name für Buddha Shakyamuni Gautama. Obwohl auch Shaka in Japan verehrt wird, ist die wichtigste Erscheinungsform des japanischen Buddhismus die „Schule des Reinen Landes", deren Anhänger vorwiegend den Buddha AMIDA oder Amitabha anbeten.

SHANG DI oder Shang Ti wurde als Begründer der chinesischen Shang-Dynastie verehrt, die etwa 1500 v. Chr. begründet wurde. Als höchster Gott herrschte er über den

SHAKA-NYORAI, *der japanische Buddha, predigt auf dem Berg Ryoj.* (WANDGEMÄLDE, 8. JH.)

Himmel und kontrollierte alle Naturphänomene. Er galt auch als Gott der Landwirtschaft. Auch bestimmte er das Schicksal der Menschen. Manchmal nennt man ihn einfach Di, was „Herr" oder „Gott" bedeutet.

SHANG TI siehe SHANG DI.

SHEN NONG oder Shen Nung ist ein alter chinesischer Heilgott, der auch für die Land- und Forstwirtschaft zuständig war. Zusammen mit FU XI und HUANG DI gehört er zu den San Huang, den „Drei Erhabenen", wie man die legendären ersten Souveräne Chinas bezeichnet. Mitunter wird er auch als „Göttlicher Gatte" bezeichnet, wiewohl er als Gott der heißen Winde auch Schaden verursachen konnte. Shen Nong soll den Pflug erfunden haben, um den alten Chinesen das Leben zu erleichtern. Er lehrte sie, Getreide anzubauen und offenbarte ihnen die Heilqualitäten der Pflanzen. Da er einen durchsichtigen Magen hatte, war er fähig, die Auswirkung von Speisen und Getränken auf seinen Körper genauestens zu überprüfen. Als er aber den Effekt eines ungewöhnlichen Grases an sich studieren wollte, wurde er ganz schwarz und starb.

SHENG MU siehe DONGYUE DADI.

Die SHICHI FUKUJIN sind sieben japanische Götter, die Glück und Zufriedenheit schenken. Ihre Namen sind: DAIKOKU, EBISU, BENTEN, BISHAMON, FUKUROKUJU, JUROJIN und HOTEI. Zu dieser Gruppe zählen Gottheiten aus dem Buddhismus, dem japanischen Volksglauben und dem chinesischen Daoismus. Die Gruppe wurde im 17. Jahrhundert von dem Mönch Tenkai zusammengestellt, der jede einzelne der Figuren als Symbol bestimmter Tugenden sah: Reichtum, Großzügigkeit, Güte, Würde, Beliebtheit, Langlebigkeit und Freundlichkeit. Die Gottheiten sollen zusammen auf einem Schiff voller Schätze reisen, weshalb sie häufig so dargestellt werden. (Siehe auch DIE SHICHI FUKUJIN)

SHEN NONG *(links unten) mit Huang Di, einem anderen der legendären Kaiser Chinas.*

SHEN NONG *(unten) wird in grüne Blätter gekleidet dargestellt, um so die enge Verbindung des Heil- und Landwirtschaftsgottes zum Pflanzenreich zu unterstreichen.*

SHAO LAO *(links) trägt Robe und Hut der Mandarine (höchste Beamte), um seinen Rang als Leiter der Kanzlei anzuzeigen, welche die Lebensspanne zumisst.*
(CHINESISCHE PORZELLANFIGUR, 18. JH.)

SHOU LAO *(rechts), der daoistische Gott des langen Lebens, hat einen überdimensionalen Kopf und trägt einen Stock.*
(JADESCHNITZEREI, 17. JH.)

SHOTEN oder Daisho-Kangiten ist die japanische Form des elefantenköpfigen, indischen Gottes Ganesha, der von verschiedenen buddhistischen Schulen übernommen wurde. Sein Kult erreichte Japan im 9. Jahrhundert. Shoten schafft Hindernisse für die Gläubigen und hilft gleichzeitig, sie zu überwinden. Er wird von vielen esoterischen Traditionen angebetet, da die ungeheure Kraft des Gottes den Menschen auf dem Weg zur Erleuchtung helfen soll.

SHOU LAO ist der daoistische Gott des langen Lebens. Ursprünglich gehörte er als Shouxing zu den SAN XING, einer Gruppe chinesischer Glücksgötter. Bald aber wurde er zum Herrn über die Kanzlei im chinesischen Himmel, welche die Lebensspanne zumisst. Gewöhnlich wird er mit einem überdimensionalen Kopf, einem Stock und einer Kürbisflasche mit dem Wasser des Lebens dargestellt. In der anderen Hand hält er den Pfirsich des ewigen Lebens. Sein Emblemtier ist der weiße Kranich, auch dieser ein Symbol der Unsterblichkeit. (Siehe auch DIE ACHT UNSTERBLICHEN)

SHOUXING siehe SHOU LAO.

SHUN ist einer der fünf legendären Kaiser (Wu Di) der chinesischen Mythologie. Kaiser YAO wählte ihn statt seines eigenen Sohnes zum Nachfolger. Shun soll ein Töpfer gewesen sein. Als solcher reiste er in alle vier Himmelsrichtungen und bannte dort die bösen Geister. Er soll im 3. Jahrhundert v. Chr. gelebt haben. Sein Nachfolger auf dem Thron war YU.

SUKU-NA-BIKONA, ein Zwergengott, half OKUNINUSHI, dem großen mythischen Helden Japans. Er gilt als wohlwollende Gottheit, die in Heilkunde und Landwirtschaft gleichermaßen beschlagen ist.

Nachdem Okuninushi mit seiner Gemahlin seinen Palast bezogen hatte, kam Suku-Na-Bikona in einem winzigen Boot angetrieben. Okuninushi hob den Zwerg auf, um ihn näher zu betrachten. Daraufhin sprang dieser hoch und biss den Helden in die Wange. Okuninushi ärgerte sich und erzählte alles den Göttern. Einer von ihnen stellte fest, dass dies sein unartiges Kind sein musste, das auf die Erde gefallen war. Der Gott bat Okuninushi, ihn zu erziehen, wofür der Zwerg ihm helfen würde, seine Gesetze einzuführen, was auch geschah. Danach aber verschwand der Kleine spurlos.

SURONG GUNTING ist bei den Iban von Borneo ein Kulturheros. Er machte sich auf, seinen Großvater, einen Geist namens Sengalong Burong, zu besuchen, und auf dem Weg lehrten ihn die Sterne das Geheimnis der Fruchtfolge. Am Ziel angelangt brachte ihm der Großvater noch alles über Rituale und Omen bei.

SUSANO-WO ist der Sturmgott der japanischen Shinto-Mythologie. Er erwachte zum Leben, als IZANAGI, der männliche Teil des Urpaares, sich das Gesicht wusch, nachdem er aus dem Land der Toten zurückgekehrt war. Susano-Wo wurde aus der Nase Izanagis geboren.

Izanagi teilte sein Königreich unter seinen drei Kindern auf. Die anderen beiden waren AMATERASU, die Sonnengöttin, und TSUKIYOMI, der Mondgott. Susano-Wo gab er die Herrschaft über die Meere. Doch der Sturmgott war unzufrieden und drohte damit, sich die Hilfe seiner Mutter IZANAMI zu sichern, die im Land der Toten lebte. Daraufhin verbannte Izanagi seinen Sohn.

Bevor er den Himmel verließ, besuchte Susano-Wo seine Schwester Amaterasu. Er forderte sie zu einem Wettkampf heraus, der beweisen sollte, welcher von ihnen mehr Macht besaß. Der Preis sollte an den gehen, der männliche Götter erschaffen konnte. Susano-Wo nahm Fruchtbarkeitsperlen aus Amaterasus Haarschmuck, zerbiss sie und blies den Staub aus, der sich augenblicklich in fünf männliche Gottheiten verwandelte. Also beanspruchte er den Sieg für sich, doch Amaterasu widersprach: Da er ihre Perlen benutzt habe, sei sie die wahre Gewinnerin des Wettstreits. Aber Susano-Wo beachtete seine Schwester gar nicht. Er begann, seinen vorgeblichen Sieg

zu feiern, indem er die Erde verwüstete. Darüber war Amaterasu so erbost, dass sie sich in eine Höhle zurückzog und so die Welt des Sonnenlichts beraubte. Obwohl es ihnen schließlich gelang, Amaterasu wieder herauszulocken, entschieden die Götter, dass Susano-Wo bestraft werden musste. Sie schnitten ihm Haare und Nägel und verbannten ihn aus dem Himmel.

Eine andere Sage berichtet, dass Susano-Wo eines Tages zu UKEMOCHI, der Göttin der Speisen, ging, und sie um Essen bat. Alsbald zog sich die Göttin Speisen aus der Nase, dem Mund und dem Anus, woraufhin der entsetzte Susano-Wo sie tötete. Aus ihrem Körper wuchsen aber immer weiter alle Grundnahrungsmittel: Reis kam aus ihren Augen, Hirse aus ihren Ohren, Weizen aus ihren Genitalien, rote Bohnen aus ihrer Nase und Sojabohnen aus ihrem Anus. In einigen Versionen ist es der Mondgott Tsukiyomi, der die Göttin des Lebensunterhalts tötet.

Als Susano-Wo auf der Erde ankam, machte er sich auf, um menschliche Wesen zu suchen. Er fand bald ein älteres Ehepaar mit einer hübschen, jungen Tochter. Die beiden erklärten dem Sturmgott weinend, dass ein achtköpfiges, achtschwänziges Ungeheuer namens Yamato-no-Orochi bereits sieben ihrer acht Töchter verschlungen hatte und dass er nun auch ihre jüngste Tochter wollte. Susano-Wo versprach, das Ungeheuer zu töten, wenn man ihm die Tochter zur Frau geben würde.

Das Paar stimmte zu, und Susano-Wo verwandelte die Tochter in einen Kamm, den er in seinem Haar befestigte. Dann befahl der Gott den beiden Alten, acht große Fässer Reiswein auf acht Plattformen zu stellen, diese dann mit einem Zaun zu umgeben, in den sie acht Öffnungen schneiden sollten. Als das Ungeheuer sich näherte, steckte es den Kopf durch die Öffnungen und trank gierig den Reiswein. Kurz darauf fiel es in tiefen Schlaf, und Susano-Wo hieb seinen Körper in Stücke, wobei er das berühmte Schwert Kusanagi, welches „das Gras zähmt", in seinem Schwanz fand. (Siehe auch SCHÖPFUNGSMYTHEN)

TAI SUI, *umgeben von den 60 Jahres-Tai-Sui, die dem „Herrn der Zeit" untertan sind.*

SUSERI-HIME siehe OKUNINUSHI.

T'AI-I siehe TAIYI.

TAI SUI, der „Vorsteher der himmlischen Kanzlei der Zeit" und „Stern des Großen Jahres" ist der Richter der Menschen, der ihnen hilft, Ungemach zu vermeiden. Er kontrolliert einen 60-jährigen Zyklus, dessen einzelne Jahre von den ihm untergebenen Jahres-Tai-Sui regiert werden.

Die Astrologie spiegelt das menschliche Schicksal wider, und der Sternengott Tai Sui herrscht über Zeit und Daten und legt fest, ob sie günstig oder ungünstig ausfallen. Chinesische Astrologen vergleichen das Geburtsdatum eines Menschen mit Tai Suis Zyklus, um gute und schlechte Jahre herauszufinden. Tai Sui ist eine alte Gottheit und wurde früher zum Frühlingsanfang in offiziellen Feiern von der Beamtenschicht des kaiserlichen China und von den Daoisten verehrt.

Er ist eine der schrecklichsten Gottheiten im chinesischen Pantheon und muss regelmäßig besänftigt werden, wann immer das Verhältnis zu Grund und Boden gestört ist.

TAIYANG DIJUNG siehe YI.

TAIYI oder T'ai-i hat im Daoismus verschiedene Bedeutungen. Manchmal wird es mit dem Dao selbst gleichgesetzt. Mit der Zeit aber wurde es zur höchsten Gottheit des daoistischen Pantheons. Taiyi soll im Polarstern hausen und dort von den fünf mythischen Kaisern (Wu ti) bedient werden.

TAIYI TIANZUN oder T'ai-i T'ien-tsun ist eine frühe daoistische Gottheit, Retter derer, die Ungemach leiden. Er gehört zu den ältesten und bedeutendsten Gottheiten des daoistischen Himmels und soll im Rang sogar dem „Jadekaiser" gleichkommen. Vor der Zeit HUANG Dis, des „Gelben Kaisers", galt Taiyi als höchste Gottheit. Später wurde er zum medizinischen Berater des „Gelben Kaisers".

DIE SHICHI FUKUJIN

Diese sieben populären Gottheiten Japans sollen Glück und Reichtum bringen. Jede von ihnen steht für einen anderen Aspekt des Reichtums. Obwohl sie ein wichtiger Bestandteil des Shinto-Pantheons sind, sind nur zwei von ihnen, Daikoku und Ebisu, ursprünglich japanische Götter. Benten und Bishamon sind hinduistischen, Hotei daoistischen Ursprungs. Der Rest hat buddhistische Wurzeln. Der Buddhismus wurde im Jahr 593 offizielle Staatsreligion in Japan, doch statt nun die einheimischen Gottheiten so schnell als möglich auszurotten, versuchten die buddhistischen Missionare, die Parallelen zwischen den vorfindlichen Glaubensformen und dem Buddhismus hervorzuheben. Dies ging bis hin zur Verschmelzung der verschiedenen Gottheiten. Diese friedliche Ehe machte es leicht, interessante buddhistische Gottheiten (wie die Götter des Reichtums) in das vorhandene Pantheon der zahllosen Kami zu integrieren.

BISHAMON *(oben), der Kriegsgott, wurde aus der hinduistischen Mythologie übernommen. Er steht für wohlwollende Autorität. Als Krieger trägt er immer volle Rüstung, um seine ständige Bereitschaft zum Kampf zu signalisieren. Er trägt eine Lanze und eine Pagode, die symbolisch für seine zwei wichtigsten Funktionen stehen: der des Kriegers und der des Missionars.* (STATUE AUS DER HERIAN-ZEIT, 11. JH.)

Die SIEBEN GÖTTER *(oben links) werden oft als Reisende auf einem Schiff voller Schätze dargestellt, das Takara-Bune heißt. Es enthält so viel Glück, wie man im Leben nur erwarten kann. Daher führt es auch ein paar magische Dinge mit sich, so z.B. einen Hut, der seinen Träger unsichtbar macht, und eine Börse, die immer voll bleibt.* (HIROSHIGE, SCHATZSCHIFF MIT DEN SIEBEN GÖTTERN DES REICHTUMS UND GLÜCKS, HOLZSCHNITT, 19. JH.)

BENTEN *(links), die einzige Göttin der Siebenergruppe, war eine Liebesgöttin. Sie sollte Glück in der Ehe bringen. Ihr Reittier ist ein Drache oder eine Seeschlange. Sie wird mit dem Meer in Verbindung gebracht, daher liegen ihre Schreine häufig am Ufer des Ozeans oder auf Inseln. Sie gilt auch als Patronin der Musik und spielt ein Saiteninstrument, das man Biwa nennt.*

FUKUROKUJU *(links), der ursprünglich vielleicht ein daoistischer Weiser war, ist nun der Gott des langen Lebens, der Weisheit und der Popularität. Er ist ein kleiner, alter Mann mit kurzen Beinen und einem sehr langen, schmalen und kahlen Kopf, der seine überragende Intelligenz signalisiert. Seine traditionellen Gefährten sind alle Tiere, die für Langlebigkeit stehen: die Schildkröte, der Kranich oder der Rothirsch.*
(JAPANISCHE ELFENBEIN-NETSUKE, 18. JH.)

HOTEI *(links) war ein fetter, kahler Mönch, der immer einen großen Sack und einen kleinen Fächer trug. Sein enormer Bauch drückt Zufriedenheit und Heiterkeit aus, das Gegenteil von Gier. Meist wird er auf seinem Sack sitzend und fröhlich lachend dargestellt.*
(MODELLFIGUR AUS ARITA, SPÄTES 17. JH.)

JUROJIN *war der Patensohn Fukurokujus. Auch er verleiht ein langes Leben und Glück im Alter. Sein langer weißer Bart zeigt sein hohes Alter an. Meist trägt er einen Stab, an dem eine Schriftrolle befestigt ist. In dieser soll alles Wissen der Welt niedergelegt sein, auch die Lebensspanne jedes Menschen.* (JAPANISCHES DÖSCHEN, 19. JH.)

DAIKOKU *war der Gott des Reichtums und der Landwirtschaft. Er wird mit einer Kappe und in Jagdkleidung dargestellt und ist von den Symbolen des Reichtums umgeben. Er sitzt oder steht auf einem Sack voll Reis und trägt einen anderen über seiner Schulter. Dabei hält er den Reishammer in der Hand. Jeder Schlag erfüllt einen Wunsch.* (MODELLFIGUR AUS SATSUMA, SPÄTES 19. JH.)

EBISHU *war der Shinto-Gott der Arbeit. Er ist der populärste unter den sieben Göttern, ein freundlicher, dicker Fischer. Später wurde er mit geschäftlichen Gewinnen assoziiert, die er fördern sollte. Ebisu war taub, daher begleitet er die anderen Götter nicht auf das Shinto-Fest in Izumo, das jeden Oktober stattfindet. Sein Fest wird in seinem eigenen Tempel abgehalten.*
(MODELLFIGUR AUS SATSUMA, SPÄTES 19. JH.)

TARVAA war einer der ersten Schamanen der Mongolei. Er wurde als junger Mann so krank, dass seine Verwandten ihn schon für tot hielten. Darüber war Tarvaa so verstimmt, dass seine Seele seinen Körper verließ und in die Geisterwelt flog. Dort traf er den Richter über die Toten, der ihn fragte, weshalb er schon so früh gekommen sei. Beeindruckt davon, dass die Jugend es wagte, in sein Reich vorzudringen, bot er Tarvaa ein Geschenk an, bevor er ihn ins Land der Lebenden zurückschickte. Dieser aber, weit entfernt davon, sich Reichtum oder Ruhm zu wünschen, begehrte die Gabe der Beredsamkeit und das Wissen um all die Wunder, denen er in der Geisterwelt begegnet war. Danach kehrte er in seinen Körper zurück. In der Zwischenzeit hatten die Vögel ihm allerdings die Augen ausgepickt, sodass er den Rest seiner irdischen Tage nicht mehr sehen konnte. Doch seine Weisheit und seine Erzählungen von der Anderswelt machten ihn berühmt.

TAWARA-TODA ist einer der Helden der japanischen Mythologie und möglicherweise historischen Ursprungs. Er besiegte einen riesigen Tausendfüßler, der das Land eines Drachenkönigs verwüstete. Aus Dankbarkeit gab dieser Tawara-Toda mehrere Geschenke, u.a. einen Sack Reis, der niemals leer wurde.

Die TENGRI sind in der Sagenwelt der sibirischen Buriaten Geistwesen. Man erzählt, dass 54 freundliche Tengri im Westen wohnen, wohingegen der Osten von 45 bösartigen Exemplaren besiedelt wird.

Die TENGU sind Vogelwesen aus der japanischen Mythologie, die in Bäumen und Gebirgen wohnen. Halb Mensch, halb Vogel werden sie mit langen Nasen und manchmal auch mit weiten Umhängen aus Blättern oder Federn dargestellt.

Sie spielen zwar gerne Streiche, sind aber keine wirklich bösen Kreaturen.

TEVNE ist ein Heros des traditionell mongolischen Volksglaubens. Er war es, der den König des Gelben Buches der Wahrsagekunst beraubte.

Der König hatte nämlich eine wunderschöne Tochter, die er verzweifelt zu beschützen suchte, indem er sie so lange als möglich von der Welt fern hielt. Alle Diener und Dienerinnen wussten, dass das Gelbe Buch der Wahrsagekunst sofort den Schuldigen enthüllen würde, falls jemand den Aufenthaltsort der Prinzessin verriete. Daher blieb die Prinzessin viele Jahre unentdeckt.

Doch eines Tages entschied Tevne, dass er das Buch irreführen würde. Er grub ein tiefes Loch in die Erde und lockte eine der Dienerinnen der Prinzessin hinein. Dann zündete er über dem Loch ein Feuer an, stellte einen Kessel voll Wasser darauf, nahm ein Eisenrohr und steckte es durch den Kessel. Er sprach durch das Rohr und fragte die Frau, wie er die Prinzessin finden könne. Diese enthüllte ihm, wo das schöne Mädchen war und wie er sie identifizieren könne, danach ließ er sie frei.

Es gelang Tevne, die Prinzessin unter mehreren Mädchen gleichen Aussehens zu finden, sodass der König, obwohl er sehr wütend war,

TIAN *(oben), der Himmel, wird durch eine grüne Bi-Scheibe symbolisiert.* (CHINESISCHE JADE, 3. - 2. JH. V. CHR.)

Die TENGU *(links) konnten auch hilfreich sein. Hier retten sie den Helden Tameto vor einem Riesenfisch.* (HOLZSCHNITT VON KUNIYOSHI, 19. JH.)

Tevne die Erlaubnis geben musste, seine Tochter zu heiraten. Das Gelbe Buch sagte ihm, dass er von einem Mann mit einem Hintern aus Erde, einem Körper aus Feuer, einer Lunge aus Wasser und einem Eisenrohr statt Stimmbändern überlistet worden war. Der König dachte, dass das Buch seine Gabe verloren habe, und verbrannte es. Doch als die Asche von Schafen aufgeleckt wurde, konnten diese plötzlich wahrsagen.

Die THEN sind die göttlichen Vorfahren des Volkes von Laos und Nordthailand. Zusammen mit drei menschlichen Heroen, Pu Lang Seung, Khun K'an und Khun K'et, schufen sie die menschliche Gesellschaft.

Die Then lebten in der oberen Welt, während die drei Heroen mit den Menschen in der unteren hausten und sich vom Reisanbau und vom Fischen ernährten. Diese beiden Welten waren durch eine gewaltige Brücke verbunden.

Eines Tages verkündeten die Then plötzlich, dass alle Menschen ihnen einen Teil ihrer Mahlzeit abgeben sollten, bevor sie sich zum Essen setzten. Als die Menschen sich weigerten, schickten die Then eine gigantische Flut, die die Erde verschlang. Die drei Heroen bauten ein Floß mit einem Haus darauf. Sie nahmen ihre Frauen und Kinder und segelten in die obere Welt, um dort vom obersten Then eine Begnadigung zu erwirken.

Der König der Then riet ihnen, im Himmel bei seinem Großvater Then Lo zu bleiben. Doch die drei Heroen bemerkten, dass die Flut auf der Erde langsam zurückwich, und so antworteten sie, dass sie lieber zurückkehren würden, da sie ja im Himmel mangels festen Bodens nicht würden laufen können. Der König gab den ehrwürdigen Vorfahren einen Büffel mit und schickte sie zur Erde hinab.

Drei Jahre vergingen. Schließlich starb der Büffel. Aus seinen Nasenlöchern wuchs eine Pflanze, die kurz darauf drei Kürbisse trug. Da aus diesen merkwürdige Geräusche drangen, bohrte einer der Heroen ein Loch hinein. Unmittelbar darauf sprangen mehrere Menschen aus dem Kürbis. Die ersten Menschen, die so entstanden, waren die eingeborenen Sklavenvölker, denen bald die Thaivölker folgten.

Die drei Heroen brachten den Menschen bei, wie sie das Feld bestellen und Stoffe weben sollten. Später stiegen dann aus dem Himmel die beiden Then Teng und Pitsanukukan herab. Sie lehrten die Thai die Geheimnisse der Zeitmessung, der Werkzeugherstellung, der Nahrungsbereitung und der Gewinnung von Baumwolle und Seide.

Schließlich sandte der König des Himmels noch den göttlichen Musikanten, der den Menschen zeigte, wie man Instrumente herstellt. Als der Musikant seine Arbeit beendet hatte, kehrte er in den Himmel zurück. Die Brücke, welche die beiden Welten verband, wurde zerstört.

TI siehe SHANG DI.

TI TS'ANG WANG siehe DIZANG WANG.

TIAN oder T'ien meint sowohl den Himmel als auch die Personifikation desselben in der chinesischen Mythologie. Im Daoismus gibt es 36 Himmel, die auf sechs Ebenen angeordnet sind. Jede Ebene wird von verschiedenen Gottheiten bewohnt. Der höchste „Himmel des Großen Netzes" beherbergt die „Erhabenen Himmlischen Vorväter des Uranfangs", die Yuanshi Tianzun.

Schon von alters her wird Tian oder Tian Di als höheres Wesen betrachtet, welches das Schicksal der Menschen beeinflusst. Er konnte Ruhe und Ordnung oder Katastrophen und Strafe bringen. Der chinesische Kaiser galt als „Sohn des Himmels" oder Tianzi, da er vermittelnd zwischen Tian und der Menschheit stand.

TIAN DI siehe TIAN.

U

TIAN LONG siehe DIYA.

T'IEN siehe TIAN.

TING-JIAN siehe GAO YAO.

TOKOYO ist in der Mythologie Japans die Tochter eines Samurai namens Oribe Shima, der den Kaiser verärgert hatte und daher aus dem Reich verbannt worden war. Oribe Shima wählte als Verbannungsort eine abgelegene Insel, die zu den Oki-Inseln gehörte.

Er war verzweifelt, da er seine Tochter sehr vermisste. Auch Tokoyo empfand die Verbannung ihres Vaters als herben Verlust und machte sich auf, ihn zu suchen. Sie verkaufte alles, was sie besaß, und ging nach Akasaki, einem Ort an der Küste, von dem aus man die Oki-Inseln sehen konnte.

Eines Nachts stahl Tokoyo ein Boot und segelte allein zu den Inseln hinaus. Am Strand angekommen, verfiel sie in tiefen Schlaf, und als sie am nächsten Morgen erwachte, machte sie sich auf die Suche nach ihrem Vater. Bald traf sie einen Fischer, den sie nach ihm fragte. Doch dieser antwortete ihr nur, dass er nicht wisse, wo er sei, und dass sie sich besser nicht nach ihm erkundigen solle. Also wanderte Tokoyo über die Insel und hörte den Gesprächen der Leute zu, ohne direkt nach ihrem Vater zu fragen.

Eines Abends kam sie zu einem buddhistischen Schrein und schlief dort nach einem kurzen Gebet ein. Plötzlich erwachte sie durch das Weinen eines Mädchens. Ein Priester führte das Mädchen zu den Klippen und wollte sie gerade hinabstoßen, als die herbeigeeilte Tokoyo ihn aufhielt. Auf ihr Drängen erklärte der Priester, man habe ihn gezwungen, dieses grausame Ritual auszuführen, um den bösen Gott OKUNINUSHI zu besänftigen. Denn wenn dieser nicht einmal pro Jahr ein junges Mädchen als Opfer bekäme, würde er die Insel mit Stürmen belagern.

Da bot Tokoyo an, sich selbst zu opfern, da das Leben ohne Vater ihr

ohnehin nichts mehr bedeutete. Tokoyo sprach ein letztes Gebet zum Buddha, nahm einen Dolch zwischen die Zähne und tauchte in die Fluten, wo sie den bösen Gott jagen und töten wollte.

Auf dem Grunde des Ozeans nahm Tokoyo eine geheimnisvoll schimmernde Höhle wahr. Doch statt des bösen Gottes fand sie darin eine Statue des Kaisers, der ihren Vater verbannt hatte. Zuerst fing sie an, darauf einzuschlagen, aber schließlich besann sie sich eines Besseren. Sie band die Statue an ihren Körper und wollte gerade zurückschwimmen, als sie vor der Höhle auf ein Schlangenungeheuer traf. Unerschrocken schwamm sie darauf zu und stach es mit dem Dolch in ein Auge. So fand das Ungeheuer nicht den Weg zurück zur Höhle, und Tokoyo griff es weiter an, bis es tot niedersank.

Als Tokoyo am Strand ankam, wurde sie bereits von dem Priester und dem Mädchen erwartet, die sie in die Stadt führten, wo sich die Nachricht von ihren Heldentaten in Windeseile verbreitete. Sogar der Kaiser, der sich urplötzlich von einer unerklärlichen Krankheit geheilt fand, hörte, was geschehen war, und erkannte, dass das Mädchen ihn von einem Fluch befreit hatte. Er ordnete an, Oribe Shima zurückzuholen, sodass Vater und Tochter gemeinsam in ihre Heimatstadt zurückkehren konnten.

TOMAM ist in der Mythologie der Ket in Sibirien die Göttin der Zugvögel, welche sie auf ihrem Flug beschützt.

TOKOYO *gelingt es, eine schreckliche Seeschlange zu töten und den Kaiser von einem Fluch zu befreien.* (ILLUSTRATION AUS MYTHS AND LEGENDS OF JAPAN)

TSAO-CHÜN siehe ZAO JUN.

TS'AO KUO-CHIU siehe BA XIAN.

TSUKIYOMI ist der Mondgott der japanischen Shinto-Mythologie. Sein Name bedeutet der „Mondzähler". Tsukiyomi kam zur Welt, als IZANAGI, die männliche Hälfte des Urpaares, sich reinigte, nachdem er die Unterwelt besucht hatte. Als er sein Gesicht wusch, entstand Tsukiyomi aus seinem rechten, die Sonnengöttin AMATERASU aus seinem linken Auge. Der Sturmgott Susano-Wo kam aus seiner Nase. Izanagi teilte dann sein Königreich unter allen drei Kindern auf. Tsukiyomi wurde dabei zum Herrn der Nacht.

Der Gott spielt vor allem im Mythos von der Erschaffung der wichtigsten japanischen Getreidearten eine Rolle. Eines Tages ging Tsukiyomi zur Nahrungsgöttin UKEMOCHI und bat sie um eine Mahlzeit, doch als diese die Nahrung aus ihren Körperöffnungen holte, ekelte es ihn so sehr, dass er sie zur Strafe tötete. Doch der Körper der Göttin brachte auch im Tod noch allerlei Getreidesorten hervor. Als Amaterasu erfuhr, was geschehen war, schwor sie, ihren Bruder nie wieder anzusehen. Aus diesem Grund begegnen sich Sonne und Mond nie am Himmel.

TUNG-YÜEH TA-TI siehe DONGYE DADI.

UKEMOCHI oder Ogetsu-No-Hime ist die Nahrungsgöttin des japanischen Shinto-Glaubens. Ihr Mann ist INARI, der Reisgott. Der Sturmgott SUSANO-WO (in anderen Versionen der Mondgott TSUKIYOMI) bat die Göttin um etwas zu essen, woraufhin Ukemochi aus ihrem Mund, ihren Ohren und ihrem After Speisen hervorzog. Dies ekelte den Gott so sehr, dass er sie erschlug.

URASHIMA *kehrt auf dem Rücken einer Schildkröte von seinem Aufenthalt auf dem Meeresgrund zurück.* (HOLZSCHNITT VON TAISO YOSHITOSHI, 1882)

Doch noch der tote Körper Ukemochis brachte in einem fort Nahrungsmittel hervor: Reis spross aus ihren Augen, Hirse aus ihren Ohren und Weizen aus ihren Genitalien. Rote Bohnen kamen aus ihrer Nase und Sojabohnen aus ihrem After. Außerdem soll sie noch eine Kuh und ein Pferd geschaffen haben.

ULGAN ist der große Himmelsgott der sibirischen Altaien. Er sandte den Heilsbringer MAIDERE zur Erde, um die Menschen zu lehren, wie sie dem wahren Gott Respekt zollen konnten. Doch Maidere wurde von dem bösen Geist ERLIK erschlagen.

Doch die Flammen, die aus seinem Blut hervorschlugen, reichten bis zum Himmel und zerstörten das Reich des bösen Erlik und seiner Anhänger. Daher wird Ulgan häufig als von Lichtstrahlen umgeben dargestellt.

ULU TOYO'N ist der böse Schöpfergeist der sibirischen Jakuten. Er lebt im dritten Himmel und herrscht über die ABAASY, bösartige Wesen, die in der niederen Welt leben. Ulu Toyo'n ist der Herr des Donners und gab als solcher den Menschen das Feuer. Auch eine der drei Seelen der Menschen stammt von ihm.

UMAI ist die Große Mutter in der Mythologie der sibirischen Turkvölker. Sie soll 60 goldene Zöpfe haben, die den Strahlen der Sonne ähneln. Sie verhilft kinderlosen Paaren zu Nachwuchs und ist die Patronin aller Neugeborenen.

URASHIMA ist ein junger Fischer aus der japanischen Sagenwelt. Eines Tages fing er eine alte Schildkröte. Doch statt sie zu töten, empfand er Mitleid mit der Kreatur und warf sie zurück ins Wasser. Aus den aufspritzenden Tropfen aber entstand eine wunderschöne, junge Frau. Sie trat in Urashimas Boot und sagte ihm, dass sie die Tochter einer Meeresgottheit, genauer gesagt eines Drachenkönigs, war. Sie lud ihn ein, mit ihr zu kommen und in ihrem Palast auf dem Grunde des Ozeans zu leben. Der Palast bestand ganz aus Muscheln, Perlen und Korallen, und sieben Drachen mit goldenen Schwänzen kümmerten sich dort um Urashimas Bedürfnisse.

Vier Jahre lang lebte Urashima glücklich und zufrieden mit seiner Frau, der Drachenprinzessin. Doch eines Tages begann er, sich nach seinen Eltern und den Straßen seines Dorfes zu sehnen. Bevor er seine Frau verließ, gab diese ihm ein Kästchen mit und versprach ihm, dass er immer zu ihr zurückkehren könne, wenn dieses Kästchen verschlossen bliebe. Als Urashima seine Heimat erreichte, fand er dort alles sehr verändert vor. Schließlich fragte er einen alten Mann, wo denn Urashimas Hütte sei. Der alte Mann erzählte ihm, dass Urashima vor etwa 400 Jahren beim Fischen ertrunken sei. Urashima war so schockiert, dass er die Instruktionen seiner Frau vergaß und das Kästchen öffnete. Da stieg weißer Rauch daraus auf und zog zum Meer hin. Urashima begann, in Minutenschnelle zu altern. Seine Haare wurden weiß, seine Hände zitterten, und schließlich wurde er selbst zu einem Häufchen Staub.

USHIWAKA siehe YOSHITSUNE.

UZUME siehe AME-NO-UZUME.

VIZI-ANYA siehe VIZI-EMBER.

VIZI-EMBER ist in der Sagenwelt der sibirischen Magyaren ein Wassergeist, der in Flüssen oder Seen lebt. Er verschlingt Menschen, und wenn er keine findet, erhebt er seine Stimme und ruft nach ihnen. Die ihn hören, wissen dann, dass bald ein Mensch ertrinken wird.

Es gibt auch zwei weibliche Wassergeister: die Wassermutter Vizianya und die Wasserjungfrau Vizileany.

Immer wenn einer dieser drei Geister einem Menschen erscheint, bedeutet dies, dass etwas Unangenehmes geschehen wird.

VIZI-LEANY siehe VIZI-EMBER.

WAKAHIRU-ME ist in der Shinto-Mythologie Japans die jüngere Schwester der Sonnengöttin AMATERASU. Sie soll mit ihrer Schwester in der heiligen Webhalle gesessen sein, als der Sturmgott SUSANO-WO das gehäutete Pony hineinschleuderte.

Die heilige Webhalle war der Ort, an dem Amaterasu mit ihren Dienerinnen die Kleidung für die Götter und ihre Priesterinnen wob.

Mitunter wird auch behauptet, dass die Götter dort die unvollendeten Teile des Universums webend ausgestalten.

WEN CHANG, *der Gott der Literatur, ist wie ein Mandarin gekleidet und hält als Zeichen seiner hohen Beamtenwürde in der himmlischen Hierarchie ein Szepter in der Hand.* (CHINESISCHE FIGUR AUS BLANC-DE-CHINE-PORZELLAN, 17. JH.)

WATA RIAN ist bei den Kedang im östlichen Indonesien der Heros, der das wilde Weib BOTA ILI zähmte. Bota Ili lebte auf einem Berggipfel. Ihr Körper war ganz mit Haaren bedeckt und sie hatte lange, spitze Finger- und Zehennägel. Sie aß Eidechsen und Schlangen, die sie über einem Feuer kochte. Das Feuer machte sie, indem sie ihren Po gegen einen Stein schlug. Eines Tages roch Wata Rian den Rauch und machte sich auf die Suche nach der Feuerstelle.

Als er den Berggipfel erreicht hatte, kletterte Wata Rian auf einen Baum und wartete darauf, dass Bota Ili mit ihrer Beute zurückkam. Bald erschien das wilde Weib und versuchte, Feuer zu machen, doch nichts geschah. Da hob sie den Kopf, sah Wata Rian im Baum sitzen und forderte ihn wütend auf, herunterzukommen, damit sie ihn totbeißen könne. Wata Rian aber befahl ihr, sich zu beruhigen, da er sonst den Hund auf sie hetzen würde. Schließlich zündeten sie gemeinsam ein Feuer an, kochten und aßen zusammen. Bota Ili aber trank so viel Wein, dass sie einschlief. Da entfernte Wata Rian alles Haar von ihrem Körper und entdeckte, dass sie eine Frau war. Am Ende heiratete das Paar.

WEN CHANG ist der daoistische Gott der Literatur. Ursprünglich war er ein Sternengott. Er verließ jedoch sein Heim in den Sternen und lebte 17 Leben, deren jedes voller wunderbarer Ereignisse und Taten war. Schließlich verlieh ihm der „Jadekaiser" den Titel „Großer König der Literatur".

Eine Sage berichtet, wie ein Student, der mit seiner Leistung bei einer Prüfung unzufrieden war und fürchtete, das Examen nicht zu bestehen, Wen Chang um Hilfe bat. In dieser Nacht sah der junge Mann im Traum, wie der Gott mehrere Aufsätze ins Feuer warf, darunter auch den seinen. Sobald sie zu Asche verbrannt waren, wandelte der Gott sie um. Wen Chang gab dem Studenten seinen korrigierten Aufsatz, und der Junge lernte ihn auswendig.

Am nächsten Morgen entdeckte er, dass das Gebäude, in dem die bereits abgelegten Prüfungen aufbewahrt wurden, vollkommen niedergebrannt war, sodass die Prüfung wiederholt werden musste. Dieses Mal schrieb er den Aufsatz so, wie der Gott ihn formuliert hatte, und bestand.

Gewöhnlich wird der Gott sitzend dargestellt, in den Gewändern eines Mandarin und mit einem Szepter. Am Himmel besteht Wen Chang aus sechs Sternen. Wenn diese hell leuchten, blüht die Literatur. Meist wird er von mehreren Beamten begleitet, welche Prüfungsaufgaben durchsehen und denen, die bestanden haben, die frohe Kunde überbringen. Zu diesen gehören auch DIYA und Tian Long.

Der WINDGOTT ist eine ursprünglich unpersönliche Naturgottheit, die während der Tang- oder Song-Dynastie personifiziert wurde.

Der WINDGOTT *ist ein Naturgeist wie die Götter des Regens, des Donners und des Blitzes. Dargestellt wird er als alter Mann mit einem Sack voller Wind.*

Im chinesischen Stammland wird er meist als älterer Mann dargestellt, der einen Sack mit kaltem Wind trägt, den er in die Richtung schüttelt, in der er wehen soll. In Nord- und Zentralchina reitet er häufig einen Tiger und hält zwei offene Fächer in Händen, mit denen er eine sanfte Brise produziert. Sein Begleiter ist ein Zwerg, der ein Gefäß mit Regenwasser trägt, das er beim Gehen verspritzt.

Die WU TI oder Wu Di sind die „Fünf Erhabenen Kaiser" der chinesischen Mythologie, die während des 3. Jahrhunderts v. Chr. lebten: Der „Gelbe Kaiser" HUANG DI, Zhuan Xu, DU GU, YAO und SHUN. Jedem mythischen Kaiser wird ein Element zugeordnet.

XI-HE ist in der chinesischen Sagenwelt die Mutter der zehn Sonnen und die Frau von Taiyang Dijun, dem Gott des östlichen Himmels. Jeden Morgen brachte Xi-He einen ihrer Söhne in ihrem Wagen zu einer Ecke des Himmels, damit er der Welt einen Tag lang sein Licht schenke. Doch am Ende rebellierten die zehn Sonnen gegen ihr zwanghaftes Leben. Sie erschienen alle auf einmal am Himmel und drohten so die Erde zu zerstören. Daher schoss der himmlische Jäger YI neun von ihnen mit seinen Pfeilen herunter.

XI WANG MU oder Hsi Wangmu wird in alten chinesischen Texten als Ungeheuer mit menschlichem Gesicht, Tigerzähnen und einem Leopardenschwanz beschrieben. Sie herrschte über die Seuchendämonen und war bekannt als die Göttin der Plagen. Doch bereits im 1. Jahrhundert n. Chr. war sie zur eleganten Dame geworden. Nun kannte man sie als „Königinmutter des Okzidents". Ihr Reich war das westliche Paradies der Unsterblichen im Kunlun-Gebirge, wo ihr die „Jademädchen" mit dreibeinigen Vögeln als Helfer dienten.

Xi Wang Mu wird als schöne Frau in einem königlichen Überwurf dargestellt. Meist reitet sie auf einem Kranich. Sie soll in einem neun Stockwerke hohen Palast aus Jade leben, der von einer goldenen Mauer von mehr als 1000 Meilen Länge umgeben ist. Die männlichen Unsterblichen leben im rechten Flügel ihres Palastes, die weiblichen im linken. In ihrem Garten zieht Xi Wang Mu die Pfirsiche der Unsterblichkeit, die all jene, welche sie verzehren, vom Tod befreien. Doch der Baum trägt nur alle 3000 Jahre Früchte. Wenn die Pfirsiche reif sind, lädt Xi Wang Mu alle Unsterblichen zu einem Fest ein, bei dem die wunderbare Frucht verzehrt wird.

Xi Wang Mu gab ihre Pfirsiche auch mehreren chinesischen Herrschern. Der Mythos vom göttlichen Bogenschützen YI und seiner Frau ZHANG E erzählt, wie Yi von der „Königinmutter des Okzidents" das Unsterblichkeitselixier erhält, seine Frau es aber auf einen Zug leert, womit sie ihren Gemahl zu einem Leben als Sterblicher verdammt. Auch einer der Acht Unsterblichen, nämlich Li T'ieh-kuai erhält das Geheimnis der Todlosigkeit von Xi Wang Mu.

Im Volksglauben gilt sie als Wang Mu Niangniang, als Gemahlin des „Jadekaisers" YU HUANG. Einmal im Jahr trifft sie ihren Gefährten Dong Wang Gong, der im Osten lebt. In dieser Begegnung spiegelt sich die Vereinigung von Yin und Yang wider.

XI WANG MU *reist zusammen mit anderen Gottheiten in einem von Kranichen gezogenen himmlischen Wagen.*
(HÖHLENMALEREI IN DUN HUANG, CHINA, CA. 535 – 556)

DÄMONEN

In allen Mythologien gibt es Dämonen. Sie sind Diener oder Untergebene der Götter, häufig gehorchen sie gar dem Herrn der Unterwelt. Diese gewöhnlich personifizierten Kräfte des Bösen kommen zur Erde, um Unheil zwischen den Menschen zu stiften, Krankheiten oder Hungersnöte zu bringen oder sich in Menschen einzunisten. Im Leben nach dem Tod strafen sie die Sünder mit grausamen Torturen für alle Verfehlungen, die sie als Lebende begangen haben. Ein Buddhist sieht diese Zeit der Qualen natürlich nicht als ewig. Schon die nächste Wiedergeburt befreit ihn daraus. Trotzdem ist die Zeit in der Hölle, in der Unterwelt Naraka, der tiefste Punkt der Seelenreise. In Japan nennt man die Dämonen gewöhnlich Oni. Die meisten sind unsichtbar. Manchmal aber erscheinen sie als Tiere. Sie bringen Unglück und verführen zur Sünde, auch wenn sie nicht durch und durch bösartig sind. Der Oni-Fuchs galt beispielsweise als ganz besonders gefährlich, obwohl er der Begleiter des populären und wohlwollenden Reisgottes war.

Die HÖLLE *(oben) war für die Chinesen in zehn Ebenen aufgeteilt, über welche die „Könige des Urteils“ herrschten. Die Seelen mussten zuerst vor Yanluo Wang erscheinen, dem obersten Herrn. Dieser hörte ihren Fall an und schickte sie dann zu einer der Ebenen, wo ihre Strafe verkündet wurde. Die Könige waren wie Kaiser gekleidet und wohnten den grausamen Torturen bei, die von Dämonen ausgeführt wurden. Die Seelen konnten den Weg in die Hölle nur dann vermeiden, wenn sie ein absolut tadelloses Leben führten und der Göttin des Mitgefühls Guan Yin regelmäßig Opfer brachten.* (ILLUSTRATION AUS SUPERSTITIONS EN CHINE, 1914)

JIGOKUDAYU *(links), die "Dame aus der Hölle", war eine japanische Hofdame des 15. Jahrhunderts. Sie erlangte Erleuchtung, als sie in einen Spiegel sah und statt ihrer selbst ein nacktes Skelett erblickte. Sie wurde Schülerin des Zenmeisters Ikkyu Sojun, eines „Verrückten Weisen“, der sich in Schänken und Bordellen herumtrieb und mit einem Schädel auf einem Stab auf der Straße tanzte. Hier halten zwei lachende Dämonen den Spiegel hoch, indem Jigokudayu ihre Vision erblickt.* (JIGOKUDAYU SIEHT SICH SELBST IM SPIEGEL, HOLZSCHNITT VON TAISO YOSHITISHI, 1882)

BARONG *(oben), der Geisterkönig, ist in der großen Schlacht zwischen Gut und Böse der Gegenspieler Rangdas, der Dämonenkönigin. Diese Schlacht wird auf Bali und in anderen Regionen Südostasiens immer wieder im Tanz dargestellt. Barong nimmt dabei die Form eines Löwen an, der den Tag, das Licht und die Kräfte des Bösen symbolisiert. Während der Schlacht belegte Rangda alle Menschen, die Barong halfen, mit einem Fluch, sodass sie ihre Waffen gegen sich selbst kehrten, doch Barong beschützte seine Anhänger.* (STEINRELIEF AUF BALI)

RANGDA *(links), der wilde weibliche Dämon von Bali, hat eine weit heraushängende Feuerzunge, hängende Brüste und rollende Augen. Als Herrin über Dunkelheit, Krankheit und Tod führte sie eine Gruppe von Hexen an. Ihr Name bedeutet die „Witwe". Möglicherweise geht ihre Figur auf eine balinesische Königin des 11. Jahrhunderts zurück, die vom König verbannt worden war, weil sie Hexerei betrieb. Aus Rache versuchte sie, das Königreich zu zerstören, sodass die Hälfte der Bevölkerung bereits an Seuchen verstorben war, bevor ein heiliger Mann ihrer Zauberei Einhalt gebot.* (BALINESISCHE RITUALMASKE)

NAGAS *(rechts) sind drachenähnliche Dämonen und gefährliche, zerstörerische Geister. Sie stammen ursprünglich aus Indien und gelangten zusammen mit dem Buddhismus nach China und Südostasien. Einige von ihnen sind halb Mensch, halb Schlange, andere wiederum Seeungeheuer, welche die Tiefen der Flüsse und Seen bewachen. Naga Padoha ist der Herrscher der Unterwelt. Die Sagenwelt Südostasiens berichtet, dass er vom Schöpfergott Batara Guru besiegt wurde, als er versuchte, die Entstehung von festem Land zu verhindern.* (NAGA-SKULPTUR IM BRUNNEN EINES BALINESISCHEN SCHREINES)

Die **XIAN** *sollen auch im Kunlun-Gebirge leben, wo auch der geheiligte Pfirsichgarten von Xi Wang Mu, der „Königinmutter des Okzidents", liegt. Dort wachsen die Pfirsiche, die den Unsterblichen ihr ewiges Leben sichern.* (GEMÄLDE, CA. 14.JH.)

Die XIAN oder Hsien sind in der Mythologie der Chinesen Wesen, welche die Unsterblichkeit erlangt haben. Sie sind entweder himmlischer oder irdischer Natur. Himmlische Unsterbliche leben in Tian, dem daoistischen Himmel. Sie werden oft auf dem Rücken von Kranichen dargestellt.

Die irdischen Unsterblichen hingegen leben in Wäldern und Bergen.

XUAN ZANG oder Hsüan Tsang war ein gefeierter buddhistischer Mönch des 7. Jahrhunderts. Der Kaiser von China schickte ihn nach Indien, an die Quelle des Buddhismus, um nach buddhistischen Belehrungen zu suchen. Er kehrte mit buddhistischem Schrifttum zurück und wird heute noch in manchen Tempeln Chinas und Japans verehrt. Xuan Zangs große Pilgerreise wurde im 16. Jahrhundert von dem Dichter Wu Zhen-en in einer Novelle festgehalten: Xi Jou Ji (Die Reise in den Westen). Diese Erzählung teilt dem Mönch auf seiner gefährlichen Reise vier Helfer zu. Der wichtigste und aktivste von ihnen war der „Affenkönig". Die anderen spielten eine geringere Rolle: der ungebildete und naive Mönch Sha, Piggy und das Weiße Pferd, das Xuan Zang ritt.

YA-GAMi-HIME siehe YAKAMI.

YAKAMI oder Ya-Gami-Hime ist in der japanischen Sagenwelt eine wunderschöne Prinzessin, die in Inaba, einer Provinz bei Izumo lebte. Der Held OKUNINUSHI und seine 80 Brüder wünschten alle, sie zu heiraten. Auf ihrem Weg zum Schloss, wo sie ihren Vater um der Prinzessin Hand bitten wollten, trafen die Brüder auf einen gehäuteten Hasen. Die bösen Brüder rieten ihm, sich im Meer zu baden und sich dann zum Trocknen den Windböen auszusetzen. Das arme Tier verging fast vor Schmerzen. Später kam Okuninushi vorbei. Er riet dem Hasen, sich in Süßwasser zu baden und sich dann mit Pollen vom Riedgras zu bestäuben. Als er dies getan hatte, war der Hase geheilt. Da enthüllte er Okuninushi, dass er eigentlich ein Gott sei und versprach ihm, dass er Prinzessin Yakami heiraten würde.

YAKUSHI-NYORAI war einer der ersten Buddhas, die in Japan verehrt wurden. Mit der Zeit wurde er auch zu einem der bedeutendsten. Während er noch ein Bodhisattva war, legte er zwölf Gelübde ab, darunter auch dies, ein Heilmittel gegen alle Krankheiten zu finden. Sein Name bedeutet „Herr über die Heilmittel". Man nennt ihn auch „König der Arzneien" oder „Göttlicher Heiler". Er gelobte außerdem, seinen Körper in Beryll zu verwandeln, um mit dessen Strahlen die ganze Welt zu erleuchten. Seine Heimat ist das Reine Land des Ostens, das „Land des Reinen Berylls".

Zu den **XIAN** *gehört z.B. Han Shan, einer der „Vier Schläfer", der gewöhnlich mit einer Schriftrolle abgebildet wird, deren Inhalt er seinem Gefährten Shi De in unverständlichem Gebrabbel zu erklären versucht.* (SEIDENMALEREI-ROLLBILD, 14. JH.)

YAMATO TAKERU ist ein Held aus der Mythologie Japans. Ursprünglich hieß er O-Usu-No-Ikoto und war der Sohn des Kaisers Keiko. Der Kaiser befahl seinem Sohn, zwei wunderschöne Frauen in den Palast zu bringen, doch dieser ehelichte die beiden Schönheiten selbst und schickte zwei andere Frauen in den Palast. Der Kaiser wollte seinen Sohn nun strafen und befahl Yamato Takeru, seinen Bruder einmal zum Essen mitzubringen.

Nach fünf Tagen war der ältere Bruder immer noch nicht erschienen. Verärgert befragte der Kaiser Yamato Takeru, was denn geschehen sei. Dieser aber antwortete ihm, dass er seinen Bruder zerschmettert und ihm die Gliedmaßen abgehackt habe. Der Kaiser, den die Strenge Yamato Takerus beeindruckte, sandte seinen Sohn gegen einige Rebellen, die sein Reich bedrohten.

Zunächst schickte er ihn nach Westen, wo er gegen zwei Brüder kämpfen sollte. Der Palast der Brüder wurde von vielen Soldaten bewacht, sodass Yamato Takeru sich als Mädchen verkleidete, um bei einer Festlichkeit hinein zu gelangen. Während alles tanzte und sich vergnügte, machte sich Yamato

Takeru an einen der Brüder heran und erstach ihn. Der andere Bruder versuchte zu entkommen, doch Yamato Takeru ergriff ihn und tötete ihn. Als der zweite Bruder starb, nannte er seinen Richter Yamato Takeru, „Tapferer aus dem Hause Yamato".

Auf seiner Heimreise unterwarf Yamato Takeru alle Berg-, Fluss- und Seegeister. Doch er war kaum zu Hause angekommen, als der Kaiser ihn auf eine andere Mission schickte. Yamato Takeru beklagte sich bei seiner Tante, dass er etwas Zeit zum Ausruhen und mehr Schutz brauche. Daher gab diese ihm ein Schwert und eine Tasche, die er jedoch nur in Zeiten höchster Not öffnen sollte. Der Held aber ging hin und führte seines Vaters Auftrag aus, indem er noch mehr Feinde tötete.

Schließlich lockte ein Mann Yamato Takeru in einen Hinterhalt. Er bat den Helden, zu einem Teich in der Mitte einer weiten Steppenebene zu gehen und einen Wassergeist zu töten, der dort hauste. Sobald Yamato Takeru sich mitten in der Steppe befand, zündete der Mann das Gras an, sodass Yamato Takeru in der Falle saß.

Doch Yamato Takeru mähte furchtlos das Gras mit seinem Schwert nieder. Dann öffnete er die Tasche seiner Tante und fand einen Feuerstein darin. Sofort legte er ein Gegenfeuer, welches größer war als das erste und den Mann mit all seinen Anhängern auslöschte.

Yamato Takeru vollbrachte noch mehr tapfere und glorreiche Taten. Als er sich auf die lange Reise nach Hause machte und mit seiner Frau Oto Tatiban Pime oder Miyazu-Hime über das Meer übersetzen musste, geschah es, dass der Meeresgott einen Sturm verursachte. Oto Tatiban Pime bot an, sich zu opfern, um ihren Gemahl zu retten. Sie sprang aus dem Boot ins Wasser und versank sofort in den Wellen. Yamato Takeru hingegen gelangte sicher ans Ufer. An einem Bergpass unterbrach er seine Reise, um etwas zu essen. Er erblickte ein Reh und warf mit einem Stein nach ihm, weil er nicht erkannte, dass es sich dabei um die Gottheit des Passes handelte. Das Reh fiel tot nieder. Dann traf er eine weitere Gottheit, einen weißen Eber, und brach wieder ein Tabu, indem er rief, dass er ihn töten würde. Darauf erhob sich ein schrecklicher Hagelsturm, sodass Takeru die Orientierung verlor.

Trotzdem kämpfte er weiter, bis er schließlich tot umfiel. Seine Seele aber verwandelte sich in einen weißen Vogel.

XUAN ZANG *(oben), der legendäre reisende Mönch, mit seinen Gefährten, dem Affenkönig, Piggy, dem naiven She und dem Weißen Pferd.*

YAKUSHI-NYORAI *(unten) ist der „Göttliche Heiler" des japanischen Buddhismus. Seine bildlichen Darstellungen sollen wunderbare Heilkräfte besitzen.*

(VERGOLDETE BRONZE, 8. JH.)

YANLUO WANG *ist der Schrecken erregende König der Hölle, der die Seelen richtet und sie ihrer Strafe zuführt.* (CHINESISCHE KERAMIK, 1523)

YAN DI siehe SHEN NONG.

YAN WANG siehe YANLUO WANG.

YANG – dieser Begriff stand im daoistischen Glauben ursprünglich für die in der Sonne liegende Seite eines Berges, die mit Licht und Wärme assoziiert wurde. Diese uralte abstrakte Vorstellung gilt als eine der beiden Kräfte, die den Kosmos formen. Die andere nennt man YIN. YANG steht für männliche Energie, Aktivität, Hitze, Trockenheit und Härte. Ursprünglich soll Yang eine Himmelsgottheit gewesen sein. (Siehe auch YIN UND YANG)

YANLUO WANG ist der oberste Herrscher über die zehn Ebenen der chinesischen Hölle oder Unterwelt. Er untersucht die vergangenen Leben einer Seele und schickt sie dann zu einem der anderen Könige, die den einzelnen Höllen vorstehen. Dort erhält sie dann die angemessene Strafe. Acht von den „Richterkönigen" strafen dabei ganz bestimmte Missetaten, während der Rest den Seelen für ihre Wiedergeburt entsprechende Körper gibt.

Wahre Missetäter werden mit schrecklichen Torturen bestraft: Korrupte Beamte z.B. müssen geschmolzenes Gold trinken. Die schlimmsten Verbrecher werden in siedendem Öl gesotten, von Steinen zermalmt oder in zwei Hälften geschnitten.

YAO ist einer der fünf legendären Kaiser der chinesischen Mythologie. Er soll China im 3. Jahrhundert v. Chr. regiert haben. Der Konfuzianismus betrachtet Yao als beispielhaft guten Regenten. Er soll den Kalender eingeführt und kaiserliche Beamte damit betraut haben, die vier Jahreszeiten sinnvoll zu nutzen.

YI ist der göttliche Bogenschütze in Chinas Mythologie. Er vollführte viele Heldentaten. Unter anderem schoss er neun der zehn Sonnen der Frühzeit vom Himmel. Er hatte von XI WANG MU das Elixier der Unsterblichkeit erhalten und bändigte die Winde, welche dem „Gelben Kaiser" so viel Ärger machten. Die zehn Sonnen lebten in einem riesigen Maulbeerbaum namens Fu Sang, der in einer heißen Quelle unterhalb des Östlichen Meeres stand. Sie waren die Kinder von Taiyang Dijun, dem Gott des Ostens und Herrn des Himmels, und von XI-HE, der Sonnengöttin. Xi-He hatte angeordnet, dass nie mehr als einer ihrer Söhne am Himmel erscheinen dürfe. So brachte sie also jeden Morgen einen der Jungen mit dem Wagen zu einer entfernten Ecke des Himmels, sodass er am Abend zurück beim Maulbeerbaum sein würde. Auf diese Art und Weise badete die Welt jeden Tag in Licht und Wärme. Nach etwa 1000 Jahren hatten die Söhne ihr dergestalt geordnetes Leben satt und rebellierten, indem sie eines Tages alle zehn am Himmel auftauchten. Sie genossen ihr Spiel, doch ihre ständige Anwesenheit am Himmel verursachte auf der Erde schreckliche Verwüstungen: Die Erde trocknete aus, das Getreide verdorrte. Schließlich begannen sogar die Felsen zu schmelzen. Da baten die Menschen YAO, ihren Herrscher, um Hilfe. Yao betete zu Taiyang Dijun, er möge doch Mitleid mit den Menschen haben. Der Gott des Ostens und die Sonnengöttin erhörten Yaos Gebete und befahlen neun der Söhne, zum Fu-Sang-Baum zurückzukehren. Aber ihre Mahnungen stießen auf taube Ohren.

Da rief Taiyang Dijun den göttlichen Bogenschützen zu Hilfe. Der große Gott überreichte YI einen roten Bogen und einen Köcher mit weißen Pfeilen. Er bat ihn, seine Söhne unter Kontrolle zu bringen und die wilden Tiere auf Erden zu töten. Zusammen mit seiner Frau ZHANG E machte Yi sich an die Arbeit. Doch während Dijun seine Söhne nur ein wenig hatte erschrecken wollen, entschied Yi, dass man sie töten müsse, um die Erde zu retten. Er nahm einen Pfeil aus seinem Köcher und schoss ihn hoch in den Himmel. Sofort erschien ein gigantischer Feuerball, und die Luft war von Flammen erfüllt. Ein dreibeiniger Rabe fiel Yi zu Füßen. Dann schoss Yi noch einen Pfeil ab und noch einen. Jedes Mal wurde eine Sonne getroffen und fiel als dreibeiniger Rabe zur Erde.

Yao aber bemerkte, dass weder Licht noch Wärme übrig bleiben

YOSHITSUNE *wird von den Tengu, vogelähnlichen Dämonen der japanischen Sagenwelt, in der Kampfkunst unterrichtet.* (HOLZSCHNITT VON KUNISADA, CA. 1815)

würden, wenn Yi weitermachte. Er befahl also einem seiner Höflinge, ein paar von Yis Pfeilen zu stehlen, sodass er nur neun Sonnen abschießen konnte. Als nur noch eine Sonne am Himmel stand, begann Yi, die Ungeheuer und wilden Tiere zu töten, welche die Menschen verschlangen. So kehrte Frieden auf die Erde zurück, und alle priesen Yi, den Bogenschützen. Da kehrte er mit Zhang E in den Himmel heim. Zu Yis großer Überraschung und Zhan Es Ärger schlug ihnen dort aber die ganze Wut des Tayang Dijungs entgegen. Er klagte sie an, seine Kinder ermordet zu haben, und verbannte die beiden auf die Erde.

Yi war dort glücklich, da er in den Wäldern auf die Jagd gehen konnte, Zhang E aber langweilte sich und befürchtete, dass sie sterben müsse. Sie überredete Yi, zur „Königinmutter des Okzidents“ zu gehen und dort das Elixier der Unsterblichkeit zu holen.

Die Königinmutter war bereit, den beiden zu helfen. Sie gab Yi ein Gefäß mit, in dem so viel Elixier war, dass beide für immer würden leben können. Gleichzeitig warnte sie ihn aber, dass zur Erlangung der vollkommenen Unsterblichkeit das Doppelte nötig wäre.

Daraufhin trank Zhang E das Elixier ganz allein aus und floh zum Mond. Als Yi den Betrug seiner Frau entdeckte, war er bestürzt. Da er sterben sollte, beschloss er, seine Fähigkeiten weiterzugeben. Er nahm einen Schüler, Peng Meng, der bald ein begabter Bogenschütze wurde, wenn er auch nicht so gut war wie Yi. Peng Meng aber wurde eifersüchtig auf Yis Können und tötete ihn. Eine andere Version des Mythos berichtet hingegen, dass Yi bei den Göttern Verzeihung fand und in den Himmel zurückkehren konnte.

YIN – dieser Begriff stand im daoistischen Glauben ursprünglich für die im Schatten liegende Seite eines Berges. Zusammen mit dem YANG ist das Yin eines der beiden kosmischen Prinzipien, deren kontinuierliches Aufeinanderwirken das Universum hervorbringt. Yin steht dabei für das Weibliche – für Kälte, Dunkelheit und Weichheit. Ursprünglich wurde dieser abstrakte Begriff wohl als Erdgottheit gesehen. (Siehe auch YIN UND YANG)

YINGZHOU siehe PENG LAI.

YINGLUGEN BUD, der Geist des Baumstumpfes, ist ein uralter Naturgeist des Chewong-Volkes auf Malaysia. Er lehrte den Helden BUJAEGEN YED, wie man Kinder zur Welt bringt.

Außerdem zeigte er ihm die mit der Geburt zusammenhängenden Rituale. Und er brachte Bujaegen Yed bei, dass es eine Sünde war, eine Mahlzeit nicht zu teilen.

YMAI siehe UMAI.

YNAKSHIT siehe ITCHITA.

YOMI heißt in der japanischen Shinto-Mythologie das Land der Toten. Dieses Land wird in Japan eher mit Schmutz und Dreck als mit Strafe assoziiert. Es heißt auch „Land der Dunkelheit“ und „Land der Wurzeln“. IZANAGI, der männliche Teil des ersten Paares, folgte seiner Frau IZANAMI nach Yomi, konnte sie aber nicht mehr befreien.

YOSHITSUNE, auch als Ushikawa bekannt, ist einer der Helden der japanischen Mythologie. Die TENGU unterrichteten ihn in der Kampfkunst. Daraufhin gelang es ihm, die Niederlage seiner Familie, des Minamoto-Klans, zu rächen. Er besiegte den Riesen BENKEI in einem Duell und machte ihn zu seinem Diener.

YAO, *der vierte der legendären Kaiser von China, war ein vorbildlicher Herrscher.* (GEMÄLDE VON MA LIN)

YU ist in der chinesischen Mythologie der Herr der Flut. Er wird wegen seiner Neigung zu harter Arbeit verehrt. Anfänglich wurde Yu noch halb als Drache und halb als Mensch dargestellt, mit der Zeit aber überwog die menschliche Darstellung.

Yu arbeitete 13 Jahre lang, um der Flut ein Ende zu setzen. Er dirigierte alle Wasser auf Erden, indem er Berge spaltete, Flussbette schuf, Quellen entspringen und die Flüsse sodann ins Meer münden ließ. Schließlich hatte er dicke Schwielen an Händen und Füßen und war so erschöpft, dass er kaum noch gehen konnte. Doch er machte immer weiter mit seinem Entwässerungssystem, mit dem er alles Wasser ins Meer leitete.

Auf Grund dieser enormen Anstrengung entwässerte er das Land, sodass es kultiviert werden konnte. Außerdem verband er die neun Provinzen Chinas miteinander. Der amtierende Kaiser war Yu so dankbar, dass er freiwillig abdankte und den Thron Yu überließ, der damit zum ersten Kaiser der Xia-Dynastie wurde. Yu soll von 2205 bis 2197 v. Chr. regiert haben. Alle folgenden Kaiser Chinas wurden als Inkarnationen des Drachen Yu betrachtet.

Eine andere Legende berichtet, dass Yu sich während der Arbeit in einen Bären verwandelte. Jeden Tag, wenn es Essenszeit war, schlug er auf eine Trommel, woraufhin ihm sein Weib Nahrung brachte. Eines Tages, als Yu Felsen sprengte, dachte seine Frau, dass dies ihr Signal sei. Sie ging also mit dem Essen zu der Stelle, an der Yu arbeitete. Als sie aber den Bären sah, floh sie entsetzt. Yu lief ihr nach, doch weil sie schwanger war, fiel sie erschöpft zu Boden und erstarrte zu Stein. Der Stein wuchs weiter und weiter, und als die Zeit der Geburt gekommen war, spaltete Yu ihn einfach. So wurde sein Sohn Qi geboren.

YU HUANG *(oben), der „Jadekaiser" oder der „Erhabene Herr der Jade", ist der oberste Herrscher über Himmel und Erde.*

YU *(links), der Herr der Flut, musste mit den Wassermassen fertig werden, welche die Ebenen Chinas bedeckten.*

YU DI war ein anderer Name für YU HUANG, den so genannten „Jadekaiser" in der Mythologie Chinas.

YU HUANG oder der „Jadekaiser" war der höchste Himmelsherrscher der chinesischen Mythologie. Er entschied über die Ereignisse im Himmel ebenso wie auf Erden. Yu Huangs wichtigster Helfer war DONGYUE DADI, der „Große Herrscher des östlichen Gipfels". Dongyue Dadi allein waren 75 Götter unterstellt, die ihm bei seiner Arbeit halfen.

Zu Beginn jeden Jahres rief Yu Huang alle Gottheiten in seinem Palast im höchsten aller Himmel zusammen, der vom „Transzenden-

ten Beamten" geführt wurde. Dann bekamen die Götter ihre neuen Aufgaben zugewiesen.

Dieser himmlische Verwaltungsapparat war eine Kopie des irdischen. Wenn es z.B. zu einer Flut kam, warnte der irdische Beamte den himmlischen, d.h. die zuständige Gottheit, dass er seine Aufgabe nicht gut genug erfüllte und dass er, wenn nötig, seine Stelle verlieren würde. Neue Gottheiten bedurften der Bestätigung durch daoistische Priester. Der „Jadekaiser" stand in direktem Kontakt mit dem Kaiser von China, die niedrigeren Himmelsbeamten hingegen hatten nur mit ebenso rangniedrigen Menschen zu tun. Als im 11. Jahrhundert der chinesische Kaiser zusehends an Macht verlor, versuchte er, diese wieder zu gewinnen, indem er behauptete, direkt mit dem Himmel in Verbindung zu stehen und von Yu Huang einen Brief empfangen zu haben.

Die Sage berichtet, dass Yu Huangs Mutter vor dessen Geburt träumte, dass LAO JUN, die vergöttlichte Form des Begründers des daoistischen Glaubens, Lao Tse, ihr ein Kind überreichte. Der junge Yu Huan folgte seinem Vater, dem König, auf den Thron, dankte aber schon ein paar Tage später ab, um sich in die Berge zurückzuziehen und das „Dao" zu studieren. Er erlangte Vollkommenheit und unterrichtete von da an Kranke und Arme im Dao . Schließlich wurde er einer der Unsterblichen und nach mehr als einer Million Jahren zum „Jadekaiser". Yu Huang wird gewöhlich auf seinem Thron sitzend abgebildet. Er trägt die zeremonielle Kleidung des Kaisers, über und über mit Drachen bestickte Roben.

Die „Königinmutter des Okzidents", XI WANG MU, die viele Namen und Titel besaß (z.B. Wang Mu Niangniang) soll Yu Huangs Frau gewesen sein. Er hat eine zahlreiche Familie, Schwestern, Töchter und Neffen und einen himmlischen Hund, der den heiligen Haushalt vor bösen Geistern behütet.

YUANSHI TIAN-ZONG siehe SAN QING DAOZU.

YUQIANG oder Yü-ch'iang ist in der chinesischen Sagenwelt der Gott der Meere und des Seewinds. Als Meeresgott wird er mit dem Körper eines Fisches dargestellt, der zwei Drachen reitet. Als Windgott hat er den Körper eines Vogels und ein menschliches Gesicht.

Die Legende berichtet, dass Yuqiang vom Himmelsherrscher den Auftrag erhielt, die fünf schwimmenden Inseln der Unsterblichen zu verankern. Dies gelang ihm mit Hilfe von 15 Riesenschildkröten. Er wies jeder Insel drei Schildkröten zu und befahl ihnen, sich beim Tragen der Inseln abzuwechseln. Dabei dauerte jede „Schicht" 60 000 Jahre. Unglücklicherweise fing ein Riese sechs der Schildkröten, sodass zwei der Inseln ohne Halt auf dem Ozean davontrieben und schließlich untergingen. Übrig blieben nur drei Inseln.

Yu HUANG *(links) soll sich in 72 verschiedene Erscheinungsformen verwandeln können. Ihm sind viele Tempel gewidmet.*

YUQIANG *(unten), der Gott des Seewinds, lauscht der buddhistischen Lehre.* (GEMÄLDE VON ZHAO BOZHU, SONG-DYNASTIE)

CHINAS HEILIGE GIPFEL

Der gewaltige Urriese Pangu lebte 18 000 Jahre lang. Jeden Tag wuchs er ein wenig mehr, sodass er den Raum zwischen Erde und Himmel ständig vergrößerte. Als er starb, ging aus seinem Körper die Welt hervor. Eine Version des Mythos erzählt, dass aus seinem Kopf der Tai Shan im Osten wurde, aus seinen Füßen der Hua Shan im Westen. Sein rechter Arm wurde zum nördlichen Heng Shan, sein linker zum südlichen. Aus seinem Magen aber entstand Song Shan, der Berg im Zentrum. Dies waren die fünf heiligen Gipfel des Daoismus. Sie galten als eigenständige Gottheiten. Zur Anbetung mussten die Pilger die Gipfel auf langen, steilen Stufenfluchten erklimmen und dort Opfer bringen. In der himmlischen Bürokratie des chinesischen Pantheons unterstand der „Kanzler der Fünf Heiligen Berge" direkt Tai Shan, dem Enkel des „Jadekaisers" Yu Huang.

Der Gipfel des **TAI SHAN** *(oben) kann nur über die „Himmelstreppe" erklommen werden, deren Flucht von 7000 Stufen immer wieder von Schreinen und Tempeln unterbrochen wird. Jedes Jahr im Frühling brachte der Kaiser auf seinem Gipfel Opfer dar, doch nur, wenn seine Regentschaft von Erfolg gekrönt war. Übernahm ein Kaiser sein Amt, so musste er zu allen heiligen Gipfeln eine rituelle Reise machen, mit der er sein Land in Besitz nahm.*

TAI SHAN *(links), der heiligste Gipfel von allen, ist der heilige Berg des Ostens. Die zugehörige Gottheit (der „Herr der Gelben Quelle") herrschte über die Erde und war für das Leben und Sterben der Menschen verantwortlich. Seine Tochter hingegen (die „Prinzessin der Wolkenstreifen") war die Patronin der Frauen und Kinder. Die Seelen verließen bei der Geburt den Berg und kehrten nach dem Tod dorthin zurück. Der „Jadekaiser" verlieh dem Berg daher mehrere Ehrentitel.*

Eine PAGODE *(rechts) steht auf dem Gipfel des Song Shan, des Berges der Mitte, der im Herzen des chinesischen Kaiserreichs stand.*

HUANG DI *(unten links), der „Gelbe Kaiser“ war der Dritte und strahlendste der legendären Kaiser im China der Frühzeit. Seine Vorgänger waren FU XI und SHEN NONG. HUANG DI ließ Straßen und Pässe bauen, sodass man sein Reich ohne Schwierigkeiten durchqueren konnte. Als er zum Tai Shan reiste, um dort die rituellen Opfer durchzuführen, wurde sein Wagen angeblich von sechs Drachen gezogen. Tiger und Wölfe liefen vorne weg, Schlangen begleiteten ihn, während der mythische Phönix darüber flog. Die Nachhut bildeten die Geister. Der Gott des Windes und des Regens säuberte die Straße vor dem anrollenden Wagen.*

HUA SHAN *(oben) war der heilige Berg des Westens. Der Heros Yu, der die Folgen der großen Flut über China beseitigte, besuchte die vier Ecken der Welt, die von den vier heiligen Gipfeln markiert sind. Auf dem Hua Shan begegnete er Menschen, die Tau tranken und Luft aßen. Jeder hatte drei Gesichter, aber nur einen Arm. Die Daoisten glaubten, dass sie am Gipfel der Berge dem Dao am nächsten seien. Daher finden sich viele ihrer Tempel auf den Gipfeln der heiligen Berge.*

Auf dem HENG SHAN *(links) in der Provinz Shanxi findet sich ein Kloster, das direkt an den Felsen zu kleben scheint. Dies ist der nördliche Heng Shan, der aus dem rechten Arm des Urriesen Pangu entstanden sein soll.*

Z

ZAO JUN oder Tsao-chun ist der Küchengott der daoistischen Mythologie. Er wird mindestens seit dem Ende des 2. Jahrhunderts v. Chr. verehrt. Zu Neujahr bietet man ihm ein Mahl aus Fleisch, Früchten und Wein an und bestreicht seine Lippen mit Honig. Dann wird das Bildnis verbrannt, um dem Gott auf seinem Weg in den Himmel zu helfen. Der Honig soll Zao Jun geneigt stimmen, sodass er dem „Jadekaiser" nur Gutes über die Familie berichtet.

Die Sage berichtet, dass Zao Jun einst ein ganz armer Mann war, der seiner Frau die Ehe mit einem anderen erlauben musste, da er sie nicht ernähren konnte. Er machte sich ans Betteln. Schließlich bemerkte er eines Tages, dass er im Haushalt seiner früheren Frau war. Er schämte sich ob seines Zustandes so sehr, dass er sich im Herd versteckte, wo er verbrannte.

Eine andere Version der Geschichte erzählt, dass Zao Jun, bevor er zur Gottheit wurde, ein Mann namens Zhang Lang war. Er hatte eine gute, treue Frau, verließ sie aber wegen eines jungen Mädchens. Doch das junge Mädchen wurde seiner bald überdrüssig. Darüber hinaus verlor er auch noch sein Augenlicht und musste betteln gehen.

Eines Tages tauchte er vor der Tür seiner früheren Frau auf. Da er aber blind war, erkannte er sie nicht. Die Frau kochte ihm seine Leibspeise, die ihn an sein früheres Leben erinnerte. Er begann, der Fremden seine Geschichte zu erzählen. Da befahl ihm seine Frau, die Augen zu öffnen, und plötzlich bemerkte er, dass er wieder sehen konnte. Doch Zhang Lang war angesichts dieser Großzügigkeit so beschämt, dass er in den Herd sprang, wo er verbrannte. Seine Frau konnte nur noch eines seiner Beine retten. Daher heißt der Schürhaken in China das „Bein von Zhang Lang".

ZAO JUN, *der Küchengott, wird während der Neujahrsfeierlichkeiten mit Krachern geehrt.* (CHINESISCHE MALEREI, 19. JH.)

ZHANG E oder Chang O ist in der chinesischen Sagenwelt die Frau des göttlichen Bogenschützen YI. Der Herr des Himmels Taiyang Dijun verdammte Yi und seine Frau dazu, auf Erden als Sterbliche zu leben, da sie neun seiner zehn Söhne getötet hatten. Zhang E war darüber so wütend, dass sie Yi bat, doch zu XI WANG MU zu reisen, die im Kunlun-Gebirge lebte, und von ihr das Elixier der Unsterblichkeit zu erbitten. Hier zeigen die einzelnen Überlieferun-

gen Abweichungen. Eine Version berichtet, dass die Königinmutter Mitleid mit Yi hatte. Sie gab ihm daher so viel Elixier mit, dass zwei Wesen davon ewig leben konnten. Yi kam mit dem Elixier nach Hause, und Zhang E machte sich sofort Gedanken, wie sie an die ganze Portion kommen könne. Gleichzeitig hatte sie aber Angst, dass sie bei den Göttern in Ungnade fallen würde, wenn sie ihren Gatten betrog. Daher ging sie zum Astrologen. Dieser schlug ihr vor, sich doch danach auf dem Mond niederzulassen. Dort sei sie frei von den Mühen des Lebens als Sterbliche und gleichzeitig könne die Strafe der Götter sie nicht erreichen. Außerdem sagte er Zhang E vorher, dass sie auf wunderbare Weise verwandelt werden würde. Der Vorschlag des Astrologen gefiel Zhang E. Sie entwendete das Elixier aus seinem Versteck in den Dachsparren ihres Hauses und trank es in einem Zug. Danach begab sie sich auf den Mond. Als sie aber versuchte, etwas zu sagen, brachte sie nur ein Unken hervor: Sie war nämlich in eine Kröte verwandelt worden.

Zhang Es Gefährten auf dem Mond sind ein Hase und ein alter Mann, der ständig versucht, einen Baum zu fällen. Eine Version der Legende besagt, dass Zhang E am Ende ihr menschliches Aussehen wieder erlangte und im Palast auf dem Mond lebte. Daher wird sie häufig in königlichen Kleider abgebildet mit der Mondscheibe in der rechten Hand. Sie gilt als personifiziertes Symbol des weiblichen Prinzips YIN.

ZHANG KUO LAO siehe BA XIAN.

ZHONG-Li QUAN siehe BA XIAN.

ZHU RONG oder Chu Jong ist in der chinesischen Mythologie der Regent des südlichen Viertels des Himmels und der göttliche Herr des Feuers. Er half, Erde und Himmel voneinander zu trennen. Die Legende erzählt, dass Zhu Rong mit dem wilden Ungeheuer GONG-GONG kämpfte, um zu beweisen, dass er mächtiger war. Zhu Rong gelang es, Gong-Gong zu besiegen. Dieser war darüber so beschämt, dass er versuchte, sich zu töten, und damit eine gewaltige Flutkatastrophe auslöste.

ZHANG E *(links) stiehlt ihrem Gatten Yi das Unsterblichkeitselixier und flieht damit auf den Mond.* (CHANG E FLIEHT AUF DEN MOND, HOLZSCHNITT VON TAISO YOSHITISHI, 1885)

ZHU RONG *(unten), der Feuergott, auf einem Tempelaltar in Taipeh, Taiwan.*

ÄGYPTEN/MESOPOTAMIEN/IRAN

DIE NACHKOMMEN VON RA

Der ägyptische Schöpfergott Ra und seine Nachkommen sind auch als Ennead oder „Neun Götter" von Heliopolis bekannt. In Heliopolis lag Ras wichtigster Tempel. Ra brauchte zu seiner Schöpfung keine Gefährtin. Shu und Tefnu spie oder nieste er aus. Die Menschheit schuf er aus seinen Tränen. Die Nachkommen der Göttin Nut waren zwei Zwillingspaare.

RA
SONNENGOTT

SHU = TEFNUT
GOTT DER LUFT / GÖTTIN DER FEUCHTIGKEIT

GEB = NUT
GOTT DER ERDE / HIMMELSGÖTTIN

ISIS = OSIRIS
MUTTERGÖTTIN / GOTT DES TODES

NEPHTHYS = SETH
STURMGOTT

HORUS
DAS KIND

Erläuterung:
Die Stammbäume auf diesen Seiten wurden geschaffen, um die zahlreichen Verbindungen zwischen den in diesem Band beschriebenen Gottheiten deutlich zu machen. Ein Gleichheitszeichen (=) steht dabei für eine sexuelle Partnerschaft. Von diesem Zeichen abgehende Pfeile zeigen, dass aus dieser Verbindung Kinder hervorgingen.

DER GÖTTERHIMMEL DER SUMERER

Die Sumerer, welche vom 4. bis zum 3. Jahrtausend Mesopotamien bevölkerten, entwickelten einen religiösen Rahmen, der von den nachfolgenden Völkerschaften wie Babylonier und Akkader übernommen wurde. Die sumerischen Gottheiten wurden von der Priesterklasse zu einem exakt strukturierten Götterhimmel organisiert. Ihre Mythen hielt man auf Tontafeln fest.

NAMMU
DAS URMEER

AN = KI
HIMMELSGOTT / ERDGÖTTIN

ENLIL = NINLIL
GOTT DER LUFT UND DER VEGETATION / GETREIDEGÖTTIN

NINGAL = NANNA/SIN
SCHILFGÖTTIN / MONDGOTT

NERGAL = ERESCHKIGAL
KRIEGSGOTT / KÖNIGIN DER UNTERWELT

UTU
SONNENGOTT

INANNA = DUMUZI
FRUCHTBARKEITSGÖTTIN

NUSKU
FEUERGOTT

DER BABYLONISCHE GÖTTERHIMMEL

Die großen Götter, die Anshar und Kishar geboren worden waren, störten die Ruhe ihrer Urahnen Apsu und Tiamat. Daher beschlossen diese, sie zu vernichten. Marduk nahm es auf sich, die Schlange Tiamat zu töten. Dafür mussten die Götter ihm aber die Vorherrschaft überlassen. Aus ihrem Leib schuf er den Himmel, die Erde und die Menschheit.

APSU = TIAMAT
DAS UR-SÜßWASSER / DAS UR-SALZWASSER

LAHMU = LAHMU

ANSHAR = KISHAR

ANU
HIMMELSGOTT

EA = DAMGALNUNA
GOTT VON WIND UND WASSER

ENLIL/BEL
WINDGOTT

MARDUK = ZARPANITU
NATIONALGOTTHEIT / GEBURTSGÖTTIN

DIE HIMMLISCHE ORDNUNG DES ZOROASTER-KULTES

AHURAMAZDA/SPENTA MAINYU
DER WEISE HERR

MENSCHHEIT

AMESHA SPENTAS
SÖHNE UND TÖCHTER (ASPEKTE) DER GOTTHEIT

VOHU MANO	ASHA VAHISTA	SPENTA ARMAITI	KHSHATHRA VAIRYA	HAUR-VATAT	AMERETAT
GEIST DES GUTEN Tiere/Vieh	RECHTSCHAFFENHEIT Feuer	HINGABE Erde	HERRSCHAFT Sonne und Himmel	GANZHEIT Wasser	UNSTERBLICHKEIT Pflanzen

YAZATA
SCHUTZGEISTER

ANAHITA	ATAR	HAOMA	SRAOSHA	RASHNU	MITHRA	TISHTRYA
WASSER FRUCHTBARKEIT	FEUER	HEILPFLANZEN	GEHORSAM, DER DIE GEBETE HÖRT	URTEILSVERMÖGEN	WAHRHEIT	DER HUNDSSTERN, QUELLE VON REGEN UND FRUCHTBARKEIT

In der zoroastrischen Tradition ist nur Ahuramazda selbst der Verehrung würdig. Die sieben Amesha Spentas sind seine Schöpfung. Sie dienen als Mittler zwischen Ahuramazda und seinen Anhängern. Viele der Yazata hingegen waren ursprüngliche, iranische Gottheiten, die als Diener Ahuramazdas Aufnahme in die Ordnung des reformierten Glaubens fanden.

INDIEN / JAPAN

DIR FAMILIE VON SHIVA

Shiva ist sowohl Schöpfer- als auch Zerstörergott. Seine Gemahlin Parvati gilt als wohlwollender Aspekt seiner Shakti, d.h. seiner schöpferischen Energie. Sie ist aber auch eine Erscheinungsform der großen Göttin Devi und eine Inkarnation von Shivas Gemahlin Sati, die Selbstmord beging. Ihre Hingabe ihrem Gemahl gegenüber macht sie für die Verehrer Shivas zum Vorbild.

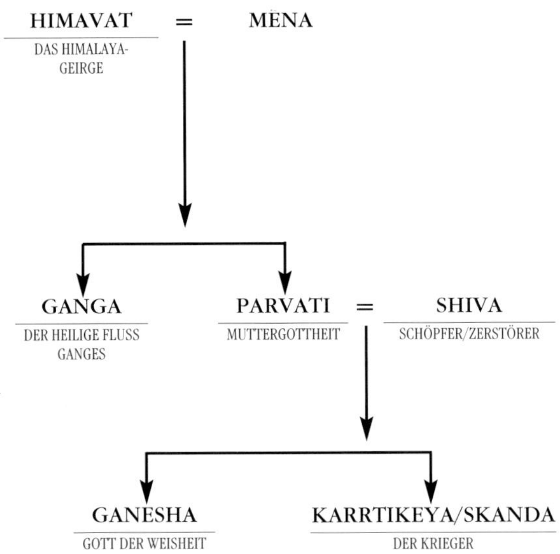

DER VEDISCHE SCHÖPFUNGSMYTHOS

Die vedische Religion sah den Ursprung der Menschheit als Mysterium. Daher gibt es mehrere konkurrierende Versionen der Schöpfungsgeschichte. Die Genealogie der Menschen wird über Manu, den ersten Menschen, und den Sonnengott, der Quelle von Wärme und Leben, auf die Mutter der Götter, Aditi, zurückgeführt.

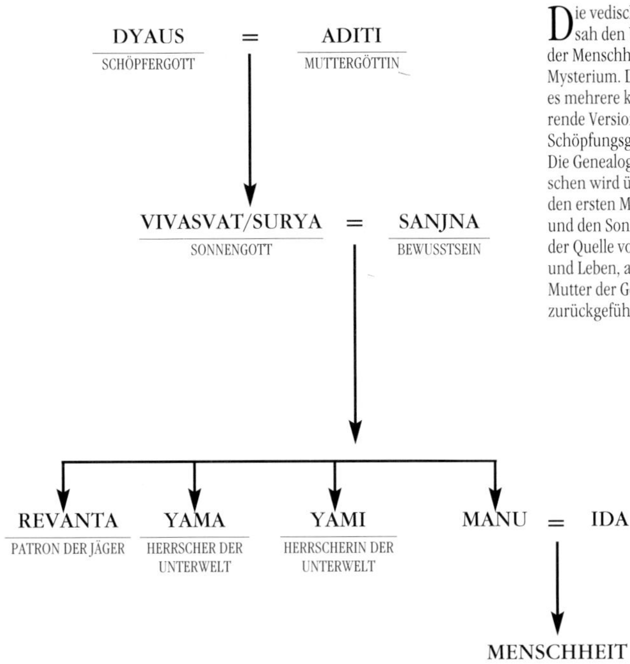

HIERARCHIE VEDISCHER GOTTHEITEN

SPHÄRE DES HIMMELS

DYAUS	VARUNA	MITRA	PUSAN	VISHNU
HIMMEL	RECHTSCHAFFENHEIT	LICHT	NÄHRER	SCHÖPFER

SPHÄRE DES ÄTHERS

INDRA	VAYU	RUDRA	Die MARUTS
REGEN	WIND	VERNICHTUNG	STURM

SPHÄRE DER ERDE

SOMA	AGNI	BHRASPATI
PFLANZEN	FEUER	PRIESTER HERR DES GEBETES

Die alten Himmelsgottheiten besaßen zwar universelle Macht, waren aber der Erde nicht nahe genug. Indra und die Götter der Äthersphäre übten einen direkteren Einfluss auf das Leben der Menschen aus. Agni ist der Gott des Opferfeuers und gilt als solcher als Mittler zwischen den Göttern und den Menschen.

SCHÖPFUNGSMYTHOS DER SHINTO-RELIGION

Izanagi und Izanami, das erste Paar des Shintoismus, wurden von den Göttern beauftragt, die Welt aus dem Chaos zu schaffen. Sie brachten die Inselwelt Japans und zahllose Gottheiten hervor. Die große Sonnengöttin Amaterasu wurde als Ahnherrin des japanischen Kaiserhauses betrachtet.

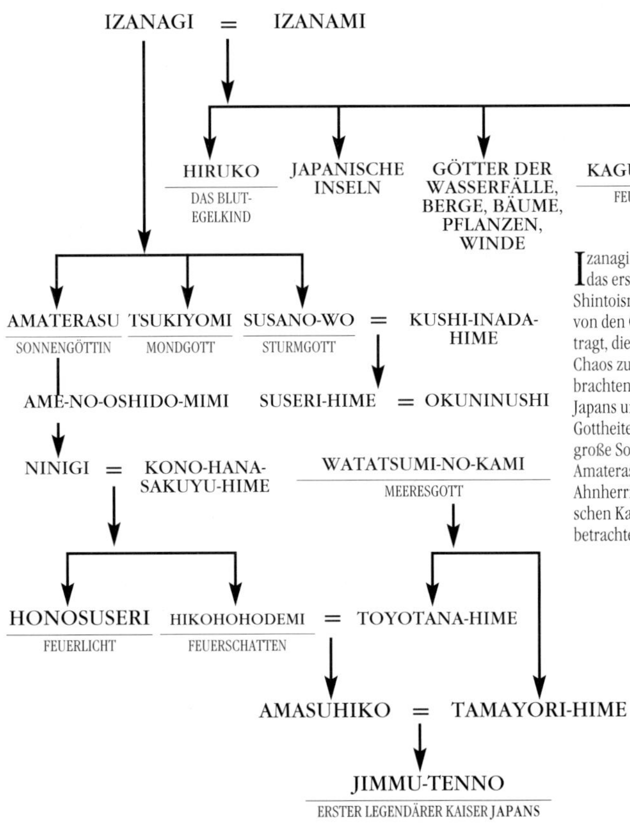

BILDNACHWEIS

Die Herausgeber danken folgenden Institutionen für die Abdruckgenehmigung zu den angegebenen Abbildungen:

Archiv für Kunst und Geschichte, London: 3l und 63 National Museum, Kairo; 10 Kunsthistorisches Museum, Wien; 11 Universität Haifa; 14br Musee du Louvre, Paris; 16t National Museum, Damaskus; 21tr Kunsthistorisches Museum, Wien; 21bl Musee du Louvre, Paris; 23tl National Museum, Kairo; 24 Museo Nazionale Romano delle Terme, Rom; 25br Musee du Louvre, Paris; 27tr Museo Ostiense, Ostia; 28tr Hosios Loukas Kloster, Griechenland; 30bl Museo Capitular de la Catedral, Gerona; 31tr Kloster Neuburg, Österreich; 32tl Nationalmuseum, Aleo; 33r Galleria degli Uffizi, Florenz; 35 Icon Gallery, Sveti Kliment; 39; 49tr Kunsthistoriches Museum, Wien; 51b Musee du Louvre, Paris; 55 British Museum, London; 57 Bibliotheque Municiale, Dijon; 58; 60b Ägytisches Museum, Berlin; 61 Kunsthistorisches Museum, Wien; 62tl Musee du Louvre, Paris; 64 Egytian Museum, Kairo; 65t; 67tr Musee du Louvre, Paris; 67bl Musee du Louvre; 67br Museo Nazionale Romano delle Terme, Rom; 68 Universität Haifa; 72 Mossul Museum; 75 Royal Collection, Kopenhagen; 79 National Museum, Kairo; 85tl Serbian Monastery of Hilandar; 89b Yale University Art Gallery, New Haven; 92 Staatliches Museum für Preußischen Kulturbesitz, Berlin; 95tr; 96t Sammlung G.W. Essen, Hamburg; 98l Privatsammlung; 99r Eremitage, St Petersburg; 114t J. Seelman Ltd, London; 114b Eremitage, St Petersburg; 115tl; 115tr Eremitage, St Petersburg; 115br; 117t Musee Guimet, Paris; 120t; 126t; 127t Lucknow Museum; 127b; 129b Rose Art Museum, Waltham, Mass,; 135; 149br Staatliches Museum für Preußischen Kulturbesitz, Berlin; 153t Eremitage, St Petersburg; 159tl Musee Guimet, Paris; 162t Fine Arts Museum, Ulan Bator; 164 Eremitage, St Petersburg; 169b; 195 Nationalmuseum, Peking;

Ancient Art and Architecture: 14bl; 16b; 17tl; 18b; 27tl; 29bl; 32br; 36; 38tl; 42tr; 42bl; 45; 46bl; 47b; 51tr; 52tl; 52b; 54b; 59bl; 70t; 70b; 73b; 78t; 82; 95tl; 104t; 106t; 109t; 111tl; 121; 125tl; 129t; 137br; 139t; 143tl; 159br; 159tr; 165b; 169t; 171b; 184; 186b; 192br; 194tl; 196; 204tl; 207tr; 208r; 213tr; 216tl; 216tr; 218t; 227tl; 227bl; 229t; 230tr; 230m; 232; 241b.

Ancient Egyt Picture Library: 21mr; 23br; 26bl; 34b; 38tr; 38bl; 41mr; 46bl; 51tl; 54tr; 60t; 65b.

Duncan Baird Publishing/Japanese Gallery, London: 202.

Bildarchiv Foto, Marburg: 205b.

Bridgeman Art Library: 4 and 97b Victoria & Albert Museum, London; 6l Musee du Louvre, Paris; 15tl Museo Diocesano de Solsona, Lerida; 22 Lauros-Giraudon; 26tl Fitzwilliam Museum, Cambridge; 33 Privatsammlung; 34t Beatty Library, Chester; 43bl Giraudon; 100 Musee Guimet, Paris; 107 Victoria & Albert Museum, London; 110 Privatsammlung; 117br Ashmolean Museum, Oxford; 119t National Museum of India, Neu Delhi; 120br National Museum of India, Neu Delhi; 122t Christie's; 131t National Museum of India, Neu Delhi; 132t British Library, London; 132br National Museum of India, Neu Delhi; 133tr National Museum of India, Neu Delhi; 133br Dinodia Picture Agency, Bombay; 136t National Museum of India, Neu Delhi; 137t Privatsammlung; 146t Oriental Museum, Durham University; 147 Victoria & Albert Museum, London; 148t Fitzwilliam Museum, University of Cambridge; 152tl National Museum of India, Neu Delhi; 152tr National Museum of India, Neu Delhi; 155t British Library, London; 156t Victoria & Albert Museum, London; 156b Victoria & Albert Museum, London; 157b National Museum of India, Neu Delhi; 160tl Victoria & Albert Museum, London; 161bl National Museum of India, Neu Delhi; 168 Freud Museum, London; 201 Chris Beetles Gallery, London; 203tl Victoria & Albert Museum, London; 208l Blackburn Museum and Art Gallery; 220t Privatsammlung; 224br Museum für Völkerkunde, Basel.

The British Museum: 199tl; 209b.

Christie's Art Gallery: 26br; 41tr; 41br; 77bl; 77br; 84tl; 84br; 85tr; 86; 90 and 133mt; 105tr; 118; 124t; 125tr; 133bl; 150bl; 151t; 151bl; 154t; 180; 183; 186t; 190tl; 190tr; 193l; 193Tr; 197b; 206b; 207bm; 207br; 211b; 222t; 223tl; 223tr; 226bl; 230b; 231tl; 231tr; 231br; 231bm; 231bl; 236t; 240tr.

Corbis: 3r and 216b Luca I. Tettoni; 15br Mimmo Jodice; 17br Gianni Dagli Orti; 31tl Bettmann; 48t Charles & Josette Lenars; 66t The State Russian Museum; 80 Nik Wheeler; 82 Paul Almasy; 83r Gianni Dagli Orti; 84tr Michael Nicholson; 85bl Bettman; 87; 89 Paul Almasy; 97tl Historical Picture Agency; 101b Nik Wheeler; 105tl Luca I. Tettoni; 109b Gian Berto Vanni; 141b Luca I. Tettoni; 142t Angelo Hornak; 150br Luca I. Tettoni; 159bl Charles & Josette Lenars; 163t Angelo Hornak; 165t Historical Picture Agency; 167br Luca I. Tettoni; 172/3 and 237 Pierre Colombel; 176 Royal Ontario Museum; 178 Sakamoto Photo Research Laboratory; 179tl Asian Art & Archaeology, Inc.; 189br Asian Art & Archaeology, Inc.; 192tl Sakamoto Photo Research Laboratory; 192tr Sakamoto Photo Research Laboratory; 198 Ric Ergenbright; 205t Keren Su; 210b Adam Woolfitt; 213b Sakamoto Photo Research Laboratory; 215t Christel Gerstenberg; 219 Macduff Everton; 224t Keren Su; 226tr Kimbell Art Museum; 233 Royal Ontario Museum; 235 Asian Art & Archaeology, Inc.; 238b Asian Art & Archaeology, Inc.; 239t Jack Fields; 239br Michael Freeman; 239bt Morton Beebe, S.F.; 240tl Asian Art & Archaeology, Inc.; 242 Royal Ontario Museum; 245t Brian Vikander; 246t Lowell Georgia; 246b Lowell Georgia; ;247tr Lowell Georgia; 247mr Keren Su; 247b Keren Su; 249t Asian Art & Archaeology, Inc..

CM Dixon: 18t; 21ml; 37; 56b; 97tr; 104b; 117bl; 170t; 177tl; 194br; 206t; 207tl; 226tl; 228; 248.

Edimedia: 1 and 17lt; 108t; 128.

ET Archive: 2 and 53 San Vitale Ravenna, Italien; 6t; 7t; 7tb; 12bl; 19br; 20t Musee du Louvre, Paris; 20b Egytian Museum, Kairo; 21tl Archeological Museum, Kairo; 37; 41mr; 44tr Musee du Louvre, Paris; 46tr Hittite Museum, Ankara; 50 Christie's; 71l Musee du Louvre; 88; 94 Musee Guimet, Paris; 96b Victoria & Albert Museum, London; 98r Musee Guimet, Paris; 103tr Victoria & Albert Museum, London; 105b Victoria & Albert Museum, London; 108b British Library, London; 123 Musee Guimet, Paris; 130t Victoria & Albert Museum, London; 134t British Library, London; 138 Musee Guimet, Paris; 140t Musee Guimet, Paris; 140b Musee Guimet, Paris; 145b Sammlung Lucien Biton, Paris; 149t Victoria & Albert Museum, London; 167t Musee Guimet, Paris; 174 British Museum; 189tl; 199b; 209tl British Museum, 209tr British Museum; 222b; 243t; 248.

Mary Evans: 8/9 and 59t; 31br; 40t; 40b; 41tl; 41bl; 47t; 48b; 49bl; 49bm; 74b; 76b; 77tr; 77tl; 81b; 84bl; 85mr; 124b; 177tr; 188b; 189tr; 203br; 207bl; 215b; 223b; 238r.

Michael Holford: 19tr; 69t; 73t; 76tr; 76ml; 115bl; 158; 188t.

Hutchison Library: P142b J Horner; 143b Gail Goodger.

Icorec: 220b.

Image Solutions: P144t, 144b; 145tl; 166t.

Images of India: P154b.

Icorec: P220b.

National Palace Museum, Taei: P243b; 245b.

Panos Pictures: 66b Jean-Léo Dugast.

Royal Asiatic Society, London: P113b; 113t.

K Stevens: 181; 185; 187t; 210t; 211t; 212tr; 212tl; 217r; 217l; 218b; 221; 224bl; 225tr; 225tl; 225br; 225bm; 225bl; 229b; 236b; 241t; 244b; 244t; 249b.

INDEX